Strafgesetzbuch

des

Staates New-York

vom 26. Juli 1881

(in Kraft seit 1. Dezember 1882).

Kapitel 676 der Gesetze von 1881.

Der gesetzgebende Körper von Newyork stellt die in jeder Sitzung beschlossenen Gesetze, Erlasse u. s. w. in einem Buche zusammen, welches unter dem Siegel des Staatssekretärs veröffentlicht wird, der die Authentizität dieser sogen. „Sitzunggesetze" damit verbürgt.

Seit der Revision der Gesetze des Staates Newyork vom Jahre 1830 ist ein solcher Band von Gesetzen alljährlich erschienen; jener Revision gingen indes mehrere kompilatorische Arbeiten vorher, besonders die von 1810; doch ist die Revision von 1830 weitaus die wichtigste derjenigen, welche vor 1882 zustandekamen. Sie ist in richterlichen, wie wissenschaftlichen Kreisen unter dem Namen: „revidierte Verordnungen" bekannt. In den ihr folgenden „Sitzungsbüchern" finden sich gleichwohl zahlreiche Abänderungen der vorhandenen Zivil- und Kriminalgesetze, deren nächster Anlafs gewöhnlich ein Fall oder eine Anzahl von Fällen war, welche vor dem höchsten Staats- oder Bundesgerichte zur Verhandlung kamen und das bisherige Gesetzetzesrecht als lückenhaft oder unzulänglich erwiesen. Von diesen juridischen Kreisen hauptsächlich ging denn im Jahre 1857 eine Agitation zum Zwecke des Erlasses mehrerer Gesetzbücher aus, welche u. a. in der Beauftragung einer Kommission von drei Männern zwecks Prüfung, Sichtung und Abfassung des gesamten Kriminalrechts seitens der Legislatur sofortigen Erfolg hatte. Straf- und Zivilgesetz, Strafprozefs und Zivilprozefs sollten alsbald in Angriff genommen werden.

Was das Strafgesetzbuch betrifft, so wurde der Kommission vorgeschrieben, nicht nur alle Verbrechen zu definieren, sondern auch die Art und den Umfang der Strafen genau zu bestimmen. Darauf sollte der Entwurf unter den Richtern, den hervorragenden Anwälten und den Professoren der Newyorker Hochschulen zirkulieren, um mit deren Abänderungsvorschlägen versehen und unter Berücksichtigung dieser von der Kommission abermals durchgearbeitet, und hierauf sechs Monate vor seiner Einbringung in den beiden Häusern der Legislative verteilt zu werden. Letzteres geschah erst im Jahre 1865. Die Kommission begleitete ihr Werk mit der Bemerkung, dafs sie es versucht hätte:

1) die geltenden Vorschriften über Verbrechen und deren Bestrafung in eine zusammenhängende und übersichtliche Form zu bringen;

2) Mängel und Irrtümer in den zur Zeit geltenden Begriffsbestimmungen der Verbrechen zu beseitigen;

3) die Strafbestimmungen untereinander in Übereinstimmung zu bringen;

4) bisher straflos gewesene Handlungen mit Strafe zu bedrohen und dem Ganzen einzufügen.

Wichtig wie die drei ersten Programmnummern war in Hinsicht des hier so ungemein rasch vorwärtsschreitenden Kultur- und Arbeitslebens besonders auch der vierte Gesichtspunkt, welchen die Kommission in die Worte fafste: „Der gesellschaftliche Fortschritt schafft neue Gelegenheiten und neue Veranlassungen, Verbrechen zu begehen, welchen mit neuen Gesetzesbestimmungen zu begegnen nötig ist."

Der gesetzgebende Körper wies indes den Entwurf, besonders weil er mancherlei Bestimmungen enthielt, die sich als einfache Konsequenzen der Hauptbegriffe darstellten und daher nur verwirrend in einem abgeschlossenen

Gesetzbuche wirken könnten, zurück. Trotz dieses Tadels wurde der bisherige Vorsitzende der Kommission von neuem als solcher ernannt, und in wesentlich verkürzter Form gab die Legislatur am 26. Juli 1881 dem neuen Entwurf, beinahe ohne alle Diskussion, vom 1. Dezember 1882 ab Gesetzeskraft. Dr. David Dudley Field — einer der fähigsten und gesuchtesten Anwälte der Stadt Newyork — war jener Vorsitzende und gilt als „Verfasser des Strafgesetzbuchs" *(penal code)*.

Eine eigentliche Diskussion über die Normen des Gesetzbuchs hat in dem gesetzgebenden Körper nicht stattgefunden. Die wenigen zu einer sachlichen Kritik befähigten Mitglieder derselben schwiegen im Kapitol zu Albany, vermutlich weil sie wufsten, dafs von ihren berufenen Kollegen aller grossen Städte des Staates ein Urteil durch Randbemerkungen zu dem Entwurfe bereits abgegeben sei, und dafs sicher Dr. Field, wenn er das auf solche Weise geprüfte Gesetzbuch dem gesetzgebenden Körper übergab, das Wesentliche derselben benutzt haben werde, um seine Arbeit möglichst tadelfrei zu machen. Dazu kam die immer und immer wiederholte Bemerkung, dafs dieses Gesetzbuch lediglich das gesetzlich bestehende Strafrecht enthalten, also ähnlich wie Justinians Arbeit einen Auszug aus den durch Gesetz und Gesetzesauslegung bestimmten, bezw. richterlicher- oder wissenschaftlicherseits anerkannten strafrechtlichen Normen darstellen solle. So schwieg alle Kritik in der Versammlung, welche dem Volke Gesetze gibt. Keine der grossen Prinzipienfragen eines umfassenden Strafgesetzbuchs ist erörtert, angegriffen oder verteidigt worden. Es hiefs, wir kennen unsre Gesetze, die Diskussion gehört dem Richter.

Bis jetzt dreht sich die öffentliche Besprechung des *penal code* nur um zwei Punkte: die alten, wieder aus dem Grabe erstiegenen puritanischen Sonntagsgesetze mit ihren Verboten jeglichen Handels, jeglicher Hantierung, jeden vermeidbaren Lärms u. s. w. und die sehr neuen Vorschriften über Verschwörung *(conspiracy)*, wonach u. a. jede Veranlassung dazu, dafs ein andrer die Arbeit niederlegt, einstellt u. s. w. als ein Vergehen bezeichnet wird. Über jene Bestimmungen ist alle Welt empört, über diese der Arbeiter, welcher sich des Mittels der Arbeitseinstellung beraubt sieht, mit welchem er zeitweilig gegen die riesenstarken Monopolringe unsres Landes ankämpfen konnte.

Die Reformbewegung betreffend diese beiden Abschnitte des Newyorker Strafgesetzbuchs wird hoffentlich endlich einmal klarlegen, welche Stellung die Wissenschaft zu demselben überhaupt einnimmt. Bis jetzt hat sie sich noch nicht erklärt. Privatim sozusagen wie das Werk entstanden, begutachtet und verbessert worden ist, so lebt es auch jetzt hinter der Schranke der Gerichte, ohne eine andre Kritik erfahren zu haben, als durch die Tagesblätter, welche über das unerhörte Sonntagsgesetz und das Arbeiterknebelungsgesetz nicht zu weiteren Gedanken kommen, und durch eine Erklärung der hiesigen Anwaltskammer, welche in der Hauptsache auch nur jene beiden Punkte berührte, aber wenn erst begründet, ihren Einflufs auf die Legislative nicht verfehlen dürfte. Letztere wird im kommenden Sommer hoffentlich darüber zu Gericht sitzen, ob es weise war, dem Volke von 1883 Gesetze zu geben, die zum grofsen Teil fünf Dezennien alt und in einem schwach besiedelten kleinstädtischen Staate erlassen worden sind.

(Mitgeteilt von Herrn Al. Castendyk in New-York.)

Inhalt.

Strafgesetzbuch.

Einleitende Bestimmungen.

§ 1. Benennung des Gesetzbuches. — Dieses Gesetz soll das Strafgesetzbuch des Staates New-York heifsen.

§ 2. Wann und wieweit das Gesetzbuch in Kraft tritt. — Keine Handlung oder Unterlassung, welche nach dem Beginne des Tages, an welchem dieses Gesetzbuch Gesetzeskraft erlangt, begonnen hat, soll für verbrecherisch oder strafbar erachtet werden, es sei denn, dafs dies durch dieses Gesetzbuch, oder durch eine Verordnung des Staates, die nicht durch dasfelbe aufgehoben worden ist, vorgeschrieben oder zugelassen ist. Jede Handlung oder Unterlassung, welche vor jenem Tage begonnen hat, kann untersucht, verfolgt und bestraft werden in derselben Weise, als wenn dieses Gesetzbuch Gesetzeskraft nicht erlangt hätte.

§ 3. Begriff des Verbrechens. — Verbrechen ist eine Handlung oder Unterlassung, welche vom Gesetz verboten und bei Überführung mit:

1) Tod, oder
2) Einsperrung, oder
3) Geldstrafe, oder
4) Amtsentsetzung, oder
5) Unfähigkeit irgend ein Amt oder Ehrenamt zu bekleiden oder Besoldung vom Staate zu beziehen, oder mit
6) andern Strafen bedroht ist.

§ 4. Einteilung der Verbrechen. — Ein Verbrechen[1]) ist entweder

1) ein Verbrechen im engeren Sinne,[2]) oder
2) ein Vergehen.[3])

§ 5. Begriff des Verbrechens im e. S. — Ein Verbrechen im e. S. ist ein Verbrechen, welches bestraft wird oder bestraft werden kann mit

1) dem Tode, oder
2) Einsperrung in ein Staatsgefängnis.

§ 6. Begriff des Vergehens. — Jedes andre Verbrechen ist ein Vergehen.

§ 7. Gegenstand des Strafgesetzbuches. — Dieses Gesetzbuch bestimmt die Personen, welche für fähig, ein Verbrechen zu begehen, angesehen und deshalb einer Bestrafung unterworfen werden, erläutert den Begriff der verschiedenen Verbrechen und schreibt die Art und das Mafs der Strafe vor, welche für jedes zu verhängen ist.

---

[1]) *crime.* [2]) *felony.* [3]) *misdimeanor.*

§ 8. Wie das Verfahren geordnet wird. — Die Verfolgung und Überführung der Verbrecher wird durch die Strafprozeſsordnung geregelt.

§ 9. Die Überführung muſs der Bestrafung vorhergehen. — Die von diesem Gesetzbuch vorgeschriebenen Strafen können nur auf Grund einer gesetzmäſsigen Überführung vor einem zuständigen Gerichte verhängt werden.

§ 10. Die Geschwornen haben den Grad des Verbrechens zu bestimmen. — Wenn ein Verbrechen nach Graden unterschieden wird, haben die Geschwornen, wenn sie den Gefangenen schuldig sprechen, den Grad des Verbrechens zu bestimmen, dessen er schuldig ist.

§ 11. Allgemeine Regeln über Auslegung dieses Gesetzes. — Die Regel, daſs ein Strafgesetz streng ausgelegt werden muſs, findet auf dieses Gesetzbuch oder auf irgend eine Bestimmung desselben keine Anwendung, sondern alle diese Bestimmungen sind gemäſs der wahren Bedeutung ihrer Worte zu deuten, damit das Recht gefördert und die Ziele des Gesetzes erreicht werden.

§ 12. Von den Paragraphen, welche Verbrechen für strafbar erklären. — Die verschiedenen Paragraphen dieses Gesetzbuches, welche gewisse Verbrechen nach Maſsgabe ihres Inhaltes für strafbar erklären, legen dem zur Urteilsfällung zuständigen Gericht die Pflicht auf, die vorgeschriebene Strafe festzusetzen und zu verhängen.

§ 13. Wie die Strafen zu bestimmen sind. — Wenn in diesem Gesetzbuch die Strafe für ein Verbrechen innerhalb gewisser Grenzen unbestimmt gelassen ist, muſs die in einem besonderen Falle zu verhängende Strafe durch das zur Urteilsfällung zuständige Gericht innerhalb jener Grenzen festgesetzt werden, welche von diesem Gesetzbuch vorgeschrieben sind.

§ 14. Strafe für Verbrechen im e. S., wenn diese nicht durch Verordnung bestimmt ist. — Wer eines Verbrechens überführt wurde, das als Verbrechen im e. S. erklärt und für welches keine andre Strafe durch dieses Gesetzbuch oder irgend eine andre zur Zeit der Überführung und des Urteils in Kraft befindliche Verordnung bestimmt ist, wird mit Einsperrung bis zu sieben Jahren, oder mit Geldstrafe bis zu tausend Dollars allein oder in Verbindung mit einander bestraft.

§ 15. Strafe für Vergehen. — Wer eines Verbrechens überführt ist, das als Vergehen erklärt und für welches keine andre Strafe durch dieses Gesetzbuch oder irgend eine andre zur Zeit der Überführung und des Urteils in Kraft befindliche Verordnung bestimmt ist, wird mit Einsperrung in einem Besserungshause oder Bezirks-Gefängnisse bis zu einem Jahre oder mit Geldstrafe bis zu fünfhundert Dollars allein oder in Verbindung mit einander bestraft.

Titel I.

Persönliche Verantwortlichkeit für Verbrechen.

§ 16. Welche Personen wegen Verbrechen strafbar sind. — Der Bestrafung innerhalb des Staates ist unterworfen:

1) Wer innerhalb des Staates ein Verbrechen ganz oder teilweise begeht;

2) Wer ausserhalb des Staates eine strafbare Handlung begeht, welche, wenn sie innerhalb des Staates begangen wäre, nach den Gesetzen des Staates Diebstahl sein würde und später innerhalb dieses Staates mit einer Sache betroffen wird, welche von dem gestohlenen, oder dem verbrecherischerweise angeeigneten Gute herrührt;

3) Wer während er sich ausserhalb des Staates befindet, einen andern veranlasst, beredet, unterstützt oder anstiftet, innerhalb des Staates ein Verbrechen zu begehen;

4) Wer, während er sich ausserhalb dieses Staates befindet, mit Gewalt oder Arglist irgend eine Person, entgegen dem Gesetz des Ortes, wo diese Handlung begangen wird, entführt oder raubt und eine solche Person innerhalb der Grenzen dieses Staates bringt, schickt oder überliefert und hinterher darin angetroffen wird;

5) Wer, während er sich ausserhalb dieses Staates befindet, in der Absicht, in demselben etwas herbeizuführen, was gegen die Gesetze dieses Staates verstösst, eine Handlung begeht, welche in ihrem natürlichen und gewöhnlichen Verlauf eine Handlung oder Wirkung herbeiführt, welche dessen Gesetze verletzt.

§ 17. Die Verantwortlichkeit für Handlungen wird vorausgesetzt. — Jede Person gilt an sich als verantwortlich für ihre Handlungen. Der Beweis, dafs er nicht verantwortlich sei, obliegt dem Angeklagten, es sei denn, dafs in diesem Gesetzbuch anders bestimmt wird.

§ 18. Kinder unter sieben Jahren. — Ein Kind unter sieben Jahren ist nicht fähig ein Verbrechen zu begehen.

§ 19. Kinder von sieben Jahren und darüber. — Bei einem Kinde, das über sieben und unter zwölf Jahre alt ist, wird vermutet, dafs es unfähig sei, ein Verbrechen zu begehen; aber diese Vermutung kann durch den Beweis beseitigt werden, dafs es hinreichend befähigt war, die Handlung oder Unterlassung, deren es beschuldigt ist, zu begreifen und deren Unrechtmäfsigkeit einzusehen.

§ 20. Unverantwortlichkeit von Blödsinnigen, Wahnsinnigen u. s. w. — Eine Handlung, welche von einer blödsinnigen, schwachsinnigen, wahnsinnigen oder irrsinnigen Person verübt wird, ist kein Verbrechen. Gegen niemanden kann gerichtlich verfahren, eine Strafe erkannt, oder eine Strafe wegen eines Verbrechens vollzogen werden, während er sich in einem solchen Zustande von Blödsinn, Schwachsinn, Wahnsinn oder Irrsinn befindet, dafs er nicht im stande ist, das Verfahren zu begreifen, oder sich zu verteidigen.

§ 21. Wann Blödsinnige, Wahnsinnige u. s. w. von strafrechtlicher Verantwortlichkeit befreit sind. — Eine blödsinnige, schwachsinnige, wahn- oder irrsinnige Person wird von ihrer strafrechtlichen Verantwortlichkeit nur auf Grund des Beweises befreit, dafs sie zur Zeit der Begehung der ihr vorgeworfenen strafbaren Handlung an einem solchen Mangel des Verstandes litt, dafs sie entweder:

1) die Natur und Eigenschaft der begangenen That nicht kannte, oder
2) die Rechtswidrigkeit der Handlung nicht einsah.

§ 22. Betrunkene Personen; Absicht. — Keine Handlung, die von einer Person im Zustande freiwilliger Berauschung begangen wurde, soll aus dem Grunde, dafs der Thäter in einem solchen Zustande gewesen ist, weniger strafbar sein. Wenn aber das thatsächliche Vorliegen eines besonderen Vorsatzes, Beweggrundes oder einer besonderen Absicht notwendige Voraussetzung ist, um eine besondere Art oder einen besonderen Grad eines Verbrechens zu bilden, können die Geschworenen die Thatsache in Erwägung ziehen, dafs der Angeklagte zu der Zeit berauscht war, als er den Vorsatz, den Beweggrund oder die Absicht fafste, mit welchen er die That beging.

§ 23. Krankhafte Neigung zu Verbrechen kein Verteidigungsgrund. — Eine krankhafte Neigung zur Begehung verbotener Handlungen in dem Gemüte einer Person, bezüglich welcher nicht nachgewiesen ist, dafs sie die Rechtswidrigkeit solcher Handlungen nicht kannte, bildet kein rechtliches Hindernis der Verfolgung.

§ 24. Nötigung als Entschuldigungsgrund bei Ehefrauen. — Für eine verheiratete Frau, die eines Verbrechens beschuldigt wird, bildet es keinen Entschuldigungsgrund, dafs die behauptete strafbare Handlung von ihr in Gegenwart ihres Gatten begangen wurde.

§ 25. Wann Nötigung vorliegt. — Drohungen und Furcht begründen Nötigung und enthalten einen Befreiungsgrund, wenn ein von einer, von zwei oder mehreren Personen begangenes Verbrechen von einer derselben lediglich darum verübt, unterstützt oder mitbegangen wird, weil sie während der Zeit der Begehung zur Begehung, Hilfeleistung oder Beteiligung durch Drohungen seitens einer an der Handlung oder Unterstützung beteiligten Person genötigt wurde, und gegründete Besorgnis vor Tötung oder schwerer körperlicher Beschädigung für den Fall der Weigerung auf ihrer Seite vorhanden war.

§ 26. Notwehr und Nothilfe. — Eine Handlung ist nicht strafbar, wenn sie begangen wird, um den Thäter oder eine andre Person, welche zu schützen er verbunden ist, vor einer unvermeidlichen und unwiederherstellbaren, persönlichen Verletzung zu schützen, vorausgesetzt, dafs der Verletzung nur durch jene Handlung vorgebeugt werden konnte, und nicht mehr als zur Abwendung der Verletzung notwendig war, gethan wurde.

§ 27. Straflosigkeit öffentlicher Gesandten. — Botschafter und andre öffentliche Gesandte fremder Regierungen, welche bei dem Präsidenten oder der Regierung der Vereinigten Staaten beglaubigt und nach den Gesetzen der Vereinigten Staaten anerkannt sind, samt ihren Sekretären, Boten, Familiengliedern und Dienern, sind in diesem Staate nicht strafbar, sondern ihrem eignen Lande zur Untersuchung und Bestrafung zu überliefern.

Titel II.

Teilnahme an Verbrechen.

§ 28. Hauptthäter und Mitschuldige. — Ein an einem Verbrechen Beteiligter ist entweder

1) ein Hauptthäter oder
2) ein Mitschuldiger.

§ 29. Begriff des Hauptthäters. — Wer an der Begehung eines Verbrechens beteiligt ist, mag er unmittelbar die eine Rechtsverletzung enthaltende Handlung begehen oder die Begehung derselben unterstützen und zu derselben anstiften, mag er gegenwärtig oder abwesend sein, ebenso wer unmittelbar oder mittelbar einen andern bestimmt, antreibt, veranlafst, oder beredet ein Verbrechen zu begehen, ist Hauptthäter.

§ 30. Begriff des Mitschuldigen. — Wer nach Begehung eines Verbrechens im e. S. den Thäter beherbergt, verbirgt, oder unterstützt, um ihn der Festnahme, der Untersuchung, der Überführung oder Bestrafung zu entziehen, ist, wenn er Kenntnis oder einen vernünftigen Grund zur Annahme hat, dafs ein solcher Verbrecher der Festnahme unterliegt, festgenommen, angeklagt oder überführt worden ist oder ein Verbrechen im e. S. begangen hat, Mitschuldiger an dem Verbrechen im e. S.

§ 31. Bei Vergehen sind alle Hauptthäter. — Wer eine Handlung begeht oder an deren Begehung teilnimmt, welche ihn zu einem Mitschuldigen machen würde, wenn das Verbrechen ein Verbrechen im e. S. wäre, ist Hauptthäter und kann als solcher angeklagt und bestraft werden, wenn das Verbrechen ein Vergehen ist.

Vgl. § 682.

§ 32. Verfahren gegen Mitschuldige. — Ein Mitschuldiger bei einem Verbrechen im e. S. kann angeklagt, zur Verhandlung gestellt und überführt werden, entweder in dem Bezirke, in welchem er Mitschuldiger wurde, oder in dem Bezirke, in welchem die Hauptthat begangen wurde, mag der Hauptthäter zuvor überführt worden sein, oder nicht, der Gerechtigkeit verantwortlich sein oder nicht, und obschon der Hauptthäter begnadigt oder sonstwie nach der Überführung entlastet worden ist.

Vgl. § 126.

§ 33. Strafe des Mitschuldigen. — Soweit nicht im Gesetz eine verschiedene Bestrafung besonders vorgeschrieben ist, ist derjenige, welcher als ein Mitschuldiger bei einem Verbrechen im e. S. überführt wurde, mit Einsperrung bis zu fünf Jahren, oder mit Geldstrafe bis zu fünfhundert Dollars allein oder in Verbindung mit einander zu bestrafen.

Titel III.

Grade der Begehung von Verbrechen und Versuch, Verbrechen zu begehen.

§ 34. Begriff des Versuches ein Verbrechen zu begehen. — Eine Handlung, welche in der Absicht begangen wurde, ein Verbrechen zu verüben und auf die Vollendung gerichtet war, ohne diese zu erreichen, ist ein Versuch jenes Verbrechen zu verüben.

§ 35. Der angeklagte Gefangene kann wegen eines geringeren Verbrechens oder des Versuchs verurteilt werden. — Auf Grund der Verhandlung über eine Anklage kann der Gefangene wegen des Verbrechens, dessen er beschuldigt wurde, oder wegen eines geringeren Grades desselben Verbrechens, oder wegen des Versuches, das ihm zur Last gelegte Verbrechen zu begehen, oder wegen des Versuches einen geringeren Grad desselben Verbrechens zu begehen, verurteilt werden.

§ 36. Freisprechung oder Verurteilung verhindert die Anklage wegen eines andern Grades oder wegen Versuchs. — Wenn ein Gefangener von der Anklage wegen eines Verbrechens, welches verschiedene Grade enthält, freigesprochen oder verurteilt ist, so kann er hinterher nicht wegen desselben Verbrechens in irgend einem andern Grade noch wegen des Versuches, das Verbrechen, dessen er beschuldigt war, oder irgend einen andern Grad desselben zu begehen, angeklagt, oder vor Gericht gestellt werden.

Titel IV.

Hochverrat.

§ 37. Begriff des Verrats. — Hochverrat gegen das Volk des Staates besteht:

1) in der Unternehmung eines Krieges gegen das Volk des Staates, innerhalb dieses Staates, oder
2) in der Verbindung von zwei oder mehreren Personen, um die Regierung des Staates mit Gewalt an sich zu reifsen, oder dieselbe zu stürzen, wenn diese aus einem gewaltsamen Versuch, welcher innerhalb des Staates gemacht wird, um jene Absicht durchzuführen, ersichtlich ist, oder
3) in der Verbindung mit den Feinden des Staates, während derselbe für sich im Krieg mit einem fremden Feinde in einem in der Verfassung der Vereinigten Staaten vorgesehenen Falle verwickelt ist, oder in der Förderung und Unterstützung solcher Feinde innerhalb des Staates oder anderswo.

§ 38. Strafe des Hochverrats. — Hochverrat ist mit dem Tode zu bestrafen.

Vgl. Strafprozefsordnung § 396, 397, 814, 826.

§ 39. Begriff der kriegerischen Unternehmung. — Damit die Unternehmung eines Krieges gegen das Volk dieses Staates angenommen werden kann, muss eine wirkliche kriegerische Handlung stattgefunden haben. Die Verabredung einer kriegerischen Unternehmung genügt nicht.

§ 40. Wann Widerstand gegen eine Verordnung als kriegerische Unternehmung zu betrachten ist. — Wenn Personen in der Absicht sich empören, um durch Gewalt und Einschüchterung die Ausführung einer Verordnung dieses Staates im allgemeinen zu verhindern, oder deren Aufhebung zu erzwingen, sind sie der Unternehmung eines Krieges schuldig. Das Unternehmen dagegen, die Durchführung des Gesetzes in einem einzelnen Falle und für private Zwecke, wenn auch durch Zusammenrottung und durch Waffengewalt zu verhindern, ist nicht als die Unternehmung eines Krieges zu betrachten.

Titel V.

Verbrechen gegen die Wahlfreiheit.

§ 41. Verbrechen gegen die Wahlfreiheit und die auf sie gesetzten Strafen werden durch besondere Verordnungen bestimmt.

Titel VI.

Verbrechen, welche durch und gegen die vollziehende Gewalt des Staates begangen werden.

§ 42. Unbefugte Ausübung eines öffentlichen Amtes. — Wer eine der Verrichtungen eines öffentlichen Amtes vornimmt, ohne den erforderlichen Amtseid geleistet und vorschriftsmäfsig zur Kenntnis gebracht zu haben, oder ohne die erforderte Sicherheit erlegt und vorschriftsmäfsig zur Kenntnis gebracht zu haben, ist eines Vergehens schuldig, und verwirkt ausser der hierfür vorgeschriebenen Strafe sein Recht auf das Amt.

§ 43. Handlungen von thatsächlichen Beamten sind gültig. — Der vorhergehende Paragraph darf nicht so ausgelegt werden, als wenn derselbe die Rechtsgültigkeit von Handlungen berührte, die von einer Person, welche die Verrichtungen eines öffentlichen Amtes thatsächlich vornimmt, ausgeführt wurden, falls andre Personen als der Handelnde selbst an der Aufrechterhaltung der Rechtsgültigkeit solcher Handlungen ein Interesse haben.

§ 44. Bestechung von öffentlichen Beamten oder Anbietung von Geschenken. — Wer einem vollziehenden Beamten dieses Staates ein Geschenk gibt oder anbietet, um ihn in einer Handlung, Entscheidung, Abstimmung, Meinung oder in einem andern Verfahren kraft seiner Stellung als Beamter zu beeinflussen, ist mit Einsperrung in einem Staatsgefängnisse bis zu zehn Jahren oder mit Geldstrafe bis zu fünftausend Dollars allein oder in Verbindung mit einander zu bestrafen.

§ 45. Geschenkannahme in Amtssachen und Verlangen von Geschenken. — Wenn ein vollziehender Beamte oder eine zu einem Vollziehungsamt erwählte oder gesetzlich ernannte Person ein Geschenk in der Übereinkunft oder dem Einverständnisse, dafs seine Abstimmung, Meinung oder Handlung in einer schwebenden Angelegenheit oder in einer Sache, welche gesetzlich vor ihn in seiner amtlichen Eigenschaft gebracht werden kann, dadurch beeinflufst werden soll, erbittet, empfängt oder einwilligt es zu empfangen, so ist er mit Einsperrung in einem Staatsgefängnisse bis zu zehn Jahren oder mit Geldstrafe bis zu fünftausend Dollars allein oder in Verbindung mit einander zu bestrafen, und zugleich verwirkt er sein Amt und wird für dauernd unfähig erachtet, in diesem Staate irgend ein öffentliches Amt zu bekleiden.

§ 46. Unternommene Verhinderung eines Beamten an der Ausführung einer Amtshandlung. — Wer es unternimmt, durch Drohungen oder mit Gewalt einen vollziehenden Beamten von der Ausführung einer ihm obliegenden Amtshandlung abzuschrecken oder abzuhalten, ist eines Vergehens schuldig.

Vgl. § 61—63, 127.

§ 47. Widerstand gegen Beamte. — Wer wissentlich unter Anwendung von Gewalt oder Thätlichkeiten einem vollziehenden Beamten in der Ausführung einer Amtshandlung sich widersetzt, ist eines Vergehens schuldig.

Vgl. § 124.

§ 48. Annahme ungesetzlicher Vergütungen. — Ein vollziehender Beamte, welcher für die Vornahme einer Amtshandlung irgend einen Vorteil, ein Geschenk oder eine Belohnung oder das Versprechen eines Vorteils, Geschenkes oder einer Belohnung erbittet oder annimmt, ist eines Vergehens schuldig, es sei denn, dafs dies vom Gesetze zugelassen sei.

§ 49. Verlangen oder Annahme von Belohnung für Unterlassung oder Verzögerung von Amtshandlungen. — Ein vollziehender Beamte, welcher einen Vorteil, ein Geschenk oder eine Belohnung oder das Versprechen eines Vorteils, Geschenkes oder einer Belohnung für die Unterlassung oder Verzögerung einer Amtshandlung erbittet oder annimmt, ist eines Vergehens schuldig.

§ 50. Empfang von Gebühren für nicht geleistete Dienste. — Ein vollziehender Beamte, welcher Gebühren oder Vergütungen für einen Amtsdienst, der nicht wirklich geleistet worden ist, mit Ausnahme derjenigen Fälle, in welchen voraussichtliche Kosten verrechnet werden, oder die Vorausnahme von Gebühren in dem Gesetze zugelassen ist, annimmt, ist eines Vergehens schuldig.

§ 51. Empfang ungesetzlicher Belohnung in Auslieferungsfällen. — Ein Beamter dieses Staates, welcher eine Gebühr oder Vergütung irgend welcher Art für einen Dienst oder eine Auslage bei Verschaffung einer Anweisung von dem Gouverneur dieses Staates an die vollziehende Gewalt eines Staates oder Territoriums der Vereinigten Staaten oder einer fremden Regierung wegen Auslieferung eines flüchtigen Verbrechers oder für einen Dienst oder eine Auslage bei Auslieferung eines flüchtigen Verbrechers, oder bei Übernahme oder Festhaltung desselben in diesem Staate erbittet oder annimmt, es sei denn, dafs der Beamte vom Gouverneur angestellt sei, ist eines Vergehens schuldig.

Vgl. StPO. §§ 836, 837.

§ 52. Anbieten von Belohnungen für Bestallungen u. s. w. — Wer eine Belohnung oder ein Geschenk gibt oder zu geben sich erbietet, damit er selbst oder eine andre Person zu einem öffentlichen Amte, oder einer Schreiberstelle, oder einer Abordnung oder anderweitigen untergeordneten Stellung in solch einem Amte ernannt oder damit ihm gestattet werde, irgend welche Vorrechte oder Obliegenheiten auszuüben, zu erfüllen oder zu versehen oder von einem solchen Amte Vorteile zu beziehen, ist eines Vergehens schuldig.

§ 53. Verlangen oder Empfang von Belohnung für Anstellungen u. s. w. — Wer irgend einen Vorteil oder eine Belohnung oder ein darauf gerichtetes Versprechen erbittet oder empfängt oder zu empfangen einwilligt, um eine andre Person in einem öffentlichen Amt oder einer Schreiberstelle, einer Abordnung oder einer andren untergeordneten Stellung in solchem Amte anzustellen oder ihr eine solche Anstellung zu verschaffen, ist eines Vergehens schuldig. Ist der Schuldige ein öffentlicher Beamter, so hat die Überführung den Verlust des Amtes zur Folge.

§ 54. Verkauf von Rechten zu Amtsbefugnissen. — Ein öffentlicher Beamter, welcher für die Gewährung oder das Versprechen irgend einer unmittelbaren oder mittelbaren Belohnung, einer Vergütung oder eines solchen Vorteils einem andern das Recht oder die Ermächtigung einräumt, Amtsverrichtungen vorzunehmen oder einem andern erlaubt, Anstellungen vorzunehmen oder eine von seinen Obliegenheiten zu erfüllen, ist eines Vergehens schuldig und seine Überführung hat den Verlust seines Amtes zur Folge und macht ihn für immer unfähig, ein Amt in diesem Staate zu bekleiden.

§ 55. Aufhebung der Anstellung durch Überführung. — Die Einräumung, Anstellung oder Beauftragung, welche entgegen den beiden letzten Paragraphen geschehen ist, wird durch die Überführung wegen Verletzung eines dieser Paragraphen durch eine solche Einräumung, Anstellung oder Beauftragung aufgehoben und nichtig gemacht; jedoch werden vor der Überführung geschehene Amtshandlungen durch die Überführung nicht berührt.

§ 56. Anmafsung eines öffentlichen Amtes. — Wer sich absichtlich ein öffentliches Amt anmafst, für welches er nicht gehörig erwählt oder bestellt worden ist oder wer als gewesener Vollzugs- oder Verwaltungsbeamter absichtlich irgend eine der Obliegenheiten dieses Amtes ausübt, nachdem sein Recht so zu handeln erloschen ist, ist eines Vergehens schuldig.

§ 57. Weigerung eines Beamten, die Übergabe an seinen Nachfolger vorzunehmen. — Ein abtretender Vollzugs- oder Verwaltungsbeamter, welcher unrechtmäfsigerweise sich weigert, auf Ersuchen seines gesetzlichen Nachfolgers, das Amtssiegel oder Bücher oder Papiere, welche zu seinem Amte gehörten, zu übergeben, ist eines Vergehens schuldig.

§ 58. Verwaltungsbeamte. — Die verschiedenen Bestimmungen dieses Kapitels, welche sich auf Vollzugsbeamte beziehen, finden ebenso auf Verwaltungsbeamte Anwendung, als ob Verwaltungsbeamte und Vollzugsbeamte genannt wären.

Titel VII.

Verbrechen gegen die gesetzgebende Gewalt.

§ 59. Verhinderung des Zusammentretens oder der Konstituierung von gesetzgebenden Körperschaften. — Wer absichtlich und mit Gewalt oder List die gesetzgebende Gewalt dieses Staates, oder eines der sie bildenden Häuser oder eines ihrer Mitglieder verhindert, zusammenzutreten oder sich zu konstituieren, ist mit Einsperrung in einem Staatsgefängnisse von fünf bis zu zehn Jahren oder mit Geldstrafe von fünfhundert bis zu zweitausend Dollars allein oder in Verbindung mit einander zu bestrafen.

§ 60. Störung einer gesetzgebenden Körperschaft während

der Sitzung. — Wer absichtlich die gesetzgebende Gewalt dieses Staates, oder eines der sie bildenden Häuser während der Sitzung stört oder sich im unmittelbaren Anblick und in Gegenwart eines der Häuser der gesetzgebenden Gewalt ungebührlich beträgt, um deren Verhandlungen zu unterbrechen oder die ihrem Ansehen schuldige Achtung herabzumindern, ist eines Vergehens schuldig.

§ 61. Erzwingung einer Vertagung. — Wer absichtlich und mit Gewalt oder List die gesetzgebende Gewalt dieses Staates oder eines der Häuser, welche dieselbe bilden, zwingt oder zu zwingen versucht, sich zu vertagen oder auseinanderzugehen, ist mit Einsperrung in einem Staatsgefängnis von fünf bis zu zehn Jahren oder mit Geldstrafe von fünfhundert bis zu zweitausend Dollars allein oder in Verbindung mit einander zu bestrafen.

§ 62. Einschüchterung eines Mitgliedes der gesetzgebenden Gewalt. — Wer absichtlich, durch Einschüchterung oder auf andre Weise, ein Mitglied der gesetzgebenden Gewalt dieses Staats verhindert, einer Sitzung des Hauses, dessen Mitglied er ist, oder eines Ausschusses desselben beizuwohnen, oder seine Stimme in irgend einer Frage, welche vor dieses Haus kommen mag, abzugeben, oder irgend eine andre Amtshandlung vorzunehmen, ist eines Vergehens schuldig.

Vgl. §§ 46, 127.

§ 63. Zwang gegen eines der Häuser, eine Amtshandlung vorzunehmen oder zu unterlassen. — Wer absichtlich eines der Häuser, welche die gesetzgebende Gewalt dieses Staates bilden, zwingt oder zu zwingen versucht, ein Gesetz oder einen Beschlufs durchgehen zu lassen, zu verbessern, oder zu verwerfen, oder eine Petition zu genehmigen oder zurückzuweisen, oder irgend eine andre Amtshandlung vorzunehmen oder zu unterlassen, ist mit Einsperrung in einem Staatsgefängnisse von fünf bis zu zehn Jahren, oder mit Geldstrafe von fünfhundert bis zu zweitausend Dollars allein oder in Verbindung mit einander zu bestrafen.

§ 64. Fälschliche Änderung von Gesetzentwürfen. — Wer betrüglicherweise den Entwurf eines Gesetzes oder eines Beschlusses, welcher einem der die gesetzgebende Gewalt bildenden Häuser vorgelegt worden ist, um Rechtskraft zu erlangen oder angenommen zu werden, in der Absicht abändert, die Rechtsgültigkeit oder Annahme durch eines der Häuser oder die Beglaubigung desselben durch den vorsitzenden Beamten eines der Häuser, und zwar in einer andern Fassung zu bewirken, als das Haus beabsichtigt hat, ist eines Verbrechens im e. S. schuldig.

§ 65. Fälschliche Änderung einer eingetragenen Abschrift. — Wer betrüglicherweise die eingetragene Abschrift oder die Eintragung eines Gesetzes, welches von der gesetzgebenden Gewalt dieses Staates Rechtskraft erhalten hat, in der Absicht abändert, derselben die Billigung des Gouverneurs oder die Beglaubigung des Staatssekretärs zu verschaffen, oder um sie von dem Drucker der Verordnungen in einer Fassung drucken oder veröffentlichen zu lassen, welche von derjenigen abweicht, in welcher sie von der gesetzgebenden Gewalt die Rechtskraft erhalten hat, ist eines Verbrechens im e. S. schuldig.

§ 66. Bestechung von Mitgliedern der gesetzgebenden Gewalt. — Wer einem Mitgliede der gesetzgebenden Gewalt eine Bestechung, sei es Geld, Vermögen oder ein Wertgegenstand irgend einer Art, oder ein Versprechen oder eine Zusage gibt, anbietet oder die Hingabe oder Versprechung veranlaſst, oder wer, unmittelbar oder mittelbar, durch Drohung, Betrug, Unterdrückung der Wahrheit oder durch andre unredliche Mittel ein Mitglied zur Abgabe oder Nichtabgabe seiner Stimme oder zur Entfernung von dem Hause, dessen Mitglied es ist, oder von einem Ausschusse desselben, zu bestimmen versucht, ist mit Einsperrung bis zu zehn Jahren oder mit Geldstrafe bis zu fünftausend Dollars allein oder in Verbindung miteinander zu bestrafen.

§ 67. Annahme von Bestechungen von seiten eines Mitgliedes der gesetzgebenden Gewalt. — Wenn ein Mitglied eines der die gesetzgebende Gewalt dieses Staates bildenden Häuser eine Bestechung begehrt, annimmt oder anzunehmen einwilligt, in dem Einverständnisse, daſs seine amtliche Stimme, Meinung, sein Urteil oder Vorgehen dadurch beeinfluſst oder in einer besonderen Weise oder nach einer besonderen Richtung hin bei einer Frage oder Angelegenheit, welche in seiner amtlichen Eigenschaft an ihn gelangen kann, abgegeben werde, oder wenn es seine amtliche Stimme unter der Voraussetzung abgibt, anbietet oder zu geben verspricht, daſs ein andres Mitglied der gesetzgebenden Gewalt eine solche Stimme bei derselben oder einer andern Frage abgebe, so ist es mit Einsperrung in einem Staatsgefängnisse bis zu zehn Jahren oder mit Geldstrafe bis zu fünftausend Dollars allein oder in Verbindung miteinander zu bestrafen.

§ 68. Weigerung von Zeugen, vor der gesetzgebenden Gewalt oder den Ausschüssen derselben zu erscheinen. — Wer trotz gehöriger Vorladung als Zeuge vor einem der Häuser der gesetzgebenden Gewalt oder vor einem Ausschusse derselben, welcher ermächtigt ist, Zeugen vorzuladen, zu erscheinen sich weigert oder es ohne gesetzliche Entschuldigung versäumt, der Ladung Folge zu leisten, ist eines Vergehens schuldig.

§ 69. Fortsetzung; Zeugnisweigerung. — Wer vor einem Hause der gesetzgebenden Gewalt oder vor einem Ausschusse desselben, welcher ermächtigt ist, Zeugen vorzuladen, erschienen ist und absichtlich sich weigert, eingeschworen oder in Pflicht genommen zu werden, oder wesentliche und angemessene Fragen zu beantworten, oder trotz ausreichender Kenntnis wesentliche und geeignete Bücher, Papiere oder Urkunden, welche in seinem Besitze oder in seiner Verwahrung sich befinden, vorzulegen, ist eines Vergehens schuldig.

§ 70. Verwirkung der Mitgliedschaft an der gesetzgebenden Gewalt. — Die Überführung eines Mitgliedes der gesetzgebenden Gewalt wegen eines der in diesem Kapitel bestimmten Verbrechen hat ausser der von diesem Gesetzbuche vorgeschriebenen Strafe die Verwirkung des Amtes und die dauernde Unfähigkeit zur Bekleidung eines Amtes in diesem Staate zur Folge.

Titel VIII.

Verbrechen gegen die öffentliche Rechtspflege.

Kapitel I.

Bestechung.

§ 71. Bestechung eines Gerichtsbeamten. — Wer eine Bestechung, sei es Geld, Vermögen oder ein Wertgegenstand irgend welcher Art, oder ein Versprechen oder eine Zusage einem Gerichtsbeamten oder einem Geschwornen, Referenten, Schiedsmann, Schätzer oder Beisitzer oder einer andern Person, welche vom Gesetze ermächtigt ist, irgend eine Frage, Angelegenheit, Rechtssache, ein Verfahren oder eine Streitsache anzuhören oder zu entscheiden, in der Absicht, dessen Handlungsweise, Stimme, Meinung oder Entscheidung zu beeinflussen, gibt, anbietet oder die Hingabe oder Anbietung veranlafst, ist mit Einsperrung bis zu zehn Jahren oder mit Geldstrafe bis zu fünftausend Dollars allein oder in Verbindung mit einander zu bestrafen.

§ 72. Annahme von Bestechungen durch Beamte. — Wenn ein Gerichtsbeamter, eine Person, welche eine der Obliegenheiten eines öffentlichen Amtes erfüllt, die nicht in Titel VI und VII dieses Gesetzbuchs vorgesehen sind, oder eine Person, welche vom Staate angestellt oder für denselben oder für irgend einen öffentlichen Beamten in den Geschäften des Staats thätig ist, eine Bestechung, sei es Geld, Vermögen oder einen Wertgegenstand irgend welcher Art, oder ein Versprechen oder eine Zusage mit dem Übereinkommen und Einvernehmen begehrt, annimmt oder anzunehmen einwilligt, dafs seine Stimme, Meinung, Entscheidung, sein Vorgehen, seine Beurteilung oder sein anderweitiges amtliches Verfahren dadurch beeinflufst werden solle, oder dafs er eine Handlung oder ein Verfahren vornehmen oder unterlassen, oder eine amtliche Dienstobliegenheit vernachlässigen oder verletzen wolle, so ist der Schuldige mit Einsperrung bis zu zehn Jahren oder mit Geldstrafe bis zu fünftausend Dollars allein oder in Verbindung mit einander zu bestrafen. Die Überführung hat den Verlust des von dem Verbrecher bekleideten Amtes und die dauernde Unfähigkeit zur Bekleidung eines öffentlichen Amtes im Staate zur Folge.

§ 73. Versprechung der Entscheidung durch Geschworne, Schiedsmänner oder Referenten. — Wenn ein Geschworner, oder jemand, welcher als Geschworner aufgestellt oder vorgeladen, oder zum Schiedsmann erwählt, oder zum Referenten bestellt ist, entweder:

1) ein Versprechen gibt oder ein Abkommen trifft, einen Urteilsspruch, ein Gutachten, einen Bericht, Ausspruch oder eine Entscheidung für oder gegen eine Partei abzugeben, oder

2) vorsätzlich eine Mitteilung, ein Buch, Papier, eine Urkunde oder Benachrichtigung empfängt, welche auf den Rechtsstreit oder die Angelegenheit, welche vor ihm anhängig ist, Bezug hat, mit Ausnahme von Mitteilungen, welche bei der Verhandlung oder dem Anhören jenes

Rechtsstreits oder Gegenstandes auf Grund des regelmäfsigen Ganges des Verfahrens vorkommen;

so ist er eines Vergehens schuldig.

§ 74. Annahme von Bestechungen durch Geschworne u. s. w. — Wenn ein Geschworner, Referent, Schiedsmann, Schätzer oder Beisitzer, oder eine andre gesetzlich zum Anhören oder zur Entscheidung einer Rechtssache, Streitfrage oder eines Verfahrens ermächtigte Person, Geld, Vermögen oder einen Wertgegenstand irgend welcher Art, oder ein Versprechen oder eine Zusage begehrt, annimmt oder anzunehmen einwilligt, mit dem Übereinkommen oder Einvernehmen, dafs seine Stimme, Meinung, sein Vorgehen, seine Entscheidung oder Beurteilung dadurch beeinflufst werden solle, so ist er mit Einsperrung bis zu zehn Jahren, oder mit Geldstrafe bis zu fünftausend Dollars allein oder in Verbindung mit einander zu bestrafen.

§ 75. Bestechung von Geschwornen. — Wer unlautererweise einen Geschwornen in einer Zivil- oder Strafklage oder in einem solchen Verfahren, oder jemanden, der zur Dienstleistung als Geschworner herangezogen oder vorgeladen oder zum Schiedsmann erwählt oder zum Referenten bestellt ist, in Hinsicht auf dessen Urteil, Entscheidung, Berichterstattung, Ausspruch oder Begutachtung betreffs irgend eines Rechtsstreites oder einer Angelegenheit, die vor ihm anhängig ist oder alsbald vor ihn gebracht werden soll, in irgend einem Falle oder in irgend einer Art, die nicht in den letzten beiden Paragraphen einbegriffen sind, beeinflufst oder zu beeinflussen versucht, ist eines Vergehens schuldig.

§ 76. Rechtswidriges Verhalten von Beamten bei Zuziehung von Geschwornen. — Wenn jemand, welcher vom Gesetze dazu ermächtigt ist, bei der Auslosung oder Einschreibung von Anklage- oder Urteils-Geschwornen für eine Sitzung oder einen Gerichtstermin oder für die Verhandlung irgend eines Streites oder eines Erlasses mitzuwirken entweder

1) absichtlich auf die Liste der ausgelosten Geschwornen einen Namen setzt oder setzen läfst, welcher nicht gesetzmäfsig zu diesem Zwecke ausgelost worden ist; oder

2) absichtlich einen Namen, welcher gesetzmäfsig ausgelost worden ist, auf eine solche Liste zu setzen unterläfst; oder

3) absichtlich eine Liste solcher Geschwornen, welche nicht gesetzlich ausgelost worden ist, unterzeichnet oder beglaubigt; oder

4) absichtlich aus der Urne oder einem andern Behältnisse für die Abstimmung, welches die Namen solcher Geschworner enthält, irgend ein Papier oder einen Stimmzettel, welcher gesetzmäfsig hineingethan ist oder dazu gehört und den Namen eines Geschwornen enthält, entfernt oder es unterläfst, in die Urne oder das Behältnis irgend einen Namen, der gesetzmäfsig ausgelost oder bestimmt ist, legt, oder in die Urne oder das Behältnis ein Papier oder einen Stimmzettel legt, der den Namen einer Person enthält, welche nicht gesetzmäfsig als Geschworner ausgelost oder bestimmt ist; oder

5) bei der Auslosung solcher Geschworner irgend eine Handlung begeht, welche unredlich, parteiisch oder in irgend einer andern Hinsicht unpassend ist,

so ist er eines Vergehens schuldig.

Dieser Paragraph findet jedoch auf die Stadt und den Bezirk New-York oder den Kingsbezirk keine Anwendung.

§ 77. Rechtswidriges Verhalten von Beamten bei Beaufsichtigung der Geschwornen. — Wenn ein Beamter, unter dessen Aufsicht ein Geschworner vom Gericht oder von der Obrigkeit gestellt ist, fahrlässig oder absichtlich denselben oder einem derselben es gestattet, ohne Erlaubnis des Gerichts oder der Obrigkeit

1) eine Mitteilung von einer Person in Empfang zu nehmen,
2) einer Person eine Mitteilung zu machen,
3) irgend ein Buch oder Papier oder eine Erfrischung zu erhalten oder zu empfangen; oder
4) das Zimmer der Geschwornen zu verlassen,

so ist er eines Vergehens schuldig.

§ 78. Bestechung öffentlicher Beamter. — Wer eine Bestechung, sei es Geld, Vermögen oder ein Wertgegenstand irgend welcher Art, oder ein Versprechen oder eine Zusage einer Person, welche die Obliegenheiten eines öffentlichen Amtes erfüllt und nicht zu den in Titel VI, Titel VII und Paragraph 71 des Titels VIII dieses Gesetzbuchs genannten Beamten oder Personen gehört, in der Absicht gibt, anbietet oder die Hingabe oder Anbietung veranlafst, sie in Hinsicht auf eine Handlung, Entscheidung, Abstimmung oder ein andres Vorgehen in Ausübung ihrer Gewalten und Obliegenheiten zu beeinflussen, ist mit Einsperrung bis zu zehn Jahren oder mit Geldstrafe bis zu fünftausend Dollars allein oder in Verbindung mit einander zu bestrafen.

Vgl. § 418.

§ 79. Der Verbrecher ist ein zulässiger Zeuge und entgeht der Verfolgung. — Wer eine der auf Bestechung bezüglichen vorstehenden Paragraphen dieses Gesetzbuchs übertreten hat, ist ein zulässiger Zeuge gegen eine andre ein solches Verbrechen begehende Person, und kann gezwungen werden, bei einer Verhandlung, Vernehmung, einem Verfahren oder einer Untersuchung in derselben Weise wie irgend eine andre Person mitzuwirken und Zeugnis abzulegen. Aber das solcherweise abgelegte Zeugnis darf in keiner zivilen oder strafrechtlichen Verfolgung oder Verhandlung gegen die Zeugnis ablegende Person benutzt werden. Wer auf diese Weise die Verabfolgung einer angenommenen Bestechung bezeugt, unterliegt keiner Anklage, Verfolgung oder Bestrafung für jene Bestechung und kann dementsprechend das Ablegen eines solchen Zeugnisses zum Zwecke des Ausschlufses einer Anklage oder Verfolgung behaupten oder beweisen.

Vgl. § 712.

§ 80. Bestechung von Zeugen. — Wer bei einer Verhandlung, einer Vernehmung oder einem andern Verfahren vor einem Gerichte oder einem zur Erhebung von Beweisen oder zur Abnahme von Zeugnissen ermächtigten Beamten Zeuge ist oder im Begriffe steht, Zeuge zu sein und eine Bestechung mit dem Abkommen oder Einvernehmen, dafs sein Zeugnis dadurch beeinflufst werden solle oder dafs er sich der Verhandlung, der Vernehmung oder dem andern Verfahren entziehen wolle, annimmt oder anzunehmen einwilligt oder sich erbietet, ist eines Verbrechens im e. S. schuldig.

§ 81. Definition des Begriffs „Geschworne". — Das Wort „Geschworner" umfaßt im Sinne dieses Kapitels den Ersatzgeschwornen und begreift Geschworne bei allen Gerichten, ob mit oder ohne Protokollführung, und in allen besonderen Verfahrensarten sowie vor irgend einem Beamten, der eine Geschwornenbank in irgend einem Falle oder Verfahren aufzustellen ermächtigt ist.

Kapitel II.

Widerrechtliche Befreiungen und Hinterziehungen.

§ 82. Befreiung von Gefangenen. — Wer mit Gewalt oder List einen Gefangenen aus dem gesetzmäßsigen Gewahrsam oder aus den Händen des Beamten oder einer andern Person, welche ihn in gesetzmäßsigem Gewahrsam hat, befreit, ist eines Verbrechens im e. S. schuldig, wenn der Gefangene auf Grund einer Beschuldigung, Festhaltung, Festnahme, Überführung oder eines Urteils wegen eines Verbrechens im e. S. in Haft gehalten wurde; wenn der Gefangene auf Grund einer Beschuldigung, Festhaltung, Festnahme, Überführung oder eines Urteils wegen eines Vergehens in Haft gehalten wurde, ist der Befreier eines Vergehens schuldig.

§ 83. Wegnahme u. s. w. von Vermögen aus dem Gewahrsam eines Beamten. — Wer aus dem Gewahrsam eines Beamten oder einer andern Person persönliches Vermögen, das unter der Aufsicht der letzteren steht und in einem gesetzlichen Verfahren befangen ist, wegnimmt, oder wer absichtlich solches Vermögen beschädigt oder zerstört, ist eines Vergehens schuldig.

Kapitel III.

Entweichung von Gefangenen und Hilfeleistung dazu.

§ 84. Entflohene Gefangene können wieder festgenommen werden. — Wenn ein Gefangener, welcher auf Grund der Verurteilung zu Gefängnis wegen eines Verbrechens in Haft gehalten wird, dem Gewahrsam entflieht, so kann er ergriffen und für eine Strafdauer eingesperrt werden, welche gleich ist dem am Tage seiner Flucht noch nicht verbüßsten Reste seiner ursprünglichen Strafzeit.

§ 85. Flüchtige Gefangene. — Wenn ein Gefangener, welcher in einem Gefängnisse eingesperrt ist oder in dem gesetzmäßsigen Gewahrsame eines Beamten oder einer andern Person sich befindet, mit Gewalt oder List dem Gefängnisse oder Gewahrsam entflieht, so ist er eines Verbrechens im e. S. schuldig, falls der Gewahrsam oder die Einsperrung auf Grund der Beschuldigung, Festnahme, Festhaltung oder Überführung wegen eines Verbrechens im e. S.; eines Vergehens, wenn der Gewahrsam oder die Einsperrung auf Grund der Beschuldigung, Festnahme, Festhaltung oder Überführung wegen eines Vergehens verhängt wurde.

§ 86. Versuchte Entweichung aus einem Staatsgefängnisse. — Wenn ein Gefangener, welcher in einem Staatsgefängnisse für geringere

Zeit als auf Lebensdauer eingesperrt ist, mit Gewalt oder List, wenn auch ohne Erfolg, dieser Gefangenschaft zu entfliehen versucht, so ist er eines Verbrechens im e. S. schuldig.

§ 87. Hilfeleistung zur Entweichung von Gefangenen. — Wer in der Absicht, die Entweichung eines Gefangenen zu bewirken oder zu erleichtern, mag die Entweichung bewirkt oder versucht sein oder nicht, ein Gefängnis betritt, oder einem Gefangenen irgend eine Nachricht überbringt oder in das Gefängnis irgend eine Verkleidung, ein Werkzeug, eine Waffe oder ein andres Ding sendet, ist eines Verbrechens im e. S. schuldig, wenn der Gefangene auf Grund der Anklage, Festnahme, Festhaltung oder Überführung wegen eines Verbrechens im e. S.; eines Vergehens, wenn der Gefangene auf Grund der Anklage, Festnahme, Festhaltung oder Überführung wegen eines Vergehens in Gewahrsam sich befindet.

§ 88. Hilfeleistung bei Entweichung von Gefangenen. — Wer einen Gefangenen bei der Entweichung oder dem Versuche der Entweichung aus dem Gewahrsame eines Scherifs oder eines andern Beamten oder einer andern Person unterstützt oder ihm dabei behilflich ist, ist eines Vergehens schuldig, wenn der Gefangene wegen eines Vergehens festgenommen, festgehalten oder überführt ist, oder unter Anklage steht; eines Verbrechens im e. S., wenn der Gefangene wegen eines Verbrechens im e. S. festgenommen, festgehalten oder überführt ist, oder deswegen unter Anklage steht.

§ 89. Beamte, welche die Entweichung dulden. — Wenn ein Scherif oder ein andrer Beamter oder eine andre Person es zuläfst, dafs ein Gefangener, welcher gesetzmäfsig wegen irgend einer zivilen oder strafrechtlichen Klage oder Verhandlung unter seiner Aufsicht steht oder in irgend einem unter seinem Befehl oder seiner Kontrolle stehenden Gefängnisse sich befindet, entrinnt oder mit Ausnahme der vom Gesetz zugelassenen Fälle frei umhergeht, oder eine solche Entweichung begünstigt oder unterstützt, oder eine Handlung oder Obliegenheit unterläfst, so dafs dadurch die Entweichung veranlafst, unterstützt oder befördert wird, so ist der Schuldige,

1) wenn er gewinnsüchtigerweise und absichtlich die Entweichung zuläfst, befördert oder unterstützt, eines Verbrechens im e. S.;
2) in allen andern Fällen eines Vergehens schuldig.

Vgl. §§ 58, 114, 115.

§ 90. Fortsetzung; Verwirkung des Amtes. — Ein Beamter, welcher eines in der ersten Unterabteilung des vorhergehenden Paragraphen bezeichneten Verbrechens überführt ist, verwirkt sein Amt und ist für immer unfähig, ein Amt, oder eine Vertrauensstelle, ein Ehrenamt oder eine Besoldung gemäfs der Verfassung oder den Gesetzen dieses Staates innezuhaben.

§ 91. Verbergung entflohener Gefangener. — Wer wissentlich oder absichtlich eine Person verbirgt oder zum Zwecke der Verheimlichung beherbergt, welche dem Gewahrsam entronnen oder ihm zu entrinnen begriffen ist, ist eines Verbrechens im e. S. schuldig, wenn der Gefangene auf

Grund einer Anklage oder Überführung wegen eines Verbrechens im e. S.; eines Vergehens, wenn er auf Grund einer Anklage oder Überführung wegen eines Vergehens in Gewahrsam gehalten wurde.

§ 92. Begriff des Gefängnisses. — Der Ausdruck „Gefängnis" bedeutet im Sinne dieses Kapitels jeden Ort, welcher gesetzlich für das Festhalten von Personen bestimmt ist, die auf Grund eines gesetzlichen Verfahrens oder eines gesetzlichen Arrestes in Gewahrsam gehalten werden.

§ 93. Begriff des Gefangenen. — Der Ausdruck „Gefangener" bedeutet im Sinne dieses Kapitels jede Person, welche auf Grund eines gesetzlichen Verfahrens oder eines gesetzlichen Arrestes in Gewahrsam gehalten wird.

Kapitel IV.

Fälschung, Entwendung, Beschädigung und Verfälschung von gerichtlichen und öffentlichen Zeugnissen und Urkunden.

§ 94. Beschädigung u. s. w. von öffentlichen Beurkundungen. — Wer absichtlich und rechtswidrig eine Beurkundung, eine Karte, ein Buch, Papier, Dokument oder eine andre Sache, welche in einer öffentlichen Amtsstube oder bei einem öffentlichen Beamten mit gesetzlicher Ermächtigung eingereicht oder niedergelegt ist, entfernt, beschädigt, zerstört, verheimlicht oder verfälscht, wird mit Einsperrung bis zu fünf Jahren oder mit Geldstrafe bis zu fünfhundert Dollars allein oder in Verbindung mit einander bestraft.

Vgl. § 114.

§ 95. Anbietung falscher oder verfälschter Urkunden zur Einreichung oder Registrierung. — Wer wissentlich eine falsche oder verfälschte Urkunde sich verschafft oder sie anbietet, damit sie in einer öffentlichen Amtsstube innerhalb dieses Staates eingereicht, registriert oder beurkundet werde, ist, wenn die Urkunde, falls sie ächt wäre, unter irgend einem Gesetze dieses Staates oder der Vereinigten Staaten eingereicht, registriert oder beurkundet werden könnte, eines Verbrechens im e. S. schuldig.

Kapitel V.

Meineid und Verleitung zum Meineid.

§ 96. Meineid. — Wer schwört oder versichert, daſs er wahrheitsgetreu Zeugnis ablegen, sich erklären, aussagen oder versichern wolle oder daſs irgend ein Zeugnis, eine Erklärung, Aussage, Versicherung, ein beschworenes Protokoll oder ein andres von ihm unterschriebenes Schriftstück wahr sei, sei es in einer Klagesache oder in einem besondern Verfahren, oder bei einer Vernehmung oder einer Untersuchung oder bei irgend einer Gelegenheit, bei welcher gesetzlich ein Eid erfordert wird oder wegen der Verfolgung oder Verteidigung eines Privatrechts oder im Interesse des öffentlichen Rechts notwendig ist oder gesetzlich aufgelegt werden kann, ist, wenn er in dieser Klagsache oder diesem Verfahren, oder dieser Vernehmung, dieser Untersuchung oder dieser andern Gelegenheit absichtlich und wissentlich in einem wesentlichen Punkte falsches Zeugnis ablegt, fälschlich sich erklärt, aussagt oder versichert, oder wenn er in seinem Zeugnisse, seiner Erklärung, Aussage, dem beschworenen Protokolle oder in seiner Versicherung behauptet, dafs eine wesentliche Thatsache wahr sei, von der er weifs, dafs sie falsch ist, des Meineids schuldig.

Vgl. § 712.

§ 97. Unregelmäfsigkeiten bei der Abnahme von Eiden. — Gegen die Verfolgung wegen Meineids schützt die Thatsache nicht, dafs der Eid in unregelmäfsiger Weise auferlegt oder geschworen worden ist. Der Ausdruck „Eid" begreift jede Versicherung und jede andre vom Gesetze zugelassene Weise, die Wahrheit dessen, was behauptet wird, zu erhärten.

§ 98. Unzulässigkeit des Zeugnisses entschuldigt den Meineid nicht. — Gegen die Verfolgung wegen Meineids schützt die Thatsache nicht, dafs der Beschuldigte nicht fähig war, das Zeugnis, die Aussage oder Versicherung, deren Falschheit behauptet wird, abzugeben. Es ist hinreichend, dafs ihm thatsächlich erlaubt wurde, das Zeugnis, die Aussage oder Versicherung abzugeben.

§ 99. Kenntnis des Zeugen von der Wesentlichkeit seines Zeugnisses ist nicht erforderlich. — Gegen die Verfolgung wegen Meineids schützt die Thatsache nicht, dafs der Beschuldigte die Wesentlichkeit der von ihm gemachten falschen Aussage nicht kannte; oder dafs sie thatsächlich das Verfahren, in welchem und für welches sie gemacht wurde, nicht beeinflufste. Es ist hinreichend, dafs sie wesentlich war und jenes Verfahren beeinflussen konnte.

§ 100. Wann Aussagen u. s. w. als vollendet anzusehen sind. — Die Abgabe einer Aussage oder einer Versicherung wird innerhalb der Bestimmungen dieses Kapitels von dem Augenblicke an für vollendet erachtet, in welchem sie von dem Beschuldigten einer andern Person gegenüber in der Absicht, dafs sie als wahr geäufsert und öffentlich gemacht werde, abgegeben wurde.

§ 101. Behauptung einer Thatsache, deren Wahrheit dem Behauptenden nicht bekannt ist. — Die unrichtige Behauptung einer Thatsache, deren Wahrheit dem Behauptenden nicht bekannt ist, steht der Behauptung einer Thatsache gleich, deren Unwahrheit er kennt.

§ 102. Unverzügliche Festnahme von Zeugen, welche einen Meineid begangen haben. — Wenn ein Gericht mit Beweisprotokollen[1]) es für wahrscheinlich hält, dafs jemand, welcher vor ihm in einer Klagsache oder einem Verfahren dieses Gerichtes Zeugnis ablegte, bei Ablegung desselben einen Meineid begangen habe, so kann das Gericht sofort den Schuldigen durch einen Befehl oder durch ein zu diesem Zwecke zu eröffnendes Verfahren dem Gefängnisse überweisen oder ihm die Sicherheitsleistung für

---

[1]) *Courts of record;* d. h. Gerichte, deren Verhandlungs-Protokolle (*records*) vollen Beweis mit Ausschluss des Gegenbeweises liefern. Vgl. Stephen-Mühry Handbuch S. 103 Note 1; Harris-Force, *Principles of Crim. Law.* Cincinnati 1880 S. 88 n.

sein Erscheinen und für die Beantwortung einer Anklage wegen Meineids auferlegen.

§ 103. Zeugen zum Beweise des Meineides können zum Erscheinen verpflichtet werden. — In einem der im letzten Paragraphen bezeichneten Fälle kann das Gericht Zeugen, durch welche der Meineid festgestellt werden soll, verpflichten, vor dem zuständigen Gerichte zu erscheinen, um vor den Anklage-Geschwornen und ebenso bei der Verhandlung, falls eine Anklage wegen Meineids erhoben wird, Zeugnis abzulegen. Die Überweisung oder Verpflichtung zur Sicherheitsleistung ist mit den Namen der verpflichteten Zeugen unverzüglich zur Kenntnis des Staatsanwalts des Bezirkes zu bringen.

§ 104. Urkunden, welche zum Beweise des Meineids notwendig sind, können zurückbehalten werden. — In diesem Falle kann ein Papier oder eine Urkunde, welche von einer der Parteien vorgezeigt worden, vom Gerichte, wenn es den Gebrauch desselben bei der Verfolgung wegen des Meineids für notwendig erachtet, zurückbehalten und die Übergabe desselben an den Staatsanwalt des Bezirkes angeordnet werden.

§ 105. Begriff der Verleitung zum Meineid. — Wer absichtlich einen andern zur Begehung eines Meineides bestimmt oder veranlafst, ist der Verleitung zum Meineid schuldig.

§ 106. Strafe für Meineid und Verleitung dazu. — Meineid und Verleitung zum Meineid sind zu bestrafen wie folgt:

1. wenn der Meineid in der Verhandlung über eine Anklage wegen eines Verbrechens im e. S. begangen wird, mit Einsperrung von fünf bis zu zwanzig Jahren;

2. in allen andern Fällen mit Einsperrung von zwei bis zu zehn Jahren.

Kapitel VI.

Fälschung von Beweismitteln.

§ 107. Anbietung falscher Beweismittel. — Wer bei einer Verhandlung, einer Vernehmung, einer Untersuchung, Nachforschung oder einem andern gesetzlich vorgesehenen Verfahren ein Buch, Papier, eine Urkunde, eine Beurkundung oder einen andern Gegenstand als ächt anbietet oder die Anbietung veranlafst, obwohl er weifs, dafs derselbe gefälscht oder betrüglicherweise geändert worden sei, ist eines Verbrechens im e. S. schuldig.

§ 108. Täuschung von Zeugen. — Wer Betrug oder Arglist anwendet oder wissentlich irgend eine falsche Behauptung, eine Darstellung, ein Zeichen oder Schriftstück einem Zeugen oder einer Person gegenüber, welche als Zeuge vorgerufen werden soll, in einem Verfahren, einer Verhandlung, Untersuchung oder irgend einer gesetzmäfsig angestellten Nachforschung in der Absicht anfertigt oder vorbringt, das Zeugnis eines solchen Zeugen zu beeinflussen, ist eines Vergehens schuldig.

§ 109. Anfertigung falscher Beweismittel. — Wer betrüglicherweise eine falsche Beurkundung, oder ein Schriftstück oder einen andern Gegenstand oder eine andre Sache in der Absicht anfertigt oder vorbereitet, sie als ächt bei irgend einer Verhandlung, einer Vernehmung einer Untersuchung, einer Nachforschung oder einem andern gesetzlich zugelassenen Verfahren als Beweismittel zu gebrauchen oder ihren Gebrauch zu gestatten, ist eines Verbrechens im e. S. schuldig.

§ 110. Zerstörung von Beweismitteln. — Wer wissend, dafs ein Buch, Papier, eine Beurkundung, ein Schriftstück oder ein andrer Gegenstand oder eine Sache bei irgend einer Verhandlung, Untersuchung, Nachforschung, einer Vernehmung oder einem andern vom Gesetze zugelassenen Verfahren als Beweisstück erforderlich ist oder erforderlich werden kann, dieselbe in der Absicht zerstört, sie dadurch der Vorbringung zu entziehen, ist eines Vergehens schuldig.

§ 111. Verhinderung des Erscheinens von Zeugen oder Abhaltung von demselben. — Wer absichtlich jemanden, welcher in gehöriger Weise durch Ladung oder unter Strafandrohung zum Erscheinen als Zeuge aufgefordert ist, an dem Erscheinen in Gemäfsheit der Ladung oder Strafdrohung verhindert oder ihm davon abrät, ist eines Vergehens schuldig.

§ 112. Veranlassung eines andern zur Begehung eines Meineides. — Wer ohne eine Bestechung zu geben, anzubieten oder zu versprechen, einen andern zur Begehung eines Meineides oder zur Ablegung eines falschen Zeugnisses, mag auch der Meineid nicht begangen und das falsche Zeugnis nicht abgegeben worden sein, oder zur Nichtablegung eines wahrheitsgemäfsen Zeugnisses auffordert oder zu bestimmen versucht, ist eines Vergehens schuldig.

§ 113. Bestechung von Zeugen. — Wer einem Zeugen oder jemandem, welcher als Zeuge auftreten soll, irgend eine Bestechung mit dem Einvernehmen oder Abkommen, dafs das Zeugnis dieses Zeugen dadurch beeinflufst werden soll, gibt oder anbietet oder zu geben verspricht, oder wer durch irgend welche andern Mittel es versucht, betrüglicherweise einen Zeugen zu veranlassen, falsches Zeugnis abzulegen oder ein wahres Zeugnis nicht abzulegen, ist eines Verbrechens im e. S. schuldig.

Kapitel VII.

Andre Verbrechen gegen die öffentliche Rechtspflege.

§ 114. Verletzung von Urkunden und widerrechtliche Verwendung seitens Unterbeamter. — Ein Scherif, Leichenschauer, Gerichtsschreiber, Polizeidiener oder andrer untergeordneter Beamte, und jeder Stellvertreter oder Unterbeamte eines untergeordneten Beamten, welcher entweder

1) irgend eine Beurkundung oder ein zu seinem Amte gehöriges Papier beschädigt, zerstört, verbirgt, radiert, abändert oder verfälscht; oder
2) betrüglicherweise irgend welches Geld, ein Beweisstück für eine Schuld oder andres Vermögen, welches ihm kraft seines Amtes anvertraut ist, sich zu eignem oder zu einer andern Person Gebrauche aneignet oder in der Absicht verbirgt, es sich zu solchem Gebrauche anzueignen,

ist eines Verbrechens im e. S. schuldig.

Vgl. §§ 58, 94, 470, 472.

§ 115. Gestattung von Entweichungen durch Unterbeamte. — Ein Scherif, Leichenschauer, Gerichtsschreiber, Polizeidiener oder andrer untergeordneter Beamte, und jeder Stellvertreter oder Unterbeamte eines untergeordneten Beamten, welcher entweder:

1) irgend eine Vergünstigung oder Belohnung, oder eine Sicherheit für eine solche oder das Versprechen einer solchen entgegennimmt, um die Entweichung eines in seiner Obhut befindlichen Gefangenen zu bewerkstelligen, zu unterstützen, geschehen zu lassen oder zu gestatten, mag die Entweichung versucht werden oder nicht; oder

2) irgend eine ungesetzliche Handlung begeht, die darauf gerichtet ist, den Lauf der Gerechtigkeit zu hemmen, ist eines Vergehens schuldig.

Vgl. §§ 58, 89, 90.

§ 116. Vernachlässigung oder Verweigerung eines Verfahrens. — Ein Beamter, welcher die Erfüllung der ihm gesetzlich auferlegten Verpflichtung, eine Person in seinen amtlichen Gewahrsam oder in ein unter seinem Befehl stehendes Gefängnis zu nehmen, absichtlich vernachlässigt oder verweigert, ist eines Vergehens schuldig.

Vgl. § 154 unten.

§ 117. Nachlässigkeit öffentlicher Beamter. — Wenn ein öffentlicher Beamte oder jemand, der ein öffentliches Vertrauensamt oder eine Anstellung bekleidet hat, welcher irgend eine Obliegenheit vom Gesetze zugewiesen ist, absichtlich die Erfüllung seiner Obliegenheiten vernachlässigt, so ist er eines Vergehens schuldig. Dieser und der vorhergehende Paragraph beziehen sich nicht auf Fälle von amtlichen Handlungen oder Unterlassungen, deren Verhinderung oder Bestrafung anderweitig von einer Verordnung besonders vorgesehen ist.

Vgl. §§ 154, 471, 684.

§ 118. Verzögerte Vorführung einer festgenommenen Person vor die zuständige Behörde. — Wenn ein öffentlicher Beamter oder jemand andrer eine Person auf Grund einer Strafklage verhaftet hat und absichtlich und rechtswidrig die Vorführung des Verhafteten vor jene Behörde, welche zur Vornahme des Verhöres zuständig ist, verzögert, so ist er eines Vergehens schuldig.

Vgl. § 556; StPO. § 165.

§ 119. Verhaftung u. s. w. ohne gesetzliche Ermächtigung. — Wenn ein öffentlicher Beamte oder jemand, der sich für einen öffentlichen Beamten ausgibt, wissentlich unter dem Vorgeben oder dem Anscheine eines rechtlichen Verfahrens, jemanden festnimmt oder ihn wider seinen Willen festhält, oder irgend welches Vermögen in Beschlag nimmt oder einzieht oder jemanden aus dem Besitz von Ländereien oder Pachtstücken setzt, ohne dafs ein regelmäfsiges Verfahren darüber stattfindet, so ist er eines Vergehens schuldig.

Vgl. § 556.

§ 120. Rechtswidriges Verhalten bei Ausführung eines Durchsuchungsbefehls. — Ein Beamter, welcher bei Ausführung eines Durchsuchungsbefehls absichtlich seine Ermächtigung überschreitet oder mit unnötiger Strenge verfährt, ist eines Vergehens schuldig.

Vgl. §§ 159, 556.

§ 121. Weigerung, einem Beamten bei Verhaftungen Hilfe zu leisten. — Wer trotz gesetzmäfsiger Aufforderung einem Beamten bei der Verhaftung einer Person oder bei der Wiederergreifung einer Person, welche dem gesetzmäfsigen Gewahrsam entwichen ist, oder bei der Ausführung irgend eines gesetzmäfsigen Verfahrens Hilfe zu leisten, absichtlich die Hilfeleistung dem Beamten gegenüber vernachlässigt oder verweigert, ist eines Vergehens schuldig.

§ 122. Verweigerung einer Festnahme. — Wer trotz gesetzmäfsiger Aufforderung von seiten einer Behörde eine andre Person festzunehmen, absichtlich es vernachlässigt oder sich weigert dieser Aufforderung zu entsprechen, ist eines Vergehens schuldig.

§ 123. Widerstand gegen ein rechtliches Verfahren u. s. w. — Wer, nachdem durch eine vom Gouverneur erlassene Verkündigung ein Bezirk als im Zustande der Empörung begriffen erklärt worden ist, gegen die Durchführung eines rechtlichen Verfahrens in diesem Bezirke Widerstand leistet oder den Widerstand fördert, oder wer die Befreiung oder Entweichung eines andern aus gesetzlicher Obhut oder Gefangenschaft in diesem Bezirke unterstützt oder unternimmt, oder wer einer vom Gouverneur mit der Bekämpfung oder Unterdrückung einer Empörung beauftragten Macht sich widersetzt oder beim Widerstande Hilfe leistet, ist eines Verbrechens im e. S. schuldig.

§ 124. Widerstand gegen öffentliche Beamte. — Wer in irgend einem Falle oder unter irgend welchen Umständen, die nicht besonders vorgesehen sind, absichtlich einem öffentlichen Beamten bei Erfüllung seiner Amtspflicht oder bei einem Versuche sie zu erfüllen Widerstand leistet, ihn in Verzug setzt oder hindert, ist eines Vergehens schuldig.

Vgl. § 47.

§ 125. Vertuschung von Verbrechen. — Wer Geld oder andres Vermögen, eine Vergünstigung oder eine Belohnung oder eine dahingehende Verpflichtung oder das Versprechen einer solchen mit dem ausdrücklichen oder stillschweigenden Abkommen oder Einvernehmen annimmt, ein Verbrechen oder die Verletzung einer Verordnung zu vertuschen oder zu verheimlichen oder die Verfolgung wegen desselben zu unterlassen, nicht fortzusetzen oder zu verschleppen, oder irgend einen darauf bezüglichen Beweis zu unterdrücken, ist, mit Ausnahme der Fälle, in welchen ein Übereinkommen gesetzlich zulässig ist,

1) eines Verbrechens im e. S. schuldig und mit Einsperrung in einem Staatsgefängnisse bis zu fünf Jahren zu bestrafen, wenn das Abkommen oder Einvernehmen sich auf ein mit dem Tode oder mit lebenslänglicher Einsperrung in einem Staatsgefängnisse zu bestrafendes Verbrechen im e. S. bezieht;

2) eines Verbrechens im e. S. schuldig und mit Einsperrung in einem

Staatsgefängnisse bis zu drei Jahren zu bestrafen, wenn das Abkommen oder das Einvernehmen sich auf ein andres Verbrechen im e. S. bezieht;

3) eines Vergehens schuldig und mit Einsperrung in einem Bezirksgefängnisse bis zu einem Jahre oder mit Geldstrafe bis zu 250 Dollars allein oder in Verbindung miteinander zu bestrafen, wenn das Abkommen oder Einvernehmen sich auf ein Vergehen, oder auf die Verletzung einer Verordnung bezieht, für welche Geldstrafe oder Einziehung angedroht ist.

§ 126. Überführung des Hauptverbrechers u. s. w. — Bei der Verhandlung über eine Anklage wegen Vertuschung eines Verbrechens ist es nicht nötig nachzuweisen, dafs irgend eine Person des Verbrechens oder der Verletzung einer Verordnung überführt worden ist, in Beziehung auf welche das im vorstehenden verbotene Abkommen oder Einvernehmen getroffen wurde.

Vgl. § 32.

§ 127. Einschüchterung öffentlicher Beamter. — Wer unmittelbar oder mittelbar eine Drohung oder Einschüchterung gegen einen öffentlichen Beamten, oder gegen einen Geschwornen, Schiedsmann, Referenten, Schutzmann oder Beisitzer, oder gegen eine andre Person, welche gesetzlich ermächtigt ist, irgend eine Streitfrage oder Angelegenheit anzuhören oder zu entscheiden, in der Absicht richtet, sie zu veranlassen, entgegen ihrer Pflicht irgend eine Handlung, Entscheidung oder Bestimmung vorzunehmen oder zu treffen, zu unterlassen oder zu verschleppen, ist eines Vergehens schuldig.

Vgl. §§ 61—63 u. 464.

§ 128. Unterdrückung von Beweisen. — Wer böswilligerweise irgend welche betrügliche oder arglistige Mittel anwendet, oder eine Drohung, Bedrohung oder Gewalt gebraucht, um eine an einer Klagesache oder einem rechtlichen Verfahren beteiligten Partei abzuhalten, dabei ein Buch, ein Papier oder eine andre Sache, welches Beweis liefern könnte, zu erlangen oder vorzulegen, oder das Erscheinen oder das Zeugnis irgend eines Zeugen sich dafür zu verschaffen; oder um irgend eine Person, welche in ihrem Besitze ein Buch, ein Papier oder eine andre Sache hat, welche in einem solchen Prozesse oder Verfahren als Beweis dienen könnte, oder eine Person, welche Kenntnis von einer diesbezüglichen wesentlichen Thatsache hat, von der Vorbringung oder Enthüllung derselben abzuhalten, ist eines Vergehens schuldig.

§ 129. Kauf von Grundstücken, welche in einem Rechtsstreite befangen sind. — Wer sich Grundstücke oder Gebäude oder Interessen oder Nutzniessungen an solchen von einer Person, welche nicht in deren Besitze ist, übertragen läfst, während solche Grundstücke oder Gebäude Gegenstand eines bei einem Gerichte anhängigen Rechtsstreites sind, ist, wenn er weifs, dafs die Sache rechtshängig und der Übertragende nicht im Besitze dieser Grundstücke oder Gebäude ist, eines Vergehens schuldig.

§ 130. Kaufen oder Verkaufen vorgeblicher Besitztitel. — Wer ein Recht oder einen wirklichen oder vorgeblichen Titel an Ländereien oder Gebäuden kauft oder verkauft oder sich in irgend welcher Weise verschafft oder einen solchen Titel oder ein Recht zu übertragen verspricht oder verabredet, ist, wenn der Übertragende oder die Person, welche die Verabredung trifft oder das Versprechen macht, nicht im Besitz gewesen ist, oder wenn er und diejenigen, an welche er Ansprüche macht, nicht im Besitze oder in der Anwartschaft darauf und in der Innehabung gewesen sind, oder für die Dauer eines Jahres vor dem Abschlusse des Versprechens oder der Vereinbarung die Miets- und Pachtgelder und Vorteile eingenommen haben, eines Vergehens schuldig.

§ 131. Verpfändung von Grundstücken ist nicht verboten. — Die letzten beiden Paragraphen sollen nicht so ausgelegt werden, dafs jemand, welcher einen rechtmäfsigen Titel an Grundstücken besitzt, die sich in dem unrechtmäfsigen Besitze eines andern befinden, abgehalten werde, auf solche Grundstücke eine Hypothek aufzunehmen.

§ 132. Begriff der böswilligen Prozefsstiftung. — Böswillige Prozefsstiftung ist die gewerbsmässige Veranlassung grundloser gerichtlicher Verhandlungen.

§ 133. Fortsetzung; sie ist ein Vergehen. — Böswillige Prozefsstiftung ist ein Vergehen.

§ 134. Beweis der böswilligen Prozefsstiftung. — Niemand kann der böswilligen Prozefsstiftung überführt werden, wenn nicht bewiesen wird, dafs er Klagen oder gesetzliche Verhandlungen zu wenigstens dreien Malen veranlafst hat und zwar in der unredlichen oder böswilligen Absicht, zu beunruhigen und zu schaden.

§ 135. Fortsetzung; die beteiligte Partei. — Gegen die Verfolgung wegen böswilliger Prozefsstiftung schützt die Thatsache nicht, dafs der Beschuldigte selbst beteiligte Partei oder in einer ordnungsmäfsigen Klage oder in einem gesetzlichen Verfahren begriffen war.

§ 136. Ankauf von Forderungen zum Zwecke der Klage von seiten eines Anwalts. — Ein Anwalt oder Advokat, welcher den Paragraphen 73 der Zivilprozefsordnung, welcher vom Ankauf von Forderungen handelt, oder den Paragraphen 74 der Zivilprozefsordnung, welcher von gewissen Versprechungen und Geschenken spricht, verletzt, ist eines Vergehens schuldig.

§ 137. Ankauf von Forderungen von seiten eines Richters oder Polizeidieners. — Ein Friedensrichter oder Polizeidiener, welcher unmittelbar oder mittelbar irgend einen Gegenstand einer Klage zu dem Zwecke kauft, um vor einem Richter darüber einen Prozefs zu beginnen, oder welcher an einem solchen Kaufe beteiligt ist, ist eines Vergehens schuldig.

§ 138. Versprechen von Belohnung für Klagen, die zum Zwecke der Durchführung eingereicht werden. — Ein Friedensrichter oder Polizeidiener, welcher mittelbar oder unmittelbar einer Person eine wertvolle Vergünstigung gibt oder zu geben verspricht, entweder um sie zu veranlassen, vor einen Richter einen Prozefs zu bringen oder in Ansehung eines bereits angebrachten Rechtsstreites, ist eines Vergehens schuldig.

§ 139. Verwirkung des Amtes. — Wer der Verletzung eines der drei vorhergehenden Paragraphen überführt wurde, verwirkt außer der dafür in diesem Gesetzbuche vorgesehenen Geld- und Gefängnisstrafe sein Amt.

§ 140. Wann die Annahme von Klaggegenständen erlaubt ist. — Keiner der vier vorhergehenden Paragraphen soll so ausgelegt werden, daſs die Annahme eines im Rechtsstreite befangenen Gegenstandes an Zahlungsstatt für einen dinglichen oder persönlichen Anspruch, oder für wirklich geleistete Dienste eines Anwalts oder eines Advokaten, oder für eine schon früher vereinbarte Schuldforderung, oder daſs der Ankauf oder die Annahme eines im Rechtsstreite befangenen Gegenstandes zum Zwecke der Übertragung eines Gegenwertes untersagt sei, wenn die Absicht, die vorgängigen Paragraphen zu verletzen, nicht vorhanden ist.

§ 141. Persönliche Eintreibung von Klaggegenständen. — Die Bestimmungen der Paragraphen 136, 138 und 140, die sich auf den Ankauf von Klaggegenständen von seiten eines Anwalts, eines Advokaten, eines Friedensrichters oder eines Polizeidieners in der Absicht der gerichtlichen Verfolgung derselben, oder auf das Darleihen oder Vorschieſsen von Geld von seiten eines Anwalts oder Advokaten im Hinblick auf eine zum Eintreiben zu übertragende Klagesache beziehen, sind auf einen jeden Fall eines solchen Ankaufs von Klaggegenständen oder eines Darleihens oder Vorschieſsens von Geld von seiten irgend einer Person anzuwenden, welche persönlich eine Klage oder ein gesetzliches Verfahren verfolgt.

§ 142. Beschränkung der Befreiung von Zeugen. — Niemand soll in irgend einer Zivil- oder Strafklage oder einem gesetzlichen Verfahren von der Ablegung eines Zeugnisses über Thatsachen, welche erweisen, daſs ein Klaggegenstand gekauft, oder verkauft oder sonst ungesetzmäſsigerweise empfangen worden ist, deshalb befreit sein, weil sein Zeugnis dazu führen könnte, ihn selbst eines Verbrechens zu überführen; aber die aus dem Verhör einer solchen Person hergeleiteten Beweise dürfen gegen sie zu einer Strafverfolgung nicht benutzt werden.

Vgl. § 712.

§ 143. Strafbare Miſsachtung des Gerichts. — Wer eine Miſsachtung eines Gerichts in einer der nachstehend bezeichneten Arten begeht, ist eines Vergehens schuldig:

1) Ungebührliches, beleidigendes oder unverschämtes Betragen während das Gericht in Sitzung begriffen ist, unmittelbar in dessen Angesicht und Gegenwart und unmittelbar darauf gerichtet, dessen Verhandlungen zu unterbrechen oder die demselben schuldige Achtung zu beeinträchtigen;

2) Betragen der gleichen Art, in Gegenwart eines oder mehrerer Schiedsmänner, während dieselben mit einer Verhandlung oder Anhörung in Gemäſsheit einer gerichtlichen Anordnung thatsächlich beschäftigt sind, oder in Gegenwart von Geschwornen, während sie thatsächlich bei der Verhandlung über eine Streitsache oder bei einer Untersuchung oder anderm gesetzlichen zugelassenen Verfahren in Sitzung begriffen sind;

3) Friedensbruch, Lärm oder anderweitige Störung, unmittelbar darauf

gerichtet, die Verhandlungen eines Gerichts, einer Geschwornenbank oder eines Schiedsmannes zu unterbrechen;

4) Absichtlicher Ungehorsam gegen ein gesetzliches Verfahren oder eine andre richterliche Anordnung;

5) Absichtlicher Widerstand wider das gesetzliche Verfahren oder die Anordnung eines Gerichts;

6) Widerspänstige und ungesetzmäfsige Weigerung, als Zeuge sich vereidigen zu lassen, oder nach der Vereidigung gesetzlich angemessene Fragen zu beantworten;

7) Veröffentlichung eines falschen oder sehr ungenauen Berichts über ein gerichtliches Verfahren. Jedoch kann niemand in Gemäfsheit dieses Paragraphen für Veröffentlichung eines wahren, vollständigen und ehrlichen Berichts über eine Verhandlung, eine Entscheidung, einen Entscheidungsgrund oder ein andres im Gerichte stattgefundenes Verfahren bestraft werden.

Vgl. §§ 247, 680, 681.

§ 144. Fortsetzung der Thätigkeit eines Anklagegeschwornen nach seiner Ablehnung. — Ein Anklagegeschworner, welcher trotz seiner Kenntnis davon, dafs er auf Antrag eines Beschuldigten verworfen worden ist, bei der Beratung über die Anklage desjenigen Beschuldigten, welcher die Verwerfung beantragte, oder bei den Besprechungen der Anklagegeschwornen über dieselbe gegenwärtig ist oder daran teilnimmt oder teilzunehmen versucht, ist eines Vergehens schuldig.

Vgl. StPO. § 242, 243.

§ 145. Mitteilung von Aussagen, welche vor einer Behörde aufgenommen sind. — Wenn eine Magistratsperson oder der Schreiber irgend einer Magistratsperson es absichtlich erlaubt, dafs irgend eine bei der Vernehmung eines Beschuldigten vor der Magistratsperson aufgenommene Aussage, welche im Gewahrsam der Magistratsperson oder ihres Schreibers verbleibt, von irgend jemandem, mit Ausnahme des Richters des zur Entscheidung über das Verbrechen berufenen Gerichts, oder des Generalstaatsanwalts, des Bezirksanwalts oder dessen Vertreter oder des Beschuldigten selbst und dessen Anwaltes eingesehen werde, so sind sie eines Vergehens schuldig.

Vgl. StPO. § 206.

§ 146. Mitteilung von Aussagen, welche von den Anklagegeschwornen zurückgesendet wurden. — Wenn der Schreiber eines Gerichts absichtlich es gestattet, dafs irgend eine von den Anklagegeschwornen zurückgesandte und von dem Schreiber zu den Akten genommene Aussage von jemand andrem als dem Gerichte, den Abgeordneten oder Gehilfen des Schreibers und dem Bezirksanwalte und dessen Gehilfen, bis zur Verhaftung des Beschuldigten eingesehen wird, so ist er eines Vergehens schuldig.

§ 147. Wettrennen von Tieren in der Nähe des Gerichts. — Wer sich an einem Wettrennen, Rennen oder einer andern Prüfung der Schnelligkeit von Pferden oder andern Tieren innerhalb einer Meile von dem Orte, wo ein Gericht thatsächlich in Sitzung sich befindet, beteiligt, ist eines Vergehens schuldig.

Vgl StPO. § 57.

§ 148. Rechtswidriges Verhalten von Anwälten. — Ein Anwalt oder Advokat, welcher

1) einer Betrügerei oder eines heimlichen Einverständnisses schuldig ist oder seine Zustimmung zu einer Betrügerei oder zu heimlichem Einverständnisse gibt, um das Gericht oder irgend eine beteiligte Person, entgegen den Bestimmungen in § 70 der Zivilprozeſsordnung, zu hintergehen, oder

2) absichtlich den Prozeſs seines Klienten mit Rücksicht auf seinen eigenen Gewinn verschleppt, oder absichtlich Geld oder Vergütung für eine nicht ausgelegte Summe oder auf Rechnung derselben entgegen den Bestimmungen in § 71 der Zivilprozeſsordnung empfängt,

ist eines Vergehens schuldig und verwirkt ausser der deshalb in diesem Gesetzbuch vorgeschriebenen Strafe zu gunsten der verletzten Partei das Dreifache des Schadens, welchen diese in einer Zivilklage geltend zu machen hat.

Vgl. §§ 136, 139, 670, 671.

§ 149. Gestattung des Gebrauchs des Namens von seiten eines Anwalts. — Wenn ein Anwalt wissentlich jemandem, der nicht sein vom Gesetze anerkannter Teilhaber oder Schreiber in seiner Amtsstube ist, es gestattet, in seinem Namen einen Prozeſs zu führen oder eine Klage zu verfolgen oder einen Beklagten zu vertreten, soweit dies nicht in dem nachfolgenden Paragraphen zugelassen wird, so ist dieser Anwalt und jeder, welcher auf diese Weise von dessen Namen Gebrauch macht, eines Vergehens schuldig.

§ 150. Fortsetzung; wann der Gebrauch des Namens gesetzlich gestattet ist. — Wenn es vom Gesetze zugelassen wird, daſs eine Klage oder ein Verfahren im Namen des Volkes oder eines öffentlichen Beamten oder einer Körperschaft von Beamten oder einer Gemeindekörperschaft geführt oder bekämpft werde, so kann der Generalstaatsanwalt oder der Bezirksanwalt oder der Anwalt eines solchen Beamten oder einer solchen Körperschaft von Beamten oder einer solchen Gemeindekörperschaft es gestatten, daſs eine Verhandlung in der Streitsache in seinem Namen von einem Anwalte geführt werde, welcher von der beteiligten Partei zu wählen ist.

§ 151. Auftreten von angeblichen Erben. — Wer betrüglicherweise ein Kind vorführt und fälschlich behauptet, daſs dasselbe von Eltern erzeugt oder geboren worden sei, deren Kind berechtigt ist oder berechtigt sein würde, dingliches Vermögen zu erben oder einen Anteil an persönlichem Vermögen zu empfangen, um die Erbschaft von diesem dinglichen Vermögen oder den Anteil an dem persönlichen Vermögen an sich zu bringen, oder jemanden um das Vermögen oder um ein Interesse an demselben zu betrügen; oder wer in der Absicht, Vermögen betrüglicherweise zu erhalten, sich selbst oder einen andern als eine Person vorstellt, die zu einem Interesse oder Anteil am Nachlaſs eines Verstorbenen berechtigt sei als Testamentsvollstrecker, Verwalter, Ehemann, Ehefrau, Erbe, Legatar, Fideikommissar, nächster Intestaterbe oder Verwandter des Verstorbenen, ist mit Einsperrung in einem Staatsgefängnisse bis zu zehn Jahren zu bestrafen.

§ 152. Unterschiebung eines Kindes. — Wenn jemand, dem ein Kind zur Wartung, Erziehung oder zu irgend einem andern Zwecke anvertraut wurde, in der Absicht, die Eltern, den Vormund oder die Verwandten des Kindes zu hintergehen, den Eltern, dem Vormund oder den Verwandten desselben ein andres Kind oder eine andre Person an Stelle des ihr auf diese Weise anvertrauten Kindes vorführt oder unterschiebt, so ist er mit Einsperrung in einem Staatsgefängnisse bis zu sieben Jahren zu bestrafen.

§ 153. Einführung fremder Verbrecher. — Wenn der Eigentümer, Herr oder Befehlshaber eines Schiffes, welches aus einem fremden Lande ankommt, wissentlich einen Passagier, Seemann oder jemand andern, welcher in der Fremde eines Verbrechens, das, innerhalb dieses Staates begangen, darin bestraft werden würde, überführt ist, in einem Hafenort, einer Stadt, einem Hafenplatze oder einem Orte innerhalb dieses Staates landet oder ihm zu landen erlaubt, ohne davon dem Bürgermeister dieser Stadt oder einem andern Hauptbeamten der Gemeinde Nachricht zu geben, so ist er eines Vergehens schuldig.

Vgl. § 440; StPO. § 674.

§ 154. Pflichtvergessenheit öffentlicher Beamter. — Wenn vom Gesetz einem öffentlichen Beamten oder einer andern Person, welche ein öffentliches Vertrauensamt oder eine Verwaltung inne hat, die Erfüllung einer Obliegenheit auferlegt ist oder werden sollte, so ist jede absichtliche Unterlassung dieser Obliegenheit, wenn nicht eine besondere Vorschrift die Bestrafung derselben regelt, als ein Vergehen zu bestrafen.

Vgl. §§ 116, 117, 684.

§ 155. Bestrafung für Begehung verbotener Handlungen. — Wenn die Begehung einer Handlung durch Verordnung verboten und keine Strafe für die Verletzung dieser Verordnung in einer Verordnung ausgesprochen ist, so ist die Begehung einer solchen Handlung ein Vergehen.

Vgl. § 471.

§ 156. Mitteilung der Thatsache, dafs die Versetzung in Anklagestand ausgesprochen wurde. — Wenn ein Richter, ein Anklagegeschworner, ein Bezirksanwalt, ein Schreiber oder ein andrer Beamter aufserhalb der Erfüllung seiner Amtspflichten, bevor eine angeklagte Person in Gewahrsam ist, die Thatsache offenbart, dafs eine Anklage gegen sie angenommen oder erhoben wurde, so ist er eines Vergehens schuldig.

Vgl. StPO. § 56.

§ 157. Mitteilungen von Anklagegeschwornen über Verhandlungen, welche vor der Anklagegeschwornenbank stattgefunden haben. — Ein Anklagegeschworner, welcher, soweit dies nicht gesetzlich von einem Gerichte oder Beamten gefordert wird, absichtlich mitteilt:

1) einen Beweis, welcher der Anklagegeschwornenbank vorgeführt wurde; oder

2) irgend etwas andres, was er selbst oder ein andres Mitglied der Anklagegeschwornenbank sagte oder in welcher Weise er oder ein andrer Anklagegeschworner in einer vor ihnen anhängigen Angelegenheit stimmte;

ist eines Vergehens schuldig.

Vgl. StPO. §§ 265, 266.

§ 158. Erhebung eines Prozesses im Namen eines andern. — Wer eine Klage oder ein andres Verfahren im Namen eines andern ohne dessen Zustimmung und entgegen den Verordnungen beginnt oder verfolgt, ist eines Vergehens schuldig und mit Gefängnis bis zu sechs Monaten zu bestrafen.

§ 159. Böswillige Veranlassung von Durchsuchungsbefehlen. — Wer böswilligerweise und ohne einen wahrscheinlichen Grund die Erlassung oder die Ausführung eines Durchsuchungsbefehles veranlafst, ist eines Vergehens schuldig.

Vgl. § 120.

§ 160. Unerlaubte Verbindung mit Verbrechern, die sich in einem Staatsgefängnisse befinden. — Wer ohne durch Gesetz, oder durch schriftliche Erlaubnis des Inspektors oder durch Einwilligung des Aufsehers dazu ermächtigt zu sein, Verkehr mit einem in einem Staatsgefängnisse befindlichen Überführten pflegt, oder Briefe oder Schriftstücke an einen oder von einem Überführten in das Staatsgefängnis bringt oder aus demselben befördert, ist eines Vergehens schuldig.

Vgl. StPO. § 56.

§ 161. Vernachlässigung der Mitteilung des Namens eines Polizeidieners. — Wenn ein Stadtschreiber es absichtlich unterläfst, dem Bezirksschreiber den Namen einer Person, welche als Polizeidiener zugelassen wurde, in Gemäfsheit des Gesetzes mitzuteilen, so ist er mit Geldstrafe bis zu zehn Dollars zu bestrafen.

§ 162. Falsche Beglaubigung von Beurkundungen. — Wenn ein Beamter, der durch das Gesetz ermächtigt ist, die Übertragung von dinglichem Vermögen oder irgend eine andre Urkunde, welche gesetzlich gebucht werden kann, zu beurkunden, wissentlich und fälschlich beglaubigt, dafs eine solche Übertragung oder eine solche Urkunde öffentlich gebucht worden ist, so ist er eines Verbrechens im e. S. schuldig.

§ 163. Andre falsche Beglaubigungen. — Wenn ein öffentlicher Beamte, welcher durch das Gesetz ermächtigt ist, eine Beglaubigung oder ein andres Schriftstück auszustellen oder zu geben, wissentlich eine Beglaubigung oder ein Schriftstück als wahrheitsgetreu ausstellt und abgibt, welches eine Aussage enthält, deren Unwahrheit ihm bekannt ist, so ist er in denjenigen Fällen, in welchen die Strafe nicht ausdrücklich vom Gesetze vorgesehen ist, eines Vergehens schuldig.

§ 164. Öffentliche Buchung u. s. w. ohne Anerkennung. — Wenn ein öffentlicher Beamte, welcher ermächtigt ist, eine Urkunde oder eine Übertragung von Vermögen oder in bezug auf Vermögen, welche vorschriftsmäfsig geprüft oder anerkannt wird, entgegenzunehmen oder zu buchen, wissentlich eine solche Urkunde oder Übertragung, welche nicht von einer gesetzmäſsigen Beglaubigung der Prüfung oder Anerkennung begleitet ist, entgegennimmt oder bucht, so ist er eines Vergehens schuldig.

§ 165. Falsches Abrechnen und Bezahlen von Ansprüchen. — Wenn ein öffentlicher Beamte, oder jemand, welcher die Obliegenheiten irgend eines Amtes oder einer Vertrauensstellung von Staats wegen oder in einem Bezirke, einer Stadt oder einem Dorfe innehat oder zu erfüllen hat, und dessen Obliegenheit zum Teile darin besteht, Ansprüche und Forderungen an den Staat oder den Bezirk, die Stadt oder das Dorf abzurechnen, anzuweisen oder zu bezahlen oder beim Abrechnen, Anweisen oder Bezahlen derselben teilzunehmen, wissentlich irgend eine Forderung oder einen Anspruch gegen den Staat, oder den Bezirk, die Stadt oder Dorfschaft abrechnet, anweist oder bezahlt oder unmittelbar oder mittelbar zustimmt, oder irgendwie beim Abrechnen, Anweisen oder Bezahlen mitwirkt, während der Anspruch falsch oder betrügerisch ist oder Kostenpunkte oder Forderungen enthält, welche falsch oder betrügerisch sind, so ist er eines Verbrechens im e. S. schuldig und mit Einsperrung von zwei bis zu fünf Jahren oder mit Geldstrafe bis zu fünftausend Dollars allein oder in Verbindung miteinander zu bestrafen.

Vgl. § 672.

§ 166. Fortsetzung; Überführung hat Verlust des Amtes zur Folge. — Wer in der Stellung oder in den Funktionen eines öffentlichen Beamten oder auf andre Weise absichtlich durch Berechnung oder Bezahlung einer falschen Forderung oder eines betrügerischen Anspruches oder durch seine Zustimmung oder Mitwirkung zur Abrechnung oder Bezahlung oder durch andre Mittel unrechtmäſsigerweise Geld oder Vermögen, das vom Staate, einer Stadt, einem Bezirke oder Dorfe oder einer andern öffentlichen Körperschaft oder einem Kollegium, einer Abteilung, einer Abordnung, einer Verwaltung, einem Bevollmächtigten oder Beamten derselben in Eigentum, Innehabung oder in Besitz gehalten wird, erhält, empfängt, verwertet, darüber verfügt oder es auszahlt, ist eines Verbrechens im e. S. schuldig und mit Einsperrung von drei bis zu fünf Jahren oder mit einer Geldstrafe, welche den fünffachen Betrag oder Wert des Geldes oder des Vermögens, das verwertet, ausbezahlt, verloren oder über welches mittels der geschehenen oder von dem Schuldigen angestifteten Handlung verfügt wurde, nicht überschreitet, oder mit Einsperrung sowohl als Geldstrafe zu bestrafen. Der Betrag der Geldstrafe soll bei Zahlung oder Eintreibung an die Kasse der verletzten Körperschaft oder Gesamtpersönlichkeit abgeführt werden. Die Überführung gemäſs diesem Paragraphen hat Verwirkung des von dem Verbrecher bekleideten Amtes zur Folge und macht ihn dauernd unfähig, ein Amt oder eine Vertrauensstellung zu bekleiden.

Vgl. § 672.

§ 167. Fortsetzung; Verwertung. — Die gänzliche oder teilweise Übertragung des Depositums einer Bank oder andern Hinterlegungsstelle oder eines Kredits, einer Forderung oder eines Anspruchs auf eine solche Hinterlegungsstelle, wodurch das Recht, der Titel oder Besitz des

Eigentümers oder Inhabers des Depositums oder eines Verwahrers desselben vermindert oder angegriffen wird, ist eine Verwertung desselben im Sinne des vorhergehenden Paragraphen.

Kapitel VIII.

Verschwörung.

§ 168. Begriff der Verschwörung. — Wenn zwei oder mehrere Personen sich verschwören, entweder

1) ein Verbrechen zu begehen, oder
2) fälschlich und böswillig einen andern wegen eines Verbrechens anzuzeigen oder seine Beschuldigung oder Verhaftung wegen eines Verbrechens zu veranlassen; oder
3) fälschlicherweise eine Klage oder ein besonderes Verfahren zu beginnen oder aufrechtzuerhalten; oder
4) einen andern um sein Vermögen durch Mittel zu betrügen und zu hintergehen, welche an sich strafbar sind oder deren Anwendung auf Betrug oder Erlangung von Geld oder andrem Eigentum durch falsche Vorspiegelungen hinauslaufen würde; oder
5) einen andern von einem gesetzlichen Unternehmen oder Gewerbe oder einer andern gesetzlichen Handlung durch Gewalt, Drohung, Einschüchterung oder durch Angriffe oder Androhung von Angriffen auf Werkzeuge, Geräte oder Vermögen, das einem andern gehört oder von einem andern gebraucht wird, oder durch den Gebrauch oder die Anwendung derselben abzuhalten; oder
6) irgend eine die öffentliche Gesundheit, oder die öffentliche Sittlichkeit oder Handel und Wandel verletzende oder die Rechtspflege oder die gehörige Anwendung der Gesetze schädigende oder hemmende Handlung zu begehen,

so ist jeder von ihnen eines Vergehens schuldig.

Vgl. §§ 170, 653, 673.

§ 169. Verschwörungen gegen den Frieden. — Wenn zwei oder mehrere Personen, welche aufserhalb dieses Staates sich befinden, sich verschwören, eine Handlung gegen den Frieden dieses Staates zu begehen, deren Begehung oder deren Versuch innerhalb dieses Staates Verrat gegen diesen Staat sein würde, so sind sie mit Einsperrung in einem Staatsgefängnisse bis zu zehn Jahren zu bestrafen.

§ 170. Andre Verschwörungen sind nicht strafbar. — Keine Verschwörung ist kriminell zu bestrafen, wenn sie nicht eine der in den letzten beiden Paragraphen aufgezählten ist, und die ordnungsmäfsige und friedliche Versammlung oder das Zusammenwirken von Personen, welche bei einem Gewerbe, Unternehmen oder Handwerke beschäftigt sind, um einen höheren Lohnsatz oder eine gröfsere Vergütung zu erhalten oder den bestehenden Satz aufrechtzuerhalten, ist nicht Verschwörung.

Vgl. §§ 168, 673.

§ 171. Die blosse Vereinbarung ist nicht Verschwörung. —

Die blofse Vereinbarung, ausgenommen diejenige, ein Verbrechen im e. S. gegen die Person eines andern oder Mordbrennerei oder Einbruch zu begehen, ist nicht Verschwörung, wenn nicht aufser der Vereinbarung eine Handlung, sei es durch einen oder mehrere Teilnehmer an der Vereinbarung, begangen wird, um den Zweck der Vereinbarung zu erreichen.

Titel IX.

Verbrechen gegen die Person.

Kapitel I.

Selbstmord.

§ 172. Begriff des Selbstmords. — Selbstmord ist die vorsätzliche Vernichtung des eigenen Lebens.

§ 173. Selbstmord hat keine Vermögens-Verwirkung zur Folge. — Obwohl der Selbstmord als ein schweres öffentliches Unrecht angesehen wird, so wird gleichwohl wegen der Unmöglichkeit den erfolgreichen Verüber desselben zu erreichen, keinerlei Verwirkung verhängt.

Vgl. § 710.

§ 174. Versuchter Selbstmord. — Wer in der Absicht sich das eigene Leben zu nehmen, an sich selbst eine Handlung verübt, die lebensgefährlich ist oder welche, wenn sie an einer andern Person oder gegen dieselbe verübt wäre und den Tod zur Folge gehabt hätte, dem Thäter die Anklage wegen Mordes zuziehen würde, ist des versuchten Selbstmordes schuldig.

Vgl. § 22.

§ 175. Beihilfe zum Selbstmord. — Wer absichtlich in irgend einer Weise einem andern zur Selbsttötung rät, ihn ermuntert, anleitet oder ihn dabei unterstützt, ist eines Totschlags im ersten Grade schuldig.

§ 176. Beihilfe zum Versuch des Selbstmords. — Wer absichtlich in irgend einer Weise einem andern zu dem Versuche der Selbsttötung rät, ihn ermuntert, anleitet oder ihn dabei unterstützt, ist eines Verbrechens im e. S. schuldig.

§ 177. Die Unfähigkeit der unterstützten Person entschuldigt nicht. — Gegen die Verfolgung wegen eines der beiden vorhergehenden Paragraphen schützt die Thatsache nicht, dafs derjenige, welcher sich das Leben nahm oder zu nehmen versuchte, eine Person war, welche der Begehung eines Verbrechens für unfähig erachtet wird.

§ 178. Strafe für versuchten Selbstmord. — Wer den Versuch eines Selbstmordes begeht, ist eines Verbrechens im e. S. schuldig und wird mit Einsperrung in einem Staatsgefängnisse bis zu zwei Jahren oder mit Geldstrafe bis zu tausend Dollars allein oder in Verbindung mit einander bestraft.

Kapitel II.

Tötung.

§ 179. Begriff der Tötung. — Tötung ist die Vernichtung eines menschlichen Wesens durch eine Handlung, Veranstaltung oder Unterlassung eines andern.

§ 180. Verschiedene Arten der Tötung. — Tötung ist entweder
1) Mord,
2) Totschlag,
3) entschuldbare Tötung oder
4) gerechtfertigte Tötung.

§ 181. Wie der Beweis des Todes zu erbringen ist. — Niemand kann des Mordes oder Totschlags überführt werden, wenn nicht der Tod der Person, deren Tötung behauptet wird, und die Thatsache, daſs der Beschuldigte sie tötete, als unabhängige Thatsachen jede für sich festgestellt sind; der erstere durch direkten Beweis, die letztere über vernünftigen Zweifel hinaus.

§ 182. Der kleine Verrat des gemeinen Rechts ist Tötung. — Die Vorschriften des gemeinen Rechts, nach welchen die Tötung des Herrn durch den Diener, des Ehegatten durch die Ehefrau als kleiner Verrat anzusehen ist, sind aufgehoben; diese Tötungen werden, wenn sie nicht entschuldbar oder gerechtfertigt sind, gemäſs den Vorschriften dieses Gesetzbuchs bestraft.

§ 183. Begriff des Mordes im ersten Grade. — Die Tötung eines menschlichen Wesens, wenn sie nicht entschuldbar oder gerechtfertigt ist, ist Mord im ersten Grade, wenn sie begangen wurde, entweder

mit einem wohlerwogenen und überlegten Vorsatze, den Tod der getöteten Person oder eines andern herbeizuführen; oder

durch eine Handlung, welche unmittelbar für andre gefährlich ist und einen verdorbenen Sinn, der keine Rücksicht auf menschliches Leben nimmt, darthut, wenn auch ohne überlegten Vorsatz, den Tod irgend eines menschlichen Wesens herbeizuführen, oder wenn auch ohne den Vorsatz den Tod herbeizuführen, von einer Person, welche ein Verbrechen im e. S. begeht oder im Versuche ein Verbrechen im e. S. zu begehen begriffen ist, mag es gegen die getötete Person selbst gerichtet sein oder dieselbe berühren oder auch nicht; oder

wenn die Handlung bei der Ausführung einer Mordbrennerei im ersten Grade verübt wurde.

§ 184. Fortsetzung; zweiter Grad. — Tötung eines menschlichen Wesens ist Mord im zweiten Grade, wenn sie mit dem Vorsatze, den Tod der getöteten Person oder eines andern herbeizuführen, aber ohne Vorbedacht und Überlegung verübt wurde.

§ 185. Fortsetzung; Zweikampf auſserhalb dieses Staates. — Wer nach vorhergehender in diesem Staate getroffener Abrede, auſserhalb dieses Staates einen Zweikampf ausficht und dabei seinem Gegner eine Wunde beibringt, an welcher der Verletzte stirbt, oder wer bei einem solchen Zweikampfe als Sekundant oder Beistand eines Teiles beschäftigt ist oder daran teilnimmt, ist des Mordes im zweiten Grade schuldig und kann in jedem Bezirke dieses Staates angeklagt, vor Gericht gestellt und überführt werden.

StPO. § 133; vgl. §§ 239, 240.

§ 186. **Strafe des Mordes im ersten Grade.** — Der Mord im ersten Grade ist mit dem Tode zu bestrafen.

§ 187. **Wie der Mord im zweiten Grade zu bestrafen ist.** — Der Mord im zweiten Grade ist mit Einsperrung auf Lebenszeit zu bestrafen.

§ 188. **Begriff des Totschlags.** — Tötung unter andern als den in den §§ 183, 184 und 185 bezeichneten Umständen ist, wenn nicht entschuldbar oder gerechtfertigt, Totschlag.

§ 189. **Fortsetzung; im ersten Grade.** — Solche Tötung ist Totschlag im ersten Grade, wenn dieselbe ohne den Vorsatz, den Tod herbeizuführen, begangen wurde entweder

1) von jemandem, welcher ein Vergehen begeht oder zu begehen versucht, das die Person oder das Eigentum entweder der getöteten Person oder eines andern berührt; oder

2) in der Hitze der Leidenschaft, jedoch auf eine grausame und ungewöhnliche Weise oder unter Anwendung einer gefährlichen Waffe.

§ 190. **Tötung eines ungeborenen lebenden Kindes.** — Die absichtliche Tötung eines ungeborenen lebenden Kindes mittels einer an der Person der Mutter derselben verübten Verletzung ist Totschlag im ersten Grade.

§ 191. **Fortsetzung; durch Eingeben von Arzneimittel u. s. w.** — Wer einer Frauensperson, mag dieselbe schwanger sein oder nicht, eine Medizin, Arzneiware oder Substanz gibt, liefert oder eingibt, oder wer ihr verschreibt oder anrät oder zuredet, dergleichen zu nehmen, oder wer irgend ein Instrument oder andre Mittel in der Absicht gebraucht oder anwendet oder deren Gebrauch oder Anwendung veranlafst, um dadurch die Fehlgeburt bei einer Frauensperson zu veranlassen, ohne dafs dieselbe notwendig ist, um deren Leben zu erhalten, ist im Falle des Todes der Frauensperson oder eines lebenden Kindes, mit welchem sie schwanger ist, eines Totschlages im ersten Grade schuldig.

Vgl. §§ 294, 297, 318.

§ 192. **Bestrafung des Totschlags im ersten Grade.** — Totschlag im ersten Grade ist mit Einsperrung von fünf bis zu zwanzig Jahren zu bestrafen.

§ 193. **Totschlag im zweiten Grade.** — Tötung ist Totschlag im zweiten Grade, wenn dieselbe ohne die Absicht den Tod herbeizuführen begangen wurde entweder

1) von jemandem während der widerrechtlichen Betretung eines fremden Grundstücks oder einer andern Beeinträchtigung eines privaten Rechtes entweder der getöteten Person oder eines andern oder während des Versuchs derselben, falls dadurch ein Verbrechen nicht begründet wurde; oder

2) in der Hitze der Leidenschaft, aber nicht durch eine tötliche Waffe oder durch den Gebrauch von grausamen oder ungewöhnlichen Mitteln;

3) durch eine Handlung, Veranstaltung oder schuldbare Fahrlässigkeit einer Person, welche, gemäfs den Bestimmungen dieses Abschnitts, nicht

das Verbrechen des Mordes im ersten oder zweiten Grade oder des Totschlags im ersten Grade begründet.

Vgl. § 195.

§ 194. Frauen, welche Arzneimittel u. s. w. nehmen. — Wenn eine Frauensperson, welche mit einem lebenden Kinde schwanger geht, Arzneimittel, Medizinen oder Substanzen oder Instrumente oder andre Mittel in der Absicht nimmt oder gebraucht oder an sich anwenden läfst, um ihre Fehlgeburt herbeizuführen, ohne dafs dieselbe für die Erhaltung ihres eigenen oder des Lebens des Kindes, mit welchem sie schwanger geht, nötig ist, so ist sie des Totschlags im zweiten Grade schuldig, wenn der Tod des Kindes dadurch herbeigeführt wird.

Vgl. § 295.

§ 195. Fahrlässige Benutzung von Maschinen u. s. w. — Wer den Tod eines menschlichen Wesens durch fahrlässiges oder sorgloses Verhalten in einem Geschäfte oder bei einer Beschäftigung, mit welcher er befafst ist, oder bei dem Gebrauche oder der Leitung von Maschinen, von Tieren oder von Vermögen irgend welcher Art, das seiner Sorge anvertraut ist oder unter seiner Beaufsichtigung steht, oder durch irgend eine ungesetzmäfsige, fahrlässige oder sorglose Handlung veranlafst, welche nicht durch die vorstehenden Bestimmungen dieses Kapitels bezeichnet oder darin begriffen ist, oder unter Bestimmungen einer andern Verordnung fällt, ist des Totschlags im zweiten Grade schuldig.

Vgl. § 193[3], § 196.

§ 196. Eigentümer von Tieren. — Wenn der Eigentümer eines boshaften Tieres bei Kenntnis der Neigungen desselben es absichtlich duldet, dafs dasselbe frei umherläuft, oder es ohne ordentliche Obhut läfst und das Tier, während es auf diese Weise frei umherläuft und nicht eingesperrt ist, ein menschliches Wesen tötet, welches alle von den Umständen gebotenen Vorsichtsmaassregeln gebrauchte, um dem Tier auszuweichen, so ist der Eigentümer des Totschlags im zweiten Grade schuldig.

Vgl. § 195, § 640[11].

§ 197. Tötung durch Überladung von Passagierschiffen. — Wer zum Erwerbe ein Schiff führt und absichtlich oder fahrlässigerweise so viele Passagiere oder eine solche Menge andrer Ladung an Bord des Schiffes nimmt, dafs infolgedessen das Schiff sinkt oder umschlägt oder verletzt wird und dadurch ein menschliches Wesen ertrinkt oder sonst getötet wird, ist des Todtschlags im zweiten Grade schuldig.

Vgl. § 359.

§ 198. Haftbarkeit von Personen im Dienste eines Dampfbotes. — Wer im Dienste auf einem zur Beförderung von Passagieren gebrauchten Dampfboote steht, oder einen Kessel oder eine Maschine desselben besorgt und aus Unwissenheit, Sorglosigkeit oder grober Fahrlässigkeit oder zu dem Zwecke, einem andern Bote durch Schnelligkeit zuvorzukommen, eine ungewöhnliche Menge von Dampf erzeugt oder erzeugen läfst, so dafs der Kessel oder eine andre Vorrichtung, worin der Dampf hervorgebracht wird oder enthalten ist, springt oder eine damit verbundene

Vorrichtung oder Maschinerie bricht, und dadurch der Tod eines menschlichen Wesens veranlafst wird, ist des Totschlags im zweiten Grade schuldig.

Vgl. § 360–362.

§ 199. Haftbarkeit von Personen bei Wartung von Dampfmaschinen. — Wenn ein Ingenieur oder jemand andrer, welcher Dienst bei einem Dampfkessel, einer Dampfmaschine oder einer andern Vorrichtung zur Erzeugung oder Anwendung von Dampf hat, die in einem Bote, auf einer Eisenbahn, oder in einem Werkhause oder bei einem mechanischen Werke angewendet wird, absichtlich oder aus grober Fahrlässigkeit oder Unwissenheit eine ungewöhnliche Menge Dampf hervorbringt oder hervorbringen läfst, so dafs der Kessel, die Maschine oder Vorrichtung springt oder irgend einen andern Unfall verursacht, durch welchen der Tod eines menschlichen Wesens herbeigeführt wird, so ist er des Totschlags im zweiten Grade schuldig.

Vgl. §§ 360–362, 424.

§ 200. Haftbarkeit der Ärzte. Wenn ein Arzt oder Wundarzt oder eine als solcher praktizierende Person im Zustande der Trunkenheit ohne die Absicht den Tod herbeizuführen, ein giftiges Arzneimittel oder eine solche Medizin verordnet oder eine andre Handlung als Arzt oder Wundarzt an einer andern Person vornimmt, welche den Tod der letztern herbeiführt, so ist er des Totschlags im zweiten Grade schuldig.

Vgl. § 357.

§ 201. Haftbarkeit von Personen, welche gegen die gesetzlichen Vorschriften Schiefspulver machen oder verwahren. — Wer Schiefspulver oder eine andre entzündbare Masse innerhalb einer Stadt oder eines Dorfes in einer Menge oder Weise, welche durch Gesetz oder Erlafs der Stadt oder des Dorfes verboten ist, macht oder verwahrt, ist, wenn eine Explosion erfolgt, durch welche der Tod eines menschlichen Wesens veranlafst wird, des Totschlags im zweiten Grade schuldig.

Vgl. §§ 389, 636, 645.

§ 202. Strafe des Totschlags im zweiten Grade. — Totschlag im zweiten Grade wird mit Einsperrung von einem bis zu fünfzehn Jahren, oder mit Geldstrafe bis zu tausend Dollars allein oder in Verbindung mit einander bestraft.

§ 203. Entschuldbare Tötung. — Die Tötung ist entschuldbar, wenn dieselbe durch Zufall oder Unglücksfall bei gesetzmäfsiger Zurechtweisung eines Kindes oder Dieners oder bei Ausführung einer andern gesetzlichen Handlung mit gesetzlichen Mitteln, bei gewöhnlicher Vorsicht und ohne irgendwelche ungesetzliche Absicht begangen ist.

Vgl. §§ 223,4.

§ 204. Gerechtfertigte Tötung. — Die Tötung ist zu rechtfertigen, wenn dieselbe von einem öffentlichen Beamten oder einer auf dessen Befehl und zu seiner Hilfeleistung und seinem Beistande handelnden Person begangen wurde, entweder

1) in Befolgung des Urteils eines zuständigen Gerichts; oder

2) notwendigerweise bei Überwindung thatsächlichen Widerstands gegen die Ausführung eines gesetzlichen Verfahrens, eines Auftrages oder Befehls eines Gerichts oder Beamten oder bei Erfüllung einer gesetzlichen Obliegenheit; oder

3) notwendigerweise bei Wiederergreifung eines Gefangenen, welcher ein Verbrechen im e. S. begangen hat oder deshalb festgenommen oder desselben überführt worden und entflohen oder befreit worden ist, oder bei Festnahme einer Person, welche ein Verbrechen im e. S. begangen hat und sich der Gerechtigkeit durch Flucht entzieht; oder bei dem Versuch, mit gesetzlichen Mitteln und auf gesetzliche Weise eine Person zu ergreifen, weil sie ein Verbrechen im e. S. thatsächlich begangen hat, oder bei gesetzlicher Unterdrückung eines Aufstandes oder bei gesetzmäfsiger Aufrechterhaltung des Friedens.

§ 205. Gerechtfertigte Tötung. — Die Tötung ist weiter zu rechtfertigen, wenn dieselbe begangen ist, entweder

1) bei gesetzmäfsiger Verteidigung des Tötenden oder seines Gatten, Vaters, seiner Mutter, seines Kindes, Bruders, seiner Schwester, seines Herrn oder Dieners, oder einer andern in seiner Gegenwart oder Begleitung befindlichen Person, wenn vernünftiger Grund vorliegt, anzunehmen, dafs auf seiten des Getöteten der Vorsatz, ein Verbrechen im e. S. zu begehen oder dem Tötenden oder irgend einer jener Personen eine schwere körperliche Verletzung zuzufügen, vorhanden war und wenn unmittelbar drohende Gefahr der Ausführung des Vorsatzes bestand; oder

2) bei thatsächlichem Widerstande gegen den Versuch, ein Verbrechen im e. S. an dem Tötenden, in dessen Gegenwart oder bei oder in einem Wohnhause oder andern Orte, in welchem er sich befindet, zu verüben.

Vgl. §§ 26, 223.

Kapitel III.

Körperverletzung.

§ 206. Begriff und Strafe der Körperverletzung. — Wer in der Absicht, ein Verbrechen im e. S. zu begehen, oder zu verletzen, zu verunstalten oder zu lähmen, der Person eines andern absichtlich irgend eine Verletzung zufügt, welche

1) durch eine Verstümmelung dessen Person erheblich verunstaltet; oder
2) irgend ein Glied oder Organ seines Körpers zerstört oder unbrauchbar macht; oder
3) durch die Verletzung eines Gliedes oder Organes seine körperliche Kraft erheblich beeinträchtigt;

ist der Körperverletzung schuldig und mit Einsperrung von drei bis zu fünfzehn Jahren zu bestrafen. Die Zufügung der Verletzung ist präsumtiver Beweis der Absicht.

§ 207. Selbstverstümmelung, um Pflichtleistungen zu entgehen. — Wer in der Absicht, sich zur Erfüllung einer vorhandenen oder bevorstehenden gesetzlichen Verpflichtung unfähig zu machen, sich eine

Verletzung zufügt, durch welche er dazu unfähig gemacht wird, ist eines Verbrechens im e. S. schuldig.

§ 208. Selbstverstümmelung, um Almosen zu erhalten. — Wer sich in der Absicht, sich diese Verletzung zu Nutzen zu machen, um Mitleid zu erregen, oder Almosen oder irgend eine mildthätige Unterstützung zu erhalten, selbst eine Verletzung zufügt, die, wäre sie einem andern zugefügt, das Verbrechen der Körperverletzung begründen würde, ist eines Verbrechens im e. S. schuldig.

§ 209. Welche Verletzungen als Körperverletzung im Sinne des Gesetzes anzusehen sind. — Zur Annahme des Verbrechens der Körperverletzung ist es gleichgültig, durch welche Mittel oder Werkzeuge, oder in welcher Weise die Verletzung zugefügt wurde.

§ 210. Wann die nachfolgende Wiederherstellung des Verletzten entschuldigt. — Wenn es sich während der Verhandlung über Körperverletzung herausstellt, dafs der Verletzte vor der Zeit der Verhandlung soweit von der Verletzung wiederhergestellt ist, dafs er durch letztere nicht länger in seiner persönlichen Erscheinung verunstaltet, oder an einem Gliede oder Organe seines Körpers gelähmt, oder an seiner körperlichen Kraft beeinträchtigt ist, so darf Überführung wegen Körperverletzung nicht stattfinden; der Beschuldigte kann aber des thätlichen Angriffs in irgend einem Grade überführt werden.

Kapitel IV.

Menschenraub.

§ 211. Begriff des Menschenraubes. — Wer absichtlich

1) einen andern ergreift, einsperrt, anlockt oder raubt, um zu veranlassen, dafs derselbe, ohne gesetzliche Ermächtigung, innerhalb dieses Staates heimlich eingesperrt oder eingekerkert oder aus diesem Staate herausgebracht oder als Sklave verkauft oder irgendwie zu Dienstleistungen gegen seinen Willen angehalten, oder festgehalten oder gefangengehalten werde; oder

2) ein Kind unter 12 Jahren wegführt, wegnimmt, weglockt oder gefangen hält, um es seinen Eltern, seinem Vormunde oder einer Person, unter deren gesetzmäfsiger Obhut oder Aufsicht es steht, vorzuenthalten oder vor ihnen zu verbergen, oder Geld oder Belohnung für die Zurückbringung des Kindes oder die Verfügung über dasselbe zu erpressen oder zu erlangen, oder um einen Gegenstand an oder auf der Person des Kindes zu stehlen;

3) einen andern an einen oder von einem Platz aufserhalb des Staats wegführt, weglockt oder durch Gewalt oder Trug ungesetzlicherweise wegnimmt oder wegführt, oder eine solche Wegführung, Weglockung, Wegnahme oder Wegschleppung unterstützt, anrät, befördert oder dazu verleitet, und hierauf den Entführten innerhalb dieses Staates schickt, bringt, hält oder festhält, oder es veranlafst, dafs er daselbst festgehalten oder verborgen werde,

ist des Menschenraubes schuldig und mit Einsperrung bis zu fünfzehn Jahren zu bestrafen.

§ 212. Wo über die Anklage zu verhandeln ist. — Die Anklage wegen Menschenraubes kann entweder in dem Bezirke, in welchem das Verbrechen begangen wurde, oder in einem Bezirke, durch welchen oder in welchem die geraubte oder eingesperrte Person genommen oder gehalten wurde, während sie eingesperrt oder der Freiheit beraubt war, zur Verhandlung gebracht werden.

§ 213. Wirkung der Zustimmung des Verletzten. — Bei der Verhandlung wegen einer Verletzung der Vorschriften dieses Kapitels entschuldigt die Zustimmung des Geraubten oder Eingesperrten nur dann, wenn es den Geschwornen hinlänglich bewiesen zu sein scheint, daſs der Verletzte mehr als zwölf Jahre alt war und daſs die Zustimmung nicht durch Drohung oder Nötigung abgezwungen wurde.

§ 214. Verkauf von Dienstleistungen. — Wer innerhalb dieses Staates oder anderswo die Dienste oder die Arbeit einer Person, welche mit Gewalt in diesem oder aus diesem Staate weggenommen, angelockt oder gestohlen worden ist, verkauft oder in irgend einer Weise auf bestimmte Zeit vergibt, ist mit Einsperrung in einem Staatsgefängnisse bis zu zehn Jahren zu bestrafen.

§ 215. Entfernung von Personen aus diesem Staate, welche in einem andern Staate zu Dienstleistungen verbunden sind. — Wer behauptet, daſs er selbst oder ein andrer ein Anrecht auf die Dienste einer Person habe, von welcher gesagt wird, daſs sie zu Arbeit oder zu Diensten in einem Staate oder Territorium der Vereinigten Staaten verpflichtet sei, und, wenn nicht durch besondere Verordnung dazu ermächtigt, diese Person aus diesem Staate entfernt, nimmt oder absichtlich eine auf die Entfernung dieser Person aus diesem Staate gerichtete Handlung begeht, ist eines Verbrechens im e. S. schuldig und mit Einsperrung in einem Staatsgefängnisse bis zu zehn Jahren und mit einer Buſse von fünfhundert Dollars zu bestrafen, welche von der beeinträchtigten Partei auf dem Wege einer Zivilklage eingefordert werden kann.

§ 216. Auferlegung einer Buſse an Gerichtsbeamte. — Wenn ein Richter oder ein andrer öffentlicher Beamter dieses Staats einen Befehl, ein Beglaubigungsschreiben oder eine andre Verfügung in einem Verfahren wegen Entfernung einer Person, von der behauptet wird, sie sei zu Arbeit oder zu Diensten in einem Staate oder Territorium der Vereinigten Staaten verpflichtet, bewilligt oder erläſst, so ist er eines Vergehens schuldig, wenn er nicht gemäſs den Verordnungen dieses Staates vorgeht; und ausser der dafür im Gesetze vorgeschriebenen Strafe verwirkt er eine Buſse von fünfhundert Dollars an die beeinträchtigte Partei, welche auf dem Wege einer Zivilklage eingefordert werden kann.

Kapitel V.
Thätlicher Angriff.

§ 217. Begriff des thätlichen Angriffs im ersten Grade. — Wer in der Absicht, ein menschliches Wesen zu töten oder ein Verbrechen im e. S. an der Person oder dem Eigentum des Angegriffenen oder eines andern zu begehen,

1) einen andern mit einer geladenen Feuerwaffe, oder mit einer andern tötlichen Waffe oder mit andern Mitteln oder mit Gewalt angreift, wenn das Mittel geeignet ist den Tod herbeizuführen, oder

2) Gift oder einen andern zerstörenden oder schädlichen Stoff beibringt oder veranlafst, dafs es einem andern beigebracht oder von ihm genommen werde, so dafs das Leben des andern gefährdet wird

ist eines thätlichen Angriffs im ersten Grade schuldig.

§ 218. Fortsetzung; im zweiten Grade. — Wer unter Umständen, welche das im vorhergehenden Paragraphen bezeichnete Verbrechen nicht begründen:

1) in der Absicht zu verletzen, ungesetzmäfsigerweise Gift oder einen andern zerstörenden oder schädlichen Stoff oder irgend welche Arzneimittel oder Medizinen, deren Gebrauch für Leben oder Gesundheit gefährlich ist, beibringt oder veranlafst, dafs sie einem andern beigebracht oder von ihm genommen werden;

2) in der Absicht, dadurch sich selbst oder einen andern zur Begehung eines Verbrechens fähig zu machen oder dabei Beistand zu leisten, Chloroform, Äther, Laudanum, oder ein anderes betäubendes narkotisches oder anästhetisches Mittel beibringt oder veranlafst, dafs es einem andern beigebracht oder von ihm genommen werde;

3) absichtlich und unrechtmäfsig einem andern eine Wunde oder einen empfindlichen körperlichen Schmerz entweder mit oder ohne Waffe zufügt;

4) absichtlich und unrechtmäfsig einen andern unter Anwendung von Waffen, oder andern Instrumenten oder Gegenständen, welche geeignet sind, empfindlichen körperlichen Schmerz hervorzubringen, angreift; oder

5) einen andern in der Absicht, ein Verbrechen im e. S. zu begehen oder an der Vollführung eines gesetzlichen Verfahrens oder des Auftrags irgend eines Gerichts oder Beamten, oder der gesetzmäfsigen Ergreifung oder Festhaltung des Thäters oder eines andern zu verhindern oder derselben Widerstand zu leisten, thätlich angreift,

ist des thätlichen Angriffs im zweiten Grade schuldig.

Vgl. § 278, 358, 447.

§ 219. Fortsetzung; im dritten Grade. — Wer einen thätlichen Angriff oder Angriff mit Schlägerei verübt, welche in den vorhergehenden Paragraphen dieses Kapitels nicht vorgesehen sind, ist des thätlichen Angriffs im dritten Grade schuldig.

§ 220. Wie thätlicher Angriff ersten Grades zu bestrafen ist. — Thätlicher Angriff im ersten Grade ist mit Einsperrung von fünf bis zu zehn Jahren zu bestrafen.

§ 221. Fortsetzung; im zweiten Grade. — Thätlicher Angrift im zweiten Grade ist mit Einsperrung in einer Besserungsanstalt oder einem Staatsgefängnisse von zwei bis zu fünf Jahren oder mit Geldstrafe bis zu tausend Dollars allein oder in Verbindung mit einander zu bestrafen.

§ 222. Fortsetzung; im dritten Grade. — Thätlicher Angriff im dritten Grade ist mit Einsperrung bis zu einem Jahre oder mit Geldstrafe bis zu fünfhundert Dollars allein oder in Verbindung mit einander zu bestrafen.

Vgl. StPO. § 56.

§ 223. Wann Anwendung von Gewalt oder Gewaltthätigkeit für nicht rechtswidrig erklärt wird. — Anwendung von Gewaltthätigkeit oder der Versuch derselben oder das Anerbieten ihres Gebrauches gegen einen andern oder an der Person eines andern ist nicht rechtswidrig in folgenden Fällen:

1) Wenn notwendigerweise von einem öffentlichen Beamten in Erfüllung einer gesetzlichen Verpflichtung oder von einer andern ihm beistehenden oder auf sein Geheifs handelnden Person begangen;

2) Wenn notwendigerweise von jemandem beim Festnehmen einer Person, die ein Verbrechen im e. S. begangen hat, und bei Übergabe derselben an einen öffentlichen zur Übernahme derselben in Gewahrsam zuständigen Beamten begangen;

3) Wenn entweder von dem zu Verletzenden oder von einer andern Person, die ihm beistand oder ihn verteidigte, bei Verhinderung oder bei dem Versuche der Verhinderung eines Verbrechens gegen seine Person, oder der unrechtmäfsigen Betretung seiner Grundstücke oder eines andern ungesetzlichen Eindringens in dingliches oder persönliches in seinem rechtmäfsigen Besitze befindliches Vermögen begangen, vorausgesetzt, dafs das für die Verhinderung des Verbrechens erforderliche Mafs nicht überschritten wurde;

4) Wenn von den Eltern oder dem beauftragten Stellvertreter der Eltern, oder von einem Vormunde, Lehrherrn oder Lehrer in Ausübung einer gesetzlichen Ermächtigung, das Kind, die Mündel, den Lehrling oder die Schüler zu beschränken oder zu mafsregeln, begangen, vorausgesetzt, dafs die Gewalt oder Gewaltthätigkeit vernünftig und mäfsigerweise angewendet wurde;

5) Wenn von einem Führer von Passagieren oder den angestellten Agenten oder Dienern eines solchen Führers oder von einer auf ihr Ansuchen ihnen beistehenden Person bei Entfernung eines Passagiers aus einem Wagen, einem Eisenbahnwagen, einem Schiffe oder andern Fahrzeuge, welcher sich weigert, einer gesetzlichen und vernünftigen für das Betragen von Passagieren erlassenen Vorschrift zu gehorchen, begangen, falls das Fahrzeug vorher angehalten wurde und vorausgesetzt, dafs die angewendete Gewalt oder Gewaltthätigkeit das zur Entfernung des widerspänstigen Passagiers erforderliche Mafs nicht überschritt und die persönliche Sicherheit desselben in vernünftiger Weise gewahrt wurde;

6) Wenn bei Verhinderung eines Schwachsinnigen, Irrsinnigen oder Wahnsinnigen oder einer andern geisteskranken Person mit Einschlufs der für gewisse Zeit oder teilweise der Vernunft beraubten Personen an der

Begehung einer für sie selbst oder einen andern gefährlichen Handlung oder bei Auferlegung eines Zwanges, der zum Schutze solcher Personen oder zur Wiederherstellung ihrer Gesundheit notwendig ist, während einer Zeitdauer begangen, welche notwendig ist, um für die Beschränkung oder Verwahrung von solchen Personen gesetzliche Ermächtigung zu erhalten.

Vgl. §§ 26, 203, 205; § 377; StPO. § 837.

Kapitel VI.

Raub.

§ 224. Begriff des Raubes. — Raub ist die rechtswidrige Wegnahme persönlichen Vermögens aus dem Gewahrsam einer Person oder in Gegenwart einer Person gegen ihren Willen, mittels Gewalt oder Gewaltthätigkeit, Furcht vor gegenwärtiger oder künftiger Verletzung ihrer Person oder ihres Vermögens oder der Person oder des Vermögens eines Verwandten oder Mitgliedes ihrer Familie oder jemandes, der zur Zeit des Raubes in ihrer Begleitung sich befand.

§ 225. Wie Gewalt oder Furcht angewendet sein müssen. — Damit Raub vorliege, mufs Gewalt oder Erregung von Furcht angewendet sein, entweder um den Besitz des Vermögens zu erlangen oder festzuhalten, oder um Widerstand bei Wegnahme desselben zu verhindern oder zu überwältigen. Wenn die Anwendung bloss Mittel der Entweichung war, so begründet sie nicht das Verbrechen des Raubes.

§ 226. Der Grad von Gewalt ist gleichgültig. — Wenn Gewalt auf die im vorgängigen Paragraphen bezeichnete Weise angewendet ist, so kommt es auf den Grad der angewendeten Gewalt nicht an.

§ 227. Heimliche Wegnahme von Vermögen. — Die Wegnahme von Vermögen aus dem Gewahrsam eines andern ist Raub, wenn sich herausstellt, dafs, obwohl die Wegnahme ohne seine Kenntnis vollständig ausgeführt wurde, die Kenntnis durch Anwendung von Gewalt oder Erregung von Furcht verhindert ward.

§ 228. Raub im ersten Grade. — Die rechtswidrige Wegnahme oder Erzwingung, welche durch Anwendung von Gewalt oder Erregung von Furcht in einem der in den vorgängigen Paragraphen dieses Kapitels bezeichneten Fälle ausgeführt wurde, ist Raub im ersten Grade, wenn von jemandem verübt, welcher

1) mit einer gefährlichen Waffe bewaffnet war; oder
2) von einem thatsächlich gegenwärtigen Gehilfen unterstützt wurde; oder
3) wenn der Verbrecher der Person, aus deren Gewahrsam oder in deren Gegenwart das Vermögen weggenommen wird, oder der Ehefrau, dem Ehemanne, dem Diener, dem Kinde oder dem Mitgliede der Familie derselben, oder jemandem, der zu der Zeit in seiner Begleitung sich befand, einen empfindlichen körperlichen Schmerz zufügt, um den Raub zu vollführen.

§ 229. Fortsetzung; zweiter Grad. — Die Wegnahme oder Erzwingung, welche mit Anwendung von Gewalt oder Erregung von Furcht in einem der in den vorhergehenden Paragraphen dieses Kapitels bezeichneten Fälle, aber nicht unter Umständen vollführt wurde, welche Raub im ersten Grade begründen, ist Raub im zweiten Grade, wenn ausgeführt entweder:

1) mit Anwendung von Gewaltthätigkeit; oder
2) durch Bedrohung des Beraubten mit unmittelbarer Verletzung seiner Person oder der eines seiner Begleiter.

§ 230. Fortsetzung; dritter Grad. — Wer einen andern unter Umständen beraubt, welche nicht Raub im ersten oder zweiten Grade begründen, ist des Raubes im dritten Grade schuldig.

§ 231. Strafe des Raubes im ersten Grade. — Raub im ersten Grade ist mit Einsperrung von zehn bis zu zwanzig Jahren zu bestrafen.

§ 232 Fortsetzung; im zweiten Grade. — Raub im zweiten Grade ist mit Einsperrung von fünf bis zu fünfzehn Jahren zu bestrafen.

§ 233. Fortsetzung; im dritten Grade. — Raub im dritten Grade ist mit Einsperrung bis zu zehn Jahren zu bestrafen.

Kapitel VII.

Zweikampf und Herausforderung.

§ 234. Begriff und Strafe des Zweikampfes. — Wer einen Zweikampf mit tötlichen Waffen nach vorhergegangener Verabredung oder nach vorhergegangenem Streite ausficht oder sich mit einem andern in einen solchen Kampf einläfst, ist, wenn auch weder Tod noch Verwundung erfolgt, mit Einsperrung von zwei bis zu zehn Jahren zu bestrafen. Die Überführung auf Grund dieses Paragraphen hat die Unfähigkeit zur Folge, ein Amt, eine Vertrauensstelle oder eine Besoldung, sei es im Zivil- oder Militärdienst innerhalb dieses Staates innezuhaben oder zu geniefsen, oder dazu erwählt oder bestimmt zu werden.

Vgl. § 458.

§ 235. Herausforderer, Beistand u. s. w. — Wer einen andern zum Zweikampf herausfordert, oder ihm eine geschriebene oder mündliche Botschaft sendet, welche eine Herausforderung zum Zweikampf oder eine Einladung zu einem Kampf mit tötlichen Waffen enthält oder bezweckt, oder wer eine solche Herausforderung oder Botschaft annimmt, oder wer wissentlich eine solche Botschaft oder Herausforderung überbringt oder abliefert, oder wer zu der für den Zweikampf oder Kampf festgesetzten Zeit oder während der Zweikampf oder Kampf ausgefochten wird, gegenwärtig ist, entweder als Sekundant, als Hilfeleister oder als Wundarzt, oder wer zu dem Zweikampfe oder Kampfe nach vorhergegangener Verabredung rät oder verleitet oder Rat oder Beistand leistet, ist mit Einsperrung bis zu sieben Jahren zu bestrafen.

§ 236. Begriff der Herausforderung. — Jedes gesprochene oder geschriebene Wort, sowie jedes einem andern gegenüber geäufserte oder gemachte Zeichen, welches den Wunsch, das Verlangen, die Einladung oder Forderung, einen Zweikampf auszufechten oder zum Zwecke des Ausfechtens eines

Zweikampfs zusammenzutreffen, ausdrückt oder in sich schliefst oder auszudrücken oder in sich zu schliefsen bezweckt, gilt als Herausforderung.

Vgl. § 459.

§ 237. Versuch eine Herausforderung herbeizuführen. — Wer schuldig ist, einem andern ein Wort oder Zeichen irgend welcher Art gesendet oder ihm gegenüber gebraucht zu haben, in der Absicht, ihn zur Abgabe oder Annahme einer Herausforderung zur Ausfechtung eines Zweikampfs zu bestimmen oder zu veranlassen, ist eines Vergehens schuldig.

§ 238. Bezeigung von Verachtung wegen Unterlassung des Zweikampfs. — Wer einen andern wegen Unterlassung eines Zweikampfes oder wegen Nichtabsendung oder Nichtannahme einer Herausforderung zu einem Zweikampfe bekannt macht oder öffentlich anzeigt, oder wer durch Schrift oder Druck gegen einen andern oder in bezug auf einen andern wegen Nichtabsendung oder Nichtannahme einer Herausforderung zum Zweikampfe oder wegen Unterlassung eines Zweikampfs eine vorwurfsvolle oder verächtliche Sprache gebraucht, ist eines Vergehens schuldig.

§ 239. Zweikampf aufserhalb des Staates. — Wer diesen Staat in der Absicht verläfst, einer Bestimmung dieses Kapitels zu entgehen oder eine Handlung aufserhalb dieses Staates zu begehen, welche in diesem Kapitel verboten ist, oder wer in diesem Staate wohnt und aufserhalb dieses Staates eine Handlung begeht, welche nach den Bestimmungen dieses Kapitels strafbar sein würde, wenn sie innerhalb dieses Staates begangen wäre, ist desselben Verbrechens schuldig und derselben Strafe unterworfen, als wenn die Handlung innerhalb dieses Staates begangen worden wäre oder hätte durchgeführt werden sollen.

Vgl. §§ 188, 461; StPO. § 133.

§ 240. Fortsetzung; wo angeklagt und verhandelt werden kann. — Wer sich gegen eine Bestimmung des letzten Paragraphen vergeht, kann in jedem Bezirke innerhalb dieses Staates angeklagt und vor Gericht gestellt werden; jedoch kann der Angeklagte eine frühere Überführung oder Freisprechung in einem andern Staate oder Lande in bezug auf dasselbe Verbrechen für sich geltend machen, und wenn diese Einrede zugelassen oder bestätigt wird, schliefst sie ein ferneres Verfahren wegen desselben Verbrechens aus.

Vgl. § 185.

§ 241. Zeugen. — Wer sich gegen eine Bestimmung dieses Kapitels vergangen hat, ist zulässiger Zeuge gegen eine andre an demselben Handel beteiligte Person und darf bei einer Verfolgung oder Verhandlung wegen eines unter dieses Kapitel fallenden Verbrechens von der Zeugnisablegung oder Beantwortung einer Frage deshalb nicht befreit werden, weil sein Zeugnis ihn der Überführung eines Verbrechens aussetzen könnte. Jedoch darf ein durch ein solches Zeugnis erlangter Beweis gegen den Zeugen in einer Strafklage oder einem Strafverfahren nicht verwendet werden.

Vgl. § 712.

Kapitel VIII.

Schmähschrift.

§ 242. Begriff der Schmähschrift. — Eine böswillige Veröffentlichung, sei es durch Schrift, Druck, Abbildung, Bild, Zeichen oder auf andre Weise als durch bloſse Rede, welche eine lebende Person oder das Andenken eines Verstorbenen dem Haſs, der Verachtung, der Lächerlichkeit oder der üblen Nachrede preisgibt, oder welche es veranlaſst oder darauf abzielt, daſs jemand geflohen oder gemieden werde, oder welche eine Person, eine Körperschaft oder Gesellschaft von Personen in ihrer Beschäftigung oder ihrem Geschäfte zu verletzen bezweckt, ist eine Schmähschrift.

§ 243. Schmähschrift bildet ein Vergehen. — Wer eine Schmähschrift veröffentlicht, ist eines Vergehens schuldig.

§ 244. Böswilligkeit wird vorausgesetzt. Wann sie entschuldigt oder gerechtfertigt wird. — Eine Veröffentlichung, welche den im Paragraphen 242 erwähnten Erfolg bezweckt oder herbeiführt, gilt als böswillig, wenn Rechtfertigung oder Entschuldigung nicht ersichtlich ist. Die Veröffentlichung ist gerechtfertigt, wenn die als Schmähschrift betrachtete Sache wahr ist und aus guten Gründen und zur Wahrung berechtigter Interessen veröffentlicht wurde. Die Veröffentlichung wird entschuldigt, wenn sie ehrlich, im Glauben an ihre Wahrheit gemacht wurde und vernünftige Gründe für diesen Glauben vorlagen, und wenn sie in unparteiischer Beurteilung der Handlungsweise einer Person in Hinsicht auf öffentliche Angelegenheiten oder einer Sache, welche der Eigentümer dem Publikum darbietet oder erklärt, besteht.

§ 245. Begriff der Veröffentlichung. — Um die Beschuldigung wegen Veröffentlichung einer Schmähschrift zu begründen, ist es nicht notwendig, daſs der Gegenstand derselben von einem andern gesehen worden ist. Es genügt, wenn der Beschuldigte sie wissentlich verbreitete, oder sie aus seinem unmittelbaren Gewahrsam entlieſs und zwar unter Umständen, welche sie derart zeigte, daſs sie von einem andern als ihm selbst gesehen oder verstanden werden konnte.

§ 246. Haftbarkeit des Herausgebers und andrer. — Jeder Herausgeber oder Eigentümer eines Buchs, einer Zeitung oder Zeitschrift, und jeder Leiter einer stillen Gesellschaft oder eines inkorporierten Vereins, durch welche ein Buch, eine Zeitung oder eine Zeitschrift herausgegeben wurde, kann wegen der Veröffentlichung einer in dem Buche, der Zeitung oder Zeitschrift enthaltenen Angelegenheit beschuldigt werden. Jedoch kann bei jeder Verfolgung wegen Schmähschrift der Beschuldigte zu seiner Verteidigung nachweisen, daſs die Sache ohne sein Wissen oder ohne seine Schuld und gegen seinen Wunsch durch einen andern veröffentlicht wurde, welcher von ihm keine Ermächtigung hatte, die Veröffentlichung zu machen und dessen Handlung von ihm miſsbilligt wurde, sobald er davon Kenntnis genommen hatte.

§ 247. Veröffentlichung eines wahrheitsgemäſsen Berichts über öffentliche amtliche Verhandlungen. — Die Verfolgung wegen Schmähschrift kann gegen den Berichterstatter, Herausgeber, Verleger oder Eigentümer einer Zeitung für die darin enthaltene Veröffentlichung eines treuen und wahrheitsgemäfsen Berichts über gerichtliche, gesetzgeberische oder andre öffentliche und amtliche Verhandlungen oder über eine Aussage, eine Rede, eine Beweisführung oder eine Debatte im Laufe derselben nicht aufrechterhalten werden, wenn nicht thatsächliche Böswilligkeit bei Anfertigung des Berichts nachgewiesen wird.

Vgl. § 143 Ziff. 7.

§ **248.** Beschränkung des vorhergehenden Paragraphen. — Der letzte Paragraph findet keine Anwendung auf eine Schmähschrift, welche enthalten ist in der Überschrift eines Berichts oder einer andern Sache, die von einem andern bei der Veröffentlichung Beteiligten hinzugefügt wurde; oder in dem Berichte über etwas, was zur Zeit und an dem Orte der öffentlichen und amtlichen Verhandlung gesagt oder gethan wurde, ohne ein Teil derselben zu sein.

§ **249.** Anklage wegen Schmähschrift in einer Zeitung. — Eine Anklage wegen Schmähschrift, welche in einer innerhalb dieses Staates veröffentlichten Zeitung gegen einen Bewohner desselben enthalten ist, kann entweder in dem Bezirke, in welchem das Blatt veröffentlicht wurde, oder in dem Bezirke, in welchem die geschmähte Person ihren Wohnsitz hatte, als das Verbrechen begangen wurde, erhoben werden. Im letzteren Falle hat der Beschuldigte Anspruch auf einen Befehl des obersten Gerichtshofes, welcher anordnet, dafs über die Anklage wider ihn in dem Bezirke, in welchem die Zeitung gedruckt und veröffentlicht wurde, verhandelt werde, wenn die nachstehenden Bedingungen erfüllt sind:

1) Er mufs um den Befehl innerhalb dreifsig Tagen nachdem die Anklage anhängig gemacht oder Bürgschaft für deren Beantwortung gegeben worden ist, nachsuchen;

2) Er mufs für den Klagenden eine Verschreibung mit zwei hinreichenden Sicherheiten, welche von dem das Gesuch entgegennehmenden Richter gebilligt wurden, über eine vom Richter festgesetzte Strafsumme, die nicht weniger als 250 und nicht mehr als 1000 Dollars beträgt, ausstellen, welche für den Fall der Überführung des Beschuldigten die Bezahlung aller vernünftigen Ausgaben des Klägers bei der Hin- und Herreise zu und von seinem Wohnorte und dem Orte, wo die Verhandlung stattfindet, und während seiner Anwesenheit bei der Verhandlung festsetzt;

3) Er mufs innerhalb zehn Tagen von der Erlassung des Befehls bei dem Schreiber des Bezirks, in welchem die Anklage anhängig ist, den Befehl überreichen und die Verschreibung niederlegen.

Vgl. St.P.O. § 138.

§ **250.** Schmähschrift gegen Nicht-Einwohner. — Die Anklage wegen einer Schmähschrift, welche gegen eine nicht in diesem Staate wohnhafte Person veröffentlicht wurde, ist aufzunehmen und zur Verhandlung zu bringen in dem Bezirke, in welchem das die Schmähschrift enthaltende Blatt nach der Angabe auf seiner Vorderseite veröffentlicht wurde, oder wenn kein Bezirk auf der Vorderseite des Blattes angegeben ist, in irgend einem Bezirke, in welchem das Blatt in Umlauf gesetzt wurde.

Vgl. StPO. § 138.

§ 251. Beschränkung der Bestrafung. — Niemand kann wegen Veröffentlichung derselben Schmähschrift zum Schaden derselben Person in mehr als einem Bezirke angeklagt oder vor Gericht gestellt werden.

Vgl. StPO. § 138.

§ 252. Ort der Verhandlung. — Keine der in diesem Kapitel enthaltenen Bestimmungen soll das Recht des zuständigen Gerichts, den Ort der Verhandlung über eine Anklage wegen Schmähschrift zu wechseln, berühren, geradeso wie dies hinsichtlich jeder andern Anklage gesetzlich geschehen kann.

§ 253. Bevorrechtete Mitteilungen. — Eine Mitteilung, welche einer dazu berechtigten oder an derselben interessierten Person durch jemanden, welcher ebenso an derselben interessiert oder sie zu machen berechtigt war, oder welcher zu jenem in einem Verhältnisse stand, welches einen vernünftigen Grund zur Vermutung eines rechtmäfsigen Beweggrundes gibt, gemacht ist, ist nicht als böswillige vorauszusetzen und wird bevorrechtete Mitteilung genannt.

§ 254. Drohung mit Veröffentlichung einer Schmähschrift. — Wer einen andern mit der Veröffentlichung einer Schmähschrift bedroht, die ihn oder seine Eltern, seinen Ehemann, seine Ehefrau, sein Kind oder ein andres Mitglied seiner Familie betrifft, und wer sich erbietet, die Veröffentlichung einer Schmähschrift gegen eine andre Person unter der Bedingung der Zahlung von Geld oder eines andern Vermögensvorteils oder in der Absicht der Erzwingung solcher Vorteile von einem andern zu verhindern, ist eines Vergehens schuldig.

Vgl. §§ 553, 558.

Titel IX.

Verbrechen gegen die Person sowie gegen öffentlichen Anstand und gute Sitten.

Kapitel 1.

Verbrechen gegen Religionsfreiheit und religiöse Überzeugung.

§ 255. Begriff des unheiligen Schwörens. Verworfen.

§ 256. Bestrafung desselben. Verworfen.

§ 257. Schleunige Aburteilung desselben. Verworfen.

§ 258. Eintreibung von Bufsen. Verworfen.

§ 259. Der Sonntag. — Nachdem der erste Tag der Woche nach allgemeiner Übereinstimmung zur Ruhe und zu religiösen Gebräuchen angesetzt ist, verbietet das Gesetz an diesem Tage die Vornahme von gewissen unten näher bezeichneten Handlungen, welche ernstliche Unterbrechungen der Ruhe und der religiösen Freiheit der Gemeinde darstellen.

§ 260. Störung des Sonntags. — Die Verletzung des vorstehenden Verbots ist Störung des Sonntags.

§ 261. Begriff des Tags. — Unter dem Ausdruck Tag, im Sinne der Redewendung „erster Tag der Woche", ist in diesem Kapitel die ganze Zeit von Mitternacht bis Mitternacht begriffen.

§ 262. Verbotene Handlungen. — Die folgenden Handlungen, welche in den nachstehenden sechs Paragraphen erklärt sind, sind als solche am ersten Tage der Woche untersagt, wenn sie nicht als ein Werk der Notwendigkeit oder Mildthätigkeit erscheinen:

1) Knechtische Arbeit;
2) Öffentliche Belustigungen und Schaustellungen;
3) Handel, Handarbeiten oder mechanische Verrichtungen;
4) Öffentlicher Handelsverkehr;
5) Vornahme von Prozefshandlungen.

Vgl. §§ 263, 265, 267, 268.

§ 263. Knechtische Arbeit. — Alle knechtische Arbeit am ersten Tage der Woche ist verboten; ausgenommen sind Werke der Notwendigkeit oder Mildthätigkeit.

§ 264. Personen, welche einen andern Tag als ihren Sonntag beobachten. — Es ist ein hinreichender Verteidigungsgrund gegenüber der Verfolgung wegen Vornahme knechtischer Arbeit am ersten Tage der Woche, wenn der Beschuldigte einen andern Tag der Woche gleichförmig als heilige Zeit beobachtet und an diesem Tage keine Arbeit thut, und wenn die Arbeit, über welche geklagt wird, in solcher Weise verrichtet wurde, dafs sie andre Personen in der Beobachtung des ersten Tages der Woche als heiliger Zeit nicht störte oder unterbrach.

§ 265. Öffentliche Belustigungen. — Alles Schiefsen, Jagen, Fischen, alle Schauspiele, Pferderennen, Wettspiele oder andern öffentlichen Belustigungen, Übungen, Kurzweiligkeiten oder Schaustellungen am ersten Tage der Woche und alles Geräusch, welches den Frieden des Tages stört, sind verboten.

§ 266. Handel, Handarbeiten, mechanische Verrichtungen. — Aller Handel, alle Handarbeiten und mechanischen Verrichtungen am ersten Tage der Woche sind verboten.

§ 267. Öffentlichen Handelsverkehr. — Jede Art von öffentlichem Verkauf, oder von Anbietung oder öffentlicher Ausstellung zum Verkaufe von irgend welchen Waren ist am ersten Tage der Woche untersagt; jedoch dürfen Fleisch, Milch und Fische zu irgend einer Zeit vor neun Uhr morgens, Nahrungsmittel, wenn sie am Verkaufsorte verzehrt werden, und Arzneimittel, Arzneien und wundärztliche Hilfsmittel zu irgend einer Tageszeit verkauft werden.

§ 268. Vornahme von Prozefshandlungen ist am Sonntag verboten. — Jede Vornahme einer gesetzlichen Prozefshandlung irgend einer Art ist am ersten Tage der Woche verboten, mit Ausnahme der Fälle eines begangenen oder befürchteten Friedensbruches oder wenn die Ergreifung einer eines Verbrechens beschuldigten Person begehrt wird oder wenn eine solche Prozefshandlung durch Verordnung besonders erlaubt ist.

§ 269. Strafe für Verletzung des Sonntags. — Verletzung des Sonntags ist ein Vergehen und mit Geldstrafe von einem bis zu zehn Dollars oder mit Einsperrung in einem Bezirksgefängnisse bis zu fünf Tagen allein oder in Verbindung mit einander zu bestrafen.

§ 270. Verfall von zum Verkaufe ausgestellten Waren. — Aufser der in dem vorhergehenden Paragraphen angedrohten Strafe sollen alle am ersten Tage der Woche in Verletzung der Bestimmungen dieses Kapitels zum Verkaufe ausgestellten Waren verfallen. Bei Überführung des Verbrechers durch einen Bezirksfriedensrichter oder den Bürgermeister, Beurkunder oder Verordneten einer Stadt hat dieser einen Befehl zur Beschlagnahme der verfallenen Gegenstände zu erlassen, welche einen Tag nach der Beschlagnahme verkauft und deren Erlös an die Armenaufseher zur Verwendung für die Armen der Stadt oder der Stadtgemeinde ausgezahlt werden soll.

§ 271. Abhilfe gegen böswillige Prozefshandlungen. — Wer böswilligerweise eine Prozefshandlung in einer Zivilklage an einem Sonnabend gegen eine Person veranlafst, welche den Sonnabend als heilige Zeit beobachtet und an diesem Tage nicht arbeitet, oder gegen sie die Anberaumung einer Verhandlung auf diesen Tag oder böswilligerweise die Vertagung der Verhandlung einer Klage, bei welcher eine solche Person beteiligt ist, auf jenen Tag bewirkt, ist eines Vergehens schuldig.

§ 272. Zwang zur Annahme einer Glaubensformel. — Der Versuch, jemanden durch Drohung oder Gewalt zur Annahme, Ausübung oder Bekennung einer besondern Formel des religiösen Glaubens zu zwingen, ist ein Vergehen.

§ 273. Verhinderung einer religiösen Handlung. — Wer absichtlich durch Drohung oder Gewalt einen andern hindert, eine gesetzmäfsige, ihm durch die Religion, welche er bekennt, auferlegte oder empfohlene Handlung vorzunehmen, ist eines Vergehens schuldig.

§ 274. Störung religiöser Versammlungen. — Wer absichtlich eine Versammlung von Leuten, welche zum Zwecke einer religiösen Verrichtung zusammengekommen sind, durch eine der im folgenden Paragraphen aufgezählten Handlungen stört, unterbricht oder beunruhigt, ist eines Vergehens schuldig.

Vgl. §§ 448, 650.

§ 275. Fortsetzung; Begriff des Verbrechens. — Die folgenden Handlungen oder eine derselben begründen Störung religiöser Versammlungen:

1. die Äufserung weltlicher Reden, die Begehung von rohen oder unanständigen Handlungen oder die Verursachung eines unnötigen Lärmes entweder innerhalb des Ortes, an welchem eine solche Versammlung abgehalten wird, oder in solcher Nähe desselben, dafs dadurch die Ordnung und Feierlichkeit der Versammlung gestört wird;

2. die Herbeiführung oder Beförderung eines Wettrennens von Tieren

oder von Wettspielen irgend welcher Art innerhalb zweier Meilen von dem Platze, an welchem eine religiöse Versammlung abgehalten wird;

3. irgend welche Versperrung des freien Zuganges auf einer Hauptstrafse, die zum Orte einer solchen Versammlung führt, ohne gesetzliche Erlaubnis und innerhalb der oben erwähnten Entfernung.

§ 276. Umzüge und Aufzüge. Strafe. — Alle Umzüge und Aufzüge an einem Sonntage sind in jeder Stadtgemeinde verboten, mit einziger Ausnahme von Begräbnisaufzügen bei wirklicher Bestattung eines Toten und von Aufzügen, welche in Verbindung mit religiösen Feierlichkeiten zu oder von einem Orte der Gottesverehrung unternommen werden; doch darf in solchen Ausnahmefällen weder Musik, noch Feuerwerk, noch Abfeuerung von Kanonen oder Feuerwaffen oder sonst störender Lärm stattfinden. Bei einem Militärbegräbnisse kann indessen während der Begleitung des Leichnams Musik gemacht werden, jedoch nicht innerhalb eines Häuserviertels von dem Orte, an welchem zu derselben Zeit Gottesdienst verrichtet wird.

Wer absichtlich eine Bestimmung dieses Paragraphen verletzt, ist mit Geldstrafe bis zu zwanzig Dollars oder mit Einsperrung bis zu zehn Tagen allein oder in Verbindung mit einander zu bestrafen.

§ 277. Theatralische und andre Vorstellungen. — Die Aufführung eines Trauerspiels, Lustspiels, einer Oper, eines Ballets, einer Posse, eines Negergesanges, eines Neger- oder andern Tanzes oder einer andern Unterhaltung auf der Bühne oder auf einem oder mehreren Teilen derselben oder die Vorführung eines Zirkus, einer Kunstreiterei oder dramatischer Vorstellungen oder von Vorstellungen von Taschenspielern, Akrobaten oder Seiltänzern am ersten Tage der Woche ist verboten; und wer immer eine solche Vorstellung durch Anzeigen oder auf andre Weise unterstützt, sowie der Eigentümer oder Pächter eines Gartens, Gebäudes oder eines andern Raumes oder Ortes, welcher denselben zum Zwecke einer solchen Vorstellung oder Aufführung vermietet oder überläfst oder der Verwendung desselben zu diesem Zwecke zustimmt, ist, wenn derselbe benutzt wird, eines Vergehens schuldig.

Aufser der hierfür durch Verordnung angedrohten Strafe ist jeder, welcher diesen Paragraphen verletzt, einer Bufse von 500 Dollars unterworfen; welche Bufse die „Gesellschaft für Besserung jugendlicher Missethäter" in Stadt Newyork zu ihrer Verwendung und die Armenaufseher in jeder andern Stadt oder Stadtgemeinde zur Verwendung für die Armen im Namen des Volkes dieses Staates einzuziehen ermächtigt sind. Aufser dieser Bufse bewirkt jede solche Vorstellung oder Aufführung an sich den Verlust der Lizenz, welche vorher von dem Leiter, Eigner oder Pächter erworben sein mag, der das Gebäude, den Garten, das Zimmer oder den Ort gebraucht oder vermietet oder zu der Vorstellung oder Aufführung seine Zustimmung erteilt.

Kapitel II.

Notzucht, Entführung, Mifsbrauch von Kindern und Verführung.

§ 278. Begriff der Notzucht. — Notzucht ist eine Handlung fleischlichen Verkehrs mit einer Frauensperson, welche nicht die Ehefrau des

Thäters ist, wenn sie gegen den Willen oder ohne die Zustimmung derselben verübt wird. Wer eine solche Handlung oder eine Handlung fleischlichen Verkehrs mit einer Frauensperson, welche nicht seine Ehefrau ist, verübt, ist

1) wenn die Frauensperson unter zehn Jahre alt ist; oder
2) wenn sie aus Blödsinn oder Schwachsinn oder infolge einer zeitweiligen oder immer dauernden Krankheit des Geistes unfähig ist, ihre Einwilligung zu geben; oder
3) wenn ihr Widerstand durch Gewalt überwunden wurde; oder
4) wenn ihr Widerstand durch Furcht vor sofortigem und grossem körperlichen Schmerze verhindert wird, an dessen Zufügung zu glauben sie vernünftigen Grund hat; oder
5) wenn ihr Widerstand durch Betäubung oder Schwäche des Geistes verhindert wird, welche durch betäubende narkotische oder anästhetische Mittel, die von dem Beschuldigten selbst oder mit dessen Wissen beigebracht wurden, bewirkt worden ist; oder
6) wenn sie zu der betreffenden Zeit die Bedeutung der Handlung nicht kannte und dies dem Beschuldigten bekannt war;

mit Einsperrung von fünf bis zu zwanzig Jahren zu bestrafen.

Vgl. § 218².

§ 279. Wann die körperliche Fähigkeit bewiesen werden mufs. — Eine Überführung wegen Notzucht kann gegen jemanden, welcher zu der Zeit der Handlung unter vierzehn Jahre alt war, nicht stattfinden, wenn nicht seine körperliche Fähigkeit zur Vollendung des Eindringens als eine selbständige Thatsache über jeden vernünftigen Zweifel bewiesen wird.

§ 280. Das Eindringen ist hinreichend. — Irgend ein, wenn auch noch so geringes Eindringen in die Geschlechtsteile ist hinreichend zur Vollendung des Verbrechens.

§ 281. Nötigung einer Frauensperson zur Heirat. — Wer durch Gewalt, Drohung oder Nötigung eine Frauensperson zwingt, gegen ihren Willen ihn oder jemanden andern zu heiraten, oder sich mifsbrauchen zu lassen, ist mit Einsperrung von drei bis zu zehn Jahren oder mit einer Geldstrafe bis zu 1000 Dollars allein oder in Verbindung mit einander zu bestrafen.

Vgl. § 282³.

§ 282. Entführung. — Wer

1) einer Frauensperson unter sechszehn Jahren ohne Zustimmung ihres Vaters, ihrer Mutter, ihres Vormundes oder einer andern Person, unter deren gesetzlicher Obhut sie steht, zum Zwecke der Ehe, der Prostitution oder des fleischlichen Verkehrs sich bemächtigt; oder
2) eine bisher unbescholtene unverheiratete Frauensperson unter fünfundzwanzig Jahren in ein Haus von schlechtem Rufe oder in ein Hurenhaus oder an einen andern Ort zum Zwecke der Prostitution oder des fleischlichen Verkehrs verlockt oder verführt; oder
3) sich einer Frauensperson rechtswidrig gegen ihren Willen bemächtigt

oder sie festhält, um sie durch Gewalt, Drohung oder Nötigung zu zwingen, ihn oder jemand andern zu heiraten oder sich mifsbrauchen zu lassen,

ist der Entführung schuldig und mit Einsperrung bis zu fünf Jahren oder mit Geldstrafe bis zu 1000 Dollars allein oder in Verbindung mit einander zu bestrafen.

Vgl. § 281.

§ 283. Die Überführung kann auf Grund gewisser Zeugnisse nicht stattfinden. — Die Überführung wegen Entführung, Zwang zur Heirat oder Entehrung kann auf Grund des Zeugnisses der entführten, gezwungenen oder entehrten Frauensperson allein ohne Unterstützung andrer Beweismittel nicht stattfinden.

§ 284. Verführung unter dem Versprechen der Heirat. — Wer unter dem Versprechen der Heirat eine bisher unbescholtene unverheiratete Frauensperson verführt und mit ihr fleischlichen Verkehr pflegt, ist mit Einsperrung bis zu fünf Jahren oder mit Geldstrafe bis zu 1000 Dollars allein oder in Verbindung mit einander zu bestrafen.

§ 285. Nachfolgende Heirat. — Nachfolgende Heirat der Beteiligten untereinander oder Ablauf von zwei Jahren nach Begehung des Verbrechens, ohne dafs eine Anklage erhoben worden ist, schliefst die Verfolgung wegen Verletzung des letzten Paragraphen aus.

§ 286. Die Klage mufs bekräftigt sein. — Die Überführung wegen des im § 284 bezeichneten Verbrechens kann auf Grund des Zeugnisses der verführten Frauensperson, wenn dieses nicht durch andere Beweise bekräftigt wird, nicht stattfinden.

Kapitel III.

Aussetzung und Vernachlässigung von Kindern.

§ 287. Aussetzung von Kindern unter sechs Jahren. — Ein Vater, eine Mutter oder eine andre Person, welcher die Sorge oder Obhut für Ernährung oder Erziehung eines Kindes unter sechs Jahren obliegt und welche das Kind an einem Orte mit der Absicht, sich desselben gänzlich zu entäufsern, verläfst, ist mit Einsperrung in einem Staatsgefängnisse bis zu sieben Jahren oder in einem Bezirksgefängnisse bis zu einem Jahre zu bestrafen.

§ 288. Rechtswidrige Unterlassung der Fürsorge für ein Kind. — Wer absichtlich und ohne gesetzmäfsige Entschuldigung die Erfüllung der ihm gesetzlich obliegenden Pflicht, einen Minderjährigen mit Speise, Kleidung, Wohnung oder ärztlicher Hilfe zu versorgen, unterläfst, ist eines Vergehens schuldig.

§ 289. Gefährdung des Lebens, der Gesundheit oder der Sittlichkeit eines Kindes. — Wer, wenn ihm die Sorge oder Obhut eines Minderjährigen obliegt,

1) es absichtlich verursacht oder zuläfst, dafs das Leben des Minderjährigen gefährdet oder seine Gesundheit verletzt oder seine Sittlichkeit verdorben wird; oder

2) es absichtlich verursacht oder zuläfst, dafs der Minderjährige in eine solche Lage versetzt oder bei einer solchen Beschäftigung verwendet wird, dafs sein Leben gefährdet oder seine Gesundheit möglicherweise verletzt oder seine Sittlichkeit möglicherweise verdorben werde,

ist eines Vergehens schuldig.

§ 290. Inhaber von Konzerträumen u. s. w. — Wer ein Kind, welches thatsächlich oder dem Anscheine nach weniger als vierzehn Jahre alt ist, ohne Begleitung der Eltern oder des Vormundes zu einem Tanzhause, Konzertsalon, Theater oder einem andern Belustigungsorte, der von ihm besessen, gehalten oder verwaltet wird und wo Weine oder geistige oder malzhaltige Getränke verkauft oder verschänkt werden, zuläfst oder gestattet, dafs es sich daselbst aufhält, ist eines Vergehens schuldig.

§ 291. Kinder dürfen nicht betteln u. s. w. — Ein thatsächlich oder dem Anscheine nach weniger als sechszehn Jahre altes Kind männlichen Geschlechts oder ein thatsächlich oder dem Anscheine nach weniger als vierzehn Jahre altes Kind weiblichen Geschlechts, welches betroffen wird:

1) bettelnd oder in irgend welcher Weise oder unter irgend einem Vorwande Almosen empfangend oder fordernd; oder

2) ohne ein Heim oder einen andern Wohnort oder einen passenden Zufluchtsort; oder

3) ganz ohne Unterhaltungsmittel, wenn das Kind entweder Waise ist oder bei oder in der Obhut von Eltern oder Vormündern lebt oder gelebt hat, welche zur Einsperrung wegen eines Verbrechens verurteilt oder welche wegen eines Verbrechens gegen die Person des Kindes überführt worden oder gesetzlich als Gewohnheitsverbrecher erklärt worden sind; oder

4) im Verkehre mit bekannten Dieben oder Prostituierten oder in einem Bordell oder Hurenhause oder als Bewohner eines solchen Hauses entweder mit oder ohne die Eltern oder Vormünder, oder als Besucher von Konzertsalons, Tanzhäusern, Theatern oder andern Belustigungsorten oder von Orten, wo Weine, gemalzte oder geistige Getränke verkauft werden, ohne dabei unter der Aufsicht der Eltern oder Vormünder zu stehen; oder

5) während es zu den in § 292 erwähnten Kindern gehört,

ist festzunehmen und mufs vor das zuständige Gericht oder die zuständige Behörde gebracht werden als ein herumstreichendes, herabgekommenes oder verwahrlostes Kind. Das Gericht oder die Behörde kann das Kind in ein mildthätiges Haus, eine Besserungsanstalt oder ein andres Institut verweisen, welches gesetzlich ermächtigt ist, Minderjährige aufzunehmen und zu beaufsichtigen, oder kann eine der Verfügungen über das Kind treffen, welche gegen Vagabunden, Tagediebe, Strolche oder verkommene Personen zugelassen sind.

Vgl. StPO. § 893.

§ 292. Gewisse Verwendungen von Kindern sind untersagt. — Wer ein weibliches Kind, welches dem Anscheine nach oder thatsächlich weniger als vierzehn Jahre, oder ein männliches Kind, welches dem Anscheine nach oder thatsächlich weniger als sechszehn Jahre alt ist, zu einem der unten genannten Zwecke verwendet oder dessen Verwendung veranlafst oder es ausstellt, benutzt oder zum Zwecke der Ausstellung oder Verwendung in Obhut hat, oder wer die Sorge, Obhut oder Beaufsichtigung über dasselbe als Vater, Mutter, Verwandter, Vormund, Geschäftsherr oder aus einem andern Grunde hat und es

1) als Seil- oder Drahttänzer, Tänzer, Gymnast, Gliederverdreher, Kunstreiter oder Akrobat; oder
2) als Bettler oder Almosenempfänger oder zu irgend einer bettelhaften Beschäftigung; oder
3) als Hausierer, Sänger oder Musikant oder zu einer Theatervorstellung oder einer andern umherziehenden Beschäftigung; oder
4) zu einer unanständigen oder unsittlichen Ausstellung oder Ausübung; oder
5) zu einer das Leben, die Gliedmafsen, die Gesundheit oder Sittlichkeit des Kindes gefährdenden oder verletzenden Ausübung oder Ausstellung verkauft, vermietet, weggibt oder in irgend welcher Weise für seine Verwendung oder Ausstellung zu diesen Zwecken sorgt oder derselben zustimmt,

ist eines Vergehens schuldig. Aber dieser Paragraph findet auf die Verwendung eines Kindes als Sänger oder Musiker in einer Kirche, Schule oder Akademie oder beim Lehren oder Erlernen der Wissenschaft, der Kunst oder ihrer Ausübung, oder als Musiker in einem Konzert, wenn eine schriftliche Zustimmung des Bürgermeisters der Stadt oder des Vorsitzenden der Verordneten eines Dorfes gegeben wurde, wo ein solches Konzert stattfindet, keine Anwendung.

§ **293**. Obliegenheiten von Beamten. — Jeder Polizeidiener oder Polizeibeamter soll und jeder Agent oder Beamter einer inkorporierten Gesellschaft zur Verhütung der Vernachlässigung von Kindern kann eine Person, welche eine der Vorschriften dieses Kapitels übertritt, sowie einen Minderjährigen, welcher zu den in §§ 291 oder 292 erwähnten Kindern gehört, festnehmen und vor das zuständige Gericht oder die zuständige Behörde bringen.

Ein solcher Polizeidiener, Polizeibeamter oder Agent kann die Vornahme einer der in diesem Kapitel verbotenen Handlungen in seiner Gegenwart durch seine Dazwischenkunft verhindern.

Wer einen Beamten oder Agenten einer solchen Gesellschaft in Ausübung seines Amts in Gemäfsheit dieses Kapitels hindert oder stört, ist eines Vergehens schuldig.

Vgl. StPO. § 56.

Kapitel IV.

Abtreibung der Leibesfrucht und Verheimlichung des Todes von Neugebornen.

§ **294**. Begriff der Abtreibung. — Wer in der Absicht, die Fehlgeburt einer Frauensperson herbeizuführen, ohne dafs dieselbe zur Erhaltung des Lebens derselben oder des Kindes notwendig ist, mit welchem sie schwanger geht, entweder:

1) einer Frauensperson, mag sie schwanger sein oder nicht, eine Arznei, eine Arzneiware oder einen andern Stoff verschreibt, verschafft oder eingibt oder ihr anrät oder sie veranlafst, einen solchen Stoff zu nehmen; oder

2) irgend ein Instrument oder ein andres Werkzeug anwendet oder dessen Anwendung veranlafst,

ist der Abtreibung schuldig und mit Einsperrung in einem Staatsgefängnisse bis zu vier Jahren oder in einem Bezirksgefängnisse bis zu einem Jahre zu bestrafen.

Vgl. §§ 191 und 318.

§ 295. Versuch der Abtreibung seitens einer schwangeren Frauensperson. — Eine schwangere Frauensperson, welche eine Arznei, eine Arzneiware oder einen andern Stoff einnimmt oder irgend ein Instrument oder ein andres Werkzeug anwendet oder anwenden läfst, um dadurch eine Fehlgeburt herbeizuführen, ohne dafs diese zur Erhaltung ihres oder des Lebens des Kindes, mit welchem sie schwanger geht, notwendig wäre, ist mit Einsperrung von einem bis zu vier Jahren zu bestrafen.

Vgl. § 194.

§ 296. Verheimlichunng der Geburt. — Wer die Geburt eines Kindes durch irgend eine Verfügung über den Leichnam des Kindes, mag dieses vor oder nach der Geburt gestorben sein, zu verheimlichen sich bemüht, ist eines Vergehens schuldig.

Vgl. § 693.

§ 297. Verkauf von Arzneiwaren u. s. w. — Wer ein Instrument, eine Arznei oder Arzneiware oder irgend einen andern Stoff in der Absicht anfertigt, gibt oder verkauft, dafs derselbe ungesetzlicherweise zur Herbeiführung einer Fehlgeburt gebraucht werde, ist eines Verbrechens im e. S. schuldig.

Vgl. §§ 191, 318, 321.

Kapitel V.

Doppelehe, Blutschande und widernatürliche Unzucht.

§ 298. Begriff und Strafe der Doppelehe. — Wer bei Lebzeiten seines Ehegatten eine andre Person heiratet, ist der Doppelehe schuldig und mit Einsperrung in einer Besserungsanstalt oder einem Staatsgefängnisse bis zu fünf Jahren zu bestrafen.

§ 299. Fortsetzung; Ausnahmen. — Der vorhergehende Paragraph findet keine Anwendung auf

1) denjenigen, dessen früherer Ehegatte fünf Jahre hindurch fortgesetzt abwesend gewesen ist, wenn es ihm während jener Zeit nicht bekannt war, dafs der Ehegatte lebe, und wenn er glaubte, dafs derselbe tot sei; oder

2) denjenigen, dessen frühere Ehe für ungültig oder nichtig erklärt, oder

durch das Urteil eines zuständigen Gerichts aus einem andern Grunde als wegen Ehebruchs eines der Ehegatten getrennt worden ist; oder

3) denjenigen, welcher wegen des Ehebruchs seines Ehegatten von diesem geschieden wurde und von dem Gerichte, welches die Ehescheidung aussprach, die Erlaubnis zur Wiederverheiratung erhalten hat; oder

4) denjenigen, dessen früherer Ehegatte zu lebenslänglicher Einsperrung verurteilt worden ist.

§ **300**. Anklage wegen Doppelehe. — Die Anklage wegen Doppelehe kann in demjenigen Bezirke erhoben werden, in welchem der Beschuldigte festgenommen wurde, und das Verfahren, mit Einschlufs der Verhandlung, des Urteils und der Überführung, kann in jenem Bezirke in gleicher Weise stattfinden, als wenn das Verbrechen in demselben begangen worden wäre.
Vgl. § 376.

§ **301**. Bestrafung der ehelichen Verbindung. — Wer wissentlich mit jemandem eine Ehe eingeht, welche diesem durch die vorhergehenden Bestimmungen dieses Kapitels verboten ist, wird mit Einsperrung in einer Besserungsanstalt oder in einem Staatsgefängnisse bis zu fünf Jahren oder mit Geldstrafe bis zu 1000 Dollars allein oder in Verbindung mit einander bestraft.

§ **302**. Blutschande. — Blutsverwandte, zwischen welchen Verheiratungen gesetzlich für blutschänderisch und ungültig erklärt sind, sind, wenn sie sich mit einander verheiraten oder mit einander Ehebruch treiben oder geschlechtlichen Verkehr pflegen, mit Einsperrung bis zu zehn Jahren zu bestrafen.

§ **303**. Widernatürliche Unzucht. — Wer das scheufsliche und verabscheuenswerte Verbrechen wider die Natur, sei es mit Menschen oder mit Tieren begeht oder fleischliche Vereinigung mit einem toten Körper versucht, ist mit Einsperrung von fünf bis zwanzig Jahren zu bestrafen.

§ **304**. Das Eindringen genügt. — Jedes, wenn auch noch so geringe Eindringen, in die Geschlechtsteile genügt, um das in dem vorhergehenden Paragraphen bezeichnete Verbrechen zu begründen.

Kapitel VI.

Verletzung von Gräbern und Leichen.

§ **305**. Berechtigung über den eigenen Körper für den Fall des Todes Verfügung zu treffen. — Jedermann hat das Recht, zu bestimmen, in welcher Weise über seinen Leichnam nach seinem Tode verfügt; ebenso wie mit irgend einem Teile seines Körpers, welcher von demselben während des Lebens abgetrennt wurde, verfahren werden soll; und die Bestimmungen dieses Kapitels beziehen sich nicht auf den Fall, dafs jemand Anweisungen, wie mit seinem Körper oder einem Teile desselben verfahren werden soll, erlassen hat, welche zu diesen Bestimmungen im Widerspruche stehen.

§ **306**. Verpflichtung zur Beerdigung. — Mit Ausnahme der Fälle, in welchen im Gesetze ausdrücklich ein Recht zu Sezierung gegeben worden ist, mufs jeder Leichnam eines menschlichen Wesens, welcher innerhalb dieses Staates liegt, in einer angemessenen Zeit nach dem Tode anständig beerdigt werden.

§ 307. Entfernung zur Beerdigung in andern Staaten. — Der vorhergehende Paragraph berührt nicht das Recht, den Leichnam eines menschlichen Wesens durch diesen Staat zu führen oder aus diesem Staat den Körper jemandes, welcher innerhalb desselben starb, zum Zwecke der Beerdigung anderswohin zu bringen.

§ 308. Wann die Sezierung gestattet ist. — Das Recht den Leichnam eines menschlichen Wesens zu sezieren besteht in folgenden Fällen:

1) in den durch besondere Verordnungen bestimmten Fällen;

2) wenn ein Leichenschauer gesetzlich ermächtigt ist, eine Untersuchung über den Körper zu halten, soweit der Leichenschauer die Sezierung für den Zweck der Untersuchung gestattet und nicht darüber hinaus;

3) wenn und so weit der Ehemann, die Ehefrau oder der nächste Verwandte des Verstorbenen, welchem gesetzlich die Pflicht der Beerdigung obliegt, die Sezierung zum Zwecke der Feststellung der Todesursache anordnet und nicht darüber hinaus.

§ 309. Gesetzwidrige Sektion ist ein Vergehen. — Wer die Sektion des Körpers eines menschlichen Wesens vornimmt oder veranlafst oder deren Vornahme herbeiführt, ohne dafs dieselbe gesetzlich gestattet ist oder infolge einer von dem Verstorbenen gegebenen Erlaubnis vorgenommen wird, ist eines Vergehens schuldig.

§ 310. Überbleibsel müssen nach der Sektion beerdigt werden. — In allen Fällen, in welchen eine Sektion gemacht worden ist, finden die Bestimmungen dieses Kapitels, welche die Beerdigung eines Leichnams anordnen und die Verhinderung derselben oder Verletzungen an dem Leichnam bestrafen, ebenso auf die Überbleibsel eines sezierten Körpers Anwendung, sobald die gesetzlichen Zwecke der Sektion erreicht worden sind.

§ 311. Diebstahl von Leichnamen. — Wer den Leichnam eines menschlichen Wesens oder einen Teil desselben aus einem Grabe, einer Grabstelle oder einem andern Orte, wo derselbe bestattet worden ist, oder wo derselbe zum Zwecke der Bestattung niedergelegt wurde, ohne gesetzliche Ermächtigung entfernt, um denselben zu verkaufen, oder zu sezieren oder um eine Belohnung für die Zurückbringung desselben sich zu verschaffen, oder aus Böswilligkeit oder Mutwillen, ist mit Einsperrung bis zu fünf Jahren oder mit Geldstrafe bis zu 1000 Dollars allein oder in Verbindung mit einander bestrafen.

§ 312. Empfang gestohlener Leichname. — Wer den Leichnam eines menschlichen Wesens oder einen Teil desselben zu einem andern als zum Zwecke der Bestattung ankauft oder empfängt, ist, wenn er weifs, dafs derselbe entgegen dem vorhergehenden Paragraphen entfernt worden ist, mit Einsperrung bis zu drei Jahren zu bestrafen.

§ 313. Eröffnung von Gräbern. — Wer ein Grab oder einen andern dauernd oder vorübergehend zu diesem Zwecke bestimmten Bestattungsort, oder ein Gebäude, in welchem der Leichnam eines menschlichen Wesens zum Zwecke der Beerdigung niedergelegt ist, ohne gesetzliche Ermächtigung eröffnet, um den Körper oder einen Teil desselben zum Zwecke des Verkaufs oder der Forderung von Geld für denselben zu entfernen oder um ihn zu sezieren oder aus Böswilligkeit oder Mutwillen oder um den Sarg oder irgend einen Teil desselben oder etwas, was mit demselben verbunden ist, oder irgend ein Kleidungsstück oder einen andern mitbegrabenen oder zur Bestattung mit dem toten Körper bestimmten Gegenstand zu stehlen, ist mit Einsperrung bis zu zwei Jahren oder mit einer Geldstrafe bis zu 250 Dollars allein oder in Verbindung mit einander zu bestrafen.

§ 314. Festnahme oder Festhaltung eines Leichnams. — Wer den Leichnam eines menschlichen Wesens wegen einer Schuld oder Forderung festnimmt oder festhält, oder ihn wegen einer Schuld oder Forderung oder auf Grund eines angeblichen Rechts oder Anspruchs zurückhält oder seine Zurückhaltung verlangt, ist eines Verbrechens schuldig.

§ 315. Störung von Beerdigungen. — Wer ohne gesetzliche Ermächtigung Personen, die mit dem Tragen oder der Begleitung des Leichnams eines menschlichen Wesens zu einem Bestattungsplatze beschäftigt sind, hindert oder zurückhält, ist eines Vergehens schuldig.

Kapitel VII.

Unzüchtige Ausstellungen und Schaustellungen, Bücher und Drucksachen, Bordelle und andre unordentliche Häuser.

§ 316. Blosstellung von Personen. — Wer absichtlich und unzüchtigerweise seinen Körper oder die heimlichen Teile desselben an einem öffentlichen Orte oder an einem Orte, wo andre gegenwärtig sind, blossstellt oder es veranlafst, dafs ein andrer sich auf solche Weise blossstellt, ist eines Vergehens schuldig.

§ 317. Besitz u. s. w. von unzüchtigen Drucksachen. — Wer ein unzüchtiges oder unanständiges Buch, Schriftstück, Papier, Bild, eine solche Zeichnung oder Photographie oder irgend einen Gegenstand oder ein Werkzeug, das zu unanständigem oder unsittlichem Gebrauche bestimmt ist, verkauft, ausleiht, weggibt oder die Weggabe anbietet oder es zeigt oder mit der Absicht, es zu verkaufen, oder wegzugeben oder zu zeigen in seinem Besitze hat, oder anzeigt oder auf andre Weise zum Verleihen, zum Vergeben, zum Verkaufe oder zur Verteilung anbietet, oder wer ein solches Buch, Bild, eine solche Zeichnung, oder andern Gegenstand zeichnet, abzeichnet, entwirft, photographiert oder sonstwie herstellt, oder wer ein Zirkular, eine Anzeige oder eine Bekanntmachung irgend welcher Art schreibt oder druckt oder die Niederschrift oder den Druck verursacht, oder wer mündlich darüber Auskunft erteilt, wann, wo, wie, oder von wem oder mit welchen Mitteln ein solcher unanständiger oder unzüchtiger Gegenstand oder eine solche Sache angekauft oder erlangt werden kann, ist eines Vergehens schuldig.

Vgl. § 297.

§ 318. Unanständige Gegenstände u. s. w. — Wer ein Werkzeug oder einen Gegenstand, oder eine Arzeneiware oder eine Medizin zur Verhinderung der Empfängnis oder zur Verursachung einer ungesetzlichen Fehlgeburt verkauft, ausleiht, weggibt oder irgendwie ausstellt oder zum Verkauf, Ausleihen oder Weggeben anbietet, oder wer eine Karte, ein Zirkular, ein Schriftstück, eine Anzeige oder Bekanntmachung irgend einer Art niederschreibt oder druckt oder deren Niederschrift oder Druck veranlafst, oder mündlich darüber Auskunft erteilt, wann, wo, wie, von wem oder mit welchen Mitteln ein solcher Gegenstand oder eine solche Medizin angekauft oder erlangt werden kann, oder wer einen solchen Gegenstand oder eine solche Medizin anfertigt, ist eines Vergehens schuldig.

Vgl. § 297.

§ 319. Beförderung u. s. w. von unzüchtigen Drucksachen u. s. w. — Wer einen der Gegenstände oder der Sachen, welche in den beiden vorhergehenden Paragraphen bezeichnet sind, oder irgend ein darauf bezügliches Zirkular, ein Buch, ein Schriftstück, eine Anzeige oder eine Bekanntmachung in einer Postanstalt dieses Staates niederlegt oder deren Niederlegung veranlafst oder einer Beförderungsgesellschaft oder einem gewöhnlichen Briefboten oder einer andern Person zum Zweck der Weiterbeförderung übergibt, damit der Gegenstand durch die Post oder die Beförderungsgesellschaft oder in irgend einer andern Weise weiterbefördert werde, oder wer wissentlich oder absichtlich den Gegenstand empfängt, um ihn weiter zu befördern, oder fortzuschaffen, oder wer wissentlich oder absichtlich denselben durch einen besonderen Boten oder in andrer Weise als durch die Post der Vereinigten Staaten weiterbefördert oder fortschafft, ist eines Vergehens schuldig.

§ 320. Durchsuchungsbefehle an den Scherif u. s. w. — Die Behörde, welche zur Erlassung von Haftbefehlen in Kriminalfällen zuständig ist, hat auf Grund der durch Eid oder eidesstattliche Versicherung unterstützten Anklage, dafs eine Person innerhalb ihrer Zuständigkeit sich gegen die Bestimmungen dieses Kapitels vergangen habe, an den Scherif, oder einen Polizeidiener, Marschall oder Polizeibeamten des Distrikts einen Befehl zu erlassen, in welchem sie ihn anweist, nach einem der in diesem Kapitel bezeichneten Gegenstände zu suchen, ihn zu ergreifen und in Beschlag zu nehmen, wenn sich derselbe in dem Besitze derjenigen Person befindet, gegen welche die Anklage erhoben wurde. Die Behörde hat jeden auf Grund des Befehls ergriffenen Gegenstand sofort dem Bezirksanwalte zu übermitteln, welcher bei Überführung der Person, aus deren Besitz derselbe genommen wurde, die Zerstörung desselben und die Eintragung der Thatsache der Zerstörung in das Protokoll des Gerichts, vor welchem die Überführung stattfand, zu veranlassen hat.

§ 321. Ärztliche Werkzeuge. — Gegenstände oder Werkzeuge, welche von Ärzten, die in gesetzlicher Weise die Heilkunst ausüben, oder unter ihrer Leitung oder nach ihrer Anordnung zur Heilung oder Verhütung einer Krankheit gebraucht oder angewendet werden, sind nicht als Gegenstände unanständiger Natur oder unanständigen Gebrauchs im Sinne dieses Kapitels anzusehen. Die Verwendung solcher Gegenstände seitens der Ärzte oder unter ihrer Leitung oder nach ihrer Anordnung ist nicht Gesetzesverletzung im Sinne dieses Kapitels.

§ 322. Halten unordentlicher Häuser u. s. w. — Wer ein übelberüchtigtes Haus oder ein Bordell irgend welcher Art oder ein Haus oder einen Ort für Personen hält, welche zum Zweck unerlaubten fleischlichen Verkehrs oder zu irgend einem andern liederlichen, unzüchtigen oder unanständigen Zweck besucht werden, oder wer ein unordentliches Haus oder einen allgemein besuchten Ort hält, wodurch der Friede, die Behaglichkeit oder der Anstand der Nachbarschaft regelmäfsig gestört wird, oder wer als Agent oder Eigentümer ein Gebäude oder einen Teil eines Gebäudes, wissend, dafs dasselbe zu einem der in diesem Paragraphen bezeichneten Zwecke gebraucht werden soll, vermietet, oder einen solchen Gebrauch eines Gebäudes oder eines Teils eines Gebäudes zuläfst, ist eines Vergehens schuldig.

Vgl. § 385 [2].

Kapitel VIII.
Lotterieen.

§ 323. Begriff der Lotterie. — Lotterie ist ein Plan zur Verteilung von Vermögensgegenständen auf den Glücksfall unter Personen, welche für den Glücksfall eine in Geld abschätzbare Vergütung bezahlt oder zu bezahlen zugesagt haben, mag sie Lotterie, Paschspiel oder Unternehmen mit Geschenken heifsen oder mit einem andern Namen benannt sein.

§ 324. Lotterie ist eine gemeinschädliche Handlung. — Eine Lotterie ist eine ungesetzliche und gemeinschädliche Handlung.

Vgl. § 385.

§ 325. Entwerfen, Ziehen u. s. w. von Lotterieen. — Wer eine Lotterie entwirft, vorschlägt oder zieht, oder beim Entwerfen, Vorschlagen oder Ziehen Beistand leistet, ist mit Einsperrung bis zu zwei Jahren oder mit Geldbufse bis zu tausend Dollars allein oder in Verbindung mit einander zu bestrafen.

§ 326. Verkaufen von Lotterielosen. — Wer ein Los, eine Gewinnsthoffnung, einen Anteil oder ein Interesse oder irgend ein Papier, eine Urkunde oder Beurkundung, welche nach Angabe ihres Inhaltes ein Los, eine Gewinnsthoffnung, ein Anteil oder Interesse in einer innerhalb oder aufserhalb dieses Staates zu ziehenden Lotterie oder mit Hinsicht auf eine solche ist oder vorstellt, verkauft, gibt oder auf irgend eine Weise an oder für einen andern verschafft oder überträgt, ist eines Vergehens schuldig.

§ 327. Anzeige von Lotterieen. — Wer durch Schrift oder Druck oder durch Zirkular oder Brief oder auf irgend einem andern Wege die Beschreibung einer Lotterie, sei es innerhalb oder aufserhalb des Staates, mit dem Hinzufügen anzeigt oder veröffentlicht, wie, wann oder wo dieselbe gezogen werden soll oder gezogen worden ist, oder welches die sämtlichen oder einzelnen Gewinne in derselben sind, oder welches der Preis eines Loses oder eines Anteils oder Interesses an derselben ist, oder wo oder wie dieses erlangt werden kann, ist eines Vergehens schuldig.

§ 328. Anbieten der Verfügung über Vermögensgegenstände in Abhängigkeit von einer Losziehung. — Wer unbewegliches oder bewegliches Vermögen oder irgend ein Interesse daran zum Verkauf oder zur Verteilung auf Grund einer Bestimmung durch Los oder durch Glücksfall und in Abhängigkeit von einer Losziehung innerhalb oder aufserhalb des Staates anbietet, oder wer eine Gewinnsthoffnung oder einen Anteil oder irgend ein Interesse an Vermögen, das zum Verkauf oder zur Verteilung in Verletzung dieses Kapitels angeboten wurde, oder ein Los oder andres Beweisstück für eine solche Gewinnsthoffnung, einen Anteil oder ein Interesse verkauft, verschafft oder besorgt oder den Verkauf, die Verschaffung oder Besorgung veranlafst, ist eines Vergehens schuldig.

§ 329. Halten eines Geschäftsraums u. s. w. zur Eintragung. — Wer einen Geschäftsraum oder andern Ort zur Eintragung von Losnummern einer inländischen oder ausländischen Lotterie oder zum Abschlusse, zur Entgegennahme oder Eintragung von Wetten oder Einsätzen für das Ziehen oder das Ergebnis einer solchen Lotterie, für sich oder einen andern eröffnet, einrichtet oder hält, oder wer einen Bericht über die Eröffnung, Einrichtung oder das Halten eines solchen Geschäftsraums oder Platzes anzeigt oder auf irgend eine Weise veröffentlicht, ist eines Vergehens schuldig.

§ 330. Versicherung von Lotterielosen u. s. w. — Wer für oder gegen die Ziehung eines Loses, Anteils oder eines Interesses bei einer Lotterie oder einer Nummer eines solchen Loses, Anteils oder Interesses versichert oder für die Versicherung eine Vergütung empfängt, oder wer eine in Geld abschätzbare Vergütung für das Übereinkommen annimmt, eine Geldsumme zu bezahlen oder einen Vermögensgegenstand zu überliefern, falls ein Los, Anteil oder Interesse oder eine Nummer eines solchen Loses, Anteils oder Interesses bei einer Lotterie sich als glücklich oder nicht glücklich erweist, oder auf eine besondere Weise oder in einer besonderen Ordnung gezogen oder nicht gezogen werden sollte, oder wer gegen Vergütung oder ohne eine solche verspricht, übereinkommt oder anbietet, eine Geldsumme zu bezahlen oder einen Vermögensgegenstand zu überliefern oder etwas zu Gunsten einer Person zu thun oder für den Eintritt eines Ereignisses oder einer Zufälligkeit zu unterlassen, welche von der Ziehung einer Lotterie oder einer darin enthaltenen Nummer oder eines Loses abhängen, ist eines Vergehens schuldig.

§ 331. Anzeige von Anerbietungen zur Versicherung von Losen. — Wer durch Schrift oder Druck oder durch Zirkular oder Brief oder auf andre Weise ein Anerbieten, eine Bekanntmachung oder einen Vorschlag in Verletzung des vorhergehenden Paragraphen anzeigt oder veröffentlicht, ist eines Vergehens schuldig.

§ 332. Verfall von Vermögensgegenständen, welche zur Verfügung in Lotterieen angeboten werden. — Alle zum Verkaufe oder zur Verteilung in Verletzung der Bestimmungen dieses Kapitels angebotenen Vermögensgegenstände sind dem Volke dieses Staates verfallen, und zwar sowohl vor als nach der Entscheidung über die Gewinnsthoffnung, von welcher sie abhängig waren. Und es ist Pflicht des betreffenden Bezirksanwalts, alle auf diese Weise verfallenen Vermögensgegenstände im Namen des Volkes einzufordern, beizutreiben und einzuziehen und zu veranlassen, dafs dieselben nach Eintreibung verkauft und dafs der aus dem Verkauf dieser Vermögensgegenstände gelöste Betrag und die Gelder, welche in einem solchen Verfahren beigetrieben werden, in die Kasse des Bezirks zum Besten der Armen eingezahlt werden.

§ 333. Vermieten von Gebäuden zu Lotteriezwecken. — Wer ein Gebäude oder einen Teil eines Gebäudes vermietet oder die Verwendung zuläfst, wissend, dafs es zu einem der in diesem Kapitel für strafbar erklärten Zwecke gebraucht werden soll, ist eines Vergehens schuldig.

§ 334. Lotterieen aufserhalb dieses Staates. — Die Bestimmungen dieses Kapitels finden auf Lotterieen, welche aufserhalb dieses Staates gezogen sind oder gezogen werden sollen, auch wenn sie von den Gesetzen des Staates, wo sie gezogen werden oder gezogen werden sollen, zugelassen werden, in derselben Weise Anwendung, als wenn diese Lotterieen innerhalb dieses Staates gezogen werden oder gezogen werden sollen.

§ 335. Ankündigung von Personen, welche sich aufserhalb dieses Staates aufhalten. — Die Bestimmungen der §§ 327 und 331 finden Anwendung, sobald die Anzeige veröffentlicht oder der Brief oder das Zirkular durch diesen Staat oder in demselben versendet oder abgeliefert wurde, wenn auch die Person, welche die Veröffentlichung, die Sendung oder Ablieferung veranlafste oder besorgte, zur Zeit der Begehung aufserhalb des Staates sich befand.

Kapitel IX.

Glücksspiele.

§ 336. Halten von Spielgerät an gewissen Orten. — Es ist verboten, an einem der folgenden Orte Spieltische, Karten, Würfel oder irgend einen andern Gegenstand oder ein Gerät zu halten oder zu gebrauchen, welches gewöhnlich beim Spielen irgend eines Kartenspiels, eines Pharao- oder andern Glücksspiels, bei welchem gebräuchlicherweise Geld eingesetzt wird, gebraucht wird oder zu solchem Gebrauche bestimmt ist:

1) innerhalb eines Gebäudes oder der zu demselben gehörenden Räume oder mit ihm verbundenen Grundstücke, in welchem ein Gerichtshof regelmäfsige Sitzungen hält; oder in einem Gebäude, von welchem ein Teil gewöhnlich von einer religiösen Körperschaft, oder einer inkorporierten mildthätigen, wohlthätigen, wissenschaftlichen oder Missionsgesellschaft, oder von einer inkorporierten Akademie, Hochschule, Fakultät oder andern Lehranstalt, einer Bibliotheksgesellschaft, oder einer Bau- und gegenseitigen Darleihgesellschaft innegehabt wird;

2) innerhalb eines Gebäudes oder der zu demselben gehörenden Räume oder mit ihm verbundenen Grundstücke, während darin Stimmen bei der Wahl eines Beamten dieses Staates oder der Vereinigten Staaten entgegengenommen oder untersucht werden, oder während irgend eine öffentliche Versammlung darin abgehalten wird;

3) innerhalb einer Meile von den Grundstücken, auf welchen die Schulung,

Prüfung, Einübung oder Abrichtung einer nach den Gesetzen des Staates gebildeten oder zugelassenen militärischen Organisation vorgenommen wird, oder auf welchen unter freiem Himmel ein öffentlicher Markt, eine öffentliche Ausstellung, Übung oder Versammlung abgehalten wird; oder

4) innerhalb eines Schiffes, welches in einem der Gewässer dieses Staates liegt oder fährt, oder welches von einer nach den Gesetzen dieses Staates gebildeten Korporation oder für Rechnung derselben besessen oder gefahren wird.

Vgl. § 275[3].

§ 337. Fortsetzung; Strafe. — Wer wissentlich den vorhergehenden Paragraphen verletzt, ist eines Vergehens schuldig.

§ 338. Spielgerät ist ein gemeinschädlicher Gegenstand. — Ein in Verletzung des Paragraphen 336 gehaltener oder besessener Gegenstand oder ein solches Gerät ist ein Gemeinschaden.

Vgl. § 385.

§ 339. Spielgewinn durch betrügerische Mittel. — Wer durch irgend einen Betrug oder durch Vorspiegelung falscher Thatsachen irgend welcher Art eine Summe Geldes oder einen andern Wertgegenstand gewinnt oder für sich oder einen andern erwirbt, während er irgend ein Spiel spielt oder einen Anteil an einer Wette, um die gespielt wird, hat, oder während er auf die Seite oder die Hände eines der Spieler einsetzt, ist eines Vergehens schuldig.

Vgl. StPO. § 57.

§ 340. Eintreibung von Spielgewinnst. — Wer von einem andern mittelbar oder unmittelbar Geld oder einen andern Wertgegenstand aus dem Grunde verlangt oder empfängt, dafs derselbe durch Karten-, Pharao- oder andre Glücksspiele oder durch einen Einsatz oder eine Wette auf die Hände oder die Seite eines Spielers gewonnen wurde, verwirkt den fünffachen Betrag des so verlangten oder empfangenen Geldes oder Gegenstandes, welcher Betrag in einer Zivilklage durch die Personen, die mit der Versorgung der Armen an dem Orte, wo das Verbrechen begangen wurde, beauftragt sind, zu Gunsten der Armen einzutreiben ist.

§ 341. Gewinn oder Verlust von mehr als fünfundzwanzig Dollars. — Wer durch Spiel oder Wette zu irgend einer Zeit die Summe oder den Wert von fünfundzwanzig Dollars oder mehr innerhalb vierundzwanzig Stunden gewinnt oder verliert, ist mit einer Geldbufse zu bestrafen, die nicht weniger als das Fünffache des auf diese Weise verlorenen oder gewonnenen Wertes oder der Summe beträgt und in einer Zivilklage von den Personen, welche mit der Versorgung der Armen an dem Orte, wo das Verbrechen begangen wurde, beauftragt sind, zu Gunsten der Armen einzutreiben ist.

Vgl. StPO. § 57.

§ 342. Vorrecht der Zeugen. — Niemand soll von der Abgabe eines Zeugnisses in einer Untersuchung oder Verfolgung wegen Verletzung dieses Kapitels aus dem Grunde befreit werden, dafs dieses Zeugnis zu seiner Überführung wegen eines Verbrechens führen würde: aber ein solches Zeugnis darf nicht wider ihn in einer Kriminalverfolgung oder einer Kriminaluntersuchung verwendet werden.

Vgl. § 712.

§ 343. Halten von Spielanstalten. — Wer ein Zimmer, einen Schuppen, ein Wohnhaus, Zelt, eine Bude, ein Gebäude, Flofs oder Schiff oder einen Teil davon zum Gebrauche bei Glücksspielen oder zu einem Zwecke oder auf eine Weise hält, welche in diesem Kapitel verboten sind, oder als Eigentümer oder Verwalter wissentlich vermietet oder zum Gebrauche überläfst, ist eines Vergehens schuldig.

§ 344. Gewohnheitsspieler u. s. w. — Wer Eigentümer, Verwalter oder Aufseher eines Ortes oder einer Erfindung oder eines Geräts zu Glücksspielen ist; oder wer ein Zimmer, einen Tisch, eine Anstalt oder ein Gerät zu diesem Zwecke vermietet oder dessen Gebrauch gestattet; oder wer sich als Teilnehmer, Spielhalter oder Spieler an irgend einem Spielhaus oder einer Spielbank beteiligt, wo die Erlangung von Geld oder Vermögensgegenständen von dem Glücksfalle abhängig ist; oder wer sogenannte Lospolicen oder irgend welche Schriftstücke, Papiere oder Urkunden nach Art einer Wette, eines Einsatzes oder einer Versicherung von zu ziehenden oder gezogenen Nummern einer öffentlichen oder privaten Lotterie verkauft oder zum Verkaufe anbietet; oder wer ein Buch oder eine andre Urkunde überträgt oder gebraucht, um es andern zu ermöglichen, Lotteriepolicen oder andre dergleichen Schriftstücke, Papiere oder Urkunden zu verkaufen oder zum Verkaufe anzubieten, — ist ein Gewohnheitsspieler und mit Einsperrung bis zu zwei Jahren oder mit einer Geldbufse bis zu eintausend Dollars allein oder in Verbindung mit einander zu bestrafen.

§ 345. Ermächtigung zum Wegnehmen von Spielgerätschaften. — Wer beauftragt oder ermächtigt ist, Personen wegen Verletzung der Bestimmungen dieses Kapitels festzunehmen, ist auch berechtigt und beauftragt, Tische, Karten, Würfel oder andre zu Spielzwecken passende Geräte oder Gegenstände, welche im Besitze oder unter der Obhut einer aus diesem Grunde festgenommenen Person gefunden werden, wegzunehmen und dieselben der Behörde, vor welche die festgenommene Person zu bringen ist, abzuliefern.

§ 346. Solche Gerätschaften sind zu zerstören oder dem Bezirksanwalte abzuliefern. — Die Behörde, welcher auf Grund des vorhergehenden Paragraphen ein zu Spielzwecken passender Gegenstand überliefert ist, hat bei dem Verhör des Beschuldigten oder, wenn diese Vernehmung verzögert oder verhindert wird, ohne das Verhör abzuwarten, den Charakter des ihr auf diese Weise überlieferten Gegenstandes zu bestimmen, und zu entscheiden, ob derselbe thatsächlich von dem Beschuldigten in Verletzung der Bestimmungen dieses Kapitels verwendet wurde; und wenn sie findet, dafs der Gegenstand für Spielzwecke passend ist und von dem Beschuldigten in Verletzung dieses Kapitels gebraucht wurde, so hat sie die Zerstörung oder die Ablieferung an den Anwalt desjenigen Bezirkes, in welchem der Beschuldigte der Anklage oder dem Verfahren unterliegt, zu veranlassen, je nachdem die Interessen der Gerechtigkeit nach ihrem Ermessen es erfordern.

§ 347. Solche Gerätschaften sind bei Überführung zu zerstören. — Bei Überführung des Beschuldigten hat der Bezirksanwalt die Zerstörung jedes für Spielzwecke passenden Gegenstandes, in bezug auf welchen der Beschuldigte für überführt anzusehen ist, und welcher im Besitz oder in der Obhut des Bezirksanwalts bleibt, zu veranlassen.

§ 348. Verleitung andrer zum Besuche von Spielorten. — Wer einen andern überredet, ein Gebäude oder einen Teil eines Gebäudes oder ein Schiff oder Flofs, welches zu Spielzwecken gehalten oder gebraucht wird, zu besuchen, ist, wenn der andre an diesem Orte spielt, eines Vergehens schuldig; und aufser der dafür vorgeschriebenen Strafe hat er dem andern den gleichen Betrag, welchen letzterer im Spiele an Geld oder Vermögensgegenständen verlor, zu entrichten, welcher Betrag in einer Zivilklage eingetrieben werden kann.

§ 349. Gewisse Beamte sind beauftragt, Übertretungen dieses Kapitels zu verfolgen. — Es ist Pflicht eines jeden Sheriffs, Polizeidieners, Polizeibeamten und Verfolgungs- oder Bezirksanwalts, alle Personen, in bezug auf welche sie Grund haben anzunehmen, dafs sie sich gegen die Bestimmungen dieses Kapitels vergangen haben, unter Anklage zu bringen und zu verfolgen; und jede Unterlassung dieser Pflicht ist mit einer Geldbufse bis zu fünfhundert Dollars zu bestrafen.

§ 350. Pflicht der Schiffer, Glücksspiele an Bord ihrer Schiffe zu unterdrücken. — Der Befehlshaber, Eigentümer oder Mieter eines Schiffs oder Flosses, welcher wissentlich ein Glücksspiel um Geld oder Vermögensgegenstände an Bord des Schiffes oder Flosses zuläfst oder, in Kenntnis der Thatsache dasfelbe nicht sofort verhindert, ist mit einer Geldbufse bis zu fünfhundert Dollars zu bestrafen; und überdies ist er schuldig, jedem, welcher Geld oder Vermögensgegenstände unter Verletzung dieses Kapitels im Spiel verloren hat, die verlorene Summe oder den Wert der verlorenen Vermögensgegenstände zu ersetzen, welcher Betrag in einer Zivilklage eingetrieben werden kann.

§ 351. Einsätze u. s. w. bei Pferderennen u. s. w. — Wer ein Zimmer, einen Schuppen, ein Wohnhaus, ein Zelt, eine Bude oder ein Gebäude oder einen Teil davon hält, oder einen Platz auf einem öffentlichen oder .privaten Grundstücke innerhalb dieses Staates mit Büchern, Geräten oder andern Gegenständen besetzt, um Einsätze oder Wetten zu buchen oder einzutragen, oder Einsatzsummen zu verkaufen, und wer ferner Einsätze oder Wetten bucht oder einträgt oder Einsatzsummen verkauft auf den Erfolg eines Versuchs oder Wettstreites in Geschicklichkeit, Schnelligkeit oder Ausdauer von Menschen oder Tieren oder auf den Erfolg einer politischen Ernennung, Bestallung oder Wahl; oder wer als Eigentümer, Mieter oder Besitzer eines Zimmers, Schuppens, Wohnhauses, Zeltes, einer Bude oder eines Gebäudes oder eines Teils davon wissentlich es gestattet, dafs dasselbe für einen jener Zwecke gebraucht oder in Besitz genommen werde, oder wer darin irgend eine Erfindung oder Gerätschaft, um solche Einsätze oder Wetten zu buchen oder einzutragen, oder Einsatzsummen zu verkaufen, hält, ausstellt oder verwendet oder wer gegen Mietgeld oder Belohnung der Hüter oder Depositar von Geld, Vermögensgegenständen oder Wertsachen wird, die auf einen solchen Erfolg eingesetzt, gewettet oder verpfändet wurden, ist mit Einsperrung von einem Jahre oder mit Geldbufse bis zu zweitausend Dollars allein oder in Verbindung mit einander zu bestrafen.

§ 352. Wettrennen u. s. w. von Tieren. — Jedes Wettrennen oder jede Prüfung der Schnelligkeit von Pferden oder andern Tieren auf Grund eines Einsatzes, einer Wette oder Belohnung, ist, soweit nicht besondere Gesetze es gestatten, eine gemeinschädliche Handlung; und wer dabei thätig ist, oder Beistand leistet oder Einsatz, Wette oder Belohnung aussetzt, oder dabei interessiert ist, ist eines Vergehens schuldig; und aufser der dafür vorgeschriebenen Strafe verwirkt er dem Volke dieses Staates jeden Rechtsanspruch oder jedes Interesse an einem mit seiner Einwilligung bei solchen Wettrennen oder Schnelligkeitsversuchen gebrauchten Tiere und an der Geldsumme oder den andern Vermögensgegenständen, welche auf einen solchen Erfolg gesetzt oder gewettet wurden.

Vgl. § 275[3].

Kapitel X.

Pfandleiher.

§ 353. Pfandverleihung ohne Konzession. — Wer das Geschäft eines Pfandleihers durch Entgegennahme von Gütern als Pfändern für Darlehen zu einem höheren als dem gesetzlich zugelassenen Zinsfusse betreibt, ist eines Vergehens schuldig, wenn er nicht kraft einer von einer Gemeindekörperschaft oder einer andern Behörde, welche Konzessionen an Pfandleiher zu erteilen berechtigt ist, ausgestellten Konzession handelt.

§ 354. Weigerung, gestohlene Güter dem Eigentümer vorzuweisen. — Ein Pfandleiher oder eine das Gewerbe eines Pfandleihers betreibende Person oder ein Händler, welcher unterschlagene oder gestohlene Güter empfangen hat, und auf Verlangen während der gewöhnlichen Geschäftsstunden die Vorweisung derselben an den Eigenthümer dieser Güter oder an dessen zu dem Verlangen der Besichtigung derselben ermächtigten Agenten verweigert oder unterläfst, ist eines Vergehens schuldig.

§ 355. Verkauf vor Ablauf der Einlösungsfrist. — Ein Pfandleiher, welcher einen von ihm als Pfand erhaltenen Gegenstand verkauft, bevor die Frist zur Einlösung desselben abgelaufen ist, oder welcher absichtlich sich weigert, den Namen des Käufers sowie den Preis zu bezeichnen, welchen er von diesem für einen als Pfand erhaltenen und später verkauften Gegenstand empfangen hat, ist eines Vergehens schuldig.

Vgl. § 572.

Titel XI.

Andre Rechtsverletzungen.

§ 356. Unbefugte Ausübung der Heilkunst. — Wer in diesem Staate die Arznei- oder Wundarzneikunst ausübt oder auszuüben versucht, ohne durch eine Konzession oder ein Diplom einer staatlich anerkannten Schule, einer staatlichen Prüfungskommission oder einer ärztlichen Gesellschaft dazu ermächtigt zu sein, oder wer unter Vorschützung einer widerrechtlich oder betrügerisch erlangten Konzession oder eines solchen Diploms die Heilkunst ausübt, ist eines Vergehens schuldig und das erste mal mit einer Geldstrafe von fünfzig bis zweihundert Dollars, die folgenden Male mit Geldstrafe von hundert bis zu fünfhundert Dollars oder mit Einsperrung bis zu dreissig Tagen allein oder in Verbindung mit einander zu bestrafen.

§ 357. Handlungen betrunkener Ärzte. — Wenn ein Arzt oder Wundarzt oder jemand, der als ein solcher die Heilkunst ausübt, in dem Zustande der Trunkenheit Gift, Arzneiware oder Arznei einem andern eingibt oder eine andre Handlung als Arzt oder Wundarzt begeht, durch welche das Leben des Patienten gefährdet, oder dessen Gesundheit schwer beeinträchtigt wird, so ist er eines Vergehens schuldig.

Vgl. § 200.

§ 358. Absichtliche Vergiftung von Nahrungsmitteln u. s. w. — Wer absichtlich einem Nahrungsmittel, einem Getränke oder einer Arznei, welche zum Gebrauche für menschliche Wesen bestimmt oder zubereitet ist, Gift beimischt, und wer absichtlich eine Quelle, einen Brunnen oder Wasserbehälter vergiftet, ist mit Einsperrung in einem Staatsgefängnis bis zu zehn Jahren oder in einem Bezirksgefängnis bis zu einem Jahre oder mit Geldstrafe bis zu fünfhundert Dollars allein oder in Verbindung mit einander zu bestrafen.

Vgl. §§ 217^2, 218^1.

§ 359. Überladung von Passagierschiffen. — Wer ein Schiff zum Erwerbe führt und absichtlich oder fahrlässig so viele Passagiere aufnimmt oder eine solche Menge andrer Ladung an Bord des Schiffes nimmt, dafs es infolgedessen sinkt oder umschlägt oder Schaden leidet und dadurch Gefahr für das Leben von Menschen entsteht, ist eines Vergehens schuldig.

Vgl. § 197.

§ 360. Unerlaubter Dampfdruck. — Wer bei einem Dampfkessel einen höheren Druck des Dampfes, als von dem Gesetze oder von dem Aufseher, Beamten oder einer den Dampfdruck zu bestimmen ermächtigten Person zugelassen ist, anwendet oder dessen Anwendung verursacht, ist eines Vergehens schuldig.

Vgl. § 198.

§ 361. Erzeugung einer gefährlichen Dampfmenge. — Ein Kapitän oder eine andre mit der Aufsicht über die Maschine oder den Kessel eines Dampfbotes, welches in den Gewässern dieses Staates zur Beförderung von Passagieren gebraucht wird, betraute Person, welche aus Unwissenheit oder grober Nachlässigkeit oder um die Schnelligkeit des Schiffes zu vermehren, einen ungebührlichen und gefährlichen Dampfdruck erzeugt oder dessen Erzeugung veranlafst, ist eines Vergehens schuldig.

Vgl. § 198.

§ 362. Schlechte Wartung von Dampfkesseln. — Ein Ingenieur oder eine andre mit der Aufsicht über einen Dampfkessel, eine Dampfmaschine oder ein andres Dampf erzeugendes oder anwendendes Gerät, welches auf einer Eisenbahn, in einer Fabrik oder in andern mechanischen Werken angewendet wird, beauftragte Person, welche absichtlich oder aus Unwissenheit oder grober Nachlässigkeit eine solche ungebührliche Menge Dampf erzeugt oder deren Erzeugung gestattet, dafs der Kessel, die Maschine oder das Gerät birst, oder irgend ein andrer Unfall, durch welchen Menschenleben gefährdet wird, sich ereignet, ist eines Vergehens schuldig.

Vgl. § 198.

§ 363. Erdichtung von Teilhabernamen. — Ein Geschäfttreibender, welcher den Namen einer nicht bei ihm als Teilhaber interessierten Person als Partner nennt oder die Bezeichnung „und Compagnie“ oder „& Co.“ anwendet, obwohl in Wahrheit weder ein noch mehrere Teilhaber vorhanden sind, ist eines Vergehens schuldig. Dieser Paragraph bezieht sich jedoch nicht auf jene Fälle, in welchen durch Verordnung ausdrücklich vorgeschrieben wird, dafs ein Teilhabername von einem Nachfolger, Überlebenden oder einer andern Person fortgeführt werden kann.

§ 364. Vergehen gegen Handelsmarken. — Wer wissentlich in einem Falle, für welchen nicht durch besondere Verordnung eine andre Strafbestimmung getroffen ist:

1) eine Handelsmarke fälschlich anfertigt oder nachmacht; oder
2) einem Handelsartikel eine falsche oder nachgemachte Handelsmarke, wissend, dafs sie falsch oder nachgemacht ist, oder die echte Handelsmarke oder eine Nachahmung der Handelsmarke eines andern ohne des letztern Zustimmung anheftet; oder
3) einen Handelsartikel, welchem eine falsche oder nachgemachte Handelsmarke, oder die echte Handelsmarke oder die Nachahmung der Handelsmarke eines andern ohne des letztern Zustimmung angeheftet ist, verkauft oder zum Verkaufe hält oder anbietet; oder
4) in seinem Besitze eine nachgemachte Handelsmarke, von welcher er weifs, dafs dieselbe nachgemacht ist, oder einen Stempel, eine Platte, einen Brand oder eine andre Sache zu dem Zwecke hat, eine Handelsmarke fälschlich anzufertigen oder nachzumachen; oder
5) einen Handelsartikel mit einer Handelsmarke, welche die Menge, die Güte oder die Art des Artikels fälschlich angibt, anfertigt oder verkauft, oder zum Verkauf oder zur Verfügung anbietet oder in seinem Besitze hat, um ihn zu verkaufen oder darüber zu verfügen,

ist eines Vergehens schuldig.

Vgl. StPO. § 56.

§ 365. Begriff des „Handelsartikels.“ — Der Ausdruck „Handelsartikel“ bedeutet im Sinne dieses Titels Güter, Waren, Kunstwerke,

Gegenstände des gewöhnlichen Gebrauches, zusammengesetzte Sachen, Mischungen oder andre Zubereitungen oder Dinge, welche gesetzlich zum Verkaufe angeboten oder feilgehalten werden können.

§ 366. Begriff der „Handelsmarke." — Eine Handelsmarke ist eine Marke, um den Verfertiger, Eigentümer oder Verkäufer eines Handelsartikels zu bezeichnen und umfafst unter andern den Namen einer Person oder Gesellschaft, oder einen Buchstaben, ein Wort, eine Devise, ein Emblem, eine Figur, ein Siegel, einen Stempel, ein Diagramm, einen Brand, einen Umschlag, eine Etiquette, einen Pfropfen, ein Schild oder eine andre von ihr gesetzlicherweise angenommene und gebräuchlicherweise einem Handelsartikel angeheftete Marke zur Bezeichnung, dafs derselbe von dem Bezeichneten eingeführt, angefertigt, hervorgebracht, verkauft, zusammengesetzt, auf Flaschen gebracht, verpackt oder sonstwie zubereitet wurde; und ebenso Zeichen oder Marken, welche gebräuchlicherweise von Malern, Bildhauern oder andern Künstlern auf Gemälde, Zeichnungen, Kupferstiche, Statuen oder andre Kunstwerke angebracht und gesetzt werden, um anzuzeigen, dafs dieselben von ihnen entworfen oder ausgeführt wurden.

§ 367. Begriff des „Anheftens." — Eine Handelsmarke gilt als einem Handelsartikel angeheftet, wenn sie in irgend einer Weise in oder auf

1) dem Artikel selbst, oder
2) einem Fasse, Ballen, Barrel, einer Flasche, Kiste, Tonne oder einem andern Gefäfse oder andern Verpackung oder einem Deckel, Umschlag, Pfropfen, Brand, Schild oder anderm Dinge, in oder mit welchem oder durch welches die Waren verpackt, verschlossen oder sonstwie zum Verkauf oder zur Verfügung vorbereitet sind,

angebracht ist.

§ 368. Wann Handelsmarken für „nachgemacht" gelten. — Nachahmung einer Handelsmarke setzt eine solche Ähnlichkeit mit einer echten Handelsmarke voraus, dafs der Glaube, sie sei echt, leicht veranlafst werden kann, mag dies durch den Gebrauch von Worten oder Buchstaben, die in Erscheinung oder im Klange ähnlich sind, oder durch Zeichen, Devisen oder andre Mittel bewirkt werden.

§ 369. Wiederfüllung oder Verkauf von gestempelten Mineralwasserflaschen u. s. w. — Wer beim Anfertigen, beim Abziehen auf Flaschen, dem Verpacken, Verkaufen von oder Verfügen über Doppelbier, Bier, Apfelwein, Mineralwasser oder andern gemischten Getränken beschäftigt ist, kann seinen Rechtsanspruch als Eigentümer einer Handelsmarke durch Einreichung einer Beschreibung der Marken und Devisen, welche er in seinem Geschäfte gebraucht, beim Staatssekretär und dem Schreiber des Bezirks, wo seine Hauptgeschäftsniederlassung sich befindet, eintragen lassen, und im Falle, dafs dieselbe nicht bereits gemäfs den zur Zeit der Veröffentlichung geltenden Gesetzen veröffentlicht wurde, veranlassen, dafs dieselbe in einer Zeitung des Bezirks drei Wochen hindurch täglich, wenn dies in der Stadt New York oder Brooklyn, und wöchentlich, wenn es in einem andern Teile des Staates geschieht, veröffentlicht werde; aber keine Handelsmarke soll eingereicht werden, welche nicht eine gesetzliche Handelsmarke ist oder werden kann, oder bloſs den Namen einer Person, Firma oder Korporation enthält, ohne von einer Bezeichnung begleitet zu sein, welche hinreicht, um sie von demselben Namen zu unterscheiden, wenn dieser von einer andern Person angewendet ist. Nach solcher Eintragung soll der Gebrauch der so beschriebenen Handelsmarke ohne Zustimmung des Eigentümers, oder das Füllen einer Flasche, eines Siphons, eines Barrels, Gefäſses oder andern Dinges zum Zwecke des Verkaufes oder damit in demselben ein Artikel von derselben allgemeinen Natur und Eigenschaft verkauft werde, wie ihn die Flasche, der Siphon, das Barrel, Gefäſs oder der andre Gegenstand zuvor enthielt, ohne die Zerstörung oder Verunstaltung der darauf befindlichen Handelsmarke, wenn sie ohne wesentliche Verletzung der Flasche, des Siphons, Barrels, Gefäſses oder andern Gegenstandes zerstört oder verunstaltet werden kann, um seinen widerrechtlichen Gebrauch zu verhindern, als ein Vergehen erachtet werden.

§ 370. Halten solcher Flaschen, um dieselben wieder zu füllen oder zu verkaufen. — Wer bei dem Kauf und Verkauf von Flaschen, Siphons, Barrels oder andern Gefäſsen oder Gegenständen beschäftigt ist, und um die eingetragenen Eigentümer einer Handelsmarke zu betrügen, wissentlich eine Flasche, einen Siphon, ein Barrel oder andere Gefäſse oder Gegenstände einem andern verkauft oder zum Verkaufe anbietet, von dem er Grund hat anzunehmen, daſs er die darauf befindliche Handelsmarke widerrechtlich zu gebrauchen oder die Flasche, den Siphon, das Barrel, das Gefäſs oder den andern Gegenstand in Verletzung des Paragraphen 369 zu füllen beabsichtigt, soll eines Vergehens für schuldig erachtet werden.

§ 371. Durchsuchen nach Flaschen. — Wenn der eingeschriebene Eigentümer einer Handelsmarke oder sein Agent vor einer Behörde eidlich und unter gleichzeitiger Angabe der Gründe für seinen Glauben erhärtet, daſs er Grund hat zu glauben und glaubt, daſs eine Flasche, ein Siphon, Barrel, Gefäſs oder ein andrer Gegenstand, welchem eine ihm gehörende Handelsmarke angeheftet ist, von jemandem in Verletzung der vorhergehenden Paragraphen gebraucht oder gefüllt oder verkauft oder zum Verkaufe angeboten worden sei, so kann die Behörde einen Durchsuchungsbefehl erlassen, um die Sache zu entdecken, die sie im Besitz habende Person vor sich bringen lassen, die näheren Umstände erforschen und wenn sie beim Verhör findet, daſs jene Person des ihr zur Last gelegten Vergehens schuldig war, den Übertreter zur Bürgschaft bis zum Spruche der Anklagegeschwornen anhalten. Der Übertreter hat wegen des gesetzwidrigen Gebrauchs der Handelsmarke auf Klage des Eigentümers Ersatz zu leisten, und dem verletzten Teil soll sein Rechtsmittel nach Billigkeitsverfahren zustehen, um den rechtswidrigen Gebrauch seiner Handelsmarken zu verfolgen und Entschädigung in jedem über die schuldige Person zuständigen Gerichte zu erhalten.

§ 374.[1]) Beamte, welche ungesetzlicherweise gestrandetes

[1]) Die §§ 372, 373 fehlen nach eingezogener Erkundigung auch in der offiziellen Ausgabe des Gesetzes.

Eigentum zurückhalten. — Ein Beamter, dessen Obliegenheiten gestrandetes Eigentum betreffen, und welcher ohne gesetzliche Ermächtigung solches Eigentum oder dessen Erlös, nachdem die Bergung und die deswegen zu erhebenden Gebühren ihm bezahlt oder zur Zahlung angeboten worden sind, zurückhält, oder welcher bei Ausübung seines Dienstes einen Betrug, eine Unterschlagung oder Hinterziehung begeht, ist eines Vergehens schuldig.

§ 375. Betrug bei Geschäften einer Gesellschaft mit beschränkter Haftung. — Ein Mitglied einer Gesellschaft mit beschränkter Haftung, welches bei den Geschäften der Gesellschaft einen Betrug begeht, ist eines Vergehens schuldig.

§ 376. Abschlufs ungesetzlicher Ehen. — Ein Geistlicher oder Beamter, welcher eine Ehe schliefst, obwohl ihm bekannt ist, dafs einer der Teile das gesetzliche Alter der Vertragsfähigkeit nicht erreicht hat oder schwachsinnig oder irrsinnig ist, oder eine Ehe schliefst, von welcher ihm bekannt ist, dafs ihr ein gesetzliches Hindernis entgegensteht, ist eines Vergehens schuldig.

Vgl. § 301.

§ 377. Ungesetzliche Einsperrung von schwachsinnigen, wahnsinnigen u. s. w. Personen. — Wer einen Schwachsinnigen, Wahnsinnigen oder Irrsinnigen in einer andern Weise oder an einem andern Orte, als das Gesetz zuläfst, einsperrt, sowie wer eine grobe, grausame oder unfreundliche Behandlung eines Schwachsinnigen, Wahnsinnigen oder Irrsinnigen oder eine Vernachlässigung der Pflichten gegen einen solchen, mag dieser gesetzmäfsig oder gesetzwidrig eingesperrt sein, sich zu schulden kommen läfst, ist eines Vergehens schuldig.

Vgl. § 223[6].

§ 378. Wucher. — Wer unmittelbar oder mittelbar an Zinsen, Diskonto oder Vergütung bei einem Darlehn oder einer Prolongation von Geld, Gütern oder klagbaren Gegenständen mehr empfängt, als durch Verordnungen zugelassen ist, ist eines Vergehens schuldig.

§ 379. Wiedereinsperrung von durch Gerichtsbefehl entlassenen Personen. — Wer, sei es für sich oder als Mitglied eines Gerichts oder in Ausführung eines Urteils, eines Befehls oder Verfahrens wissentlich eine Person, welche aus der Haft auf Grund eines habeas corpus-Befehls oder eines Befehls of certiorari entlassen wurde, wegen desselben Falles wieder festnimmt, einsperrt oder der Freiheit beraubt, ist eines Vergehens schuldig und mit einer Geldstrafe bis zu tausend Dollars oder mit Einsperrung bis zu sechs Monaten allein oder in Verbindung miteinander zu bestrafen; und als Zusatz zu der dafür vorgesehenen Strafe verwirkt er dem Verletzten eintausendzweihundertundfünfzig Dollars, die im Wege der Zivilklage eingetrieben werden können.

§ 380. Verbergung von Personen, welche Anspruch auf einen Freilassungsbefehl haben. — Wer jemanden in seiner Obhut, Gewalt oder Verwahrung hat, welcher auf einen habeas corpus-Befehl oder einen Befehl of certiorari Anspruch haben würde, oder zu dessen

Gunsten ein habeas corpus-Befehl oder ein Befehl of certiorari erlassen worden ist, und in der Absicht, diesen Befehl zu hintertreiben, oder dessen Erfolg zu umgehen, den Betreffenden der Obhut, Aufsicht oder Gewalt einer andern Person überträgt oder den Ort seiner Einsperrung verheimlicht oder verändert, oder ohne Angabe eines gesetzlichen Grundes seine Vorführung verweigert, ist eines Vergehens schuldig und nach den in dem vorhergehenden Paragraphen enthaltenen Bestimmungen zu bestrafen.

§ 381. Gastwirte und Fuhrleute, welche die Aufnahme von Gästen oder Passagieren verweigern. — Wer für eigene Rechnung oder als Agent oder Beamter einer Gesellschaft das Geschäft eines Gastwirts oder eines allgemeinen Passagierbeförderers betreibt und ohne rechten Grund oder ohne Entschuldigung sich weigert, Gäste aufzunehmen oder zu unterhalten, oder Passagiere aufzunehmen und zu befördern, ist eines Vergehens schuldig.

Vgl. § 383.

§ 382. Betrügereien gegen Gasthausbesitzer. — Wer in einem Gasthaus Nahrung oder Wohnung, ohne dafür zu bezahlen, in der Absicht empfängt, den Eigentümer oder Verwalter desselben zu betrügen, oder wer in einem Gasthaus durch Vorspiegelung falscher Thatsachen Kredit erhält oder nach Empfang von Kredit oder Wohnung in einem Gasthause sein Gepäck verbirgt oder heimlich entfernt, ohne für Nahrung und Wohnung gezahlt zu haben, ist eines Vergehens schuldig.

§ 383. Schutz der bürgerlichen und öffentlichen Rechte. — Kein Bürger dieses Staates kann wegen seiner Rasse, Farbe oder früheren Stellung als Sklave von dem gleichen Genuſs einer Versorgung, eines Erleichterungsmittels oder eines sonst von Gasthausbesitzern oder allgemeinen Passagierbeförderern oder von den Eigentümern, Verwaltern oder Pächtern eines Theaters oder andern Vergnügungsortes, von Lehrern und Beamten an Schulen und öffentlichen Lehranstalten oder von Friedhofgesellschaften gewährten Vorrechtes ausgeschlossen werden. Die Verletzung dieses Paragraphen ist ein Vergehen und mit Geldstrafe von fünfzig bis zu fünfhundert Dollars zu bestrafen.

Vgl. § 381.

§ 384. Schaustellungen von Akrobaten. — Der Eigentümer, Besitzer oder Pächter eines Platzes, wo akrobatische Schaustellungen gehalten werden, welcher es zuläſst, daſs eine Person an einem Trapez, Seil, Pfahl oder anderm Akrobatengerät sich zur Schau stellt, ohne ein Netz oder ein andres zum Schutze vor Fall oder anderm Unglück geeignetes Mittel zu benutzen, ist eines Vergehens schuldig und das erstemal mit einer Geldstrafe von zweihundertundfünfzig Dollars, jedes folgendemal mit einer Geldstrafe von zweihundertundfünfzig Dollars und Einsperrung von drei Monaten bis zu einem Jahre zu bestrafen.

Titel XII.

Verbrechen gegen öffentliche Gesundheit und Sicherheit.

§ 385. Begriff des Gemeinschadens. — Gemeinschaden ist ein Verbrechen gegen die Ordnung und Wirtschaft des Staates und besteht in einer ungesetzlichen Handlung oder Unterlassung, welche

1) eine beträchtliche Anzahl von Personen in ihrer Gemächlichkeit, Ruhe, Gesundheit oder Sicherheit belästigt, verletzt oder gefährdet; oder
2) den öffentlichen Anstand verletzt; oder
3) ungesetzlicherweise einen See, oder einen schiffbaren Flufs, eine Meeresbucht, einen Strom, Kanal oder ein Wasserbecken, oder einen öffentlichen Park, Platz, eine Strafse oder eine Heerstrafse beeinträchtigt oder versperrt, oder zu versperren trachtet, oder für den Verkehr gefährlich macht; oder
4) irgendwie eine beträchtliche Anzahl von Personen in bezug auf Leben oder den Gebrauch von Eigentum in Unsicherheit bringt.

Vgl. §§ 324, 328.

§ 386. Ungleicher Schaden. — Eine Handlung, welche eine beträchtliche Anzahl von Personen in der im vorhergehenden Paragraphen bezeichneten Weise berührt, hört nicht auf, Gemeinschaden zu sein, weil die Ausdehnung des Schadens eine ungleiche ist.

§ 387. Aufrechterhaltung eines Gemeinschadens ist ein Vergehen. — Wer einen Gemeinschaden begeht oder aufrecht erhält, dessen Strafe nicht besonders vorgeschrieben ist, oder wer absichtlich es unterläfst oder sich weigert, eine gesetzmäfsige Obliegenheit, welche sich auf Beseitigung eines Gemeinschadens bezieht, zu erfüllen, ist eines Vergehens schuldig.

§ 388. Erlaubnis, dafs ein Gebäude zu einem Gemeinschaden verwendet werde. — Wer ein Gebäude oder einen Teil eines Gebäudes vermietet oder zum Gebrauche überläfst, obwohl er weifs, dafs es benutzt werden soll, um einen Gemeinschaden zu begehen oder aufrechtzuerhalten, ist eines Vergehens schuldig.

Vgl. §§ 333, 343.

§ 389. Ungesetzlicher Besitz von Schiefspulver. — Wer Schiefspulver oder Nitroglycerin oder einen andern explodierbaren oder leicht entzündbaren Gegenstand innerhalb einer Stadt oder eines Dorfes anfertigt oder im Besitze hat, oder solche Gegenstände in einer durch Gesetze oder Erlasse der Stadt oder des Dorfes verbotenen Menge oder Weise durch die Strafsen führt, ist eines Vergehens schuldig. Und wer durch sorglose, nachlässige oder widerrechtliche Anwendung oder Behandlung von Schiefspulver oder andern explodierbaren Gegenständen die Person oder das Eigentum eines andern verletzt oder die Verletzung desfelben herbeiführt, ist mit Einsperrung bis zu zwei Jahren zu bestrafen.

Vgl. §§ 201, 636, 645.

§ 390. Werfen von Gasteer u. s. w. in öffentliches Wasser. — Wer Gasteer, oder den Abfall eines Gashauses oder einer Gasfabrik, oder Abfall, Unrat oder einen andern schädlichen, ekelhaften oder giftigen Stoff in öffentliche Gewässer, oder in Kanäle oder Wasser bringt, welche in öffentliche Gewässer fliefsen oder eintreten, ist eines Vergehens schuldig.

Vgl. § 444.

§ 391. Verletzung der Quarantänegesetze. — Der Befehlshaber eines der Quarantäne und Durchsuchung seitens der Gesundheitsbeamten unterworfenen in dem Hafen von New York ankommenden Schiffes, welcher sich weigert oder es unterläfst:

1) sein Schiff an den Platz, welcher für Quarantäne bestimmt ist, zur Zeit der Ankunft zu bringen und daselbst zu verankern; oder
2) sein Schiff, seine Ladung und Passagiere der Untersuchung seitens des Gesundheitsbeamten zu unterwerfen und alle Auskunft zu geben, welche notwendig ist, um jenen Beamten zu befähigen, die Dauer der Quarantäne und andre Anordnungen, welche getroffen werden müfsten, zu bestimmen; oder
3) mit seinem Schiffe in der Quarantäne während der für letztere bestimmten Zeit zu bleiben und während der Quarantäne sich den Weisungen und den vom Gesetze vorgeschriebenen oder von einem der Gesundheitsbeamten kraft der ihm gesetzlich zustehenden Verfügungsgewalt bezüglich seines Schiffes, seiner Ladung, seiner selbst, seiner Passagiere oder Mannschaft vorgeschriebenen Anordnungen zu unterwerfen,

ist mit Einsperrung bis zu einem Jahre oder mit Geldstrafe bis zu zweitausend Dollars allein oder in Verbindung mit einander zu bestrafen.

§ 392. Falscher Bericht über Schiffe oder Erteilung der Erlaubnis zur Landung vor dem Besuche der Gesundheitsbeamten. — Der von einem Lotsen angerufene Befehlshaber eines Schiffes, welcher

1) dem Lotsen in bezug auf die Verhältnisse seines Schiffes, der Mannschaft oder Passagiere oder der Gesundheitszustände des Ortes oder der Orte, woher er kam, falsche Auskunft gibt oder sich weigert, die vom Gesetze verlangte Auskunft zu geben; oder
2) jemanden von seinem Schiffe an Land setzt oder jemandem mit Ausnahme des Lotsen an Bord zu kommen erlaubt, oder etwas von seiner Ladung ausladet oder ausschifft, bevor sein Schiff von den Gesundheitsbeamten besucht und untersucht worden ist; oder
3) mit seinem Schiffe sich der Stadt New York über die ihm angewiesene Grenze der Quarantäne hinaus nähert,

ist mit Einsperrung bis zu einem Jahre oder mit Geldstrafe bis zu zweitausend Dollars allein oder in Verbindung mit einander zu bestrafen.

§ 393. Landung vor dem Besuche der Gesundheitsbeamten. — Wer sich an Bord eines Schiffes zur Zeit der Ankunft desselben im Hafen von New York befindet und landet oder einen Teil der Ladung aus dem Schiffe ausladet oder ausschifft, oder beim Ausladen oder Ausschiffen Hilfe leistet, bevor das Schiff von den Gesundheitsbeamten besucht und untersucht worden ist, ist mit Einsperrung bis zu einem Jahre oder mit Geldstrafe bis zu zweitausend Dollars allein oder in Verbindung mit einander zu bestrafen.

§ 394. Betreten eines Schiffes auf dem Quarantänegebiete u. s. w. ohne Erlaubnis. — Wer an Bord eines in Quarantäne liegenden Schiffes geht oder mit demselben, oder mit jemandem von der Mannschaft oder den Passagieren eines solchen Schiffes ohne Erlaubnis des Gesundheitsbeamten Verkehr oder Verbindung pflegt, sowie wer ohne solche Ermächtigung in das Quarantänegebiet oder den Ankerplatz eindringt, ist mit Einsperrung bis zu einem Jahr oder mit Geldstrafe bis zu zweitausend Dollars allein oder in Verbindung mit einander zu bestrafen; und überdies kann er so lange in Quarantäne gehalten werden, als es der Gesundheitsbeamte anordnet, jedoch nicht über zwanzig Tage hinaus. Und wenn der Schuldige an einer ansteckenden, mitteilbaren oder pestartigen Krankheit während der zwanzig Tage erkrankt, kann er im Militärhospital für eine weitere der Bestimmung des Gesundheitsbeamten unterliegende Zeit festgehalten werden.

§ 395. Verletzung von Quarantäneanordnungen. — Wer, wenn ihm von einem Gesundheitsbeamten gesetzlicherweise befohlen wurde, in Quarantäne zu bleiben, das Quarantänegebiet oder den Ankerplatz verläfst ohne wieder von diesem Befehle entbunden zu sein, oder absichtlich ein Quarantänegesetz oder eine solche Anordnung verletzt, ist eines Vergehens schuldig.

§ 396. Widerstand gegen Gesundheitsbeamte in Erfüllung ihrer Pflicht. — Wer absichtlich einen Gesundheitsbeamten oder einen mit der Durchführung der Gesundheitsgesetze beauftragten Arzt bei der Erfüllung einer gesetzlichen Obliegenheit hindert oder ihm Widerstand leistet, ist eines Vergehens schuldig.

§ 397. Absichtliche Verletzung von Gesundheitsgesetzen. — Wer absichtlich eine Bestimmung der Gesundheitsgesetze verletzt, für deren Verletzung keine Strafe in jenen Gesetzen oder in diesem Strafgesetzbuch vorgeschrieben ist; sowie wer absichtlich eine gesetzmäfsige Verordnung oder Anordnung, welche von einem Gesundheitsamte oder einem Gesundheitsbeamten ausgeht, oder eine Verordnung, die gesetzmäfsig von einem öffentlichen Beamten unter Autorität der Gesundheitsgesetze gemacht oder erlassen ist, verletzt oder sich weigert oder es unterläfst, ihr nachzukommen, ist mit Einsperrung bis zu einem Jahre oder mit Geldstrafe bis zu zweitausend Dollars allein oder in Verbindung mit einander zu bestrafen.

§ 398. Lotsen ohne Konzession. — Wer ohne gesetzlich als Lotse für das Höllenthor ermächtigt zu sein, ein Boot oder Schiff (mit Ausnahme von Leichterschiffen, Schiffen unter 55 Tonnen und thatsächlich bei der Schifffahrt auf Kanälen verwendeten Kanalbooten) durch den gemeiniglich „Höllenthor" genannten Teil des Oststromes lotst oder zu lotsen sich erbietet, oder bugsiert oder zu bugsieren sich erbietet, ist eines Vergehens schuldig. Doch soll keine Lotsengebühr von einem Schiffe, das zur Küstenschiffahrt berechtigt wurde, beim Einlaufen in den Hafen von New York oder beim Auslaufen aus demselben auf dem das Höllenthor genannten Teile des Oststromes verlangt werden, es sei denn, dafs ein solches Schiff thatsächlich einen Lotsen beschäftigt; und das Erheben oder Fordern einer solchen Gebühr ohne solche Beschäftigung ist als ein Vergehen zu betrachten.

§ 399. Küstendampfer sind ausgenommen. — Der vorhergehende Paragraph findet keine Anwendung auf ganz oder teilweis mit Dampf betriebene Schiffe, welche von Bürgern der Vereinigten Staaten besessen werden oder ihnen gehören und zum Küstenhandel konzessioniert und in ihm beschäftigt sind.

§ 400. Handeln als Hafenmeister ohne Ermächtigung. — Wer ohne Hafenmeister zu sein, als solchen sich ausgibt oder als solcher zu handeln oder die Obliegenheiten eines solchen, wie sie vom Gesetze vorgeschrieben sind und zum Amte eines Hafenmeisters gehören, wahrzunehmen unternimmt; sowie wer wissentlich einen andern als einen Hafenmeister zur Ausführung solcher Obliegenheiten verwendet, oder wer eine Beglaubigung über die Besichtigung von beschädigten Schiffen, Schiffsausrüstungen oder Gütern erläfst, um die Bestimmungen einer Verordnung zu umgehen, ist eines Vergehens schuldig.

§ 401. Apotheker, welche Arzneiwaren nicht oder falsch bezeichnen. — Wenn ein Apotheker oder Droguist oder ein bei einem Apotheker oder Droguisten beschäftigter Schreiber oder Verkäufer oder wer sonst ein Geschäft als Händler mit Droguen oder Arzneien betreibt, bei Zurichtung von Droguen oder Medizinen oder bei Anfertigung eines Rezepts oder Ausführung eines Auftrages in bezug auf Droguen oder Medizinen absichtlich, fahrlässig oder unwissenderweise es unterläfst, dieselben mit einem Zettel zu versehen, oder einen unrichtigen Zettel, Stempel oder eine andre Bezeichnung des Inhalts auf eine Schachtel, Flasche oder andre eine Drogue oder Medizin enthaltende Verpackung setzt oder einen andern Artikel dem verordneten oder bestellten unterschiebt, oder eine gröfsere oder geringere Menge eines Artikels, als verordnet oder bestellt ist, zurichtet oder sonstwie von dem Inhalte des Rezepts oder des Auftrags, welche zu befolgen er unternimmt, abweicht, so ist er, wenn infolgedessen das Leben oder die Gesundheit eines Menschen gefährdet wird, eines Vergehens schuldig.

Vgl. StPO. § 56.

§ 402. Apotheker, welche Gift verkaufen, ohne den Verkauf zu buchen. — Wenn ein Apotheker oder Droguist oder eine als Schreiber oder Verkäufer bei einem Apotheker oder Droguisten beschäftigte oder sonst ein Geschäft als Händler in Droguen oder Medizinen betreibende Person Gift oder eine giftige Substanz verkauft oder gibt, ohne vorerst in einem zu diesem Zwecke zu haltenden Buche den Namen und die Wohnung der das Gift empfangenden Person zugleich mit der Art und Menge jenes Giftes und den Namen und die Wohnung einer dem Händler bekannten Person, die als Zeuge für das Geschäft auftritt, zu buchen, so ist er, wenn nicht eine geschriebene Bestellung oder ein solches Rezept eines praktizierenden Arztes, dessen Namen der Bestellung hinzugefügt ist, vorliegt, eines Vergehens schuldig.

Vgl. StPO. § 56.

§ 403. Weigerung, Bücher vorzulegen. — Wer verpflichtet ist, den Bestimmungen des vorhergehenden Paragraphen gemäfs ein Buch zur Eintragung des Verkaufs oder der Hingabe von Gift zu führen und absichtlich sich weigert, jemandem auf vernünftiges, während der ordentlichen

Geschäftsstunden gestelltes Verlangen die Einsicht desselben zu gestatten, ist mit Geldstrafe bis zu fünfzig Dollars zu bestrafen.

Vgl. StPO. § 56.

§ 404. Verkauf von Gift ohne Zettel. — Wer, aufser auf Bestellung oder Rezept eines ordnungsmäfsig ermächtigten ausübenden Arztes, Gift oder giftige Substanzen verkauft, weggibt oder darüber verfügt, ohne der Flasche, Schachtel oder dem Packete, welches diese giftige Substanz enthält, einen Zettel mit dem Namen und der Wohnung der Person, dem Worte „Gift" und dem Namen dieses Giftes, alles in grofsen und leserlichen Zeichen geschrieben oder gedruckt, hinzuzufügen, ist eines Vergehens schuldig.

Vgl. StPO. § 56.

§ 405. Ärztliche Rezepte. — Keine in einem Droguenladen oder in einer Apotheke beschäftigte Person soll ein ärztliches Rezept anfertigen, aufser wenn sie zwei Jahre hindurch in einem solchen Laden oder in einer Apotheke als Lehrling gedient hat oder von einer ärztlichen oder pharmazeutischen Schule graduiert wurde, aufser unter der unmittelbaren Aufsicht einer Person, welche eine der genannten Eigenschaften besitzt; auch soll kein Eigentümer oder Aufseher eines solchen Droguen- oder Apothekerladens einer Person, welche jene Eigenschaften nicht besitzt, erlauben, ein ärztliches Rezept in seinem Laden zuzubereiten, aufser unter jener Aufsicht. Wer eine der Bestimmungen dieses Paragraphen verletzt, ist eines Vergehens schuldig und mit einer Geldstrafe bis zu hundert Dollars oder mit Einsperrung bis zu sechs Monaten zu bestrafen; und wenn jene Verletzung den Tod eines Menschen zur Folge hat, ist der Schuldige eines Verbrechens im e. S. schuldig und mit Geldstrafe von tausend bis zu fünftausend Dollars oder mit Einsperrung von zwei bis zu vier Jahren allein oder in Verbindung mit einander zu bestrafen.

§ 406. Verbergung fremder Sachen unter Kaufmannswaren. — Wer, in der Absicht zu betrügen, bei Zurichtung eines Fasses, Sackes, Ballens, einer Schachtel oder einer andern Verpackung für Wolle, Hopfen, Heu oder irgend welchen andern Kaufmannsartikel, der gewöhnlich nach Gewicht in solchen Verpackungen verkauft wird, darin eine andre Substanz oder Sache unterbringt oder versteckt, ist, wenn keine andre besondre Strafe durch Verordnung bestimmt ist, eines Vergehens schuldig.

Vgl. § 580.

§ 407. Verfälschung von Nahrungsmitteln, Droguen, Getränken u. s. w. — Wer entweder

1) Wein, Milch, destillierte Spirituosen oder Malzgetränke oder Droguen, Medizinen, Nahrungsmittel oder Getränke für Menschen oder Tiere in der Absicht fälscht oder verfälscht, dafs dieselben als echt oder unverfälscht verkauft werden; oder
2) wissend, dafs sie verfälscht oder unecht sind, sie als unverfälscht oder echt oder ohne den Käufer darüber aufzuklären oder davon zu unterrichten, dafs sie gefälscht oder verfälscht wurden, zum Verkauf anbietet oder verkauft,

ist, wenn keine besondere Bestimmung in betreff der Bestrafung des Verbrechens durch Verordnung getroffen ist, eines Vergehens schuldig.

§ 408. Verfügung über verdorbene Nahrungsmittel. — Wer einen Artikel, von dem er weifs, dafs er verdorben ist oder verdorben wurde, oder dafs er aus irgend welchem Grunde unbrauchbar zur Nahrung, als Getränk oder Medizin ist, in der Absicht, dafs derselbe als Nahrungsmittel, Getränk oder Medizin gebraucht werde, verkauft oder zum Verkaufe anbietet oder ausstellt, ist eines Vergehens schuldig.

§ 409. Anfertigung, Verkauf u. s. w. von gefährlichen Waffen. — Wer ein Instrument oder eine Waffe von der Art, wie sie gewöhnlich als Schrotstrang, Billy, Sandknüppel oder Schlagring bekannt sind, anfertigt, anfertigen läfst oder verkauft oder feilhält oder verkaufsweise anbietet, weggibt oder darüber verfügt, ist eines Vergehens schuldig.

Vgl. StPO. § 56.

§ 410. Tragen, Gebrauch u. s. w. gewisser Waffen. — Wer ein Instrument oder eine Waffe von der Art, wie sie gewöhnlich als Schrotstrang, Billy, Sandknüppel oder Schlagring bekannt sind, oder einen Dolch, ein Dolchmesser oder ein gefährliches Messer gegen einen andern zu gebrauchen versucht oder, um es zu gebrauchen, trägt, versteckt oder besitzt, ist eines Verbrechens im e. S. schuldig.

§ 411. Besitz begründet präsumtiven Beweis. — Der Besitz einer der im vorhergehenden Paragraphen bezeichneten Waffen ist, wenn sie von der Person des Besitzers, mit Ausnahme öffentlicher Beamten, versteckt oder verstohlenerweise getragen werden, präsumtiver Beweis dafür, dafs das Tragen, Verheimlichen oder Besitzen derselben in der Absicht erfolgte, sie in Verletzung jenes Paragraphen zu gebrauchen.

§ 412. Tragen versteckter Waffen verworfen.

§ 413. Nachlässigkeit in bezug auf Feuermachen. — Wer fahrlässigerweise an eigene Waldung Feuer legt und dadurch das Eigentum eines andern gefährdet, oder wer fahrlässigerweise es zuläfst, dafs ein Feuer auf seinem eigenen Lande sich über dessen Grenzen verbreitet, ist eines Vergehens schuldig.

Vgl. StPO. § 56.

§ 414. Verweigerung der Beistandsleistung zur Löschung eines Feuers in Waldungen. — Wer, gesetzmäfsig aufgefordert sich an den Ort eines Waldbrandes zu verfügen und bei Löschung desselben Hilfe zu leisten, ohne gesetzliche Entschuldigung es unterläfst, der Aufforderung Folge zu leisten, ist eines Vergehens schuldig.

Vgl. StPO. § 56.

§ 415. Hinderung von Versuchen, Feuer zu löschen. — Wer bei dem Brande eines Gebäudes sich Ungehorsam gegen die Anordnungen eines öffentlichen Beamten oder Feuermanns, oder Widerstand gegen oder Einmischung in die gesetzmäfsigen Anstrengungen eines Feuermanns oder einer Feuerwehr, das Feuer zu löschen, oder unordentliches Betragen, geeignet, das Löschen zu hindern, zu schulden kommen läfst, oder wer andern verbietet, oder sie hemmt oder sie abredet, beim Löschen Hilfe zu leisten, ist eines Vergehens schuldig.

§ 416. Unterhaltung einer Fähre ohne gesetzliche Ermächtigung. — Wer eine Fähre zu seinem Vorteil oder gegen Miete auf Gewässern innerhalb dieses Staates ohne gesetzliche Ermächtigung hält, ist mit Geldstrafe bis zu fünfundzwanzig Dollars für jedes Hinüberfahren oder Fahren des Fährbotes zu bestrafen. Wenn diese Fähre sich auf Gewässern befindet, welche zwei Bezirke trennt, kann der Schuldige in jedem derselben verfolgt werden.

§ 417. Verletzung der Bedingungen der Erlaubnis, eine Fähre zu halten. — Wer die Erlaubnis, eine Fähre zu halten und zu bedienen, erhalten hat und die Bedingung dieser Erlaubnis verletzt, ist eines Vergehens schuldig.

§ 418. Beschäftigung von Ingenieuren, welche nicht lesen können. — Wer als Beamter einer Körperschaft oder sonst wissentlich jemanden als Ingenieur oder Maschinenführer beschäftigt, um Lokomotiven oder Züge auf einer Eisenbahn in diesem Staate zu führen, welcher Zeittafeln und ordnungsmäfsige Handschrift nicht lesen kann, ist eines Vergehens schuldig.

§ 419. Strafe desjenigen, welcher, obwohl er nicht lesen kann, als Ingenieur thätig ist. — Wer, obwohl er unfähig ist, Zeittafeln und ordnungsmäfsige Handschrift zu lesen, als Ingenieur thätig ist oder eine Lokomotive oder einen Zug auf einer der Eisenbahnen in diesem Staate führt, ist eines Vergehens schuldig.

§ 420. Trunkenheit von Personen, welche Züge oder Boote fahren. — Wer auf einer Eisenbahn als Ingenieur, Kondukteur, Gepäckmeister, Bremser, Weichensteller, Feuermann, Schaffner, Flaggenmann, Signalmann beschäftigt ist oder als Stationsvorstand Züge auf einer Eisenbahn abläfst, ordnet oder fährt oder als Kapitän, Ingenieur oder sonst als Beamter eines mit Dampf betriebenen Schiffes beschäftigt wird, ist, wenn er bei Ausübung einer dieser Obliegenheiten betrunken ist, eines Vergehens schuldig.

Vgl. StPO. § 56.

§ 421. Unterlassen, die Glocke zu läuten u. s. w. — Wer auf einer Eisenbahn in diesem Staate als Lokomotivführer thätig ist und es versäumt, auf der Lokomotive wenigstens achtzig Ruten vor jedem Orte, wo die Eisenbahn eine Land- oder Heerstrafse in der gleichen Höhe kreuzt (ausgenommen in Städten), die Glocke zu läuten oder die Pfeife ertönen zu lassen oder es zu veranlassen, dafs dieselbe geläutet werde oder ertönt, oder das Läuten der Glocke oder Ertönenlassen der Pfeife in Zwischenräumen fortzusetzen, bis die Lokomotive und der Zug, welchem die Lokomotive angekoppelt ist, vollständig die Strafse gekreuzt haben, ist eines Vergehens schuldig.

§ 422. Koppelung eines Passagierwagens vor einem Gepäckwagen. — Wer als Beamter oder Angestellter einer Eisenbahngesellschaft wissentlich einen Gepäck-, Fracht-, Sägeholz-, Öl- oder Warenwagen hinter einen von Passagieren benutzten Wagen in einen Eisenbahnzug stellt, einordnet oder dies zuläfst, ist eines Vergehens schuldig.

§ 423. Trittbretter. — Wenn eine Eisenbahngesellschaft oder ein die Aufsicht führender Beamter oder Direktor, sowie jedermann, welcher eine Eisenbahn in diesem Staate leitet oder ihre Wagen in diesen Staat hinein oder durch denselben laufen läfst, es versäumt, die Trittbretter oder Endstücke der Passagierwagen so zu bauen, dafs Passagiere verhindert sind, zwischen die in Bewegung befindlichen Wagen zu fallen, so sind sie eines Vergehens schuldig.

§ 424. Andre Pflichtverletzungen von Beamten, Agenten oder Bediensteten von Eisenbahngesellschaften. — Ein Ingenieur, Kondukteur, Bremser, Weichensteller oder andrer Beamte, Agent oder Bedienstete einer Eisenbahngesellschaft, welcher eine absichtliche Verletzung oder Unterlassung seiner Pflicht sich zu schulden kommen läfst, sowie jeder Beamte, Agent oder Bedienstete, durch welchen Leben oder Sicherheit eines Menschen gefährdet wird, ist eines Vergehens schuldig, wenn keine andre Strafe vorgesehen ist.

Vgl. § 199.

§ 425. Uniformen für Beamte von Eisenbahngesellschaften. — Wer

1) einem Beamten, Agenten oder Angestellten einer Eisenbahngesellschaft rät oder ihn bestimmt, den Dienst der Gesellschaft zu verlassen, weil sie von dem Beamten, Agenten oder Angestellten das Tragen einer Uniform verlangt oder das Tragen einer Uniform oder eines Teiles derselben zu verweigern; oder
2) eine bei einer Eisenbahngesellschaft beschäftigte Person bestimmt, in den Dienst oder die Anstellung einer andern Eisenbahngesellschaft zu treten, weil das Tragen einer Uniform verlangt wird; oder
3) die Uniform einer Eisenbahngesellschaft ohne Ermächtigung trägt;

ist eines Vergehens schuldig.

§ 426. Fahren auf Frachtzügen. — Wer

1) auf einer Maschine oder auf einem Fracht- oder Holzwagen einer Eisenbahngesellschaft ohne Ermächtigung oder Erlaubnis der zuständigen Beamten der Gesellschaft oder der Person, in deren Obhut der Wagen oder die Maschine steht, fährt; oder
2) einen in Bewegung befindlichen Wagen oder eine Lokomotive besteigt, um darauf als Passagier befördert zu werden; oder
3) absichtlich die Fahrt eines Wagens, welcher gesetzlicherweise auf einer Pferde- oder Eisenbahn läuft, verhindert, hindert oder verzögert,

ist eines Vergehens schuldig.

§ 427. Gefährliche Ausstellungen. Badeplätze. — Wer als Pächter oder Inhaber eines Vergnügungsortes oder eines Grundstücks oder Gebäudes diese zur Schaustellung von Geschicklichkeit im Werfen eines scharfen Instruments auf oder gegen ein menschliches Wesen benutzt oder diese Benutzung gestattet; oder Bogen und Pfeil, eine Pistole oder ein

Schiefsgewehr irgend einer Art und Gestalt auf oder gegen ein menschliches Wesen anlegt oder abschiefst, oder zuläfst, dafs es abgeschossen wird; oder wer als Eigentümer, Pächter, Besitzer oder Verwalter eines Seebadeplatzes es zu irgend einer Zeit während der Badesaison vernachlässigt, See- oder Rettungsboote oder andre Rettungsgeräte ordnungsmäfsig ausgerüstet und in der vom Gesetze vorgeschriebenen Weise und Ausdehnung bemannt zu unterhalten,

ist eines Vergehens schuldig.

§ 428. Feuer und Lichter auf Schiffen in gewissen Bezirken. — Wer eine der Bestimmungen des am 19. Mai 1879 angenommenen Aktes zur Verhütung von Feuersbrünsten verletzt, ist eines Vergehens schuldig und nach Vorschrift dieses Aktes zu verfolgen.

§ 429. Pflicht zur Absperrung von Eisschneideplätzen. — Eine Person oder Gesellschaft, welche in oder auf den Gewässern innerhalb der Grenzen dieses Staates Eis bricht oder schneidet, um dasselbe zum Verkaufe fortzuführen, hat die Schneidelöcher und Öffnungen mit Zäunen von Buschwerk oder andern Schutzvorrichtungen zu umgeben, welche genügen, um alle Leute vor den Löchern und Öffnungen zu warnen. Diese Zäune und Wehren sind zu oder vor der Zeit der Eröffnung der Schneidelöcher oder Öffnungen zu errichten und so lange zu erhalten, bis sich neues Eis von wenigstens 6 Zoll Dicke gebildet hat. Wer diesen Paragraphen übertritt, ist eines Vergehens schuldig.

§ 430. Nachahmung von Nahrungsmitteln. — Wer eine Substanz in Nachahmung eines Nahrungsmittels als solches verkauft oder verfertigt oder zum Verkaufe ausstellt oder anbietet, ohne die Nachahmung durch eine passende und offensichtliche Marke oder einen Brand anzuzeigen, ist eines Vergehens schuldig.

§ 431. Schädliche oder ungesunde Substanzen u. s. w. auf Strafsen. — Wer auf oder nahe einer Heerstrafse oder einem öffentlichen Verkehrswege auf dem Lande oder zu Wasser eine schädliche oder ungesunde Substanz niederlegt, zurückläfst oder hält, oder auf oder nahe einer Heerstrafse oder einem öffentlichen Verkehrswege auf dem Lande oder zu Wasser ein Geschäft, einen Handel oder eine Fabrikation, welche schädlich oder der öffentlichen Gesundheit verderblich ist, gründet, unterhält oder betreibt, ist eines Vergehens schuldig und mit einer Geldstrafe nicht unter einhundert Dollars oder mit Einsperrung von drei bis zu sechs Monaten allein oder in Verbindung mit einander zu bestrafen.

§ 432. Ambulanzen. — Wer absichtlich die Fahrt von Ambulanzen oder von zum Transporte kranker oder verwundeter Personen oder Tiere gebrauchten Fahrzeugen auf einer öffentlichen Strafse, Heerstrafse oder einem öffentlichen Platze anhält oder hindert, oder wer dieselben absichtlich beschädigt oder absichtlich ein Fahrzeug mit denselben in Kollision bringt, ist eines Vergehens schuldig. Alle Sheriffs, Polizeidiener und Polizeibeamten haben, wenn sie von den Personen, welche solche Ambulanzen oder Fahrzeuge in ihrer Obhut haben, herbeigerufen werden, bei Aufnahme kranker oder verwundeter Personen oder Tiere in dieselben und bei Erzwingung der Bestimmungen dieses Paragraphen Hilfe zu leisten.

§ 433. Rechtswidriger Gebrauch von Netzen oder Drähten im Hudsonflusse. — Wer Netze oder Drähte zum Setzen oder Anheften von Netzen oder einen Pfahl oder ein andres Gerät in irgend einem Teile des Hudsonflusses gebraucht, ohne dafs dies durch Verordnung zugelassen ist, ist eines Vergehens schuldig.

§ 434. Aussetzung von Personen, welche mit einer ansteckenden Krankheit behaftet sind, auf öffentlichen Plätzen. — Wer absichtlich sich selbst oder einen andern, welcher mit einer ansteckenden oder pestartigen Krankheit behaftet ist, an einem öffentlichen Orte oder Verkehrsplatze ausstellt, wenn dies nicht notwendig und in einer dem öffentlichen Wohl nicht gefährlichen Weise aus Anlafs des Transportes geschieht, ist eines Vergehens schuldig.

§ 435. Falsche Gerüchte in bezug auf öffentliche Schuldbriefe u. s. w. — Wer in der Absicht, den Marktpreis der öffentlichen Schuldbriefe dieses Staates oder der Vereinigten Staaten oder eines Staates oder Territoriums derselben oder eines fremden Landes oder einer fremden Regierung oder der Aktien, Obligationen oder andrer Schuldscheine von Korporationen oder Gesellschaften oder den Marktpreis von Gold- oder Silbermünzen oder Barren oder von Waren oder Gütern irgend welcher Art zu beeinflussen,

1) ohne gesetzliche Ermächtigung den Namen eines Beamten, einer Korporation oder einer andern Person fälschlich auf einem Brief, einer Botschaft oder einem andern Papiere zeichnet; oder
2) einen solchen Brief, eine Botschaft oder ein Papier in Umlauf bringt oder verbreitet, wissend, dafs es fälschlich gezeichnet worden ist; oder
3) wissentlich eine falsche Behauptung, ein falsches Gerücht oder eine falsche Nachricht in Umlauf setzt,

ist mit einer Geldstrafe bis zu fünftausend Dollars oder mit Einsperrung bis zu drei Jahren allein oder in Verbindung mit einander zu bestrafen.

§ 436. Aushorchen. — Wer heimlich um ein Gebäude herumschleicht, in der Absicht, ein Gespräch in demselben zu belauschen und dasfelbe zu wiederholen oder zu veröffentlichen, um andre zu ängstigen, zu belästigen oder zu beleidigen, ist eines Vergehens schuldig.

§ 437. Zerstören von Fakturen. — Wer absichtlich eine Faktur, einen Ladeschein oder eine andre Urkunde, ein Schriftstück oder Ding, welches das Eigentum von gestrandetem Gute nachzuweisen bezweckt, zerstört oder unterdrückt, ist eines Vergehens schuldig.

§ 438. Falsche Zettel. — Wer in der Absicht, zu betrügen,

1) auf einen Handelsartikel oder auf eine Tonne, Flasche, einen Pfropfen, ein Gefäfs, eine Kiste, einen Deckel, Umschlag, eine Verpackung, Schnur, Etiquette, einen Zettel oder einen andern Gegenstand, welcher den Artikel enthält oder bedeckt, oder mit welchem der Artikel verkauft werden soll oder verkauft wird, eine falsche Angabe oder An-

zeige über Zahl, Menge, Gewicht oder Maſs des Artikels oder eines Teiles desſelben oder in bezug darauf; oder über den Ort oder das Land, wo derselbe angefertigt oder hervorgebracht ist; oder über die Güte oder den Grad des Artikels setzt, wenn das Gesetz verlangt, daſs die Güte oder der Grad auf oder bei dem Artikel durch Marke, Brand oder auf andre Weise angezeigt werde; oder

2) einen Artikel zum Verkaufe anbietet oder verkauft, von dem er weiſs, daſs er auf einer solchen Verpackung, oder einem Gefäſse, das denselben enthält, oder einem darauf befindlichen Zettel unter einem der in diesem Paragraphen näher bezeichneten Umstände fälschlich angegeben oder angezeigt wird,

ist in dem Falle, daſs die Strafe wegen dieses Verbrechens nicht anderweitig durch Verordnung bestimmt ist, eines Vergehens schuldig.

Vgl. StPO. § 56, sowie § 580 unten.

§ 439. Abgerahmte Milch. — Wer Milch verkauft oder zum Verkauf anbietet, von welcher der Rahm ganz oder zum Teil abgenommen oder entfernt worden ist, ohne dies anzugeben, oder eine Marke oder einen Zettel, der vollständig und leserlich diese Thatsache kundgibt, deutlich jeder Kanne oder jedem die Milch enthaltenden Gefäſse angeheftet zu haben, ist, wenn die Umstände kein Verbrechen bilden, für dessen Bestrafung durch Verordnung eine besondere Bestimmung getroffen ist, eines Vergehens schuldig.

§ 440. Befehlshaber von Schiffen, welche fremde Übelthäter bringen. — Wer als Herr oder Befehlshaber eines aus fremdem Lande ankommenden Schiffes oder Bootes in diesen Staat wissentlich eine Person bringt, welche in der Fremde früher oder jetzt eines Verbrechens überführt worden ist, das bei Begehung innerhalb dieses Staates darin strafbar sein würde, ist eines Vergehens schuldig.

Vgl. § 153.

§ 441. Ein Nichteinwohner, der Austern nimmt oder pflanzt. — Wer, ohne zur Zeit thatsächlicher Einwohner und Bewohner dieses Staates zu sein, in den Gewässern dieses Staates ohne die Zustimmung des Eigentümers derselben oder des Ufers Austern pflanzt, oder Austern oder andre Muscheltiere aus den natürlichen Beeten des Wachstums in solchen Gewässern für eigne Rechnung oder zu eignem Vorteil oder zum Vorteil eines Nicht-Einwohners, der ihn beschäftigt, absammelt, ist eines Vergehens schuldig und mit Einsperrung bis zu sechs Monaten oder mit Geldstrafe bis zu hundert Dollars allein oder in Verbindung mit einander zu bestrafen.

Vgl. § 56 StPO.

§ 442. Gebrauch gewisser Schleppnetze. — Wer ein Kratzgarn oder Schleppnetz, das mit Dampfkraft bewegt wird, oder ein über dreiſsig Pfund wiegendes Kratzgarn oder Schleppnetz in den Gewässern dieses Staates benutzt, um Austern oder andre Muscheltiere zu fangen oder aufzunehmen, ist eines Vergehens schuldig.

§ 443. Scheinversteigerungen. — Wer Güter, Waren oder Handelsartikel oder andre Vermögensgegenstände mit Ausnahme von Schiffen,

Seefahrzeugen oder Grund- oder Pachtgrundstücken, welche zur Versteigerung ausgestellt sind, kauft oder verkauft, oder zu kaufen oder zu verkaufen behauptet, ist, wenn ein wirklicher Verkauf, Ankauf und Übergang des Eigentums nicht stattfindet, eines Vergehens schuldig und mit Einsperrung von dreifsig Tagen oder mit Geldstrafe bis zu hundert Dollars allein oder in Verbindung miteinander zu bestrafen.

Vgl. § 574.

§ **444**. Beeinträchtigung der Schifffahrt. — Wer von einem Boote, Prahm oder andern Fahrzeuge oder auf andre Weise in eines der schiffbaren Gewässer dieses Staates mit Einschlufs von Buchten, Sunden und Häfen Erde, Asche, ausgeglühte Kohlen, Steine oder andre Gegenstände wirft oder es veranlafst oder erlaubt, dafs sie hineingeworfen werden, oder wer in denselben einen Bau aufführt, welcher irgendwie die Tiefe des Gewässers verringert oder die Freiheit und Sicherheit der Schifffahrt beeinträchtigt, ist eines Vergehens schuldig.

Vgl. § 390.

§ **445**. Unterhaltung einer Privat-Irrenanstalt. — Wer eine Privat-Irrenanstalt oder eine Einrichtung zur Obhut und Behandlung von Geisteskranken leitet oder unterhält, ohne eine dem Gesetze gemäfs gegebene und bewilligte Konzession zu haben, ist eines Vergehens schuldig.

§ **446**. Eintritt in Ackerbauausstellungen. — Wer unrechtmäfsiger- und betrüglicherweise die Grundstücke einer Ackerbauausstellung betritt, ohne das Eintrittsgeld bezahlt zu haben, ist eines Vergehens schuldig.

§ **447**. Personen, welche Arzneiwaren eingeben. — Wer einem andern eine Arzneiware oder eine betäubende Substanz eingibt, um ihn, während er unter der Wirkung derselben sich befindet, zu veranlassen, in das Heer oder den Seedienst der Vereinigten Staaten, dieses Staates oder eines andern Staates, Landes oder einer andern Regierung einzutreten, ist eines Vergehens schuldig.

Vgl. § 218[2].

Titel XIII.

Verbrechen gegen den öffentlichen Frieden.

§ **448**. Störung gesetzmäfsiger Versammlungen. — Wer ohne gesetzliche Ermächtigung absichtlich eine Versammlung oder Zusammenkunft, die ihrer Art nach nicht ungesetzmäfsig ist, stört, ist eines Vergehens schuldig.

Vgl. § 274.

§ **449**. Begriff des „Aufruhrs." — Wenn drei oder mehr Personen, welche sich zu irgend einem Zwecke versammelt haben, den öffentlichen Frieden durch Anwendung von Gewalt oder Gewaltthätigkeit gegen eine andre Person oder an Eigentum stören oder damit drohen oder es versuchen, eine solche Störung zu begehen oder eine ungesetzliche Handlung mit Anwendung von Gewalt oder Gewaltthätigkeit zu verüben, sind sie, vorausgesetzt dafs ihnen die Kraft zur unmittelbaren Ausführung der Drohung oder des Versuchs zur Verfügung steht, des Aufruhrs schuldig.

§ 450. Strafe des Aufruhrs. — Wer des Aufruhrs oder der Teilnahme an einem Aufruhr schuldig ist, sei es dafs er persönlich bei demselben zugegen war oder dafs er denselben anstiftete, betrieb oder unterstützte, ist zu bestrafen wie folgt:

1) wenn der Zweck der Versammlung oder der von den beteiligten Personen begangenen, angedrohten oder beabsichtigten Handlungen dahin geht, der Vollziehung einer Verordnung dieses Staates oder der Vereinigten Staaten Widerstand zu leisten oder einen öffentlichen Beamten dieses Staates oder der Vereinigten Staaten bei Ausführung oder Durchführung eines Verfahrens oder eines andern Auftrages eines zuständigen Gerichts, oder bei Erfüllung einer sonstigen Obliegenheit zu hindern; oder wenn der Schuldige zur Zeit des Aufruhrs Feuerwaffen oder andre gefährliche Waffen trägt oder verkleidet ist, mit Einsperrung bis zu fünf Jahren oder mit Geldstrafe bis zu tausend Dollars allein oder in Verbindung miteinander;
2) in jedem andern Falle, wenn der Schuldige andre Personen, welche bei dem Aufruhr oder der Versammlung zugegen sind oder daran teilnehmen, zu Gewalthandlungen oder Gewaltthätigkeiten anweist, berät, ermuntert oder anreizt, mit Einsperrung bis zu zwei Jahren oder mit Geldstrafe bis zu fünfhundert Dollars allein oder in Verbindung miteinander;
3) in jedem nicht von den vorhergehenden Absätzen dieses Paragraphen umfafsten Falle mit Einsperrung bis zu einem Jahr oder mit Geldstrafe bis zu zweihundertundfünfzig Dollars allein oder in Verbindung miteinander.

Vgl. § 454.

§ 451. Ungesetzliche Versammlungen. — Wenn drei oder mehr Personen

1) sich in der Absicht versammeln, eine ungesetzliche Handlung mit Gewalt zu begehen; oder
2) sich in der Absicht versammeln, ein Vorhaben in solcher Weise auszuführen, dafs dadurch der öffentliche Friede gestört wird; oder
3) nachdem sie sich versammelt haben, eine auf einen Bruch des Friedens gerichtete Handlung oder eine Verletzung von Personen oder Eigentum, oder eine ungesetzliche Handlung versuchen oder androhen, so ist eine solche Versammlung ungesetzlich, und jeder, welcher daran durch Anwesenheit oder Hilfeleistung oder Anstiftung teilnimmt, ist eines Vergehens schuldig. Aber dieser Paragraph soll nicht so ausgelegt werden, als wenn die friedliche Versammlung von Personen zu dem gesetzmäfsigen Zwecke eines Protestes oder einer Petition verhindert werden sollte.

§ 452. Verkleidete und maskierte Personen. — Eine Versammlung von drei oder mehr Personen, die sich durch bemalte, geweifste, gefärbte oder verdeckte Gesichter in öffentlichen Häusern oder an andern Orten unkenntlich machen, ist ungesetzlich und jede verkleidete dabei anwesende Person ist eines Vergehens schuldig; aber dieser Paragraph soll nicht so ausgelegt werden, als wenn derselbe eine friedliche Versammlung für eine Maskerade oder einen Kostümball oder eine andre derartige Unterhaltung oder eine zu solchem Zwecke veranstaltete Versammlung von maskierten Personen, oder das Tragen von Masken, Kostümen oder andre Verkleidungen von Personen, welche auf dem Wege zu einem solchen Balle oder einer solchen Unterhaltung sind oder davon zurückkehren, verböte; es mufs jedoch, wenn dergleichen Maskeraden, Kostümbälle oder Unterhaltungen in einer Stadt dieses Staates gehalten werden, vorher von den Polizeibehörden der Stadt die Erlaubnis zum Abhalten oder Geben solcher Veranstaltungen den von der Polizeibehörde gegebenen Vorschriften gemäfs eingeholt worden sein.

§ 453. Gestattung der Abhaltung von Maskeraden an Orten, welche dem Publikum geöffnet sind. — Wer als Eigentümer, Verwalter oder Inhaber eines Theaters, Zirkus, öffentlichen Gartens, einer öffentlichen Halle oder eines andern Ortes für Versammlung, Unterhaltung oder Vergnügung des Publikums, dessen Eintritt gegen Entgeld oder Bezahlung gestattet wird, daselbst eine durch diesen Titel verbotene Versammlung von maskierten Personen gestattet, ist eines Vergehens schuldig und mit Einsperrung in einem Staatsgefängnis bis zu zwei Jahren oder in einem Bezirksgefängnis bis zu einem Jahre, oder mit Geldstrafe von eintausend bis zu fünftausend Dollars allein oder in Verbindung mit einander zu bestrafen.

§ 454. Verweilen an dem Orte des Aufruhrs nach erhaltener Warnung. — Wer am Orte einer ungesetzlichen Versammlung oder eines Aufruhrs verweilt, nachdem die Versammelten durch eine Behörde oder einen öffentlichen Beamten aufgefordert worden sind, sich zu zerstreuen, ist eines Vergehens schuldig, es sei denn, dafs er als öffentlicher Beamter oder auf Aufforderung oder Befehl eines öffentlichen Beamten sich bemüht oder Hilfe leistet, die Versammelten zu zerstreuen oder Personen oder Eigentum zu schützen, oder die Übelthäter festzunehmen.

Vgl. StPO. § 106.

§ 455. Verweilen, nachdem die Versammlung ein ungesetzliches Vorhaben gutgeheifsen hat. — Wenn drei oder mehr Personen sich zu einem gesetzmäfsigen Zwecke versammeln und hinterher dazu übergehen, eine Handlung zu verüben, welche Aufruhr begründen würde, wenn sie der ursprüngliche Zweck des Zusammenkommens gewesen wäre, so ist jeder, welcher sich nicht zurückzieht, nachdem der Wechsel des Zwecks bekannt gemacht oder eine solche Handlung begangen wird, eines Vergehens schuldig, ausgenommen öffentliche Beamte und Personen, welche ihnen beim Versuche, die Versammlung zu zerstreuen, behilflich sind.

§ 456. Verweigerung der Hilfeleistung bei Festnahme von Aufrührern. — Wer an dem Orte einer gesetzwidrigen Versammlung zugegen ist und, durch einen gesetzlich ermächtigten öffentlichen Beamten aufgefordert, bei Unterdrückung des Aufruhrs oder bei Beschützung von Personen oder Eigentum oder bei Festnahme einer Person, welche einer ungesetzlichen Versammlung oder eines Aufruhrs schuldig ist oder beschuldigt wird, thätig oder behilflich zu sein, es unterläfst oder sich weigert, einem solchen Befehle zu gehorchen, ist eines Vergehens schuldig.

Vgl. StPO. § 108.

§ 457. Verbindungen, um der Ausführung eines Verfahrens Widerstand zu leisten. — Wer sich mit einem andern verbindet, um der Ausführung eines Verfahrens oder eines andern Auftrages eines zuständigen Gerichts Widerstand zu leisten, ist, wenn die Umstände Aufruhr nicht begründen, eines Vergehens schuldig.

Vgl. StPO. §§ 102 u. 103.

§ 458. Preiskampf, Unterstützung desselben u. s. w. — Wer innerhalb dieses Staates sich auf einen inner- oder aufserhalb dieses Staates stattfindenden Wettkampf oder Kampf ohne Waffen zwischen zwei oder mehreren Personen oder auf einen gemeiniglich Ring- oder Preiskampf genannten Kampf einläfst, dazu anstiftet, ihn unterstützt, ermunternd anregt oder thätig fördert, oder wer eine Herausforderung oder die Annahme einer Herausforderung für einen solchen Wettkampf oder Kampf sendet oder veröffentlicht, oder eine solche Herausforderung oder Annahme befördert oder abliefert oder jemanden zu einem solchen Wettkampf oder Kampf einübt oder ihm bei der Einübung oder Vorbereitung Hilfe leistet, ist eines Vergehens schuldig.

Vgl. § 234.

§ 459. Was eine Herausforderung ist. — Alle zu einer Person gesprochenen oder ihr geschriebenen Worte oder ihr gegenüber geäufserten oder gemachten Zeichen, welche den Wunsch, das Verlangen, die Einladung oder Forderung, sich in einen Kampf der in § 458 erwähnten Art einzulassen, ausdrücken oder enthalten, oder ausdrücken oder enthalten sollen, gelten als Herausforderung im Sinne jenes Paragraphen.

Vgl. § 236.

§ 460. Wetten oder Einsätze auf einen Kampf. — Wer Geld oder andre Vermögensgegenstände auf den Ausgang eines solchen Kampfes oder Zweikampfes wettet, einsetzt oder bietet, oder wer eingesetztes oder gebotenes Geld oder Eigentum hält oder zu halten unternimmt, um es dem Sieger oder zu dessen Gunsten zu überliefern, ist eines Vergehens schuldig.

§ 461. Kampf aufserhalb des Staates. — Wer den Staat verläfst, um eine Bestimmung dieses Titels zu umgehen oder eine Handlung aufserhalb des Staates zu verüben, welche durch diesen Titel verboten ist, oder wer als Einwohner dieses Staates aufserhalb desselben eine Handlung begeht, welche, wenn innerhalb dieses Staates begangen, nach den Bestimmungen dieses Titels strafbar sein würde, ist desselben Verbrechens schuldig und derselben Strafe unterworfen, als wenn die Handlung innerhalb dieses Staates verübt worden wäre.

Vgl. §§ 185, 239; StPO. § 133.

§ 462. Anklage. — Die Anklage wegen eines der im vorhergehenden Paragraphen bezeichneten Verbrechen kann in jedem Bezirke dieses Staates verhandelt werden.

Vgl. § 240; StPO. § 133.

§ 463. Ergreifung von Personen, welche zum Kampf sich anschicken. — Eine zum Erlafs von Festnahmebefehlen in Strafsachen ermächtigte Behörde, welcher vernünftiger Grund zur Befürchtung vorzuliegen scheint, dafs die Begehung eines in den §§ 458, 460 u. 461 bezeichneten Verbrechens innerhalb ihrer Zuständigkeit oder von einer der letzteren unterworfenen Person unmittelbar bevorsteht, hat den Festnahmebefehl an einen Sheriff, Polizeidiener oder andern geeigneten Beamten zur Festnahme der Person oder Personen, die im Begriff sind, das Verbrechen zu begehen, zu erlassen. Eine kraft des Festnahmebefehls festgenommene und vor die Behörde gebrachte Person ist zur Sache zu vernehmen, und wenn vernünftiger Grund zur Annahme vorzuliegen scheint, dafs die festgenommene Person im Begriffe steht, das Verbrechen zu begehen, so hat die Behörde zu fordern, dafs der Schuldige dem Volke des Staates Bürgschaft in einer tausend Dollars nicht überschreitenden, von der Behörde zu bestimmenden Summe, nach ihrem Ermessen entweder mit oder ohne Sicherheiten, dafür stelle, dafs er für die Dauer eines Jahres eine solche Gesetzesübertretung nicht begehen werde.

§ 464. Fortsetzung; Bürgschaft oder Einsperrung. — Wenn die nach Mafsgabe des vorhergehenden Paragraphen festgenommene Person die vorgeschriebene Bürgschaft innerhalb einer von der Behörde bestimmten Frist nicht leistet, so hat diese den Schuldigen dem Bezirksgefängnisse zu übergeben, damit er darin solange verbleibe, bis ein in Strafsachen zuständiges Gericht mit Beweisprotokollen [1]) ihn entläfst. Eine solche eingesperrte Person kann zu jeder Zeit auf Grund eines habeas-corpus-Erlasses gegen Stellung der Bürgschaft, welche von der die Festnahme verfügenden Behörde verlangt wurde, entlassen werden. Wenn Bürgschaft mit einer oder mehreren Sicherheiten verlangt wird, so müssen die Sicherheit oder die Sicherheiten durch den dieselben in Empfang nehmenden Beamten für hinreichend befunden werden.

§ 465. Gewaltsame Besitzstörung. — Wer Gewalt oder Gewaltthätigkeit bei Betretung oder Besitznahme von Grundstücken oder Besitzungen eines andern, mit Ausnahme der durch das Gesetz gestatteten Fälle, anwendet oder einen andern dabei unterstützt, dazu ermuntert oder berät, ist eines Vergehens schuldig.

§ 466. Besitznahme von Grundstücken nach gesetzmäfsiger Ausweisung. — Wer durch gesetzliches Verfahren von einem Grundstücke entfernt worden ist, oder wer sich von einem Grundstücke in Gemäfsheit der gesetzmäfsigen Zusprechung oder Anweisung eines Gerichts, Tribunals oder Beamten entfernt hat und hinterher ohne gesetzliche Ermächtigung zurückkehrt, um auf dem Grundstücke sich niederzulassen oder zu wohnen oder davon Besitz zu nehmen, ist eines Vergehens schuldig.

---

[1]) Siehe oben S. 24 Note.

§ 467. Ungesetzliches Eindringen in Grundstücke. — Wer in einen Bauplatz oder ein Stück Land innerhalb der Grenzen einer Stadt oder eines Dorfes ohne Erlaubnis des Besitzers eindringt, oder wer darauf eine Hütte oder ein andres Bauwerk ohne solche Erlaubnis errichtet oder in Besitz hält; und wer innerhalb der Grenzen einer Strafse oder Allee einer Stadt oder eines Dorfes eine Hütte oder ein andres Bauwerk ohne gesetzliche Erlaubnis baut, errichtet oder in Besitz hält, ist eines Vergehens schuldig.

Vgl. § 640[9].

§ 468. Entladung von Feuerwaffen an öffentlichen Orten. — Wer absichtlich an einem öffentlichen Ort oder an einem Ort, an welchem dadurch eine Person gefährdet wird, irgend eine Art von Feuergewehren, Windbüchsen oder andern Waffen entladet oder ein tötliches Geschofs schleudert, ist, wenn auch keine Verletzung einer Person erfolgte, eines Vergehens schuldig.

§ 469. Vorrecht der Zeugen. — Niemand soll von der Ablegung eines Zeugnisses in einer Verfolgung oder Untersuchung wegen eines in diesem Titel bezeichneten Vergehens deshalb entbunden werden, weil das Zeugnis ihn selbst eines Vergehens zu überführen geeignet sein könnte. Aber ein solches Zeugnis kann gegen ihn bei einem Strafverfahren nicht verwendet werden.

Vgl. § 712.

Titel XIV.

Verbrechen gegen das Einkommen und Vermögen des Staates.

§ 470. Schlechte Verwendung, Fälschung von Rechnungen durch öffentliche Beamte u. s. w. — Ein öffentlicher Beamter oder der Vertreter oder Schreiber eines solchen Beamten, und jede andre Person, welche zu Nutzen oder für Rechnung des Volkes dieses Staates, oder einer Abteilung der Regierung dieses Staates, oder eines gesetzmäfsig erwählten Büreaus oder einer gesetzmäfsig errichteten Kasse Geld einnimmt, an welchem das Volk dieses Staates unmittelbar oder mittelbar interessiert ist, oder Geld für eine Stadt, einen Bezirk, ein Dorf oder eine Landstadt einnimmt, ist, wenn er

1) zu seinem eignen oder zum Gebrauche einer nicht dazu berechtigten Person ohne gesetzliche Ermächtigung Geld, das von ihm als Beamter, Schreiber oder Vertreter oder in andrer Eigenschaft vereinnahmt wird, sich aneignet; oder
2) wissentlich falsche Rechnung führt oder eine falsche Buchung oder Korrektur in einer Rechnung über von ihm solcherweise vereinnahmte Gelder oder in bezug auf dieselben macht; oder
3) die Rechnung betrüglicherweise ändert, verfälscht, unterdrückt, vernichtet oder auslöscht; oder
4) absichtlich es unterläfst oder sich weigert, dem Volke dieses Staates oder seinen gesetzlich zum Empfange berechtigten Beamten, oder einer Stadt, einem Dorfe, Bezirke oder einer Landstadt oder einem

Beamten oder einer Behörde, welche dasselbe zu fordern und zu empfangen ermächtigt sind, Geld auszuzahlen, das von ihm in seiner Eigenschaft als Beamter vereinnahmt wurde und dem Gesetze gemäfs von ihm auszuzahlen oder zu verrechnen ist,

eines Verbrechens im e. S. schuldig.

Vgl. §§ 114², 515.

§ 471. Andre Verletzungen des Gesetzes durch öffentliche Beamte. — Ein Beamter oder eine andre im vorhergehenden Paragraphen genannte Person, welche absichtlich eine Bestimmung, die ihre Amtsführung regelt, in Fällen übertritt, welche nicht in jenem Paragraphen bezeichnet sind, ist eines Vergehens schuldig und mit Geldstrafe bis zu tausend Dollars oder mit Einsperrung bis zu zwei Jahren allein oder in Verbindung miteinander zu bestrafen.

Vgl. § 155.

§ 472. Schlechte Verwendung u. s. w. durch Bezirksschatzmeister. — Ein Bezirksschatzmeister, welcher absichtlich Gelder, Summen oder Sicherheiten, welche von ihm in seiner Eigenschaft als Schatzmeister empfangen oder bei ihm hinterlegt sind, schlecht verwendet, oder welcher einer andern Übelthat oder einer absichtlichen Vernachlässigung der Pflichten in seinem Amte schuldig ist, ist mit einer Geldstrafe von fünfhundert bis zu zehntausend Dollars oder mit Einsperrung in einem Staatsgefängnisse von einem bis zu fünf Jahren allein oder in Verbindung miteinander zu bestrafen.

§ 473. Beamte, die bei Abschlufs von Verträgen Anteile nehmen. — Ein öffentlicher Beamter, welcher ermächtigt ist, Eigentum zu verkaufen oder zu verpachten oder in seiner amtlichen Eigenschaft Verträge zu schliefsen oder bei dem Abschlusse eines Verkaufs, einer Verpachtung oder eines Vertrages teilzunehmen, und für sich bei dem Verkaufe, der Verpachtung oder dem Vertrage unmittelbar oder mittelbar sich interessieren läfst, ist eines Vergehens schuldig.

§ 474. Bezirksschreiber, welche die Veröffentlichung von Bücherabschlüssen unterlassen. — Ein Bezirksschreiber, welcher es absichtlich unterläfst, einen vom Gesetze vorgeschriebenen Abschlufs innerhalb der bestimmten Zeitfrist zu veröffentlichen, ist eines Vergehens schuldig und mit einer Geldstrafe von hundert Dollars oder mit Einsperrung von sechs Monaten allein oder in Verbindung miteinander zu bestrafen.

§ 475. Verhinderung eines Beamten bei Einhebung von Abgaben. — Wer absichtlich einen öffentlichen Beamten von der Einhebung von Abgaben, Steuern oder andern Geldsummen, an welchen das Volk dieses Staates ganz oder zum Teil unmittelbar oder mittelbar interessiert ist, und welche einzunehmen der Beamte gesetzlich ermächtigt ist, abhält oder ihn dabei hindert, ist eines Vergehens schuldig.

§ 476. Ablieferung falscher Ladescheine an Kanaleinnehmer. — Wer verpflichtet ist, einem Zolleinnehmer auf einem der Kanäle dieses Staates einen Ladeschein über auf dem Kanale verfrachtetes Eigentum zu übergeben, und einen falschen Ladebrief als echt übergibt, oder einen falschen Ladebrief anfertigt oder unterzeichnet, damit derselbe als echt übergeben werde, obwohl er weifs, dafs der Ladebrief falsch sei, ist mit Einsperrung in einem Staatsgefängnisse bis zu zwei Jahren oder mit Geldstrafe bis zu dem dreifachen Wert des Eigentums, welches in dem Ladescheine unterdrückt wird, allein oder in Verbindung miteinander zu bestrafen.

§ 477. Wagemeister, welche falsche Buchungen machen. — Ein Wagemeister bei einem der zu diesem Staate gehörenden Kanäle und der Schreiber eines solchen Wagemeisters, welcher eine falsche Buchung über das Gewicht eines Bootes oder der Ladung eines Bootes, das den Kanal befährt, macht, oder welcher eine falsche Beurkundung über das Leichtgewicht eines Bootes ausstellt, obwohl er weifs, dafs die Buchung oder Beurkundung falsch sei, ist eines Vergehens schuldig.

§ 478. Kanalbeamte, welche Betrügereien verheimlichen. — Ein öffentlicher Beamter oder ein von dem Volke dieses Staates in bezug auf die zu diesem Staate gehörigen Kanäle beschäftigter Agent, welcher weifs, oder guten Grund zu der Annahme hat, dafs irgend welche Betrügereien in bezug auf die Kanalabgaben begangen oder versucht worden sind, und jene Betrügereien zu enthüllen und die dafür vorgeschriebenen Strafmittel, soweit sie in seiner Macht stehen, zu erzwingen unterläfst, ist eines Vergehens schuldig.

§ 479. Absichtliche Beschädigung von Kanälen Booten u. s. w. — Wer ohne gesetzliche Ermächtigung absichtlich eine Beschädigung an einem der zu diesem Staate gehörigen Kanäle begeht, oder wer ein Boot, eine Schleuse, Brücke, Gebäude, Maschinen oder ein andres mit einem Kanale verbundenes Werk oder eine solche Vorrichtung, an welcher das Volk dieses Staates ein Interesse hat, stört oder beschädigt, ist eines Verbrechens im e. S. schuldig.

Vgl. StPO. § 56.

§ 480. Ableiten von Wasser aus Kanälen. — Wer Wasser aus einem Kanale in diesem Staate oder aus dem Sammelbecken oder Reservoir eines Kanals während der Schifffahrtszeit zum Schaden oder Nachteil der Schifffahrt auf demselben und ohne gesetzliche Ermächtigung ableitet, ist mit Einsperrung in einem Bezirksgefängnisse nicht unter einem Jahre und mit Geldstrafe nicht unter tausend Dollars zu bestrafen.

§ 481. Kanalbeamte, welche Bestechungen annehmen. — Ein öffentlicher Beamter oder ein von dem Volke dieses Staates in bezug auf diesem Staate gehörige Kanäle angestellter Agent oder ein Unternehmer von Kanalreparaturen oder jemand, der über einen Kanal oder einen Teil desselben oder eine Schleuse, ein Sammelbecken oder ein andres dazu gehörendes Werk die Aufsicht führt oder dabei angestellt ist und eine Bestechungssumme fordert, oder annimmt, oder anzunehmen verspricht, damit er Wasser von einem Kanal, Sammelbecken oder Reservoir in Verletzung des vorhergehenden Paragraphen abzuleiten erlaube; und wer eine Bestechungssumme einem Beamten oder einer der oben erwähnten Personen gibt, anbietet oder zu geben verspricht, um ihn zu der Gestattung zu veranlassen, dafs Wasser aus dem Kanale, Sammelbecken oder Reservoir in Verletzung des vorhergehenden Paragraphen abgeleitet werde, ist eines Vergehens schuldig.

§ 482. Betrügerische Aneignung von verlornen Schätzen. — Wer betrügerischerweise zu seinem eignen Gebrauche verlorne Schätze oder angeschwemmtes Gut, welches diesem Staate kraft seiner Landeshoheit gehört, verheimlicht oder sich aneignet, ist eines Vergehens schuldig.

§ 483. Verletzungen an Salzwerken. — Wer absichtlich eine Salzfabrik, die mit den Onondagasalzquellen verbunden ist, oder ein Gebäude, welches zu einer solchen Fabrik oder einem Teile der Fabrik gehört oder Gebäude, Reservoirs, Pumpen, Leitungen oder Wasserleitungen, welche diesem Staate gehören und zur Hebung von Salzwasser für die Gewinnung von Salz benutzt werden, ohne gesetzliche Ermächtigung verbrennt, zerstört oder beschädigt, ist mit Einsperrung in einem Staatsgefängnisse bis zu fünf Jahren zu bestrafen.

§ 484. Angriff auf Militärmagazine, die dem Staate gehören. — Wer ein Fort, Magazin, Arsenal, einen Waffenraum, Waffenplatz oder ein Lager betritt und Waffen, Munition, militärische Vorräte oder Hilfsmittel, die dem Volke dieses Staates gehören, an sich nimmt oder wegträgt; sowie wer einen solchen Ort in der Absicht, solches zu thun, betritt, ist mit Einsperrung in einem Staatsgefängnisse bis zu zehn Jahren zu bestrafen.

§ 485. Falsche Angaben in bezug auf Steuern. — Wer bei Anfertigung einer mündlichen oder geschriebenen Aufstellung, welche vom Gesetze verlangt wird oder angeordnet ist, um als Grundlage für aufzulegende Steuern oder Schatzungen oder eines Gesuchs um Herabsetzung von Steuern oder Schatzungen zu dienen, absichtlich in bezug auf einen wesentlichen Punkt eine Aufstellung macht, von der er weifs, dafs sie falsch sei, ist eines Vergehens schuldig.

Titel XV.

Verbrechen gegen das Vermögen.

Kapitel 1.

Mordbrennerei.

§ 486. Begriff der Mordbrennerei im ersten Grade. — Wer zur Nachtzeit entweder

1) ein Wohnhaus, in welchem zur Zeit ein menschliches Wesen sich befindet; oder
2) einen Wagen, ein Schiff oder andres Fahrzeug oder einen Bau oder ein Gebäude, das kein Wohnhaus ist, in welchem mit des Übelthäters Wissen zur Zeit ein menschliches Wesen sich befindet;

absichtlich niederbrennt oder in Brand setzt, ist der Mordbrennerei im ersten Grade schuldig.

Vgl. § 637.

§ 487. Mordbrennerei im zweiten Grade. — Wer

1) zur Tageszeit eine Brandlegung begeht, welche, wäre sie zur Nachtzeit begangen, Mordbrennerei im ersten Grade sein würde; oder
2) absichtlich zur Nachtzeit ein Wohnhaus, in welchem zur Zeit kein menschliches Wesen sich befindet, niederbrennt oder in Brand setzt; oder
3) absichtlich zur Nachtzeit ein unbewohntes Gebäude, welches jedoch mit einem bewohnten Gebäude, in dem zur Zeit ein menschliches Wesen sich befindet, verbunden oder nahe benachbart ist, niederbrennt oder in Brand setzt, so dafs das bewohnte Gebäude gefährdet wird, wenn es auch thatsächlich nicht durch den Brand verletzt wurde: oder
4) absichtlich zur Nachtzeit einen Wagen, ein Schiff oder andres Fahrzeug oder einen Bau oder ein Gebäude, welches gewöhnlich von menschlichen Wesen zur Nacht bewohnt wird, niederbrennt oder in Brand setzt, obschon niemand zur Zeit darin ist,

ist der Mordbrennerei im zweiten Grade schuldig.

§ 488. Mordbrennerei im dritten Grade. — Wer absichtlich

1) ein Schiff, einen Wagen oder ein andres Fahrzeug oder ein Gebäude, einen Bau oder ein andres Bauwerk, welches zur Zeit gegen Vernichtung oder Beschädigung durch Feuer versichert ist, in der Absicht, den Versicherer zu benachteiligen; oder
2) ein Schiff, einen Wagen oder ein andres Fahrzeug oder ein Gebäude, einen Bau oder ein andres Bauwerk unter Umständen, die den Begriff der Mordbrennerei im ersten oder zweiten Grade nicht erfüllen;

niederbrennt oder in Brand setzt, ist der Mordbrennerei im dritten Grade schuldig.

§ 489. Strafe der Mordbrennerei. — Mordbrennerei ist strafbar wie folgt:

1) im ersten Grade mit Einsperrung nicht unter zehn Jahren;
2) im zweiten Grade mit Einsperrung von sieben bis zu fünfzehn Jahren;
3) im dritten Grade mit Einsperrung bis zu sieben Jahren.

§ 490. Erfordernis der Absicht, ein Gebäude zu zerstören. — Das Niederbrennen eines Gebäudes unter Umständen, welche es aufser Zweifel setzen, dafs die Absicht, dasselbe zu zerstören, nicht vorhanden war, ist nicht Mordbrennerei.

§ 491. Zusammenhängende Gebäude. — Wenn das Zubehör eines Gebäudes bezüglich des letztern, oder ein Gebäude bezüglich eines andern so gelegen ist, dafs das Niederbrennen des einen offensichtlich das andre in Gefahr bringt, so wird das Niederbrennen des einen als Niederbrennen des andern nach den vorhergehenden Bestimmungen gegen jede thatsächlich an dem Inbrandsetzen des ersten Gebäudes teilnehmende Person von dem Momente an erachtet, in welchem das Feuer sich dem andern Gebäude mitteilt und letzteres in Brand setzt.

§ 492. Begriff der „Nachtzeit“ und des „Wohnhauses“. — Das Wort „Nachtzeit“ im Sinne dieses Kapitels umfafst die Zeit von Sonnenuntergang bis Sonnenaufgang, und jedes Gebäude oder Bauwerk, welches gewöhnlich von darin zur Nacht sich aufhaltenden Personen bewohnt wird, ist ein Wohnhaus im Sinne dieses Kapitels.

§ 493. Begriff des „Gebäudes". — Jedes Haus, Schiff oder andre Bauwerk, welches fähig ist Schutz für menschliche Wesen zu bieten, oder mit einem solchen Bauwerke verbunden ist oder demselben zugehört, ist ein Gebäude im Sinne dieses Kapitels.

§ 494. Begriff des „bewohnten Gebäudes". — Ein Gebäude wird im Sinne dieses Kapitels als ein „bewohntes Gebäude" erachtet, wenn ein Teil defselben gewöhnlich von einer darin zur Nacht sich aufhaltenden Person bewohnt wird.

§ 495. Eigentum an den Gebäuden. — Um Mordbrennerei anzunehmen, ist es nicht nötig, dafs eine andre Person als der Beschuldigte das Eigentum an dem in Brand gesteckten Gebäude hatte.

Kapitel II.
Einbruch.

§ 496. Begriff des Einbruches im ersten Grade. — Wer in der Absicht, darin ein Verbrechen zu begehen, zur Nachtzeit das Wohnhaus eines andern, worin zur Zeit ein menschliches Wesen sich befindet, erbricht und betritt, sei es

1) bewaffnet mit einer gefährlichen Waffe; oder
2) sich darin mit einer solchen Waffe bewaffnend; oder
3) von einem thatsächlich gegenwärtigen Gefährten begleitet; oder
4) wer zur Nachtzeit bei solchem Eindringen oder bei Begehung eines Verbrechens in einem solchen Gebäude oder beim Entfliehen aus demselben jemanden angreift;

ist des Einbruchs im ersten Grade schuldig.

§ 497. Zweiter Grad des Einbruchs. — Wer in der Absicht, darin ein Verbrechen zu begehen, das Wohnhaus eines andern, worin ein menschliches Wesen sich befindet, unter Umständen erbricht und betritt, welche Einbruch im ersten Grade nicht begründen, ist des Einbruchs im zweiten Grade schuldig.

§ 498. Einbruch, dritter Grad. — Wer entweder

1) in der Absicht, darin ein Verbrechen zu begehen, ein Gebäude, ein Zimmer oder einen Teil eines Gebäudes erbricht und betritt; oder
2) in einem Gebäude verweilend, ein Verbrechen darin begeht und aus jenem ausbricht, ist des Einbruchs im dritten Grade schuldig.

§ 499. Begriff des „Erbrechens". — Das Wort „Erbrechen" im Sinne dieses Kapitels bedeutet und begreift:

1) das Brechen oder gewaltsame Ablösen eines innern oder äufsern Teils eines Gebäudes; oder

2) das Öffnen eines äufseren Thores eines Gebäudes oder eines Zimmers oder einer Flucht von Zimmern, welche darin abgetrennt benutzt oder bewohnt werden, oder eines Fensters, Fensterladens, Gitters oder andern Gegenstandes, welcher verwendet wird, um eine Öffnung dazu oder darin zu bedecken oder zu verschliefsen, oder welcher von einem Teile defselben zu einem andern Durchgang bietet, zu dem Zwecke, um einzudringen, ohne Unterschied der dazu benutzten Hilfsmittel; oder

3) das Erlangen des Eintritts in ein solches Gebäude oder Zimmer mittels Drohung oder Arglist oder Einverständnisses mit einer darin befindlichen Person; oder

4) das Betreten eines solchen Gebäudes oder Zimmers vermittels oder durch eine Röhre, einen Ofen oder eine andre Öffnung oder durch Aushöhlen, Unterhöhlen oder Durchbrechen durch oder unter das Gebäude, die Mauern oder Grundlagen defselben.

§ 500. Begriff der „Nachtzeit". — Das Wort „Nachtzeit" im Sinne dieses Kapitels umschliefst die Zeit von Sonnenuntergang bis Sonnenaufgang.

§ 501. Begriff des „Betretens". — Das Wort „betreten" im Sinne dieses Kapitels begreift das Eindringen des Übelthäters in ein Gebäude oder Zimmer defselben oder das Hineinschieben eines Teils seines Körpers oder eines in der Hand gehaltenen Instruments oder einer Waffe, welche angewendet wird oder angewendet werden soll, um die Inwohner zu bedrohen oder zu schrecken, oder Vermögensgegenstände loszubrechen oder zu entfernen.

§ 502. Begriff des „Wohnhauses". — Ein Gebäude, von welchem irgend ein Teil gewöhnlich von einer darin zur Nachtzeit sich aufhaltenden Person bewohnt wird, ist ein Wohnhaus im Sinne dieses Kapitels.

§ 503. Wann Wohnhäuser u. s. w. als abgetrennt anzusehen sind. — Wenn ein Gebäude so eingerichtet ist, dafs es aus zwei oder mehreren Teilen besteht, welche von verschiedenen, gewöhnlich zur Nacht darin sich aufhaltenden Mietern bewohnt werden sollen, so gilt jeder Teil als das getrennte Wohnhaus eines denselben bewohnenden Mieters. Wenn ein Gebäude so eingerichtet ist, dafs es aus zwei oder mehreren Teilen besteht, welche von verschiedenen Mietern abgetrennt zu irgend einem Zwecke in Besitz gehalten werden, so gilt jeder Teil oder jedes Zimmer im Sinne dieses Kapitels als ein besonderes Gebäude.

§ 504. Begriff des „Gebäudes". — Der Ausdruck „Gebäude" im Sinne dieses Kapitels begreift auch einen Eisenbahnwagen, ein Schiff, eine Bude, ein Zelt, einen Laden oder ein andres Bauwerk oder einen eingeschlossenen Raum.

§ 505. Ungesetzliches Eindringen in ein Gebäude. — Wer unter Umständen oder in einer Weise, die einen Einbruch nicht enthalten, ein Gebäude oder einen Teil defselben in der Absicht, ein Verbrechen im e. S. oder einen Diebstahl zu begehen oder eine böswillige Beschädigung vorzunehmen, betritt, ist eines Vergehens schuldig.

§ 506. Einbrecher sind für die in einem Gebäude begangenen Verbrechen besonders zu bestrafen. — Wer ein Gebäude unter solchen Umständen betreten hat, dafs Einbruch in irgend einem Grade vorliegt, und darin ein Verbrechen begeht, ist sowohl für dieses, als auch wegen des Einbruchs zu bestrafen und kann für jedes Verbrechen abgesondert oder in derselben Anklage verfolgt werden.

§ 507. Wie Einbruch zu bestrafen ist. — Einbruch ist mit Einsperrung in einem Staatsgefängnisse, wie folgt, zu bestrafen:

1) Einbruch im ersten Grade mit Einsperrung nicht unter zehn Jahren;

2) Einbruch im zweiten Grade mit Einsperrung von fünf bis zu zehn Jahren;
3) Einbruch im dritten Grade mit Einsperrung von einem bis zu fünf Jahren.

§ 508. Besitz von Einbruchswerkzeugen u. s. w. — Eine Person, in deren Besitz ein Dietrich, Nachschlüssel oder falscher Schlüssel, Drahtzangen oder andre zur Begehung von Einbrüchen oder Diebstählen bestimmte oder gewöhnlich gebrauchte Werkzeuge gefunden werden und welche in einem Gebäude oder in der Nähe eines solchen oder zur Nachtzeit oder sonstwie unter Umständen betreten wird, welche die Absicht, jene Werkzeuge bei Begehung eines Verbrechens zu benutzen, bezeugen, — ist eines Vergehens, und wenn sie früher schon eines Verbrechens überführt wurde, eines Verbrechens im e. S. schuldig.

Kapitel III.

Fälschung.

§ 509. Begriff der Fälschung im ersten Grade. — Der Fälschung im ersten Grade ist schuldig, wer in der Absicht zu betrügen, fälscht:

1) ein Testament oder Kodizill über dingliches oder persönliches Vermögen, oder die Bescheinigung defselben, oder eine Urkunde oder ein andres Schriftstück, das die Handlung eines andern thatsächlich oder nach Angabe des Inhaltes ist, durch welche ein Recht oder ein Interesse an Vermögensgegenständen übertragen, überschrieben oder irgendwie belastet oder berührt wird oder werden soll; oder

2) eine Beglaubigung über die Anerkennung oder den Beweis eines Testamentes, Kodizills, einer Urkunde oder eines andern Schriftstückes, welches gesetzlich gebucht oder im Falle gesetzlicher Prüfung oder Anerkennung als Beweisstück gebraucht werden kann, wenn die Beglaubigung thatsächlich oder nach Angabe des Inhaltes von einem Gerichte oder einem Beamten, die gesetzlich zur Ausfertigung solcher Beglaubigungen ermächtigt sind, ausgestellt ist; oder

3) eine Beglaubigung, Obligation, ein Papier, eine Urkunde oder eine andre öffentliche Sicherheit, die von oder unter der Autorität dieses Staates oder der Vereinigten Staaten oder eines andern Staates oder Territoriums der Vereinigten Staaten oder einer fremden Regierung, eines fremden Landes oder Staates oder von einem Beamten defselben in seiner amtlichen Eigenschaft thatsächlich oder nach Angabe des Inhaltes ausgestellt worden sind und in welchen die Auszahlung von Geld unbedingt oder unter einer Bedingung versprochen oder der Empfang von Geld oder Vermögensgegenständen bescheinigt wird, oder welche thatsächlich oder nach Angabe des Inhaltes Beweisstücke einer Schuld oder Verbindlichkeit und unbedingt oder unter einer Bedingung thatsächlich oder nach Angabe des Inhaltes von der gesetzlichen Behörde ausgestellt sind; oder

4) ein Indossament oder eine andre Bescheinigung, welche das Recht oder Interesse des Inhabers des Certifikats, der Obligation, öffentlichen Sicherheit, des Beweises über Schulden oder Verbindlichkeiten, oder einer zu solchem Rechte oder Interesse berechtigten Person thatsächlich oder nach Angabe des Inhalts überträgt; oder

5) eine Bescheinigung über eine Aktie, Obligation oder eine andre Ur-

kunde, eine Banknote, einen Wechsel, eine Anweisung, einen Check, eine Einlagebescheinigung oder andre Obligation oder ein Schuldbekenntnis, die von einer Bank, einer unter den Gesetzen dieses Staates oder der Vereinigten Staaten, oder eines andern Staates, einer andern Regierung oder andern Landes bestehenden Bankgesellschaft oder Korporation thatsächlich oder nach Angabe des Inhaltes ausgestellt worden sind und ein Recht, einen Titel oder ein Interesse einer Person an einem Teile des Stammkapitals oder des Vermögens einer solchen Korporation zuerkennen oder zuzuerkennen erklären, oder die Zahlung von Geld, oder die Ausführung einer Handlung, Verpflichtung oder Obligation thatsächlich oder nach Angabe des Inhaltes versprechen oder annehmen; oder

6) ein Indossament oder eine andre Urkunde, welche das Recht oder Interesse des Inhabers des Certifikats, der Obligation oder Verpflichtungs-Urkunde oder einer zu solchem Rechte oder Interesse berechtigten Person thatsächlich oder nach Angabe des Inhaltes überträgt.

§ 510. Falsche Beglaubigung bei gewissen Urkunden. — Ein Beamter, welcher gesetzlich ermächtigt ist, den Beweis oder die Anerkennung einer Urkunde, welche gesetzmäfsig gebucht werden kann, aufzunehmen und absichtlich fälschlich beglaubigt, dafs die Ausstellung einer solchen Urkunde von einer beteiligten Partei anerkannt oder dafs dieselbe bewiesen wurde, ist der Fälschung im ersten Grade schuldig.

§ 511. Fälschung im zweiten Grade. — Der Fälschung im zweiten Grade ist schuldig, wer in der Absicht zu betrügen:

1) das grofse oder kleine Siegel dieses Staates, das Siegel eines Gerichts mit Beweisprotokollen, oder eines öffentlichen Bureaus oder gesetzlich ermächtigten Beamten oder einer von den Gesetzen dieses Staates oder der Vereinigten Staaten oder irgend eines Staates oder Territoriums der Vereinigten Staaten oder eines andern Staates, einer andern Regierung oder andern Landes geschaffenen oder unter denselben bestehenden Körperschaft, oder den Abdruck eines solchen Siegels, einer Gold- oder Silbermünze, sei es der Vereinigten Staaten oder eines fremden Staates, einer fremden Regierung oder eines fremden Landes fälscht; oder

2) die Buchung eines Testaments oder andern Dokuments, dessen öffentliche Buchung nach dem Gesetze dieses Staates Beweis liefert, oder eines Urteils, eines Befehls oder einer Anordnung eines Gerichts oder Beamten, oder eine beglaubigte oder authentische Abschrift desfelben fälscht; oder

ein Urteilsprotokoll, ein Urteil, einen Befehl oder eine Entscheidung eines Gerichts oder Beamten, oder einen Aktenvermerk darüber oder eine beglaubigte oder authentische Abschrift desfelben, oder eine Urkunde oder ein Schriftstück, welches nach Angabe des Inhaltes ein solches Urteil, ein Befehl, eine Entscheidung, ein Aktenvermerk oder eine Abschrift ist; oder

einen in einem Urkunden- oder Geschäftsbuche, welches im Bureau eines Beamten dieses Staates oder eines Dorfes, einer Stadt, einer Landstadt oder eines Bezirks des Staates geführt wird, gemachten Eintrag, durch welchen eine Forderung, ein Anspruch, eine Verpflichtung oder ein Interesse zu Gunsten oder Ungunsten des Volks des Staates, oder einer Stadt, Landstadt, eines Dorfes oder Bezirks, oder eines Beamten desselben geschaffen, vergrößert, gemindert, getilgt oder sonstwie berührt wird; oder ein in einem Urkundenbuche oder Geschäftsbuche, welches von einer innerhalb des Staates Geschäfte machenden Korporation geführt wird, oder in einer von einer solchen Korporation geführten Rechnung gemachten Eintrag, durch welchen eine in Geld bestehende Verpflichtung, Forderung oder ein Kreditposten geschaffen, vergrössert, vermindert, getilgt oder sonstwie berührt wird; oder

eine Urkunde oder ein Schriftstück oder eine Schrift, welche eine Prozeßhandlung oder den Erlaß eines zuständigen Gerichts, einer Behörde oder eines Beamten des Staates oder den Bericht eines Beamten, Gerichts oder Tribunals über eine solche Prozeßhandlung oder einen solchen Erlaß thatsächlich oder nach Angabe des Inhalts enthält; oder eine Bürgschaft, gerichtliche Anerkennung, ein Bekenntnis, eine Prozeßschrift oder Prozeßhandlung, welche zur Kenntnis des Gerichts in diesem Staate gebracht oder eingereicht worden ist; oder eine Beurkundung, einen Erlaß, eine Zulassung von seiten eines zuständigen Gerichts oder Beamten, oder eine Konzession oder Ermächtigung, welche gemäß einer Verordnung des Staates erteilt wurde, oder eine Beglaubigung, eine Urkunde, Beurkundung oder ein Schriftstück, welches nach Gesetz oder Verordnung Beweis liefert; oder

eine Urkunde oder ein Schriftstück, welches thatsächlich oder nach Angabe des Inhalts die Handlung eines andern ist und durch welches thatsächlich oder nach Angabe des Inhalts ein Geldanspruch oder eine Geldverpflichtung geschaffen, vergrößert, getilgt oder gemindert oder irgendwie berührt wird, oder durch welches irgend welche Rechte oder Vermögensgegenstände thatsächlich oder nach Angabe des Inhalts geschaffen, übertragen, überliefert, getilgt, vergrößert oder vermindert oder irgendwie berührt werden oder worden sind, wenn die Strafe der Fälschung, Verfälschung oder Nachmachung nicht besonders angegeben ist, und durch die Fälschung, Verfälschung, Abänderung oder Nachahmung jemand verpflichtet, berührt oder irgendwie in seiner Person oder seinem Vermögen beschädigt werden kann, fälscht; oder

3) wer eine Platte in der Form oder nach Ähnlichkeit eines Solawechsels, einer Tratte, Banknote, eines Wechsels, Checks, Depositenvermerks oder eines andern von einem Bankier oder einer Bankgesellschaft oder Körperschaft, welche nach den Gesetzen dieses Staates, der Vereinigten Staaten, eines andern Staates oder Territoriums der Vereinigten Staaten oder einer fremden Regierung oder eines fremden Landes inkorporiert ist oder Geschäfte führt, ausgegangenen Schuldbeweises, ohne die Ermächtigung des Bankiers oder der Bankgesellschaft oder Körperschaft, anfertigt oder prägt; oder

ohne solche Ermächtigung eine solche Platte in der Absicht in seinem Besitz oder Gewahrsam hat, dieselbe zum Zweck der Abnahme eines auszugebenden Abdrucks zu benutzen oder ihre Benutzung zu diesem Zwecke zu gestatten; oder

ohne solche Ermächtigung in seinem Besitze oder Gewahrsam einen von einer solchen Platte genommenen Abdruck hat, in der Absicht, denselben ausfüllen und zum Zwecke der Ausgabe fertig stellen zu lassen; oder

Zeichen oder Worte auf einer Platte anfertigt oder graviert oder ihre

Anfertigung oder Gravierung veranlafst in der Absicht, dafs dieselben zu dem Zwecke einer fälschlichen Abänderung eines der oben erwähnten Schuldbeweise benutzt werden.

§ 512. Begriff der „Form" und der „Ähnlichkeit". — Eine der im vorhergehenden Paragraphen bezeichneten Platten ist in der Form oder nach der Ähnlichkeit des ursprünglichen Werkzeuges nachgemacht, wenn die ausgeführten Teile der Gravierung den entsprechenden Teilen des echten Werkzeuges ähnlich und mit ihnen übereinstimmend sind.

§ 513.[1]) Eine teils geschriebene, teils gedruckte oder eine ganz gedruckte Urkunde mit einer geschriebenen Unterschrift und eine Unterschrift oder Schrift, welche die Unterzeichnung eines einzelnen, einer Firma, einer Korporation oder Gesellschaft oder eines Beamten derselben sein oder die Genannten verpflichten soll, ist eine geschriebene Urkunde oder ein Schriftstück im Sinne der Bestimmungen dieses Kapitels.

§ 514. Fälschung im dritten Grade. — Der Beamte oder Angestellte einer Korporation, Gesellschaft, einer Handelsverbindung oder eines einzelnen, welcher eine Rechnung, ein Geschäftsbuch, ein Urkundenbuch oder sonstiges Schriftstück, das bei dem Geschäfte der Korporation, Gesellschaft, Handelsverbindung oder des einzelnen verwendet wird oder dazu gehört, fälscht oder ungesetzlicherweise abändert, darin radiert, auslöscht oder etwas zerstört, ist der Fälschung im dritten Grade schuldig.

§ 515. Fälschung im dritten Grade. — Wer in der Absicht, zu betrügen oder einen Diebstahl oder eine widerrechtliche Zueignung von Geld oder Vermögensgegenständen seitens irgend einer Person zu verbergen, entweder:

1) eine Rechnung, ein Geschäftsbuch, Urkundenbuch oder ein Schriftstück, das beim Geschäfte einer Korporation, Gesellschaft, eines öffentlichen Bureaus oder Beamten, einer Handelsverbindung oder eines einzelnen verwendet wird oder dazu gehört, ändert, darin radiert, auslöscht oder etwas zerstört; oder
2) einen falschen Eintrag in einer solchen Rechnung oder einem solchen Geschäftsbuche macht; oder
3) absichtlich es unterläfst, in einer solchen Rechnung oder einem solchen Geschäftsbuche, welche von ihm oder unter seiner Aufsicht gemacht, geschrieben oder gehalten werden, einen wahrheitsgemäfsen Eintrag über eine wesentliche Thatsache zu machen,

ist der Fälschung im dritten Grade schuldig.

Vgl. § 114.

§ 516. Fälschung von Fahrbillets. — Wer in betrügerischer Absicht ein Billet, eine Anweisung oder ein sonstiges Papier oder Schriftstück, welches den Inhaber oder Eigentümer zu einer Fahrt auf einer Eisenbahn oder einem Schiffe oder auf andern öffentlichen Beförderungsmitteln thatsächlich oder nach Angabe des Inhalts berechtigt, fälscht, nachmacht oder fälschlicherweise abändert; und wer in gleicher Absicht ein solches Billet, wissend, dafs dasselbe gefälscht, nachgemacht oder fälschlicherweise abgeändert sei, verkauft, austauscht oder aushändigt oder zum Verkauf, Aus-

[1]) Die Überschrift fehlt auch in dem Original.

tausch oder zur Aushändigung feilhält oder anbietet oder zum Kauf, Austausch oder zur Aushändigung annimmt, ist der Fälschung im dritten Grade schuldig.

§ 517. Fälschung von Post- und Steuermarken. — Wer eine Post- oder Steuermarke der Vereinigten Staaten fälscht, nachmacht oder abändert, oder solche Marken, wissend, dafs sie gefälscht, nachgemacht oder fälschlicherweise abgeändert seien, als echt oder als gefälscht verkauft oder zum Verkaufe feilhält oder anbietet, ist der Fälschung im dritten Grade schuldig.

§ 518. Beamte einer Korporation, welche Anteile u. s. w. verkaufen. — Wer von einer Gesellschaft oder Korporation, welche nach den Gesetzen dieses Staates oder eines andern Staates oder Territoriums der Vereinigten Staaten oder einer fremden Regierung besteht, als Beamter, Agent oder in einer andern Eigenschaft angestellt ist und absichtlich und um zu betrügen ein falsches, gefälschtes oder betrügerisches Papier, Schriftstück oder eine Urkunde, welche thatsächlich oder nach Angabe des Inhalts ein Interimsschein, eine Bescheinigung oder ein andres Beweisstück des Eigentums oder der Übertragung eines oder mehrerer Anteile an dem Grundkapital einer solchen Gesellschaft oder Korporation, oder eine Obligation oder ein sonstiges Schulddokument einer solchen Gesellschaft oder Korporation oder eine Bescheinigung oder ein sonstiges Beweisstück über das Eigentum oder die Übertragung einer solchen Obligation oder eines solchen Schuldbekenntnisses ist, verkauft, verpfändet oder ausstellt oder den Verkauf, die Verpfändung oder Ausstellung veranlafst oder in der Absicht es zu verkaufen, zu verpfänden oder auszustellen oder dafs es verkauft, verpfändet oder ausgestellt werde, unterzeichnet oder die Unterzeichnung veranlafst, ist der Fälschung im dritten Grade schuldig und kann bei Überführung aufser der in diesem Titel für diese Übertretung vorgesehenen Strafe auch verurteilt werden, eine Geldstrafe bis zu dreitausend Dollars zu zahlen.

Vgl. § 591.

§ 519. Fälschliches Sich-Ausgeben für den Beamten einer Korporation. — Die Fälschung oder Verfälschung einer Urkunde oder eines Schriftstücks, das nach Angabe des Inhalts von oder im Interesse einer Korporation oder Gesellschaft, eines Staates oder einer Regierung ausgestellt ist und die angebliche Unterschrift einer Person trägt, welche darin fälschlicherweise als Agent oder Beamter der Korporation angegeben wird, ist Fälschung in demselben Grade, als wenn jene Person wirklich der Beamte oder Agent der Korporation oder Gesellschaft, des Staates oder der Regierung wäre.

§ 520. Begriff des „Fälschens", „Gefälscht" und der „Fälschung". — Die Ausdrücke „fälschen", „gefälscht" und „Fälschung" umfassen im Sinne dieses Kapitels die Fälschung, Nachmachung, sowie die Abänderung, Radierung oder Auslöschung einer echten Urkunde im ganzen oder in einem Teile, die Fälschung oder Nachmachung der Unterschrift eines Kontrahenten oder Zeugen und das Zusammensetzen oder Zusammenfügen von verschiedenen Teilen verschiedener echter Urkunden in betrügerischer Absicht.

§ 521. Ausgabe gefälschter Urkunden, Münzen u. s. w. ist Fälschung. — Wer in Kenntnis der Fälschung oder Änderung in betrügerischer Absicht

1) ein gefälschtes Siegel oder eine gefälschte Platte oder einen Abdruck davon; oder
2) eine gefälschte Münze; oder
3) ein gefälschtes Testament, eine gefälschte Urkunde, Beglaubigung, Übertragung, Buchung oder ein Schriftstück oder eine anderweitige Sache, deren Fälschung, Verfälschung oder Abänderung als Fälschung strafbar ist, in Umlauf bringt, anbietet, darüber verfügt oder dieselbe so verhandelt, als wäre sie echt, oder dieselbe im Besitz hat, um sie in Umlauf zu setzen, anzubieten, darüber zu verfügen oder sie zu verhandeln,

ist der Fälschung in demselben Grade schuldig, als wenn er den Gegenstand selbst gefälscht hätte.

§ 522. Ausgabe von Schriftstücken mit dem Namen des Verbrechers. — Wenn die Fälschung oder Ausgabe einer Urkunde oder eines Schriftstücks Fälschung in irgend einem Grade ist, so ist der Fälschung in dem gleichen Grade schuldig, wer in der Absicht zu betrügen, eine solche Urkunde oder ein solches Schriftstück, das mit seinem eigenen Namen oder dem einer andern Person unterschrieben oder indossiert ist, mag die Unterschrift echt oder nachgemacht sein, unter dem Vorwande, dafs die Unterschrift oder das Indossament die Handlung eines andern von gleichem Namen oder einer nicht existierenden Person sei, anbietet, darüber verfügt oder dieselbe verhandelt.

§ 523. Strafe für Fälschung im ersten Grade. — Fälschung im ersten Grade ist mit Einsperrung nicht unter zehn Jahren zu bestrafen.

§ 524. Fortsetzung, im zweiten Grade. — Fälschung im zweiten Grade ist mit Einsperrung von fünf bis zu zehn Jahren zu bestrafen.

§ 525. Fortsetzung, im dritten Grade. — Fälschung im dritten Grade ist mit Einsperrung bis zu fünf Jahren zu bestrafen.

§ 526. Besitz von falschen Münzen. — Wer eine falsche Gold- oder Silbermünze der Vereinigten Staaten oder irgend eines fremden Landes oder einer fremden Regierung, wissend, dafs dieselbe nachgemacht ist, und in der Absicht in seinem Besitze hat, dieselbe als echt oder falsch zu verkaufen, auszugeben, zu benutzen, in Verkehr zu bringen oder auszuführen, oder es zu veranlassen, dafs dieselbe in Verkehr gebracht oder weitergegeben werde, ist mit Einsperrung bis zu fünf Jahren oder mit Geldstrafe bis zu fünfhundert Dollars allein oder in Verbindung mit einander zu bestrafen.

§ 527. Ankündigung von falschem Gelde. — Wer in betrügerischer Absicht einen Brief, ein Rundschreiben, eine Karte, einen Zettel oder irgend einen andern geschriebenen oder gedruckten Gegenstand druckt, verteilt oder verbreitet, in welchen er falsche Münzen oder falsches Papiergeld zum Verkaufe, Austausch oder Geschenk anbietet oder anzubieten erklärt oder in welchem er Auskunft gibt oder zu geben erklärt, wo falsche Münzen oder falsches Papiergeld erhalten werden können, ist mit Einsperrung bis zu fünf Jahren oder mit Geldstrafe bis zu fünfhundert Dollars allein oder in Verbindung mit einander zu bestrafen.

Kapitel IV.

Diebstahl, Unterschlagung, Betrug und Untreue.

§ 528. Begriff des Diebstahls. — Wer in der Absicht, den wahren Eigentümer seines Eigentums oder des Gebrauchs und Nutzens defselben zu berauben oder ihn in demselben zu verkürzen oder dasselbe sich zur eigenen Benutzung oder der einer andern Person anzueignen, entweder

1) Geld, bewegliches Eigentum, einen Klagegegenstand, ein Beweisstück über eine Schuld oder einen Vertrag oder irgend eine Sache von Wert aus dem Besitze des wahren Eigentümers oder einer andern Person nimmt; oder aus solchem Besitze mit Hilfe von betrügerischen oder falschen Darstellungen oder Behauptungen oder von falschen Zeichen oder Schriftstücken erlangt; oder auf die Seite schafft, vorenthält oder zu eigenem Gebrauche oder demjenigen eines andern als des wahren Eigentümers sich aneignet; oder
2) als Depositar, Diener, Anwalt, Agent, Gehilfe, Administrator oder Beamter einer Person, Gesellschaft oder Korporation oder als öffentlicher Beamter oder als durch Vereinbarung oder durch die zuständige Behörde ermächtigt, Geld, Vermögen, Beweisstücke einer Schuld oder eines Vertrages, irgend welche Gegenstände von Wert oder Klage- oder Besitzgegenstände zu bewahren, zu halten oder in Besitz, Gewahrsam oder Kontrolle zu nehmen, solche Gegenstände in seinem Besitze, Gewahrsam oder seiner Kontrolle hat und zu seinem eigenen Gebrauche oder dem eines andern als des wahren Eigentümers oder Nutzungsberechtigten sich aneignet;

stiehlt dergleichen Vermögensgegenstände und ist des Diebstahls schuldig.

§ 529. Erlangung von Geld oder Vermögensgegenständen durch betrügerische Wechsel. — Wer vorsätzlich in betrügerischer Absicht mit Hilfe eines Checks oder einer Tratte oder einer Anweisung auf Zahlung von Geld oder Auslieferung von Vermögensgegenständen, wissend, dafs der Aussteller oder Ausfertiger nicht berechtigt ist, auf den Bezogenen die bezeichnete Summe zu ziehen oder die Zahlung des Betrages oder die Aushändigung der Vermögensgegenstände anzuweisen, von einem andern, wenn auch besondre falsche Vorspiegelungen in dieser Beziehung nicht gebraucht werden, Geld oder Vermögensgegenstände erlangt, ist des Diebstahls an denselben schuldig und demgemäfs zu bestrafen.

Vgl. § 569.

§ 530. Grofser Diebstahl im ersten Grade. — Des grofsen Diebstahls im ersten Grade ist schuldig, wer stiehlt oder widerrechtlich in einer in diesem Kapitel bezeichneten Weise erlangt oder sich aneignet:

1) Vermögensgegenstände von irgend welchem Werte, welche er zur Nachtzeit einer andern Person wegnimmt; oder
2) Vermögensgegenstände im Werte von mehr als fünfundzwanzig Dollars, welche er zur Nachtzeit aus einem Wohnhause, Schiffe oder Eisenbahnwagen wegnimmt; oder
3) Vermögensgegenstände im Werte von mehr als fünfhundert Dollars unter allen Umständen.

§ 531. Fortsetzung, im zweiten Grade. — Des grofsen Diebstahls im zweiten Grade ist schuldig, wer unter Umständen, welche grofsen Diebstahl im ersten Grade nicht begründen, in einer in diesem Kapitel bezeichneten Weise stiehlt oder widerrechtlich erlangt oder sich aneignet:

1) Vermögensgegenstände im Werte von mehr als fünfundzwanzig, aber nicht mehr als fünfhundert Dollars unter allen Umständen; oder
2) Vermögensgegenstände von irgend einem Werte, die er einer andern Person wegnimmt; oder
3) eine Urkunde eines Gerichts oder Beamten, oder ein Schriftstück oder eine Urkunde oder Buchung, welche dem Gesetze gemäfs bei einem öffentlichen Amte oder Beamten als eingereicht oder niedergelegt, aufbewahrt wird oder in dessen Gewahrsam sich befindet.

§ 532. Kleiner Diebstahl. — Jeder andre Diebstahl ist kleiner Diebstahl.

§ 533. Strafe des grofsen Diebstahls im ersten Grade. — Grofser Diebstahl im ersten Grade ist mit Einsperrung von fünf bis zu zehn Jahren zu bestrafen.

§ 534. Fortsetzung, im zweiten Grade. — Grofser Diebstahl im zweiten Grade ist mit Einsperrung von zwei bis zu fünf Jahren zu bestrafen.

§ 535. Strafe des kleinen Diebstahls. — Kleiner Diebstahl ist ein Vergehen.

Vgl. Str.Pr.O. § 56.

§ 536. Vollendete und unbegebene Urkunden. — Alle Bestimmungen dieses Kapitels finden auch Anwendung, wenn der weggenommene Vermögensgegenstand eine Urkunde über die Zahlung von Geld, ein Beweisstück für eine Schuld, eine öffentliche Sicherheit oder ein Fahrbillet ist und ausgefüllt und fertig zur Begebung oder Aushändigung bereit liegt, wenn auch derselbe niemals von dem Aussteller an jemanden als Käufer oder Eigentümer begeben oder ausgehändigt worden ist.

§ 537. Abtrennung von wandfestem Hausgerät u. s. w. ist Diebstahl. — Alle Bestimmungen dieses Kapitels sind auf Fälle anwendbar, in welchen die entwendete Sache ein wandfestes Hausgerät oder ein Teil des unbeweglichen Eigentums, oder ein lebender Baum, Strauch oder lebendes Erzeugnis ist und zu der Zeit der Wegnehmung losgetrennt wird, gleich als wenn die Sache von einer andern Person schon früher losgetrennt worden wäre.

Vgl. § 640[3]; Str.Pr.O. § 56.

§ 538. Aneignung von Strandgut ist ein Vergehen. — Wer Güter oder sonstige ihm nicht gehörende Gegenstände von einem gestrandeten Schiffe wegnimmt, oder Güter oder sonstige Gegenstände, welche von der See ans Land geworfen sind, oder in einer Bucht oder Bai gefunden wurden, an sich nimmt, oder wer wissentlich dergleichen Güter oder Gegenstände in Besitz bekommt und sie nicht in den nächstfolgenden achtundvierzig Stunden dem Sheriff oder einem der Coroners oder Wrackmeister des Distrikts, wo dieselben gefunden wurden, abliefert, ist eines Vergehens schuldig.

§ 539. Verlornes Eigentum. — Wer verlornes Eigentum unter Umständen findet, welche ihm Kenntnis des wahren Eigentümers oder die Mittel zur Nachforschung nach demselben geben, und dieses Eigentum sich zu eignem oder dem Gebrauche einer andern nicht dazu berechtigten Person aneignet, ohne vorher jede mögliche Anstrengung, den Eigentümer aufzufinden und ihm sein Eigentum zurückzustellen, gemacht zu haben, ist des Diebstahls schuldig.

§ 540. Diebstahl liegt vor, wenn gestohlenes Gut in den Staat Newyork gebracht wird. — Wer an einem Orte aufserhalb dieses Staates das Eigentum eines andern gestohlen oder, wissend, dafs es gestohlen sei, in Empfang genommen hat und es in diesen Staat bringt, kann in derselben Weise überführt und bestraft werden, als wenn der Diebstahl oder die Empfangnahme innerhalb dieses Staates begangen worden wäre. Klage kann erhoben und die Verhandlung eingeleitet und durchgeführt und die Gesetzesverletzung als begangen erachtet werden in jedem Bezirke, in oder durch welchen die gestohlenen Sachen gebracht worden sind.

§ 541. Aneignung seitens Vermögensverwalter u. s. w. ist Diebstahl; Strafen dafür. — Wer als Testamentsvollstrecker, Verwalter, Abgeordneter, Vormund, Administrator, Einnehmer oder Aufseher irgend einer Art durch einen Rechtsakt, letzten Willen oder eine andre Urkunde oder durch Erlafs oder Urteil eines Gerichts oder Beamten bestellt ist und Gelder, Güter, Klagegegenstände, Sicherheiten, Schuldbeweisstücke, oder Beweismittel über Vermögensgegenstände oder andre Wertsachen, oder Einkünfte aus denselben, die sich in seinem Besitz oder Gewahrsam kraft des Amtes, der Anstellung oder Bestellung befinden, verbirgt, vorenthält oder sonst zu seinem Gebrauche oder demjenigen einer andern Person als des wahren Eigentümers sich aneignet, ist des grofsen oder kleinen Diebstahls in dem Grade schuldig, der sich aus dem Betrag der Vermögensgegenstände nach den vorangegangenen Bestimmungen ergibt; und bei Überführung kann er aufser der für den Diebstahl vorgesehenen Strafe zur Zahlung einer Geldstrafe verurteilt werden, welche den Wert des angeeigneten oder gestohlenen Eigentums nicht überschreitet, samt Zinsen seit der Zeit der Aneignung, Vorenthaltung oder Verheimlichung und aufserdem zwanzig Prozent als Zuschlag, und er kann bis zu fünf Jahren als Zusatz zu der wegen Diebstahls in Gemäfsheit dieses Kapitels zu verhängenden Strafe eingesperrt werden, wenn nicht die Geldstrafe vorher erlegt wird.

§ 542. Verfügung über die Geldstrafe. — Der Betrag der gemäfs dem vorhergehenden Paragraphen auferlegten Geldstrafe, welcher den Betrag oder Wert des genommenen, angeeigneten oder gestohlenen Eigentums nicht überschreitet, samt Zinsen seit der Zeit der Begehung des Verbrechens, und einer angemessenen Summe für Deckung der Einziehungskosten, welche vom Obersten Gericht festzustellen ist, ist bei Empfang oder Einziehung dem Schatzmeister des Bezirks, in welchem die Überführung stattgehabt hat, zu gunsten der Person, welche beschädigt oder betrogen wurde oder deren Eigentum der Übelthäter nahm, sich rechtswidrig aneignete oder verheimlichte, oder seines Stellvertreters oder Bevollmächtigten, einzuzahlen; und durch den Bezirksschatzmeister auf Anweisung des Obersten Gerichtes auszuzahlen, nachdem dem Bezirksanwalt Nachricht davon gegeben ist.

§ 543. Erlafs der Geldstrafe. — Im Falle, daſs der Wert des gestohlenen oder genommenen Eigentums samt Zinsen durch den Verurteilten bezahlt oder durch Zivilklage eingetrieben wird, kann das Gericht nach seinem Befinden auf Ersuchen des Betreffenden und nach Benachrichtigung der übrigen dabei interessierten Personen und des Bezirksanwalts die dem vorhergehenden Paragraphen gemäſs auferlegte Geldbuſse mit Ausnahme der für Kosten erkannten Zusatzsumme erlassen.

§ 544. Mündliche Vorspiegelungen begründen nicht Diebstahl. — Der Ankauf von Eigentum mittels falscher Behauptungen ist nicht strafbar, wenn die falsche Behauptung sich auf die Zahlungsmittel oder Zahlungsfähigkeit des Käufers bezieht, es sei denn daſs sie schriftlich gemacht und von dem Beschuldigten unterzeichnet ist.

§ 545. Berechnung des Wertes einer Schuldurkunde. — Wenn die gestohlene Sache in einer geschriebenen Urkunde besteht, welche ein Schuldbeweisstück aber keine öffentliche oder von einer Korporation ausgehende Beurkundung, kein Interimsschein, keine Obligation oder Sicherheit mit Marktwert ist, oder welche die Übertragung von Eigentum oder den Beweis eines Eigentumstitels oder der Begründung, der Aufgebung oder der Erlöschung einer Forderung, eines Rechts oder einer Verpflichtung darstellt, so ist der Geldbetrag, der darnach geschuldet oder deſsen Zahlung darnach zugesichert wird und unbezahlt bleibt oder mutmaſslich dadurch oder daraufhin beigetrieben werden kann, oder der Wert des übertragenen oder in Frage stehenden Eigentums oder der darin bestimmte Titel oder die Summe, welche auf Grund deſselben erlangt werden könnte, als der Wert der gestohlenen Sache anzusehen.

§ 546. Fortsetzung; Fahrbillet. — Wenn die gestohlene Sache ein Billet, Papier oder andres Schriftstück ist, welches den Inhaber oder Eigentümer deſselben zur Benutzung eines Eisenbahnwagens, Schiffes oder andern öffentlichen Beförderungsmittels thatsächlich oder nach Angabe des Inhalts berechtigt, so ist der Preis, zu welchem ein Billet, welches eine Person zu einer gleichen Fahrt berechtigt, verkauft zu werden pflegt, als der Wert deſselben zu erachten.

§ 547. Fortsetzung; andre Gegenstände. — In jedem nicht durch Verordnung geregelten Falle gilt der Marktwert der gestohlenen Sache als ihr Wert.

§ 548. Geltendmachung eines Anspruchs ist Entschuldigungsgrund. — Gegen Anklage wegen Diebstahls ist es genügende Verteidigung, daſs der Vermögensgegenstand offen und eingestandenermaſsen gemäſs der in gutem Glauben erfolgenden Geltendmachung eines Anspruchs angeeignet wurde, wenn auch der Anspruch nicht aufrecht erhalten werden kann. Aber dieser Paragraph soll die Zurückhaltung des Eigentums eines andern nicht entschuldigen, wenn damit Forderungen, die gegen Letzteren bestehen, aufgerechnet oder bezahlt werden sollen.

§ 549. Absicht gestohlenes Gut zurückzustellen. — Die Thatsache, dafs der Beschuldigte beabsichtigte, das gestohlene oder unterschlagene Eigentum zurückzugeben, ist kein Entschuldigungsgrund oder Milderungsumstand, wenn die Rückgabe nicht erfolgte, ehe bei der Behörde über die Begehung des Verbrechens Klage geführt worden ist.

§ 550. Empfang von gestohlenem Gute. — Wer gestohlenes Gut oder Gut, welches widerrechtlich in solcher Weise angeeignet wurde, dafs diesem Kapitel gemäfs Diebstahl anzunehmen ist, kauft oder empfängt, wissend, dafs dasselbe gestohlen oder damit so verfahren ist, oder wer für Geld, Vermögensgegenstände, Belohnung oder für dahingehende Versprechungen oder Übereinkommen Vermögensgegenstände verheimlicht, vorenthält oder bei der Verheimlichung oder Vorenthaltung Hilfe leistet, wissend, dafs dieselben gestohlen oder in solcher Weise angeeignet wurden, dafs gemäfs den Bestimmungen dieses Kapitels Diebstahl vorliegt, ist, wenn die Aneignung innerhalb des Staates erfolgte, mag das Gut innerhalb oder aufserhalb des Staates gestohlen oder widerrechtlich angeeignet worden sein, des strafbaren Empfangens von Vermögensgegenständen schuldig und mit Einsperrung in einem Staatsgefängnisse bis zu fünf Jahren oder in einem Bezirksgefängnisse bis zu sechs Monaten oder mit einer Geldstrafe bis zu zweihundertundfünfzig Dollars allein oder in Verbindung mit einander zu bestrafen.

§ 551. Fortsetzung; Beglaubigung und Beweis. — Es ist nicht notwendig, bei der wegen einer in dem vorhergehenden Paragraphen bezeichneten Gesetzesverletzung erhobenen Anklage zu bescheinigen, noch bei der Verhandlung zu beweisen, dafs derjenige, welcher das Gut stahl, überführt worden oder verantwortlich ist.

Kapitel V.

Erpressung und Nötigung.

§ 552. Begriff der Erpressung. — Erpressung ist die Erlangung von Vermögensgegenständen von einem andern mit dessen durch widerrechtliche Anwendung von Zwang oder Furcht oder unter dem Scheine eines amtlichen Rechts herbeigeführten Zustimmung.

§ 553. Welche Drohungen Erpressung bilden. — Furcht, welche Erpressung begründet, kann herbeigeführt werden durch eine Drohung:

1) der Person oder dem Vermögen des Bedrohten oder einem seiner Verwandten oder einem Mitgliede seiner Familie eine rechtswidrige Verletzung zuzufügen; oder

2) ihn oder einen seiner Verwandten oder ein Mitglied seiner Familie eines Verbrechens anzuklagen;

3) ihn blosszustellen oder ihm oder einer der genannten Personen eine Lächerlichkeit oder Schandthat zur Last zu legen;

4) ein Geheimnis, welches ihn oder eine der genannten Personen berührt, bekannt zu machen.

Vgl. § 254.

§ 554. Strafe der Erpressung. — Wer Geld oder andres Vermögen von einem andern unter Umständen, welche nicht Raub bilden, durch Zwang oder eine in den vorhergehenden beiden Paragraphen erwähnte Drohung erpreſst, ist mit Einsperrung bis zu fünf Jahren zu bestrafen.

§ 555. Nötigung zur Ausstellung einer Urkunde. — Wer einen andern durch Zwang oder Drohungen der bezeichneten Art veranlaſst oder zwingt, ein in Geld abschätzbares Pfand oder eine Urkunde oder ein Schriftstück, welches einen Klage- oder Verteidigungsgegenstand oder irgend einen Vermögensgegenstand berührt oder zu berühren bestimmt ist, auszustellen, zu unterschreiben, zu untersiegeln, auszuführen, abzuändern oder zu zerstören, ist einer Erpressung von Vermögensgegenständen den vorhergehenden Paragraphen gemäſs schuldig.

§ 556. Nötigung unter dem Schein eines Amtes. — Ein öffentlicher Beamter oder eine sich für einen solchen ausgebende Person, welche widerrechtlicher- und böswilligerweise unter dem Vorwande oder Anscheine amtlicher Ermächtigung

1) jemanden festnimmt oder gegen seinen Willen festhält; oder
2) Vermögen eines andern irgend welcher Art ergreift oder mit Beschlag belegt; oder
3) jemanden von Grundstücken oder Pachtstücken entsetzt; oder
4) eine andre Handlung begeht, durch welche jemand in seiner Person, seinem Eigentum oder seinen Rechten verletzt wird,

begeht Nötigung und ist eines Vergehens schuldig.

Vgl. §§ 118–120.

§ 557. Erpressung seitens öffentlicher Beamter. — Ein öffentlicher Beamter, welcher für seine amtlichen Dienstleistungen eine Gebühr oder eine andre Vergütung verlangt, empfängt oder den Empfang genehmigt entweder:

1) mit Überschreitung derjenigen Gebühr oder Vergütung, welche verordnungsgemäſs ihm dafür gestattet ist; oder
2) wenn eine Gebühr oder Vergütung ihm dafür verordnungsgemäſs nicht gestattet ist,

begeht Erpressung und ist eines Vergehens schuldig.

Vgl. §§ 48—50.

§ 558. (Blackmail). Wer in der Absicht Geld oder andre Vermögensgegenstände zu erpressen oder zu gewinnen oder eine ungesetzliche oder widerrechtliche Handlung zu begehen, zu unterstützen oder herbeizuführen, einen Brief oder ein Schriftstück trotz Kenntnis des Inhaltes sendet, abliefert oder in irgend einer Weise dessen Beförderung oder Empfang veranlaſst oder zu dem Zwecke der Absendung oder Ablieferung anfertigt und weitergibt, unter der Drohung:

1) jemanden eines Verbrechens anzuklagen,
2) einer Person oder einem Vermögensgegenstande eine Beschädigung zuzufügen; oder
3) eine Schmähschrift zu veröffentlichen oder der Veröffentlichung Vorschub zu leisten; oder

4) eine Person lächerlich zu machen oder ihr eine Lächerlichkeit oder Schandthat zur Last zu legen,

ist mit Einsperrung bis zu fünf Jahren zu bestrafen.

Vgl. § 254.

§ 559. Drohbriefe. — Wer in Kenntnis des Inhalts einen Brief oder ein andres Schriftstück, welches die Drohung enthält, eine widerrechtliche Verletzung an der Person oder dem Vermögen eines andern zu begehen, absendet, abliefert oder dessen Absendung oder Ablieferung in irgend einer Weise veranlaſst, ist eines Vergehens schuldig.

§ 560. Versuch der Erpressung durch mündliche Drohungen. — Wer unter Umständen, welche weder Raub noch Versuch des Raubes bilden, in der Absicht Geld oder andres Vermögen zu erpressen oder zu gewinnen, mündlich eine Drohung macht, welche, wenn schriftlich gemacht oder mitgeteilt, gemäſs den vorhergehenden Bestimmungen dieses Kapitels strafbar sein würde, ist eines Vergehens schuldig.

§ 561. Widerrechtliche Drohung, die sich auf Handlungen dritter Personen bezieht. — Es ist bei einer in diesem Kapitel bezeichneten Drohung gleichgültig, ob dieselbe sich auf Handlungen bezieht, die von dem Übelthäter selbst oder einer andern Person begangen oder unterlassen werden sollen.

Kapitel VI.

Gebrauch falscher Namen und betrügerische Handlungen.

§ 562. Annahme eines falschen Namens. — Wer den Namen eines andern fälschlich annimmt und in dieser angemaſsten Eigenschaft

1) jemanden heiratet oder zu heiraten vorgibt oder ein eheliches Verhältnis mit oder ohne Einverständnis deſselben aufrecht zu erhalten bemüht ist; oder
2) für eine Partei in einer Klagesache oder in einem besondern zivilen oder Strafverfahren, vor einem Gerichte oder Beamten, welcher Bürgschaft oder Sicherheit entgegenzunehmen ermächtigt ist, Bürgschaft oder Sicherheit leistet, oder
3) ein Urteil anerkennt; oder
4) eine geschriebene Urkunde, welche gesetzlich gebucht werden kann, in der Absicht, daſs dieselbe ausgehändigt oder als echt gebraucht werde, unterschreibt, bestätigt, veröffentlicht, anerkennt oder billigt; oder
5) eine Handlung im Verlauf einer Klagesache oder eines Verfahrens vornimmt, durch welche die betreffende Person, wenn sie selbst handelte, in irgend einer Beziehung bei einer Klagesache oder einem besondern zivilen oder Strafverfahren haftbar würde oder sich verpflichtete, eine Summe Geldes zu bezahlen, oder sich eine Anklage, Verwirkung oder Strafe zuzöge, oder durch welche irgend ein Vorteil dem Übelthäter oder einer andern Person entstehen würde;

ist mit Einsperrung in einem Staatsgefängnis bis zu zehn Jahren zu bestrafen.

§ 563. Fortsetzung; Beschränkung der Anklage. — Die Anklage wegen des im ersten Absatze des vorhergehenden Paragraphen bezeichneten Verbrechens kann nur auf Grund einer Klage der verletzten Person, wenn eine solche am Leben sein sollte, und innerhalb zweier Jahre nach Ausführung des Verbrechens, erhoben werden.

§ 564. Empfangnahme von Vermögensgegenständen unter falschem Namen. — Wer fälschlich den Namen eines andern annimmt und in dieser angemafsten Eigenschaft Geld oder Vermögensgegenstände, wissend, dafs diese der solcherweise dargestellten Person ausgehändigt zu werden bestimmt sind, in der Absicht empfängt, dieselben zu eigenem oder zum Nutzen eines andern, welcher dazu nicht berechtigt ist, zu verwenden, ist in derselben Weise und Ausdehnung zu bestrafen, in welcher Diebstahl an Geld oder Vermögensgegenständen, die auf solche Weise in Empfang genommen sind, bestraft wird.

§ 565. Vorspiegelung amtlicher Stellung. — Wer fälschlich den Namen eines öffentlichen bürgerlichen oder militärischen Beamten oder eines Polizeidieners oder einer andern Person annimmt, welche als Privatmann besondere gesetzliche Ermächtigung hat, eine Handlung, welche die Rechte oder Interessen eines andern berührt, auszuführen, oder wer ohne Ermächtigung eine Uniform oder ein Schild, wodurch ein solcher Beamter oder eine solche Privatperson gesetzlich erkennbar ist, sich anmafst und in dieser angemafsten Eigenschaft eine Handlung begeht, welche sich als amtliche darstellt, ist, wenn dadurch jemand beschädigt oder betrogen wird, eines Vergehens schuldig.

§ 566. Erlangung einer Unterschrift unter falschen Vorspiegelungen. — Wer in der Absicht, jemanden zu betrügen oder zu übervorteilen, vorsätzlich durch Anwendung oder mit Hilfe eines falschen Zeichens oder falschen Schriftstücks oder unter andern falschen Vorspiegelungen die Unterschrift einer Person unter eine geschriebene Urkunde erlangt, ist mit Einsperrung in einem Staatsgefängnisse bis zu drei Jahren oder in einem Bezirksgefängnisse bis zu einem Jahre oder mit Geldstrafe bis zu dem dreifachen Wert des Geldes oder Vermögens, welches dadurch beschädigt oder erlangt wird, allein oder in Verbindung mit einander zu bestrafen.

Vgl. § 529.

§ 567. Fortsetzung; Vorspiegelung wohlthätiger Zwecke. — Wer absichtlich unter Anwendung oder mit Hilfe eines falschen Zeichens oder Schreibens oder unter andern falschen Vorspiegelungen die Unterschrift einer Person unter eine geschriebene Urkunde oder Geld oder Vermögensgegenstände für einen behaupteten oder vorgeschützten mildthätigen oder wohlthätigen Zweck erlangt, ist mit Einsperrung von einem bis zu drei Jahren oder mit einer den Betrag des Geldes oder der Vermögensgegenstände nicht überschreitenden Geldstrafe allein oder in Verbindung mit einander zu bestrafen.

§ 568. Fortsetzung; durch Scheine einer nicht existierenden Korporation. — Wenn das falsche Zeichen, durch welches Geld oder Vermögensgegenstände in Verletzung der §§ 566 und 567 erlangt wurden, ein Solawechsel oder ein sonstiger negotiierbarer Schuldschein ist, welcher seinem Inhalte nach von einer nicht existierenden Bankgesellschaft oder Korporation oder unter Ermächtigung einer solchen ausgestellt ist, so ist die eines solchen Betruges schuldige Person an Stelle der von jenen beiden Paragraphen festgesetzten Strafen mit Einsperrung in einem Staatsgefängnisse bis zu sieben Jahren zu bestrafen.

§ 569. Gebrauch falscher Checks oder Zahlungsanweisungen. — Der Gebrauch eines verfallenen Checks oder einer sonstigen Zahlungsanweisung als Mittels, eine Unterschrift, Geld oder Vermögensgegenstände, wie sie in §§ 566 und 567 näher bezeichnet sind, zu erlangen seitens einer Person, welche weifs, dafs der Aussteller nicht berechtigt ist, für die Summe auf den darin bezeichneten Bezogenen zu ziehen, ist Gebrauch eines falschen Zeichens im Sinne jener Paragraphen, wenn auch eine darauf bezügliche Vorspiegelung nicht vorgenommen worden ist.

§ 570. Erlangung einer Anstellung durch gefälschte Briefe. — Wer Beschäftigung oder Anstellung in einem Büreau oder in einer Vertrauensstellung unter Anwendung oder mit Hilfe falscher oder gefälschter Briefe oder Empfehlungsschreiben oder falscher Angaben in einem Schriftstücke über seinen Namen, Wohnort, seine frühere Beschäftigung oder seine Eigenschaften erlangt, ist eines Vergehens schuldig.

§ 571. Verpfänder, welche bewegliches Eigentum beiseiteschaffen. — Wer bewegliches Eigentum verpfändet oder eine Urkunde ausgestellt hat, welche als Verpfändung gelten soll, und irgend ein Stück dieses Eigentums, worauf die Verpfändung oder eine andre Urkunde zur Zeit als Sicherstellung ruht, in der Absicht, dadurch den Pfandnehmer oder einen Übernehmer des Pfandinstruments zu betrügen, verkauft, überweist, austauscht, auf die Seite bringt oder anderweitig darüber verfügt, ist eines Vergehens schuldig.

§ 572. Verkauf, Verpfändung u. s. w. von Leihgut. — Wer ohne Zustimmung des Eigentümers Vermögensgegenstände, welche er von dem Eigentümer entliehen oder gemietet hat, verkauft, verpfändet, als Faustpfand gibt oder anderweitig darüber verfügt, ist eines Vergehens schuldig.

Vgl. § 355.

§ 573. Auslegung des vorhergehenden Paragraphen. — Der vorhergehende Paragraph findet keine Anwendung auf denjenigen, welcher Vermögensgegenstände für einen die Zeit, für welche dieselben ihm selbst verpachtet oder geliehen wurden, nicht überschreitenden Zeitraum verpachtet oder verleiht.

§ 574. Scheinauktionen. — Wer Geld oder Vermögen von jemandem erhält oder die Unterschrift eines andern für ein Schriftstück, dessen fälschliche Anfertigung Fälschung sein würde, mittels eines fälschlichen oder betrügerischen Verkaufs von wirklichen oder angeblichen Vermögensgegenständen durch Versteigerung oder durch eine der als Scheinauktionen bekannten Winkelzüge erlangt, ist mit Einsperrung in einem Staatsgefängnisse bis zu drei Jahren oder in einem Bezirksgefängnisse bis zu einem Jahr oder mit Geldstrafe bis zu tausend Dollars allein oder in

Verbindung mit einander zu bestrafen; und überdies verwirkt er jede Konzession als Auktionator und wird für immer unfähig, eine Konzession als Auktionator in diesem Staate zu erhalten.

Vgl. § 443.

Kapitel VII.

Betrügerische Ausrüstung und Zerstörung von Schiffen.

§ 575. Absichtliche Zerstörung von Schiffen u. s. w. — Wer in der Absicht, einen Versicherer oder eine andre Person zu benachteiligen oder zu betrügen, ein Schiff oder eine Schiffsladung stranden macht, anzündet, sinken macht, anbohrt oder auf andere Weise beschädigt oder zerstört, oder absichtlich eine dieser Handlungen gestattet, ist mit Einsperrung bis zu fünf Jahren zu bestrafen.

§ 576. Ausrüstung eines Schiffes in der Absicht, es stranden zu machen. — Wer ein Schiff ausrüstet oder an Bord eines Schiffes Ladung bringt in der Absicht, es zuzulassen oder zu veranlassen, dafs dasselbe stranden gemacht wird, sinkt oder sonstwie beschädigt oder zerstört wird und dadurch einen Versicherer oder sonst jemanden zu betrügen oder zu benachteiligen, ist mit Einsperrung in einem Staatsgefängnisse von drei bis zu zehn Jahren zu bestrafen.

§ 577. Verfertigung falscher Schiffsmanifeste u. s. w. — Wer der Vorbereitung, Anfertigung oder Unterschreibung eines falschen oder betrügerischen Manifestes, Warenverzeichnisses, Ladebriefes, Schiffsregisters oder Schiffsprotestes in der Absicht, einen andern zu betrügen, schuldig ist, wird mit Einsperrung in einem Staatsgefängnisse bis zu drei Jahren oder mit einer Geldstrafe bis zu tausend Dollars allein oder in Verbindung mit einander bestraft.

Kapitel VIII.

Betrügerische Zerstörung von versichertem Eigentum.

§ 578. Zerstörung von versichertem Eigentum. — Wer in der Absicht, den Versicherer zu betrügen oder zu benachteiligen, absichtlich Eigentum, welches nicht im § 575 enthalten oder beschrieben, und zur Zeit gegen Verlust oder Schaden durch Feuer oder andre Zufälligkeiten versichert ist, unter solchen Umständen, dafs die Gesetzesverletzung nicht Mordbrennerei in irgend einem Grade begründet, niederbrennt oder irgendwie beschädigt oder zerstört, ist mit Einsperrung bis zu fünf Jahren oder mit Geldstrafe bis zu fünfhundert Dollars allein oder in Verbindung mit einander zu bestrafen.

§ 579. Einreichung falscher Verlustnachweise auf Grund von Versicherungspolizen. — Wer entweder wissentlich einen falschen oder betrügerischen Anspruch auf Zahlung wegen Verlustes auf Grund eines Versicherungsvertrages oder einen Beweis zur Unterstützung eines solchen Anspruchs geltend macht oder die Geltendmachung veranlafst; oder

einen falschen oder betrügerischen Bericht, eine Beglaubigung oder ein Protokoll über den Verlust oder ein andres Dokument oder Schriftstück in der Absicht, dafs dasselbe eingereicht oder zur Begründung des Anspruchs verwendet werde, vorbereitet, anfertigt oder unterschreibt,

— ist mit Einsperrung bis zu fünf Jahren oder mit Geldstrafe bis zu fünfhundert Dollars allein oder in Verbindung mit einander zu bestrafen.

Kapitel IX.

Falsches Gewicht und Mafs.

§ 580. Gebrauch von falschen Gewichten und Mafsen. — Wer jemanden durch wissentliche Anwendung eines falschen Gewichts, Mafses oder sonstigen Geräts, welches die Menge von Waren oder Handelsartikeln angibt, oder durch wissentliche Ablieferung von einer geringeren Menge als es angibt, beschädigt oder betrügt, ist eines Vergehens schuldig.

Vgl. § 406.

§ 581. Halten falscher Gewichte. — Wer in seinem Besitze ein Gewicht oder Mafs hält, von dem er weifs, dafs es falsch sei, ist eines Vergehens schuldig, wenn es nicht aufser Zweifel steht, dafs dasselbe ohne die Absicht, es in Verletzung des vorhergehenden Paragraphen zu gebrauchen oder gebrauchen zu lassen, in Besitz gehalten wird.

§ 582. Fortsetzung; Ermächtigung zur Beschlagnahme. — Wer ermächtigt oder gesetzlich beauftragt ist, einen andern wegen Verletzung der beiden letzten Paragraphen festzunehmen, ist auch ermächtigt und beauftragt, falsche im Besitz der solcherweise festgenommenen Person vorgefundene Gewichte oder Mafse zu ergreifen und dieselben der Behörde, vor welche die festgenommene Person zu bringen ist, auszuhändigen.

§ 583. Prüfung und Zerstörung. — Die Behörde, welcher auf Grund des vorhergehenden Paragraphen ein Gewicht oder Mafs ausgehändigt ist, hat bei dem Verhöre des Beschuldigten, oder wenn das Verhör verzögert oder verhindert wird, ohne dieses abzuwarten, zu veranlassen, dafs dasfelbe durch Vergleichung mit den gesetzlichen Originalmafsen oder -Gewichten geprüft werde; und wenn die Behörde findet, dafs es falsch ist, hat sie zu veranlassen, dafs es zerstört oder dem Bezirksanwalte desjenigen Bezirkes überliefert werde, in welchem der Beschuldigte der Anklage oder dem Verfahren unterworfen ist, je nachdem die Interessen der Rechtspflege nach ihrem Ermessen es erfordern.

§ 584. Zerstörung nach Überführung. — Nach Überführung des Beschuldigten hat der Bezirksanwalt es zu veranlassen, dafs jedes Gewicht oder Mafs, hinsichtlich dessen der Beschuldigte überführt wurde und welches in Besitz oder unter der Aufsicht des Bezirksanwalts bleibt, zerstört werde.

§ 585. Stempelung von falschen Gewichten u. s. w. — Wer auf einem Fafs oder Packet wissentlich falsches oder Untergewicht angibt oder zeichnet oder falsche Tara angibt oder zeichnet, oder wissentlich ein so bestimmtes oder bezeichnetes Fafs oder Packet verkauft oder zum Verkaufe anbietet, ist eines Vergehens schuldig.

Vgl. § 406.

Kapitel X.
Betrügerische Zahlungsunfähigkeit einzelner Personen.

§ 586. Betrügerische Übertragungen. — Wer entweder

1) sich unbewegliches oder bewegliches Eigentum oder einen Anspruch auf dafselbe in der Absicht frühere oder nachfolgende Erwerber zu betrügen, oder Gläubiger oder andre Personen zu hindern, in Verzug zu setzen oder zu betrügen, übertragen oder überweisen läfst, oder
2) als Partei oder Teilhaber oder bekannt mit einer auf solche Weise gemachten Übertragung oder Überweisung absichtlich von derselben Gebrauch macht, als hätte sie in gutem Glauben stattgefunden,

ist eines Vergehens schuldig.

§ 587. Betrügerische Wegschaffung von Eigentum. — Wer in der Absicht einen Gläubiger zu betrügen oder sein Eigentum vor der Haftung für Schulden oder vor der exekutiven Pfändung oder Beschlagnahme zu bewahren, einen Teil desselben entfernt oder verbirgt, überträgt, überweist oder anderweitig über dafselbe verfügt, ist eines Vergehens schuldig.

Vgl. St.P.O. § 56.

§ 588. Wissentliche Empfangnahme von solchem Eigentum. — Wer von jemandem Vermögensgegenstände empfängt, wissend, dafs dieselben in Verletzung des vorhergehenden Paragraphen oder in der Absicht denselben zu verletzen, ihm übertragen oder überliefert werden, ist eines Vergehens schuldig.

§ 589. Verheimlichung von beweglichem Eigentum von seiten eines zahlungsunfähigen Schuldners. — Wer als zahlungsunfähiger Schuldner ein Gesuch um Erlafs seiner Schulden oder um Befreiung oder Entlassung von Einsperrung überreicht oder eine Übertragung seines ganzen Vermögens zur Bezahlung seiner Schulden vorgenommen hat, und absichtlich entweder:

1) einen Teil seines unbeweglichen oder beweglichen Vermögens oder ein darauf bezügliches Buch, eine Rechnung oder sonstiges Schriftstück verheimlicht; oder
2) es unterläfst, dem Gerichte, vor welchem sein Gesuch anhängig ist, eine Schuld oder Forderung, welche von ihm eingezogen wurde, oder eine Eigentumsübertragung, welche seit Einreichung des Gesuchs von ihm vorgenommen worden ist, bekannt zu geben; oder
3) betrüglicherweise ein solches Gesuch in einem gesetzlich ausgeschlossenen Falle einreicht oder zu seinem Nutzen einreichen läfst; oder
4) zur Begründung eines solchen Gesuchs einen Antrag, ein Inventar, ein Buch, eine Abrechnung, eine Angabe über Sicherheiten oder ein andres Papier oder Dokument, wissend, dafs es falsche Angaben enthält, anfertigt oder dem Gerichte oder Beamten einreicht; oder
5) betrüglicherweise eine Abrechnung oder eine Angabe über Sicherheiten, welche sich auf seine Geldverhältnisse beziehen, oder eine Buchung oder Angabe in einer solchen Abrechnung oder einem solchen Sicherheitsverzeichnis anfertigt und überreicht oder abändert, auslöscht oder vernichtet; oder

6) einen Gläubiger irgendwie hintergeht, um denselben zur Beantragung oder Billigung einer solchen Befreiung zu veranlassen; oder

7) mit einem andern sich verabredet oder ihn betrüglicherweise bestimmt, als Gläubiger einem Antrage auf eine solche Befreiung zuzustimmen, oder irgend welchen Betrug zur Erreichung derselben zu begehen;

ist eines Vergehens schuldig.

Kapitel XI.

Betrügerische Zahlungsunfähigkeit von Gesellschaften und andrer Betrug in deren Verwaltung.

§ 590. Betrügerei bei Zeichnung von Gesellschaftsaktien. — Wer den Namen einer fingierten Person bei einer Unterzeichnung oder Vereinbarung zur Übernahme von Aktien einer bestehenden oder in Bildung begriffenen Gesellschaft zeichnet; oder wer bei einer Unterzeichnung oder einer Vereinbarung den Namen einer Person zeichnet, wissend, dafs dieselbe nicht beabsichtigt, in gutem Glauben sich den Bedingungen zu unterwerfen, oder in Kenntnis oder nach Vereinbarung, dafs die Bedingungen der Unterzeichnung oder Vereinbarung nicht eingehalten oder in Kraft gesetzt werden sollen, ist eines Vergehens schuldig.

Vgl. § 518.

§ 591. Betrügliches Ausstellen von Aktien, Interimscheinen u. s. w. — Ein Beamter, Agent oder eine andre Person im Dienste einer mit zusammengeschossenem Aktienkapital arbeitenden Gesellschaft oder einer nach den Gesetzen dieses Staates oder der Vereinigten Staaten oder eines Staates oder Territoriums derselben oder einer fremden Regierung oder eines fremden Landes gebildeten oder bestehenden Gesellschaft, welche absichtlich und wissentlich um zu betrügen, entweder

1) eine Bescheinigung oder eine Urkunde, welche nach ihrem Inhalte eine Bescheinigung oder ein Beweis über das Eigentumsrecht an einer oder mehreren Aktien einer solchen Gesellschaft oder Korporation ist, oder eine Obligation oder ein Schuldbekenntnis oder ein Schriftstück, welches nach seinem Inhalte eine Obligation oder ein Schuldbekenntnis einer solchen Korporation oder Gesellschaft ist, ohne vorher dazu ordnungsmäfsig von der Gesellschaft oder Korporation ermächtigt zu sein, oder entgegen den Statuten oder den Gesetzen der Korporation oder Gesellschaft, oder in Überschreitung der Rechte der Gesellschaft oder Korporation oder der Machtbefugnisse, die derselben vom Gesetz betreffs Bildung und Ausfertigung von Aktien oder Schuldscheinen eingeräumt wurden, verkauft, verpfändet oder ausfertigt oder verkaufen, verpfänden oder ausfertigen läfst, oder in der Absicht unterzeichnet oder ausführt oder unterzeichnen oder ausführen läfst, dafs sie verkauft, verpfändet oder ausgefertigt, oder dass der Verkauf, die Verpfändung oder Ausfertigung veranlafst werde; oder

2) aufgegebene oder ungültig gewordene Bescheinigungen oder anderweitige Beweisstücke über Übertragung von solchen Anteilen oder Eigentumsrechte an denselben abermals ausgibt, verkauft, verpfändet

oder darüber verfügt oder dieselben abermals ausgeben, verkaufen, verpfänden oder darüber verfügen läfst;

ist mit Einsperrung von drei bis zu sieben Jahren oder mit einer Geldstrafe bis zu dreitausend Dollars allein oder in Verbindung mit einander zu bestrafen.

§ 592. Fortsetzung; Betrügereien bei Gründung oder bei Vergröfserung des Kapitals. — Ein Beamter, Agent oder Schreiber einer Korporation oder von Personen, welche eine solche zu bilden vorhaben oder das Grundkapital einer solchen vergröfsern wollen, welcher wissentlich ein falsches, gefälschtes oder abgeändertes Buch, Papier, Sicherheitenverzeichnis oder ein andres Schuldbekenntnis einem öffentlichen Beamten oder einer Behörde, welche gesetzlich ermächtigt sind, die Organisation der Korporation zu prüfen oder deren Geschäfte zu untersuchen oder eine Vergröfserung ihres Kapitals zu gestatten, in der Absicht vorlegt, den Beamten oder die Behörde in dieser Beziehung zu hintergehen, ist mit Einsperrung in einem Staatsgefängnis von drei bis zu zehn Jahren zu bestrafen.

§ 593. Unerlaubter Gebrauch von Namen in einem Prospekt. — Wer ohne Ermächtigung den Namen eines andern in einem Prospekte, einem Zirkulare oder einer sonstigen Anzeige oder Ankündigung einer Korporation oder einer Aktiengesellschaft, welche besteht oder gebildet werden soll, zeichnet oder den Namen eines andern einem solchen Schriftstücke einfügt in der Absicht, dafs dafselbe veröffentlicht und dadurch Leute zu dem Glauben veranlafst werden, die Person, deren Namen unterzeichnet worden, sei ein Beamter, Agent, Mitglied oder Beförderer der Korporation oder Gesellschaft, ist eines Vergehens schuldig.

§ 594. Pflichtwidrigkeiten von Direktoren von Aktiengesellschaften. — Ein Direktor einer Aktiengesellschaft, welcher bei einer Abstimmung oder einer Handlung der Direktoren der Gesellschaft oder eines derselben mitwirkt, durch welche beabsichtigt ist,

1) eine Dividende aufser von den Gewinnstüberschüssen der Gesellschaft und in den gesetzlich erlaubten Fällen und der erlaubten Weise zu bestimmen; oder
2) einen Teil des Aktienkapitals der Gesellschaft zu verteilen, zurückzuziehen oder in irgend einer Weise an die Aktionäre oder an einen derselben zu zahlen, oder das Aktienkapital ohne Zustimmung des gesetzgebenden Körpers zu vermindern; oder
3) einen Wechsel oder eine andre Schuldurkunde als Zahlung des gezeichneten, nunmehr fälligen und zur Zahlung einberufenen Grundkapitals oder in der Absicht, die Mittel zur Leistung der Zahlung zu beschaffen, zu diskontieren oder anzunehmen; oder
4) einen Wechsel oder eine andre Schuldurkunde in der Absicht zu empfangen oder zu diskontieren, um einen Aktionär zu befähigen, einen Teil des von ihm auf seine Aktie eingezahlten Geldes zurückzuziehen, oder
5) einen Teil des Fonds der Gesellschaft mit Ausnahme von Gewinnstüberschüssen mittelbar oder unmittelbar zum Ankauf eigner Aktienanteile zu verwenden; oder

6) dergleichen Anteile als Zahlung oder an Zahlungsstatt für eine Schuld an die Gesellschaft anzunehmen; oder

7) in Austausch von Aktien, Wechseln, Sicherheiten oder sonstigen Schuldurkunden der Gesellschaft, Anteile an Grundkapital oder Wechseln, Sicherheiten oder andre Schuldurkunden einer andern Aktiengesellschaft anzunehmen,

ist eines Vergehens schuldig.

§ 595. Pflichtwidrigkeiten von Direktoren von Bankgesellschaften. — Ein Direktor einer nach den Gesetzen dieses Staates organisierten und mit Bankgerechtsamen versehenen Gesellschaft, welcher bei einer Abstimmung oder Handlung der Direktoren einer solchen Gesellschaft oder eines derselben mitwirkt, durch welche beabsichtigt wird, entweder,

1) ein Darlehen oder einen Diskont zu machen, wodurch der Gesamtbetrag der Darlehen und Diskonten der Gesellschaft über den gesetzlich zugelassenen Betrag, oder in dem Falle, dafs keine ausdrückliche Begrenzung des Betrages durch Statut bestimmt ist, über die dreifache Summe des zur Zeit eingezahlten und thatsächlich vorhandenen Grundkapitals erhöht werden soll; oder

2) ein Darlehen oder einen Diskont an einen Direktor der Gesellschaft oder gegen ein Papier zu machen, gemäfs welchem ein solcher Direktor für eine den gesetzlich erlaubten Betrag übersteigende Summe, oder in dem Falle, dafs keine ausdrückliche Begrenzung des Betrages durch Statut bestimmt ist, für eine Summe, welche das angesammelte Dritteil des zur Zeit eingezahlten und wirklich vorhandenen Grundkapitals übersteigt, verantwortlich ist,

ist eines Vergehens schuldig.

§ 596. Darlehen, welche den vorhergehenden Paragraphen verletzen, sind nicht ungültig. — Der vorhergehende Paragraph soll ein von den Direktoren einer solchen Gesellschaft in Verletzung desselben gemachtes Darlehen nicht ungültig machen.

§ 597. Verkauf oder Verpfändung von Banknoten durch Beamte u. s. w. — Ein Beamter oder Agent einer mit Bankgerechtsamen versehenen Gesellschaft, welcher Banknoten der Gesellschaft verkauft, oder deren Verkauf veranlafst oder gestattet, oder dieselben bei einer andern Gesellschaft, einem Vereine oder Einzelnen als Sicherheit für Darlehen oder andre Verbindlichkeiten der Gesellschaft verpfändet oder verschreibt oder deren Verpfändung oder Verschreibung veranlafst oder gestattet, ist mit Einsperrung in einem Bezirksgefängnisse bis zu einem Jahr oder mit Geldstrafe bis zu fünftausend Dollars allein oder in Verbindung mit einander zu bestrafen.

§ 598. Fortsetzung; übergrofse Zirkulation von Noten. — Ein Beamter oder Agent einer mit Bankgerechtsamen versehenen Gesellschaft, welcher die Banknoten der Gesellschaft in einem Betrage ausgibt oder in Umlauf setzt oder deren Ausgabe oder Inumlaufsetzung veranlafst oder gestattet, der zusammen mit früheren Ausgaben einen gröfseren Betrag von Noten als der Gesellschaft auszugeben und in Umlauf zu setzen gestattet ist in Umlauf oder Ausstand läfst, ist mit Einsperrung in einem Bezirksgefängnisse bis zu einem Jahr oder mit Geldstrafe bis zu fünftausend Dollars allein oder in Verbindung mit einander zu bestrafen.

§ 599. Beamte von Bankgesellschaften als Bürgen. — Ein Beamter oder Agent einer Bankgesellschaft, welcher eine Bürgschaft stellt oder ein Indossament für die Gesellschaft macht, wodurch sie für einen diskontierten Wechsel, für Noten oder Obligationen zu einer Summe haftbar werden kann, welche den gesetzlich erlaubten Betrag von Darlehen und Diskonten übersteigt, ist eines Vergehens schuldig.

§ 600. Bankbeamte, welche über ihre Rechnung hinaus Wechsel ziehen. — Ein Beamter, Agent, Auszahler oder Schreiber einer Bank, eines Bankvereins oder einer Sparbank, welcher wissentlich seine Rechnung bei der Bank durch Wechselziehung überschreitet und dadurch widerrechtlich Geld, Noten oder Fonds einer solchen Bank erlangt, ist eines Vergehens schuldig.

§ 601. Empfangnahme von Depositen von seiten einer zahlungsunfähigen Bank. — Ein Beamter, Agent, Auszahler oder Schreiber einer Bank, eines Bankvereins oder einer Sparbank und jeder Einzelbankier oder Agent und jeder Auszahler oder Schreiber eines Einzelbankiers, welcher Depositen empfängt, obwohl er weifs, dafs die Bank, der Verein oder Bankier zahlungsunfähig ist, ist eines Vergehens schuldig.

§ 602. Betrügereien bei Berechnung von Guthaben u. s. w. — Ein Direktor, Beamter oder Agent einer Korporation oder Aktiengesellschaft, welcher wissentlich irgend welches Eigentum der Korporation oder Gesellschaft anders als in Zahlung für eine rechtmäfsige Forderung empfängt oder in Besitz nimmt und in der Absicht zu betrügen, es unterläfst, eine vollständige und wahre Buchung darüber in den Büchern oder Rechnungen der Korporation oder Gesellschaft zu machen oder dieselbe zu veranlassen oder anzuweisen; sowie ein Direktor, Beamter, Agent oder Mitglied einer Korporation oder Gesellschaft, welcher in der Absicht, zu betrügen, ein Buch, Papier, Schriftstück oder eine Sicherheit, welche der Korporation oder Gesellschaft oder dem Vereine gehören, zerstört, abändert, verfälscht oder korrigiert oder eine falsche Buchung macht oder dabei mitwirkt, oder eine wesentliche Buchung in einem Rechnungsbuche oder einem andern Urkundenbuche oder Dokument, die von der Korporation oder Gesellschaft oder dem Vereine gehalten werden, unterläfst oder bei der Unterlassung mitwirkt, ist mit Einsperrung in einem Staatsgefängnisse von drei bis zu zehn Jahren oder mit Einsperrung in einem Bezirksgefängnisse bis zu einem Jahr oder mit Geldstrafe bis zu fünfhundert Dollars allein oder in Verbindung mit einander zu bestrafen.

§ 603. Gesellschaftsbeamte, welche falsche Berichte veröffentlichen. — Ein Direktor, Beamter oder Agent einer Korporation oder Aktiengesellschaft, welcher wissentlich bei der Aufstellung oder Veröffentlichung eines geschriebenen Berichts, Ausweises oder einer Darstellung der Geschäfte oder Geldlage mitwirkt, welche in einem wesentlichen Punkte falsch sind, ist eines Vergehens schuldig, wenn in diesem Gesetzbuche keine andre besondere Strafe bestimmt ist.

§ 604. Wann die Zahlungsunfähigkeit von Gesellschaften für betrügerisch gilt. — Die Zahlungsunfähigkeit einer mit Barmitteln versehenen Gesellschaft gilt als betrügerisch, wenn ihre Geschäfte bei deren Untersuchung nicht als gut, gesetzmäfsig und mit derselben Sorgfalt und Umsicht geführt erscheinen, welche Bevollmächtigte, die für ihre Dienste honoriert werden, gesetzlich zu beobachten verbunden sind.

§ 605. Direktoren, die an betrügerischer Zahlungsunfähigkeit teilnehmen. — In jedem Falle der betrüglichen Zahlungsunfähigkeit einer mit Barmitteln versehenen Gesellschaft ist jeder Direktor derselben, welcher an solchen Betrügereien teilgenommen hat, eines Vergehens schuldig, wenn keine andre Strafe in diesem Gesetzbuche oder in besonderen Verordnungen vorgeschrieben ist.

§ 606. Pflichtverletzung von Direktoren von mit Barmitteln versehenen Gesellschaften. — Ein Direktor einer mit Barmitteln versehenen Gesellschaft, welcher als solcher absichtlich eine ausdrücklich vom Gesetz verbotene Handlung begeht oder absichtlich eine ihm als Direktor ausdrücklich auferlegte Pflichthandlung unterläfst, ist eines Vergehens schuldig, wenn die Bestrafung der Handlung oder Unterlassung nicht anderweitig in diesem Strafgesetzbuch oder in besonderen Verordnungen vorgesehen ist.

§ 607. Eisenbahngesellschaften, welche übermäfsige Schulden machen. — Ein Beamter, Aktionär oder Agent einer Eisenbahngesellschaft in diesem Staate, welcher wissentlich für die Gesellschaft oder zu Nutzen derselben eine Schuld aufnimmt oder der Aufnahme zustimmt oder dabei mitwirkt, welche die Mittel der letzteren, die für Zahlung dieser Schuld und aller vorher eingegangenen und übernommenen Schuldverbindlichkeiten dienen können und zur Zeit in ihrem Besitze oder unter ihrer Aufsicht sind und ihr gehören, mit Einschlufs der Aktienzeichnungen, welche in gutem Glauben angenommen und statthaft sind, und mit Ausschlufs ihres Grundeigentums, überschreitet, ist eines Vergehens schuldig.

§ 608. Beschränkung des vorhergehenden Paragraphen. — Die Bestimmungen des vorhergehenden Paragraphen finden keine Anwendung auf Darlehen, welche eine eingetragene Eisenbahngesellschaft in diesem Staate über ihre Mittel hinaus und mit Überschreitung derselben zu nehmen gesetzlich ermächtigt ist. Schulden, welche mit Verletzung des vorhergehenden Paragraphen eingegangen oder übernommen wurden, sind deshalb nicht als ungültig gegenüber der Gesellschaft zu betrachten.

§ 609. Die Kenntnis der Direktoren der Gesellschaft wird vermutet. — Von dem Direktor einer Gesellschaft, Korporation oder Aktiengesellschaft ist anzunehmen, dafs er eine solche Kenntnis von den Geschäften der Gesellschaft oder Aktiengesellschaft oder Korporation hat, um fähig zu sein, zu beurteilen, ob eine Handlung, ein Verfahren oder eine Unterlassung der Direktoren derselben eine Verletzung dieses Kapitels enthält.

§ 610. Wann Direktoren, welche bei einer Versammlung anwesend sind, als zustimmend betrachtet werden. — Ein Direktor einer Korporation oder Aktiengesellschaft, welcher einer Versammlung der

Direktoren beiwohnt, in welcher eine Handlung, ein Verfahren oder eine Unterlassung in Verletzung dieses Kapitels sich ereignet, ist als dabei mitwirkend zu betrachten, wenn er nicht zur Zeit es veranlafst oder schriftlich verlangt, dafs sein Widerspruch in das Direktionsprotokoll eingetragen werde.

§ 611. Fortsetzung; Abwesenheit bei der Versammlung. — Ein Direktor einer Korporation oder Aktiengesellschaft, welcher einer Versammlung der Direktoren nicht beiwohnt, in welcher eine Handlung, ein Verfahren oder eine Unterlassung der Direktoren in Verletzung dieses Kapitels sich ereignet, ist gleichwohl als mitwirkend zu betrachten, wenn die Thatsachen, welche die Gesetzesverletzung enthalten, aus dem Urkundenbuche oder den Sitzungsprotokollen des Direktoriums ersichtlich sind und er Direktor der Gesellschaft während der folgenden sechs Monate bleibt, ohne es zu veranlassen oder schriftlich zu begehren, dafs sein Widerspruch gegen die Ungesetzlichkeiten in die Protokolle des Direktoriums eingetragen werde.

§ 612. Unterlassung eines Direktors, welchem ein gerichtliches Gesuch behändigt wird. — Wenn ein Direktor, Aufsichtsrat oder ein andrer Beamter einer Aktiengesellschaft oder Korporation, welchem die Nachricht über ein Gesuch um eine richterliche Auflage, die das Eigentum oder Geschäft der Aktiengesellschaft oder Korporation berührt, überbracht ist, es unterläfst, den andern Direktoren, Beamten oder Geschäftsführern derselben die Thatsache der Überbringung und die Zeit und den Ort des Gesuchs kundzugeben, so ist er eines Vergehens schuldig.

§ 613. Auswärtige Gesellschaften. — Es bildet keinen Entschuldigungsgrund bei Verfolgung wegen Verletzung der Bestimmungen dieses Kapitels, dafs die Gesellschaft nach den Gesetzen eines andern Staates, einer andern Regierung oder andern Landes gebildet war, wenn jene innerhalb dieses Staates Geschäfte betrieb oder dafür ein Kontor hielt.

§ 614. Begriff des „Direktors“. — Der Ausdruck „Direktor“ im Sinne dieses Kapitels umfafst die Personen, welchen gesetzmäfsig die Leitung oder die Führung der Geschäfte der Gesellschaft obliegt, ohne Unterschied welchen Namen ihnen ihre Bestallung beilegt oder wie immer die Gesetze sie benennen.

Kapitel XII.
Betrügerei beim Verkauf von Fahrbillets.

§ 615. Verkauf von Fahrbillets nur Agenten erlaubt. — Verworfen.

§ 616. Verkauf durch zugelassene Agenten beschränkt. — Niemand darf aufser gemäfs § 622 Geld oder Vermögensgegenstände als Gegengabe für eine Fahrt oder Beförderung auf einem Schiffe oder Eisenbahnzuge oder für die Verschaffung eines Billets oder Schriftstücks, welches entweder unbedingt oder bedingungsweise oder für einen bestimmten Fall ein Recht auf eine Fahrt oder Beförderung auf einem Schiffe oder Eisenbahnzuge oder auf einen Lagerplatz oder Sitz auf einem Schiffe thatsächlich oder nach seinem Inhalte verleiht, wenn er nicht ermächtigter Agent innerhalb der Bestimmungen des vorhergehenden Paragraphen ist; auch soll niemand andrer als ein solcher Agent ein Billet, Schriftstück, einen Lagerplatz oder Sitz verkaufen oder feilbieten oder eine Gegengabe für Fahrt, Beförderung, Lagerplatz oder Sitz verlangen, nehmen oder empfangen, aufser in dem in seinem Kontrakte bestimmten Kontore, und nicht ehe er den Bestimmungen des vorhergehenden Paragraphen gemäfs als Agent zu handeln ermächtigt ist, noch gegen eine Geldsumme, welche den zur Zeit des Verkaufs von der Gesellschaft, den Eigentümern oder Agenten des in dem Billete bezeichneten Schiffes oder der Eisenbahn angesetzten Preis überschreitet. Wer aber in gutem Glauben ein Billet für seine eigne Fahrt angekauft hat und von der Benutzung defselben abgehalten werden sollte, kann das Billet einem andern gutgläubigen Käufer zu dessen eignem Gebrauche zu einem Preise verkaufen, der den regelmäfsig dafür bestimmten Preis nicht übersteigt.

§ 617. Nicht ermächtigte Personen dürfen Bestätigungen, Quittungen u. s. w. zur Verschaffung von Billets nicht verkaufen. — Niemand als ein gemäfs § 615 bestellter Agent darf eine Anweisung, eine Bestätigung, Quittung oder ein andres Schriftstück zum Zweck oder unter dem Vorwande, ein Billet oder ein Schriftstück, dessen in § 615 erwähnt ist, bei einer Gesellschaft oder Linie, für ein Schiff oder einen Bahnzug zu verschaffen, verkaufen oder feilbieten oder irgendwie versuchen, darüber zu verfügen. Und jede solche Anweisung, die von Agenten verkauft oder feilgeboten wird, ist an die Gesellschaft, die Eigentümer oder Kommissionäre in deren Kontor zu richten.

§ 618. Strafe für Verletzung der vorhergehenden Paragraphen. — Wer eine der Bestimmungen der vorhergehenden Paragraphen dieses Kapitels verletzt, ist mit Einsperrung in einem Staatsgefängnisse bis zu zwei Jahren oder in einem Bezirksgefängnisse nicht unter sechs Monaten zu bestrafen.

§ 619. Verabredung, Fahrbillets in Verletzung des Gesetzes zu verkaufen. — Wer sich mit andern verabredet, einer Person ein Fahrbillet oder ein andres in den §§ 615 u. 617 erwähntes Schriftstück in Verletzung jener Paragraphen zu verkaufen oder dessen Verkauf zu versuchen, und wer mittels solcher Verabredung Geld oder sonstige Vermögensgegenstände unter dem Vorwande, eine Fahrt oder ein Recht auf Fahrt in Verletzung dieses Kapitels zu verschaffen oder zu sichern, erlangt oder zu erlangen versucht, ist mit Einsperrung in einem Staatsgefängnisse bis zu fünf Jahren zu bestrafen.

§ 620. Anklage gegen die Verabredenden. — Der Verletzung des vorhergehenden Paragraphen schuldige Personen können angeklagt und der widerrechtlichen Verabredung überführt werden, auch wenn der Gegenstand derselben nicht ausgeführt worden ist.

Vgl. § 171.

§ 621. Kontore für ungesetzlichen Verkauf von Fahrbillets werden als unordentliche Häuser erklärt. — Alle Kontore, welche zu dem Zweck des Verkaufs von Fahrbillets in Verletzung einer der Bestimmungen dieses Kapitels gehalten werden, und alle diejenigen, in welchen ein solcher Verkauf gemacht wird, sind als unordentliche Häuser anzusehen; und alle Personen, welche ein solches Kontor halten oder sich zu dem Zwecke vereinigen, eine der Bestimmungen dieses Kapitels zu verletzen, sind mit Einsperrung in einem Bezirksgefängnisse von drei bis zu sechs Monaten zu bestrafen.

§ 622. Eigentümer, Zahlmeister u. s. w. dürfen Billete verkaufen. — Die Bestimmungen dieses Kapitels hindern nicht die wirklichen Eigentümer oder Kommissionäre eines Schiffes, Billete für dafselbe zu verkaufen; auch hindern sie den Zahlmeister oder Schreiber eines Schiffes nicht, in seinem Kontore an Bord des Schiffes Fahrbillets für das Schiff zu verkaufen.

§ 623. Stationsvorstehern, Schaffnern u. s. w. ist der Verkauf von Billeten erlaubt. — Die Bestimmungen dieses Kapitels hindern weder den Stationsvorsteher oder sonstigen Billetagenten auf einer Eisenbahn in seinem Kontor an einer Station der Eisenbahn Fahrbillets für die Eisenbahn, noch den Schaffner einer Eisenbahn, Billets für die Züge der Eisenbahn zu verkaufen.

§ 624. Was Fahrbillets zu enthalten haben. — Ein Billet oder Schriftstück, das als Beweisstück für ein Recht auf Fahrt auf hoher See von einem Hafen dieses Staates zu einem Hafen eines andern Staates oder einer andern Nation ausgestellt ist, und jede Bestätigung oder Anweisung, die zu dem Zwecke oder unter dem Vorwande, ein solches Billet oder Schriftstück zu verschaffen ausgestellt ist, und jede Quittung über für das Billet oder Schriftstück bezahltes Geld müssen den Namen des Schiffes enthalten, an dessen Bord die Fahrt gemacht werden soll, den Namen der Eigentümer oder Kommissionäre des Schiffes, den Namen der Gesellschaft oder Linie, wenn das Schiff zu einer solchen gehört, den Ort, von welchem aus die Fahrt beginnen, den Ort, an welchem sie endigen soll, den Tag des Monats und Jahres, an welchem die Reise beginnen soll, den Namen der Person oder Personen, welche das Billet oder Schriftstück ankauften oder die Anweisung, Bestätigung oder Quittung empfingen und den dafür bezahlten Betrag; und das Billet oder Schriftstück, die Anweisung, Bestätigung oder Quittung mufs, wenn sie nicht von den Eigentümern oder Kommissionären des Schiffes verkauft oder ausgestellt ist, von dem ermächtigten Agenten unterschrieben sein.

§ 625. Verkauf von Billets, welche nicht dem vorhergehenden Paragraphen gemäfs ausgefüllt sind, ist ein Vergehen. — Wer einem andern ein Billet, Schriftstück, eine Bestätigung, Anweisung oder Quittung, die nicht gemäfs dem vorhergehenden Paragraphen ausgestellt oder ausgefüllt ist, verkauft, ausstellt oder übergibt, ist eines Vergehens schuldig.

§ 626. Verkauf von Fahrbillets zu übermäfsig hohem Preise. — Wer

1) ein Fahrbillet oder eine Anweisung auf ein Billet für eine Eisenbahn,

ein Fahrzeug oder Schiff einem Auswandrer zu einem höheren Preise als 1¼ cent per Meile verkauft oder den Verkauf veranlafst; oder

2) Zahlung für ein solches Billet oder für eine Anweisung auf ein Billet unter falscher Darstellung der Klasse des Billets, mag es Auswandrerbillet oder Billet erster Klasse sein, nimmt; oder

3) unmittelbar oder mittelbar unter falschen Vorspiegelungen von einem Auswandrer ein solches Billet ankauft oder empfängt; oder

4) einen ein solches Billet besitzenden Passagier verleitet oder bstimmt, dafselbe für ein andres Fahrbillet auszutauschen oder dafselbe zu verkaufen und irgend ein andres Billet anzukaufen; oder

5) einen im Hafen von New York aus einem fremden Lande ankommenden Passagier belästigt oder einträgt, bevor derselbe das Schiff, auf welchem er angekommen ist, verlassen hat, oder ein Schiff, welches aus einem fremden Lande im Hafen von New York ankommt und Auswandrer an Bord hat, zu dem Zwecke, die Passagiere zu belästigen oder einzutragen, betritt und wer als Privatperson oder Agent einer Gesellschaft jemanden zum Zwecke der Eintragung solcher Passagiere, bevor sie das Schiff verlassen, beschäftigt,

ist eines Vergehens schuldig.

§ 627. Begriff der „Gesellschaft“. — Der Ausdruck „Gesellschaft“ im Sinne dieses Kapitels umfafst alle Gesellschaften und Korporationen, mögen sie unter den Gesetzen dieses Staates oder der Vereinigten Staaten oder denjenigen eines andern Staates oder einer andern Nation gebildet sein.

Kapitel XIII.

Betrügereien in bezug auf Handelsurkunden.

§ 628. Ausstellung fingierter Ladebriefe. — Wer als Befehlshaber, Eigentümer oder Kommissionär eines Schiffes oder als Beamter oder Kommissionär einer Eisenbahn, Exprefs- oder Transportgesellschaft oder sonst als Vertreter eines Frachtführers einen Ladebrief, eine Quittung oder einen andern Belegschein übergibt, aus welchem hervorgeht, dafs Kaufmannsware irgend welcher Art an Bord eines Schiffes gebracht oder einer Eisenbahn-, Exprefs- oder Transportgesellschaft oder einem andern Frachtführer überliefert worden sei, ist, wenn dieselbe nicht so verschifft oder überliefert worden ist und zur Zeit thatsächlich unter der Aufsicht des Frachtführers oder des Befehlshabers, Eigentümers oder Kommissionärs des Schiffes, oder eines Beamten oder Kommissionärs der Gesellschaft sich befindet, um, wie in dem Ladebriefe, der Quittung oder dem Belegscheine besagt ist, befördert zu werden, mit Einsperrung bis zu einem Jahr oder mit einer Geldstrafe bis zu tausend Dollars allein oder in Verbindung mit einander zu bestrafen.

§ 629. Ausstellung fingierter Lagerhaus-Empfangsscheine. — Wer die Geschäfte eines Warenlagerers, Kaimeisters oder sonstigen Verwahrers von Vermögensgegenständen betreibt und einen Empfangsschein, Ladebrief oder sonstigen Belegschein für Waren irgend einer Art, welche nicht thatsächlich auf die Grundstücke der Person eingebracht wurden und nicht thatsächlich unter ihrer Aufsicht zur Zeit der Ausstellung des Schriftstücks sich befinden, ausstellt, mag das Schriftstück an eine Person als Eigentümer der Ware oder als Sicherheit für eine Schuld ausgestellt sein, ist mit Einsperrung bis zu einem Jahr oder mit Geldstrafe bis zu tausend Dollars allein oder in Verbindung mit einander zu bestrafen.

§ 630. Fortsetzung; Ausstellung in gutem Glauben. — Niemand kann der Verletzung der letzten beiden Paragraphen aus dem Grunde überführt werden, dafs der Inhalt eines Fasses, einer Tonne, Schachtel oder sonstigen Gefäfses oder Paketes, welche im Ladebrief, Empfangscheine oder sonstigen Belegscheine erwähnt sind, nicht mit der in dem Schriftstücke über die empfangene Ware gegebenen Beschreibung übereinstimmt, wenn die Beschreibung thatsächlich mit den Marken, Bränden oder Etiketten auf der Aufsenseite des Gefäfses oder Pakets übereinstimmt, es müfste denn sich erweisen, dafs der Beschuldigte die Fälschung der Marken, Brände oder Etiketten gekannt hat.

§ 631. Duplikate der Quittungen müssen als solche bezeichnet sein. — Wenn eine der in den §§ 628 und 629 erwähnten Personen eine zweite Ausfertigung oder das Duplikat einer Quittung oder eines Belegscheines von der in diesen Paragraphen bezeichneten Art ausstellt, während das Original für die in dem Duplikat bezeichneten Waren noch aussteht und nicht gelöscht ist, ohne auf die Vorderseite des Schriftstücks das Wort „Duplikat“ in deutlicher und lesbarer Weise zú schreiben, so ist sie mit Einsperrung bis zu einem Jahre oder mit Geldstrafe bis zu tausend Dollars allein oder in Verbindung mit einander zu bestrafen.

§ 632. Verkauf u. s. w. von zur Beförderung oder zum Lagern empfangenen Sachen. — Wenn eine der in §§ 628 und 629 erwähnten Personen Waren, für die sie einen Ladebrief, Empfangsschein oder Belegschein ausgestellt hat, ohne die schriftliche Zustimmung desjenigen, welcher den Ladebrief, Empfangsschein oder Belegschein in Besitz hält, verkauft oder verpfändet, so ist sie mit Einsperrung bis zu einem Jahre oder mit einer Geldstrafe bis zu tausend Dollars allein oder in Verbindung mit einander zu bestrafen.

§ 633. Wann Ladebriefe zu vernichten sind. — Wenn eine der im § 629 erwähnten Personen einem andern Waren übergibt, für welche ein Ladebrief, ein Empfangs- oder Belegschein ausgestellt wurde, so ist sie mit Einsperrung bis zu einem Jahre oder mit einer Geldstrafe bis zu tausend Dollars allein oder in Verbindung mit einander zu bestrafen, wenn nicht der Empfangs- oder Belegschein auf seiner Vorderseite die Worte „nicht übertragbar“ deutlich geschrieben oder gestempelt trägt, oder wenn nicht der Empfangsschein abgeliefert wird, um zu der Zeit der Übergabe vernichtet zu werden, oder wenn nicht im Falle einer teilweisen Übergabe eine Mitteilung darüber auf dem Empfangs- oder Belegscheine angebracht ist.

§ 634. Vermögen, welches im Wege des gerichtlichen Verfahrens begehrt wird. — Die letzten beiden Paragraphen finden auf den Fall keine Anwendung, dafs Vermögensgegenstände kraft gesetzmäfsigen Prozesses verlangt werden.

Kapitel XIV.
Boshafte Beschädigung und andre Verletzung von Eigentum.

§ 635. Verletzung von Eisenbahnen, Geleisen u. s. w.; Strafe dafür. — Wer

1) eine Schiene, Schwelle, Weiche, Brücke, Überbrückung, einen Viadukt, Damm oder ein Bauwerk oder einen Teil deſselben, welche zu einer mit Dampf oder Pferden betriebenen Eisenbahn gehören, damit verbunden sind oder zusammenhängen, verrückt, entfernt, beschädigt oder zerstört; oder
2) ein Hindernis auf das Geleise einer Eisenbahn legt; oder
3) absichtlich eine geladene Feuerwaffe auf einen Eisenbahnzug oder eine Lokomotive, oder einen auf einer Eisenbahn stehenden oder sich bewegenden Wagen oder sonstiges Fahrzeug abfeuert oder einen Stein oder ein sonstiges Geschoſs darauf wirft oder schleudert;

ist zu bestrafen:

1) wenn dadurch die Sicherheit einer Person gefährdet wurde, mit Einsperrung bis zu zehn Jahren;

2) in jedem andern Falle mit Einsperrung bis zu drei Jahren oder mit Geldstrafe bis zu zweihundertundfünfzig Dollars allein oder in Verbindung mit einander.

§ 636. Beschädigung von Gebäuden u. s. w. durch Explosion. — Wer ungesetzlicher- und boshafterweise durch eine Explosion von Schieſspulver oder einer andern explodierenden Masse ein Gebäude oder Schiff zerstört oder beschädigt, ist zu bestrafen:

1) wenn dadurch das Leben oder die Sicherheit eines menschlichen Wesens gefährdet wurde, mit Einsperrung bis zu zehn Jahren;

2) in jedem anderen Falle mit Einsperrung bis zu fünf Jahren.

Vgl §§ 201, 645.

§ 637. Strafe für Niederbrennen von wachsender Saat u. s. w. — Wer absichtlich Getreide, Gras oder wachsende Saat oder Bauholz oder Gebäude, unbewegliches Hausgerät oder Zubehör zu beweglichem Gut eines andern unter Umständen, welche nicht Mordbrennerei irgend eines Grades bilden, niederbrennt oder in Brand setzt, ist mit Einsperrung bis zu vier Jahren zu bestrafen.

Vgl. § 486.

§ 638. Abänderung u. s. w. von Signalen oder Lichtern für Schiffe u. s. w. — Wer in der Absicht, ein Schiff, eine Eisenbahnmaschine oder einen Eisenbahnzug in Gefahr zu bringen, entweder

1) ungesetzlicher- oder unrechtmäſsigerweise ein Licht oder ein andres Signal zeigt, verdeckt, auslöscht, abändert oder entfernt; oder
2) ein falsches Licht oder Signal ausstellt,

ist mit Einsperrung bis zu zehn Jahren zu bestrafen.

§ 639. Verletzung von Straſsen u. s. w. — Wer absichtlich oder böswillig verrückt, entfernt, beschädigt oder zerstört:

1) eine öffentliche Straſse oder Brücke oder einen mit Erlaubnis der

Behörde angelegten Privatweg oder eine Brücke auf einem öffentlichen oder privaten Wege;

2) einen Balken, Sperrbalken, Damm, welcher gesetzmäfsig auf einem Gewässer dieses Staates errichtet ist oder unterhalten wird, oder ein Thor in oder bei dem Damm in die Höhe hebt; oder

3) einen Pfahl oder einen andern auf dem Boden befestigten Gegenstand, welcher zur Sicherung von Seeufern oder Seewällen oder der Ufer oder Dämme eines Flusses oder andern Gewässers benutzt wird, oder ein Dock, einen Kai, Hafendamm oder ein Wehr oder eine Schleuse; oder

4) eine Boje oder Bake, welche gesetzmäfsig in ein Gewässer dieses Staates gelegt ist; oder

5) einen Baum, Fels, Pfahl oder ein andres Wahrzeichen, welches um einen Punkt in der Grenze des Staates oder eines Bezirks, einer Stadt, Landstadt, oder eines Dorfes oder einer Farm, eines Landstrichs oder Landstücks zu bestimmen, errichtet oder gezeichnet worden ist, oder eine Marke oder eine Inschrift darauf; oder

6) ein Meilenbrett, einen Meilenstein oder Wegweiser, welche auf einer Heerstrafse errichtet sind, oder eine Inschrift auf denselben; oder

7) einen Telegraphendraht oder einen Teil defselben oder ein Zubehör oder ein Gerät, das mit einem magnetischen oder elektrischen Telegraphen, oder mit der Sendung oder der Beförderung von Botschaften durch den Telegraphen verbunden ist; oder

8) ein Rohr oder eine Rinne einer Gas- oder Wasserleitung, oder Werke, die zur Versorgung von Gebäuden mit Gas oder Wasser errichtet sind, oder Zubehörungen derselben oder damit verbundene Anhängsel; oder

9) einen Kanal oder Abzug oder ein Rohr oder eine Rinne, die damit verbunden ist oder einen Teil derselben bildet; oder wer

10) eine Maschine, Spritze, ein Werkzeug oder eine Vorrichtung, welche dem Handel oder der Landwirtschaft zu dienen bestimmt ist, in der Absicht, sie zu zerstören oder unbrauchbar zu machen, zerstört oder beschädigt,

ist mit Einsperrung bis zu zwei Jahren zu bestrafen.

Vgl. StPO. § 56.

§ **640**. Böswillige Beschädigung und Vernichtung von Eigentum. — Wer absichtlich

1) Gehölz oder Bauholz, welches aufrecht steht oder wächst oder niedergeschlagen wurde und auf den Ländereien eines andern oder des Volkes dieses Staates liegt, niederschlägt, zerstört oder beschädigt; oder

2) einen Frucht-, Schatten- oder Zierbaum, welcher auf den Ländereien eines andern oder des Volkes dieses Staates steht, niederhaut, einkerbt oder sonstwie verletzt; oder

3) von dem Privatbesitz eines andern oder des Volkes dieses Staats ein Erzeugnis defselben oder eine mit demselben verbundene Sache lostrennt;

4) Erde, Schollen oder Steine von einem Stück Land in einer inkorporierten Stadt oder einem solchen Dorfe oder von Ländereien, welche innerhalb einer Strafse oder einer Allee, die auf der Karte der Stadt oder des

Dorfes eingetragen sind, ohne gesetzliche Ermächtigung oder Zustimmung weggräbt, nimmt oder wegführt; oder

5) ohne Zustimmung des Eigentümers oder Inhabers einen Baum-, Frucht- oder Weingarten oder Grundstücke, auf welchen Früchte gezogen werden, in der Absicht betritt, etwas, was darauf gewachsen ist oder wächst, zu nehmen, zu beschädigen oder zu zerstören; oder

6) Sträucher, Bäume oder Reben, die in dem Baumgarten, Fruchtgarten, Weingarten oder auf solchen Grundstücken oder einem darauf befindlichen Gebäude, Fachwerk oder Bauwerk sich befinden oder wachsen, niederhaut, zerstört oder irgendwie beschädigt; oder

7) böswillig Eis auf Gewässern, von welchen Eis als Handelsartikel gewonnen wird, in der Absicht beschädigt, den Eigentümer defselben zu benachteiligen, oder auf Weihern oder nicht schiffbaren Gewässern geht oder Schlittschuhe läuft, wenn diese zum Zweck der Wegnahme des Eises als Handelsartikels gehalten und benutzt werden und auf oder bei welchen eine Benachrichtigung an einem offensichtlichen Platze angebracht ist, die das Betreten verbietet und den Zweck mitteilt, für welchen das Gewässer benutzt wird, oder auf den Weiher oder das Gewässer oder in dasselbe einen Stock, Stein oder andern Gegenstand, der das Eis oder Wasser beschädigt, legt oder wirft; oder

8) widerrechtlich auf irgend welche Art die Austern oder andre Muscheltiere eines andern, welche in gesetzlicher Weise auf das Bett eines Flusses, Sundes, Gewässers oder einer Bai gepflanzt sind; oder einen Pfahl, welcher die gesetzmäfsig angesetzte Austernbank eines andern bezeichnet oder bestimmt, entfernt, herauszieht oder zerstört;

9) eine Hütte, Bude oder ein Gebäude auf ein Grundlos oder Landstück, oder innerhalb der Grenzen defselben in einer inkorporierten Stadt oder einem solchem Dorfe ohne die Zustimmung des Eigentümers, oder innerhalb der Grenzen einer Strafse oder Allee einer solchen Stadt oder eines solchen Dorfes setzt oder errichtet; oder

10) Vögel, Rotwild, Eichhörnchen, Kaninchen oder andre Tiere innerhalb der Grenzen eines Kirchhofs oder öffentlichen Bestattungsortes oder eines öffentlichen Parks oder Vergnügungsplatzes tötet, verwundet oder in Fallen fängt, oder die Jungen solcher Tiere, oder Vogeleier von einem Kirchhofe, Parke oder Vergnügungsplatze entfernt, oder auf solche Weise getötete oder gefangene Vögel oder Tiere zum Verkaufe ausstellt oder wissentlich kauft oder verkauft; oder

11) auf einem Wege oder einer Heerstrafse wilde und gefährliche Tiere treibt oder leitet oder zu leiten oder zu treiben veranlafst, aufser wenn eine erwachsene Person dem Tiere wenigstens eine halbe Meile vorhergeht, um die Annäherung desselben warnend bekanntzumachen;

ist mit Einsperrung bis zu sechs Monaten oder mit Geldstrafe bis zu zweihundertundfünfzig Dollars allein oder in Verbindung mit einander zu bestrafen.

Vgl. §§ 195, 196, 467, 537, 646.

§ 641. Bekanntmachung von Telegrammen u. s. w. ist ein Vergehen. — Wer

1) durch Zulassung eines Schreibers, Telegraphisten, Boten oder andern Angestellten einer Telegraphengesellschaft widerrechtlich Kenntnis von einer telegraphischen Botschaft erlangt oder zu erlangen versucht; oder
2) als Schreiber, Telegraphist, Bote oder andrer Angestellter absichtlich den Inhalt einer telegraphischen Botschaft oder Depesche, welche ihm zur Übersendung oder Ablieferung anvertraut ist, oder die Bedeutung derselben einer andern als derjenigen Person, für welche sie bestimmt ist, bekannt gibt, oder absichtlich sich weigert, dieselbe ordnungsmäfsig zu übersenden oder abzuliefern oder dies unterläfst,

ist mit einer Geldstrafe bis zu tausend Dollars oder mit Einsperrung bis zu sechs Monaten, allein oder in Verbindung mit einander, zu bestrafen.

§ 642. Öffnung und Veröffentlichung eines verschlossenen Briefes u. s. w. — Wer absichtlich und ohne Ermächtigung entweder

1) einen verschlossenen Brief oder ein verschlossenes Telegramm öffnet oder liest, oder die Öffnung oder das Lesen veranlafst; oder
2) den Brief oder das Telegramm, von welchem er weifs, dafs sie ohne Ermächtigung geöffnet oder gelesen worden sind, ganz oder teilweise veröffentlicht,

ist eines Vergehens schuldig.

§ 643. Strafe für Anheften einer Anzeige auf eines andern Land. — Wer auf oder an fremden Immobilien, oder auf oder an einem Felsen, Baum, einer Mauer, einem Zaun oder anderm Bauwerk ohne die Zustimmung des Eigentümers Wörter, Schriftzüge oder Zeichen als Benachrichtigung oder Empfehlung von Handelsartikeln, Geschäften, Ausstellungen, Thatsachen oder Begebenheiten anbringt oder anheftet, oder dies veranlafst oder anrät, ist mit Einsperrung bis zu sechs Monaten oder mit einer Geldstrafe bis zu zweihundertundfünfzig Dollars, allein oder in Verbindung mit einander zu bestrafen.

§ 644. Präsumtiver Beweis gegen gewisse Personen. — Das Anbringen oder Anheften von Wörtern, Schriftzügen, Zeichen oder Benachrichtigungen über Handelsartikel, Geschäfte oder andre Sachen auf ein in dem vorhergehenden Paragraphen bezeichnetes Eigentum oder an einem solchen Ort, ist präsumtiver Beweis, dafs der Eigentümer, Verkäufer oder Aussteller derselben den Anschlag oder die Anheftung veranlafste oder besorgte.

§ 645. Gefährdung von Menschenleben durch Anbringung von Explosivstoffen in der Nähe von Gebäuden. — Wer in, an, unter, entgegen oder nahe einem Gebäude, einem Wagen, Schiff oder Bauwerk Schiefspulver oder sonstige Explosivstoffe in der Absicht, jene Gegenstände ganz oder teilweise zu zerstören, niederzuwerfen oder zu beschädigen und unter solchen Umständen anbringt, dafs, wenn die Absicht erreicht worden wäre, das Leben oder die Sicherheit von Menschen dadurch gefährdet sein würde, ist eines Verbrechens im e. S. schuldig, auch wenn ein Schaden nicht entstanden ist.

Vgl. §§ 201, 636.

§ 646. Böswillige Beschädigung von Saaten u. s. w. — Wer

absichtlich Saaten, Getreide, angepflanzte Früchte oder Gemüse, welche einem andern gehören, in einem Falle beschädigt oder zerstört, für welchen keine andre Strafe in diesem Gesetzbuch oder in andern Statuten vorgeschrieben ist, ist eines Vergehens schuldig.

Vgl. § 640.

§ 647. Absichtliche Beschädigung von Kunstwerken. — Wer ohne Eigentümer zu sein und ohne gesetzliche Ermächtigung absichtlich einen Grabstein, ein Monument, Kunstwerk oder nützliche oder ornamentale Verbesserungen, oder Schattenbäume oder Zierpflanzen, mögen sie auf Privatgrund oder auf einer Strafse, einem Wege oder Bürgersteige, Kirchhof oder öffentlichen Parke oder Platze sich befinden, beschädigt, entstellt, entfernt oder zerstört, oder von dem Grabe eines Kirchhofs Blumen, Gedenkzeichen oder sonstige Liebeszeichen oder andre Sachen, welche damit verbunden sind, entfernt, ist eines Vergehens schuldig.

§ 648. Böswillige Beschädigung in Museen u. s. w. — Wer böswillig ein Buch, eine Karte, Seekarte, einen Kupferstich, eine Statue, Münze, ein Gemälde, ein Modell, Gerät, Muster oder andres Werk der Litteratur oder Kunst oder eine Kuriosität, welche in einer öffentlichen Bibliothek, Gallerie, einem Museum, einer Sammlung, Ausstellung oder einem Bazar sich befinden, zerschneidet, zerreifst, entstellt, beschmutzt, radiert, bricht oder zerstört, ist mit Einsperrung in einem Staatsgefängnisse bis zu drei Jahren oder in einem Bezirksgefängnisse bis zu einem Jahre, oder mit einer Geldstrafe bis zu fünfhundert Dollars allein oder in Verbindung mit einander zu bestrafen.

§ 649. Zerstörung oder Verzögerung von Wahlberichten. — Ein Bote, welcher durch gesetzliche Ermächtigung bestimmt ist, einen Bericht, eine Beglaubigung oder eine beglaubigte Abschrift einer Aufstellung über das Resultat einer Wahl entgegenzunehmen und zu befördern, und absichtlich dieselben unkenntlich macht, zerreifst, entstellt, korrigiert oder vernichtet oder eine andre Handlung begeht, welche die Ablieferung, wie sie das Gesetz verlangt, verhindert; und wer einem solchen Boten einen solchen Bericht, eine solche Beglaubigung oder beglaubigte Abschrift in der Absicht, die Ablieferung zu verhindern, wegnimmt, oder wer absichtlich eine Beschädigung oder eine andre in diesem Paragraphen bezeichnete Handlung begeht, ist mit Einsperrung in einem Staatsgefängnis von zwei bis zu fünf Jahren zu bestrafen

§ 650. Eigentumsbeschädigung in einem Gotteshause ist Verbrechen im e. S. — Wer absichtlich und ohne Ermächtigung ein zu religiösen Verrichtungen bestimmtes Haus, oder einen Teil desselben oder ein Zubehör desselben, oder ein Buch, ein Gerät, Ornament, musikalisches Instrument, einen Gegenstand von Silber oder plattierter Ware oder eine andre Sache, welche zum Gebrauch in Verbindung mit religiösen Verrichtungen darin aufbewahrt wird, zerbricht, entstellt oder sonst beschädigt, ist eines Verbrechens im e. S. schuldig.

§ 651. Rechtswidriges Verfahren mit Gasmessern. — Wer absichtlich, um zu beschädigen oder zu betrügen, ein Rohr, eine Röhre oder ein andres Werkzeug oder eine andre Vorrichtung mit einer Röhre, welche zur Leitung oder Zuführung von Leuchtgas dient, und zwar in solcher Weise verbindet, dafs das Gas für einen Brenner oder eine Öffnung, wo es gebrannt oder benutzt werden kann, verwendet wird, ohne den Messer oder das zur Bemessung der verbrauchten Gasmenge bestimmte Instrument zu passieren; oder wer einen Messer oder ein andres Werkzeug, welches zum Messen oder Bestimmen der Menge des in einem Hause oder Zimmer oder an einer Öffnung oder Brennvorrichtung oder durch einen Konsumenten oder eine andre Person verbrauchten Leuchtgases dient, zerstört, abändert, beschädigt oder dessen Thätigkeit verhindert, ist eines Vergehens schuldig.

§ **652**. Fahren u. s. w. auf Bürgersteigen. — Wer absichtlich und ohne Ermächtigung ein Gespann, Fahrzeug, Vieh, Schafe, Pferde, Schweine oder andere Tiere einem Bürgersteige entlang treibt, ist mit einer Geldstrafe von fünfzig Dollars oder mit Einsperrung in einem Bezirksgefängnifs bis zu dreifsig Tagen allein oder in Verbindung mit einander zu bestrafen.

§ **653**. Nötigung. — Wer in der Absicht, einen anderen zu zwingen, dafs er eine Handlung begehe oder unterlasse, welche der andere zu thun oder zu unterlassen gesetzlich berechtigt ist, widerrechtlich und ungesetzlicherweise

1) einen andern oder dessen Familie oder ein Mitglied derselben gewaltthätig zwingt oder verletzt oder dessen Eigentum beschädigt, oder dergleichen Gewalt oder Beschädigung androht; oder
2) jemanden eines Werkzeuges, Gerätes oder Kleidungsstückes beraubt oder ihn am Gebrauche derselben hindert; oder
3) die Einschüchterung einer solchen Person durch Drohungen oder Gewalt vornimmt oder versucht,

ist eines Vergehens schuldig.

Vergl. §§ 168[5], 673.

§ **654**. Strafe für Beschädigung an Grundstücken oder beweglichem Vermögen. — Wer widerrechtlich und absichtlich unbewegliches oder bewegliches Eigentum eines andern in einem Falle, dessen Bestrafung nicht besonders durch Verordnung vorgeschrieben ist, zerstört oder beschädigt, ist zu bestrafen:

1) wenn der Wert des zerstörten Eigentums oder die durch die Beschädigung verursachte Verminderung des Wertes defselben mehr als fünfundzwanzig Dollars beträgt, mit Einsperrung bis zu vier Jahren;

2) in jedem andern Falle mit Einsperrung bis zu sechs Monaten oder mit Geldstrafe bis zu zweihundertundfünfzig Dollars allein oder in Verbindung mit einander.

3) Und als Strafzusatz ist er zum dreifachen Ersatze des Schadens verbunden, welcher Betrag in einer Zivilklage durch den Eigentümer der Sache oder den mit der Beaufsichtigung betrauten öffentlichen Beamten eingetrieben werden soll.

Titel XVI.

Grausamkeit gegen Tiere.

§ 655. Überanstrengung von Tieren; unterlassene Versorgung mit Nahrung. — Wer ein wildes oder zahmes, ihm oder einem andern gehörendes Tier überanstrengt, überladet, quält oder grausam schlägt oder verletzt, verstümmelt, lähmt oder tötet; oder wer ein Tier des nötigen Unterhalts, des Futters oder Trunkes beraubt oder den Unterhalt oder die Tränkung vernachlässigt oder verweigert oder es verursacht, veranlafst oder erlaubt, dafs ein Tier überanstrengt, überladen, gequält, grausam geschlagen oder ungerechtfertigterweise verletzt, gelähmt, verstümmelt oder getötet, oder des nötigen Futters oder Trunkes beraubt werde, oder wer absichtlich eine Grausamkeit gegen ein Tier oder eine auf Verursachung einer solchen Grausamkeit hinzielende Handlung anregt, anstiftet oder daran teilnimmt, ist eines Vergehens schuldig.

Vgl. StPO. § 66.

§ 656. Verlassung eines entkräfteten Tieres u. s. w. — Wer als Eigentümer, Besitzer, Beaufsichtigter oder Verwahrer eines gelähmten, erkrankten, entkräfteten oder schwachen Tieres dasselbe aufgibt oder es sterbend auf einer Strafse, einem Wege oder öffentlichen Platze verläfst oder es auf einer öffentlichen Strafse, einem Wege oder öffentlichen Platze länger als drei Stunden, nachdem er erfahren, es sei als entkräftet verlassen worden, liegen läfst, ist eines Vergehens schuldig.

§ 657. Unterlassene Sorge für Nahrung und Tränkung eines eingesperrten Tieres. — Wer ein Tier eingesperrt oder eingeschlossen hat und sich weigert oder es unterläfst, dasselbe während der Einsperrung genügend mit guter und gesunder Luft, mit Futter, Schutz und Wasser zu versorgen, ist eines Vergehens schuldig.

§ 658. Verkauf oder Feilbietung oder Ausstellung von entkräfteten Tieren. — Wer absichtlich ein Pferd oder ein andres Tier, welches die Druse oder Räude oder eine andre ansteckende, dem Leben oder der Gesundheit von menschlichen Wesen oder Tieren gefährliche Krankheit hat, verkauft oder feilbietet, gebraucht, ausstellt oder dessen Verkauf, Feilbietung, Benutzung oder Ausstellung veranlafst oder gestattet, oder wer nach Aufforderung sich weigert, das mit einer solchen Krankheit behaftete Tier zu töten, ist eines Vergehens schuldig.

§ 659. Beförderung von Tieren in grausamer Weise ist ein Vergehen. — Wer in oder auf einem Schiffe oder Fahrzeuge oder sonstwie ein Tier in einer grausamen oder unmenschlichen oder quälenden Weise befördert oder befördern läfst, ist eines Vergehens schuldig.

Vgl. § 663.

§ 660. Mutwillige Vergiftung von Tieren oder Versuch derselben ist ein Vergehen. — Wer ungerechtfertigterweise einem Tiere giftige oder schädliche Droguen oder Stoffe eingibt oder solche in der Absicht aufstellt, dafs das Tier sie zu sich nimmt, ist, mag das Tier sein Eigentum oder das eines andern sein, eines Vergehens schuldig.

Vgl. StPO. § 56.

§ 661. Das Ausstreuen von für Tiere gefährlichen Stoffen an öffentlichen Orten ist ein Vergehen. — Wer auf einen Weg, öffentlichen Platz, eine Hochstrafse oder Strafse mit Ausnahme der Biegungen oder Weichen von Eisenbahngeleisen Salz oder Salpeter oder eine andre Substanz, welche eine frierende Masse auflöst oder Schnee oder Eis entfernt, wirft oder legt oder das Werfen oder Legen veranlafst, oder wer absichtlich Nägel, Metallstücke oder andre Stoffe, die ein Tier verwunden, entkräften oder beschädigen können, darauf wirft, fallen läfst oder legt, oder das Werfen, Fallenlassen oder Legen veranlafst, ist eines Vergehens schuldig.'

§ 662. Halten von Milchkühen an ungesunden Orten und Fütterung derselben mit Futter, welches ungesunde Milch erzeugt, ist ein Vergehen. — Wer eine Kuh oder ein Tier zur Gewinnung von Milch an einem überfüllten oder ungesunden Orte oder im kranken Zustande hält oder die Kuh oder das Tier mit Stoffen füttert, welche unreine oder ungesunde Milch erzeugen, ist mit einer Geldstrafe bis zu fünfzig Dollars oder mit Einsperrung bis zu einem Jahr allein oder in Verbindung mit einander zu bestrafen.

§ 663. Transportieren von Tieren über vierundzwanzig auf einander folgende Stunden ist ein Vergehen. — Eine Eisenbahngesellschaft oder ein Eigentümer, Vermittler, Empfänger oder Aufseher von Pferden, Schafen, Rindvieh oder Schweinen, welcher bei einer Beförderung oder zum Zwecke einer solchen dieselben für eine längere als vierundzwanzig auf einander folgende Stunden betragende Zeitdauer in Wagen einsperrt oder deren Einsperrung duldet, ohne dieselben zur Rast, zur Tränkung und Fütterung alle zehn Stunden umzuladen, ist eines Vergehens schuldig, aufser wenn dies durch Stürme oder unabwendbare Ereignisse verhindert wird. Bei Berechnung der Einsperrungsdauer ist die Zeit, während welcher die Tiere auf den unter einander verbundenen Bahnen, von welchen sie empfangen werden, ohne Rast eingesperrt worden sind, einzurechnen. Wenn der Eigentümer, Vermittler, Empfänger oder Aufseher der Tiere auf Aufforderung sich weigert oder es vernachlässigt, für die Wartung oder Fütterung der Tiere während der Umladung oder Rast zu bezahlen, so kann die Eisenbahngesellschaft oder der sonstige Beförderer der Tiere dem Eigentümer oder Empfänger die Ausgaben dafür anrechnen, und soll für diese Ausgaben ein Pfandrecht an jenen haben.

§ 664. Veranlassung von Kämpfen zwischen Vögeln und Tieren ist ein Vergehen. — Wer einen Kampf von Hähnen oder andern Vögeln oder Hunden, Stieren, Bären oder andern Tieren, welcher von dem Eigentümer oder Verwahrer der Vögel oder Tiere geplant wird, anregt, betreibt, befördert oder durchführt, oder dabei als Nebenperson, Schiedsrichter oder Urheber oder als Zeuge handelt, oder dabei Hilfe oder Beistand leistet, ist eines Vergehens schuldig und mit einer Geldstrafe von zehn bis tausend Dollars oder mit Einsperrung von zehn Tagen bis zu einem Jahre allein oder in Verbindung mit einander zu bestrafen.

§ 665. Halten u. s. w. von Plätzen, wo Tierkämpfe stattfinden. — Wer ein Haus, Zimmer, eine Bühne oder einen Platz, welche zu Hetzen oder Kämpfen von Vögeln oder andern Tieren gehalten oder benutzt werden, hält, benutzt oder an der Leitung derselben beteiligt oder interessiert ist, oder Geld für Zulassung andrer zu denselben erhält, und wer als Eigentümer oder Inhaber eines Hauses, Zimmers, einer Bühne oder eines Platzes absichtlich die Benutzung oder die Besitznahme derselben für dergleichen Hetzen oder Kämpfe besorgt oder zuläfst, ist eines Vergehens schuldig.

§ 666. Pferderennen auf Hochstrafsen u. s. w. — Wer ein Fahrzeug auf einem gedielten Wege, einer Heerstrafse oder öffentlicher Hochstrafse treibt und ungerechtfertigterweise die Pferde rennen läfst oder deren Rennen veranlafst oder gestattet, ist eines Vergehens schuldig.

Vgl. St.P.O. §§ 56, 57.

§ 667. Verlassen des Staates, um den Bestimmungen dieses Titels auszuweichen. — Wer diesen Staat in der Absicht verläfst, die Bestimmungen dieses Titels zu umgehen oder eine Handlung aufserhalb dieses Staates zu begehen, welche durch dieselben verboten ist, oder wer als Einwohner dieses Staates aufserhalb dieses Staates in Verfolgung jener Absicht eine Handlung begeht, welche, wenn in diesem Staate begangen, unter jenen Bestimmungen strafbar sein würde, ist in derselben Weise zu bestrafen, als wenn die Handlung innerhalb dieses Staates begangen worden wäre.

§ 668. An wen die Geldstrafen und Bufsen zu zahlen sind. — Alle Geldstrafen, Bufsen oder Verwirkungen, welche wegen Verletzungen der Bestimmungen dieses Titels oder eines Gesetzes zur Verhinderung oder Bestrafung von Grausamkeit gegen Tiere, die jetzt in Kraft sind oder später erlassen werden, aufgelegt oder eingezogen sind, sind auf Aufforderung an die amerikanische Gesellschaft zur Verhinderung von Grausamkeit gegen Tiere zu leisten; und die Agenten dieser Gesellschaft haben dafselbe Recht, jemanden bei Akten von Grausamkeit gegen Tiere festzunehmen, welches § 293 dieses Gesetzbuchs den Agenten einer mit Korporationsrechten versehenen Gesellschaft zur Verhinderung von Grausamkeit an Kindern wegen Akten von Grausamkeit gegen Kinder einräumt.

§ 669. Begriffsbestimmungen. — 1. Das Wort „Tier" im Sinne dieses Titels umfafst nicht die menschliche Rasse, aber jedes andre lebende Geschöpf.

2. Das Wort „Qual" oder „Grausamkeit" bezeichnet jede Handlung, Unterlassung oder Nachlässigkeit, durch welche ungerechtfertigter Schmerz, Leiden oder Tod veranlafst und zugelassen wird.

3. Die Worte „unreine und ungesunde Milch" bezeichnen Milch, welche von Tieren kranker oder ungesunder Beschaffenheit oder von solchen Tieren gewonnen wird, welche mit Spülichtstoffen oder faulenden oder gährenden Substanzen gefüttert werden.

Titel XVII.

Von verschiedenen Verbrechen.

§ 670. Den Anwälten ist es untersagt, in gewissen Prozessen aufzutreten. — Ein Anwalt, welcher unmittelbar oder mittelbar die Verteidigung gegen eine Klage oder ein Verfahren in einem Gerichte berät, unterstützt oder leitet, in welchen die Verfolgung von einer Person, die mit jenem Anwalte unmittelbar oder mittelbar als Geschäftsteilhaber verbunden ist, als Bezirksanwalt oder sonst als öffentlicher Ankläger betrieben, geleitet oder befürwortet wird; oder welcher, nachdem er selbst als Bezirksanwalt oder sonst als öffentlicher Ankläger eine Klage oder ein Verfahren verfolgt oder irgendwie unterstützt oder befürwortet hat, hinterher unmittelbar oder mittelbar die Verteidigung als Anwalt oder in andrer Weise durch seinen Rat unterstützt oder Teil daran nimmt; oder welcher eine in Geld abschätzbare Vergütung von einem oder für einen Beschuldigten in einer solchen Anklage gemäfs einer ausdrücklichen oder stillschweigenden Abmachung oder einem solchen Einvernehmen mit Bezug auf die Verteidigung nimmt oder empfängt, ist eines Vergehens schuldig.

Vgl. §§ 136, 139, 148, 149.

§ 671. Anwälte können sich selbt verteidigen. — Der vorhergehende Paragraph berührt die §§ 78—81 der Zivilprozefsordnung nicht und hindert einen Anwalt nicht, sich selbst als Anwalt oder Advokat zu verteidigen, wenn wider ihn ein Zivil- oder Kriminalverfahren im Zuge ist.

§ 672. Betrügliche Vorweisung von Rechnungen oder Zahlungsansprüchen vor öffentlichen Beamten. — Wer wissentlich in der Absicht zu betrügen, einem Beamten oder Beamtenkollegium des Staates oder eines Bezirks, Dorfes, Fleckens oder einer Stadt, welche ermächtigt sind, Rechnungen, Ansprüche oder Berechnungen durchzusehen oder zu verrechnen oder zu bezahlen, zur Durchsicht oder Verrechnung oder Zahlung falsche oder betrügerische Ansprüche, Rechnungen, Berechnungen, Schriften oder Belege oder solche Rechnungen, Berechnungen oder Forderungen, welche falsche Kosten oder Ansprüche enthalten, vorweist, ist eines Verbrechens im e. S. schuldig.

Vgl. §§ 165, 166.

§ 673. Gefährdung von Leben durch Arbeitseinstellung. — Wer absichtlich und böswillig, allein oder in Verbindung mit andern, einen Dienst- oder Mietvertrag bricht, obwohl er weifs oder vernünftigen Grund zur Annahme hat, dafs die wahrscheinliche Folge dieser Handlung die Gefährdung menschlichen Lebens oder die Verursachung einer schweren körperlichen Beschädigung oder die Gefahr der Zerstörung von geldwertem Eigentum oder schwerer Beschädigung defselben sein wird, ist eines Vergehens schuldig.

Vgl. §§ 168, 170 u. 653.

§ 674. Veröffentlichung falscher Botschaften oder Proklamationen. — Wer eine Botschaft, einen Befehl oder eine Proklamation, welche nach ihrem Inhalt eine Botschaft, Proklamation oder ein Befehl der vollziehenden Gewalt der Vereinigten Staaten oder dieses Staates oder eines andern jetzt oder in der Folge zugelassenen Staates der Vereinigten Staaten, oder eines Territoriums derselben sein soll, als wahr druckt, veröffentlicht oder in Umlauf bringt, obwohl er weifs, dafs dieselben nicht echt sind, ist mit Einsperrung in einem Staatsgefängnisse bis zu fünf Jahren oder mit Geldstrafe bis zu tausend Dollars allein oder in Verbindung mit einander zu bestrafen. Die Anklage wegen dieses Verbrechens kann in jedem Bezirke erhoben werden, in welchem die Botschaft, Adresse oder Proklamation gedruckt, veröffentlicht oder in Umlauf gebracht wurde, aber nicht in mehr als einem Bezirke des Staates.

§ 675. Handlungen, welche nicht ausdrücklich verboten sind. — Wer absichtlich und widerrechtlich eine Handlung begeht, welche die Person oder das Eigentum eines andern ernstlich verletzt oder den öffentlichen Frieden oder die öffentliche Gesundheit ernstlich stört oder gefährdet, oder die öffentliche Sittlichkeit offen beleidigt und für die keine andre Strafe ausdrücklich von diesem Gesetzbuche vorgeschrieben ist, ist eines Vergehens schuldig; jedoch soll keine Bestimmung dieses Gesetzbuchs so ausgelegt werden, dafs jemand verhindert wäre, eine Erhöhung des Lohnes zu fordern, oder sich mit andern zu versammeln und alle gesetzlichen Mittel anzuwenden, um die Lohnherren zu bewegen, allen von ihnen beschäftigten Angestellten einen solchen Lohn zu zahlen, welcher eine gerechte und angemessene Vergütung für geleistete Dienste bildet.

§ 676. Handlungen, welche aufserhalb des Staates begangen werden. — Wer eine Handlung aufserhalb dieses Staates begeht, welche Personen oder Eigentum innerhalb dieses Staates, oder die öffentliche Gesundheit, Moral oder Sittlichkeit dieses Staates berührt und die, wenn sie in diesem Staate begangen wäre, ein Verbrechen sein würde, ist zu bestrafen, als wenn die Handlung in diesem Staate begangen worden wäre.

Vergl. § 678.

Titel XVIII.

Allgemeine Bestimmungen.

§ 677. Wann Verbrechen in verschiedenen Richtungen strafbar sind. — Eine Handlung oder Unterlassung, welche auf Grund verschiedener Gesetzesbestimmungen in mehrfacher Hinsicht verboten und strafbar ist, kann nach jeder dieser Bestimmungen, doch nicht nach mehr als einer bestraft werden; und die Verurteilung oder Freisprechung auf Grund einer Bestimmung hindert die Verfolgung derselben Handlung oder Unterlassung auf Grund jeder andern Bestimmung.

§ 678. Handlungen, welche nach ausländischen Gesetzen strafbar sind. — Eine Handlung oder Unterlassung, welche in diesem Gesetzbuch für strafbar erklärt ist, bleibt dies auch dann, wenn sie auch nach den Gesetzen eines andern Staates, Landes oder einer andern Regierung strafbar ist, es sei denn, dafs das Gegenteil ausdrücklich in diesem Gesetzbuche bestimmt wird.

Vgl § 676.

§ 679. Verurteilung oder Freisprechung im Auslande. — Wenn es sich bei der Verhandlung über eine Anklage ergibt, dafs die Gesetzesverletzung in einem andern Staate oder Lande oder unter solchen Umständen begangen wurde, dafs die Gerichte dieses Staates oder dieser Regierung zur Aburteilung zuständig waren und dafs der Angeklagte bereits auf Grund einer Strafverfolgung unter den Gesetzen dieses Staates oder Landes, wegen derjenigen Handlung oder Unterlassung, wegen welcher die Verhandlung durchgeführt wird, freigesprochen oder verurteilt worden ist, so bildet eine solche frühere Freisprechung oder Verurteilung ein genügendes Verteidigungsmittel.

Vgl. § 139 StPO.

§ 680. Wie Missachtung der Gerichte strafbar ist. — Eine strafbare Handlung hört darum nicht auf, als Verbrechen strafbar zu sein, weil sie zugleich auch als Mifsachtung der Gerichte für strafbar erklärt ist.

Vgl. § 143.

§ 681. Strafmilderung. — Wenn es sich zu der Zeit der Urteilsfällung gegen eine überführte Person ergibt, dafs sie bereits wegen der Handlung, deren sie überführt wurde, eine Geldbufse erlegt oder eine Einsperrung erlitten hat, indem dieselbe gemäfs einer gerichtlichen Verfügung für Mifsachtung des Gerichts angesehen worden war, so kann das Gericht bei Fällung des Urteils die aufzuerlegende Strafe nach freiem Ermessen mildern.

Vgl. § 143.

§ 682. Strafe der Mitschuldigen bei Vergehen. — Wenn eine Handlung oder Unterlassung durch Verordnung für ein Vergehen erklärt und keine Strafe für Beihilfe oder Anstiftung zur Begehung derselben ausdrücklich vorgeschrieben ist, so ist derjenige, welcher einen andern bei Begehung einer solchen Handlung oder Unterlassung unterstützt oder zu derselben anstiftet, ebenfalls eines Vergehens schuldig.

Vgl. § 31.

§ 683. Wann die Übersendung eines Schreibens für vollendet angesehen wird. — In den verschiedenen Fällen, in welchen die Übersendung eines Schreibens in diesem Gesetzbuch für strafbar erklärt ist, wird die Rechtsverletzung von dem Zeitpunkte an als vollendet betrachtet, in welchem ein solches Schreiben bei einer Postanstalt oder an einem andern Orte niedergelegt oder einer Person mit der Absicht übergeben wird, es befördern zu lassen. Und der Thäter kann in jedem Bezirke, in welchem ein solches Schreiben auf diese Weise niedergelegt oder übergeben worden ist, oder in welchem es von der Person, an die es gerichtet ist, empfangen wurde, angeklagt und vor Gericht gestellt werden.

Vgl. §§ 235, 558, 559.

§ 684. Wann unterlassene Pflichterfüllung nicht strafbar ist. — Niemand ist für Unterlassung einer Handlung zu bestrafen, wenn diese Handlung durch eine andre an seiner Stelle handelnde und zur Vornahme der Handlung gesetzlich berechtigte Person vorgenommen worden ist.

Vgl. §§ 117, 154.

§ 685. Verurteilung wegen Versuchs, wenn das Verbrechen

vollendet ist. — Der Angeklagte kann wegen des Versuchs, ein Verbrechen zu begehen, verurteilt werden, obschon es sich bei der Verhandlung ergibt, dafs das Verbrechen vollendet worden ist, wenn nicht der Gerichtshof nach freiem Ermessen die Geschworenen entläfst und anordnet, dafs der Angeklagte wegen des Verbrechens selbst vor Gericht gestellt werde.

Vgl. §§ 34, 35.

§ 686. Strafe des Versuchs. — Wer ohne Erfolg versucht, ein Verbrechen zu begehen, ist, wenn nicht ausdrücklich durch Verordnung anders bestimmt ist, nach folgenden Grundsätzen anzuklagen und zu bestrafen:

1. Wenn das Verbrechen, welches versucht wurde, mit dem Tode oder lebenslänglicher Einsperrung des Verbrechers zu bestrafen ist, so ist der des Versuchs überführte Angeklagte mit Einsperrung bis zu zehn Jahren zu bestrafen.

2. In jedem andern Falle ist der Thäter mit Einsperrung von nicht mehr als der Hälfte des Höchstbetrages der angedrohten Freiheitsstrafe oder mit einer Geldstrafe von nicht mehr als der Hälfte der gröfsten Strafsumme, welche für die Verurteilung wegen der Vollendung des versuchten Verbrechens vorgeschrieben ist, oder mit einer Geldstrafe und einer solchen Einsperrung zu bestrafen.

§ 687. Beschränkungen in bezug auf die vorhergehenden Paragraphen. — Der vorstehende Paragraph schützt denjenigen, welcher bei dem erfolglosen Versuche, ein Verbrechen zu begehen, ein andres und verschiedenartiges Verbrechen vollbringt, mag dieses gröfsere oder geringere Schuld begründen, nicht vor der Verhängung derjenigen Strafe, welche für das begangene Verbrechen im Gesetz vorgeschrieben ist.

§ 688. Bestrafung des Rückfalls. — Wer, nachdem er innerhalb dieses Staates eines Verbrechens im e. S. oder des Versuchs, ein Verbrechen im e. S. zu begehen, oder eines kleinen Diebstahls, oder nach den Gesetzen eines andern Staates, Landes, oder einer andern Regierung eines Verbrechens, welches bei Begehung innerhalb dieses Staates ein Verbrechen im e. S. sein würde, überführt worden ist, innerhalb dieses Staates irgend ein Verbrechen begeht, ist bei Überführung wegen eines solchen zweiten Verbrechens zu bestrafen wie folgt:

1) Wenn das nachfolgende Verbrechen ein solches ist, dafs auf Grund einer ersten Überführung der Verbrecher nach Ermessen des Gerichts mit lebenslänglicher Einsperrung bestraft werden konnte, so ist er zu lebenslänglicher Einsperrung in einem Staatsgefängnisse zu verurteilen.

2) Wenn das nachfolgende Verbrechen ein solches ist, dafs auf Grund einer ersten Überführung der Verbrecher mit Einsperrung für weniger als für Lebenszeit zu bestrafen sein würde, so ist er zu Einsperrung von nicht geringerer Dauer als das Höchstmafs und von nicht längerer Dauer, als das Doppelte des Höchstmafses jener Strafe beträgt, welche wegen der ersten Überführung vorgeschrieben ist, zu verurteilen.

§ 689. Rückfall nach einem Vergehen. — Wer, nachdem er innerhalb dieses Staates eines Vergehens überführt wurde, ein Verbrechen im e. S. begeht, oder eines solchen überführt wird, ist zu Einsperrung in der Dauer des Höchstmafses derjenigen Strafe zu verurteilen, welche für das Verbrechen im e. S. auf Grund der ersten Überführung vorgesehen ist.

§ 690. Gewohnheitsverbrecher. — Wenn jemand eines Verbrechens im e. S. überführt wird, nachdem er vor dieser Überführung in diesem Staate eines andern Verbrechens überführt worden ist, oder wenn jemand eines Vergehens überführt wird, nachdem er bereits fünfmal in diesem Staate eines Vergehens überführt worden ist, kann das Gericht als Zusatz zu irgend einer andern ihm auferlegten Strafe erkennen, dafs der Verurteilte ein Gewohnheitsverbrecher sei.

Vgl. StPO. § 510.

§ 691. Behandlung der Gewohnheitsverbrecher. — Der Gewohnheitsverbrecher ist jederzeit der Oberaufsicht einer jeden Gerichtsbehörde des Bezirks und der Armenaufseher und Inspektoren der Stadt, wo der Verbrecher angetroffen werden mag, in derselben Ausdehnung unterworfen, wie ein Minderjähriger der Aufsicht seiner Eltern und Vormünder.

Vgl. StPO. § 514.

§ 692. Wirkung der Begnadigung von Gewohnheitsverbrechern. — Der Gouverneur kann eine Begnadigung, welche von der gerichtlich verhängten Eigenschaft als Gewohnheitsverbrecher, ebenso wie von jeder andern Verurteilung, befreit, bewilligen; aber auf Grund einer weiteren Überführung eines solcherweise Begnadigten wegen eines Verbrechens im e. S. kann die Eigenschaft als Gewohnheitsverbrecher wiederum in Hinblick auf die erste Überführung trotz der Begnadigung ausgesprochen werden.

§ 693. Rückfall bei Verheimlichung der Geburt einer Leibesfrucht. — Eine Frauensperson, welche nach ihrer Überführung wegen des Unternehmens, die heimliche Geburt einer Leibesfrucht, die, wenn lebend geboren, ein uneheliches Kind gewesen wäre, oder den Tod eines solchen weniger als zwei Jahre alten Kindes zu verheimlichen, nach solcher Überführung es abermals unternimmt, eine solche Geburt oder einen solchen Tod zu verheimlichen, ist mit Einsperrung in einem Staatsgefängnisse von zwei bis zu fünf Jahren zu bestrafen.

Vgl. § 296.

§ 694. Einsperrung bei zwei oder mehr Überführungen. — Wenn jemand zweier oder mehrerer Verbrechen überführt wird, bevor für eines der Verbrechen das Urteil verkündet worden ist, so hat die Einsperrung, zu welcher er auf Grund der zweiten oder späteren Überführung verurteilt wird, mit dem Ablaufe der ersten oder jeder andern früheren Strafzeit oder der Strafzeiten, zu welchen er verurteilt ist, zu beginnen.

§ 695. Überführung nach einem Urteilsspruch. — Wenn jemand, welcher wegen eines Verbrechens im e. S. verurteilt ist, nachher irgend ein andres Verbrechen im e. S. begeht, deſselben überführt und deswegen zu einer andern Freiheitsstrafe verurteilt wird, so hat die letztere Strafzeit nicht vor Ablauf aller der Freiheitsstrafen, zu welchen er bereits verurteilt ist, zu beginnen.

§ 696. Verurteilung auf Lebenszeit. — Wenn ein Verbrechen durch eine Verordnung mit Einsperrung nicht unter einer bestimmten Anzahl von Jahren bedroht und kein Höchstmafs der Dauer der Einsperrung bestimmt ist, so kann das Gericht, welches zur Verkündung des Urteils auf Grund der Überführung zuständig ist, nach seinem Ermessen den Verbrecher zur Einsperrung auf Lebenszeit oder auf eine Anzahl von Jahren verurteilen, welche nicht weniger als die vorgeschriebene Zeit beträgt.

§ 697. Endpunkt der urteilsmäfsig festgestellten Strafzeit. — Wenn ein Überführter verurteilt wird, in einem Staatsgefängnisse für länger als ein Jahr eingesperrt zu werden, so ist es die Pflicht des Gerichts, vor welehem die Überführung stattfand, die Strafzeit im Urteile so festzusetzen, dafs sie zwischen den Monaten März und November endigt, es sei denn, dafs die genaue Zeitdauer vom Gesetze vorgeschrieben ist.

§ 698. Einsperrung weiblicher Verbrecher. — Eine Frauensperson, welche eines mit Einsperrung bestraften Verbrechens im e. S. überführt wurde, ist zur Einsperrung in einer Bezirks-Besserungsanstalt, anstatt in einem Staatsgefängnisse zu verurteilen. Wenn in dem Bezirke, in welchem sie überführt wird, keine Besserungsanstalt vorhanden ist, so ist sie zur Einsperrung in der nächstgelegenen Besserungsanstalt zu verurteilen.

§ 699. Personen zwischen sechszehn und einundzwanzig Jahren. — Wenn eine Person im Alter von sechszehn bis einundzwanzig Jahren eines Verbrechens im e. S. überführt wird, oder wenn die Strafdauer eines männlichen Missethäters wegen eines Verbrechens im e. S. von dem erkennenden Gerichte auf drei Jahre oder weniger angesetzt ist, so kann das Gericht verordnen, dafs der Missethäter in einer Bezirks-Besserungsanstalt anstatt in dem Staatsgefängnisse eingesperrt werde, falls eine Bezirks-Besserungsanstalt innerhalb des Gerichtsbezirks, wo die Verhandlung stattgefunden hat, vorhanden ist.

§ 700. Personen von sechzehn bis dreifsig Jahren können nach der Anstalt zu Elmira gesendet werden. — Eine Mannsperson zwischen sechzehn und dreifsig Jahren, die eines Verbrechens im e. S. überführt wird, und nicht zuvor schon wegen eines Verbrechens überführt war, kann nach dem Ermessen des erkennenden Gerichts zur Einsperrung in der Besserungsanstalt des Staates New-York zu Elmira verurteilt werden, um dort nach den gesetzlichen Vorschriften, die sich auf diese Besserungsanstalt beziehen, eingeschlossen gehalten zu werden.

§ 701. Zufluchtshäuser. — Wenn eine Person unter sechsehn Jahren eines Verbrechens überführt ist, kann von dem erkennenden Gerichte anstatt der Verurteilung zur Einsperrung in einem Staatsgefängnisse oder in einer Besserungsanstalt verfügt werden, dafs sie in einem Zufluchtshause gemäfs den Bestimmungen der für dafselbe ergangenen Verordnung eingesperrt werde. Wenn die Überführung und Verurteilung in dem ersten, zweiten oder dritten Gerichtsbezirke stattfand, so ist der Ort der Einsperrung dasjenige Zufluchtshaus, welches von dem Vorstande der Gesellschaft für Besserung jugendlicher Missethäter in der Stadt Newyork errichtet ist; wenn die Überführung in einem andern Bezirke stattfand, so ist der Ort der Einsperrung das auf der Westseite gelegene Zufluchtshaus für jugendliche Missethäter. Indes soll dieser Paragraph in keiner Weise die Bestimmung, welche im § 713 enthalten ist, berühren.

§ 702. Einsperrung im Bezirksgefängnisse. — Wenn jemand eines Verbrechens überführt ist, für welches die verhängte Strafe Einsperrung für eine geringere Dauer als ein Jahr beträgt, so wird die Einsperrung durch Anhaltung in dem Bezirksgefängnis oder einem verschlossenen Orte vollzogen, welcher gesetzlich dazu bestimmt wurde als Bezirksgefängnis zu dienen, es sei denn dafs durch Verordnung ausdrücklich etwas andres vorgeschrieben worden ist.

§ 703. Einsperrung im Bezirksgefängnisse oder Staatsgefängnisse. — Wenn jemand eines Verbrechens überführt ist, für welches die angedrohte Strafe Einsperrung in der Dauer eines Jahres beträgt, so kann das Urteil auf Anhaltung in einem Bezirksgefängnisse oder in einer Besserungsanstalt oder in einem Staatsgefängnisse lauten und die Strafe an einem solchen Orte vollzogen werden. Niemand soll zu Einsperrung in einem Staatsgefängnis für eine geringere Dauer als ein Jahr verurteilt werden.

§ 704. Einsperrung im Staatsgefängnisse. — Wenn jemand eines Verbrechens überführt ist, für welches die angedrohte Strafe Einsperrung für eine längere Dauer als ein Jahr beträgt, oder wenn jemand zu Einsperrung von gleicher Dauer verurteilt wird, so ist die Einsperrung durch Anhaltung bei schwerer Arbeit in einem Staatsgefängnisse zu vollziehen. Jedoch sollen dieser und die beiden vorhergehenden Paragraphen keine Anwendung finden bei Straffällen, bei welchen durch Verordnung betreffs der Strafe für irgend eine besondere Rechtsverletzung oder Klasse von Rechtsverletzungen oder Verbrechen eine eigne Bestimmung getroffen ist, noch auch bei den in den Paragraphen 698, 699, 700 und 701 näher bezeichneten Straffällen.

§ 705. Angabe des Verbüfsungsortes in der Entscheidung und im Urteil; Wechsel des Orts. — Der Ort der Einsperrung ist in der Entscheidung und im Urteil des Gerichts anzugeben. Jedoch können Überführte von einem Einsperrungsorte nach einem andern in denjenigen Fällen, und von derjenigen Behörde übersetzt werden, welche durch Verordnung besonders bestimmt sind.

§ 706. Grenzen der Geldstrafen. — Wenn in diesem Gesetzbuch oder in einer andern Verordnung irgend ein Verbrechen mit einer Geldstrafe bedroht und der Betrag derselben nicht angegeben ist, so kann eine Geldstrafe bis zu fünfhundert Dollars auferlegt werden.

Vgl. § 14.

§ 707. Verwirkung von Ämtern und bürgerlichen Rechten. — Die Verurteilung zur Einsperrung in einem Staatsgefängnisse auf irgend eine geringere Dauer als Lebenszeit hat den Verlust aller öffentlichen Ämter und während der Dauer der verhängten Strafe die Untersagung der Ausübung aller bürgerlichen Rechte und aller privaten Verwaltungen, Ermächtigungen oder Gewalten, welche die verurteilte Person besitzt und innehat, zur Folge.

§ 708. Folgen der Verurteilung auf Lebenszeit. — Wer zu lebenslänglicher Einsperrung verurteilt wird, ist von da an für bürgerlich tot anzusehen.

§ 709. Gesetzlicher Schutz Überführter. — Ein Überführter, der zur Einsperrung verurteilt ist, steht unter dem Schutze des Gesetzes und jede durch das Gesetz nicht gerechtfertigte Verletzung seiner Person ist in derselben Weise zu bestrafen, als wenn er nicht verurteilt oder überführt wäre.

§ 710. Abschaffung gewisser Verwirkungen. Verfallene Güter. — Die Überführung wegen eines Verbrechens hat keinerlei Verwirkung von dinglichem oder persönlichem Vermögen, oder irgend einem Rechte oder Interesse an solchem zur Folge. Alle Einziehungen zu Gunsten des Volkes dieses Staates in der Gestalt der Verwirkung von Gütern oder im Falle des Selbstmordes oder wenn eine Person sich der Gerechtigkeit entzieht, sind abgeschafft.

Vgl. § 173 oben; StPO. § 819.

§ 711. Wann einem Überführten erlaubt wird zu stimmen. — Das in irgend einer Verordnung enthaltene Verbot der Stimmabgabe bei einer Wahl findet keine Anwendung auf denjenigen, welcher vorher oder hernach eines Verbrechens überführt und deshalb zu einem der Zufluchtshäuser oder der gemäfs den Statuten des Staates organisierten Besserungsanstalten verurteilt oder verwiesen wurde.

§ 712. Ablegung von Zeugnissen bei Anklage auf Meineid. — Die Paragraphen dieses Gesetzbuches, welche bestimmen, dafs ein Beweis, der durch die Vernehmung einer Person als Zeuge gewonnen wird, in einem Strafverfahren nicht gegen sie verwendet werden soll, hindern nicht die Benutzung eines solchen Beweises, wenn dieser sich gegen eine solche Person bei der Anklage wegen eines bei einer solchen Vernehmung begangenen Meineides ergeben hat.

Vgl. § 79, 142, 241, 342, 469.

§ 713. Verurteilung von Minderjährigen unter zwölf Jahren. — Wenn eine Person unter zwölf Jahren eines Vergehens überführt ist, so kann sie nach Ermessen des Gerichts, anstatt der Verurteilung zu Geldstrafe oder Einsperrung, unter die Aufsicht einer passenden und zu ihrer Aufnahme bereiten Person gestellt werden und unterliegt in diesem Falle bis zur Grossjährigkeit oder für eine kürzere Zeit einer solchen Zucht und Beaufsichtigung seitens der aufnehmenden Person, wie Eltern oder Vormünder sie über einen Minderjährigen auszuüben berechtigt sind.

§ 714. Zeugnis eines Überführten. — Wer vorher oder nachher eines Verbrechens überführt wird, ist gleichwohl ein zulässiger Zeuge in irgend einem zivil- oder strafrechtlichen Rechtsstreite oder Verfahren; es kann indessen die Überführung, um die Glaubwürdigkeit des Zeugnisses zu erschüttern, entweder durch das Protokoll oder durch Kreuzverhör, bei welchem der Überführte alle auf jene Strafuntersuchung bezüglichen Fragen zu beantworten hat, bewiesen werden; und die Beantwortung solcher Fragen gereicht der das Kreuzverhör vornehmenden Partei nicht zum Nachteile.

§ 715. Ehegatten als Zeugen. — Der Ehemann oder die Ehefrau einer Person, welche eines Verbrechens beschuldigt oder angeklagt wird, ist in allen Fällen ein zulässiger Zeuge bei dem Verhör oder der Verhandlung einer solchen Person; aber weder Ehemann noch Ehefrau können gezwungen werden, eine vertrauliche Mitteilung, welche während der Dauer ihrer Ehe von dem einen dem andern gemacht wurde, zu offenbaren.

§ 716. Gläubiger von Überführten. — Eine durch die Begehung eines Verbrechens im e. S., für welches der Verbrecher zu Einsperrung in einem Staatsgefängnisse verurteilt ist, beschädigte Person wird als der Gläubiger des Verbrechers sowie seines Eigentums nach seinem Tode gemäfs den Bestimmungen der hierauf bezüglichen Verordnungen angesehen.

§ 717. Beweis des Schadens. — In einem der in dem vorhergehenden Paragraphen bezeichneten Fälle kann der Schaden, welchen die durch die verbrecherische Handlung verletzte Person erlitten hat, in einer Klage festgesetzt und gesichert werden, welche zu diesem Zwecke von derselben gegen die dazu nach den Bestimmungen der Verordnungen eingesetzten Verwalter des Vermögens des Verbrechers, oder gegen den Vollstrecker oder den Pfleger des Vermögens des Verbrechers eingebracht wird.

§ 718. Bedeutung gesetzlicher Ausdrücke. — Bei der Auslegung dieses Gesetzbuchs oder einer Anklage oder Verhandlung eines in demselben vorgesehenen Falles sind die folgenden Regeln zu beobachten, aufser wenn die entgegengesetzte Absicht in der auszulegenden Bestimmung ausdrücklich ausgesprochen oder aus deren Fassung klar ersichtlich ist:

1. Jeder der Ausdrücke „fahrlässig handeln", „Fahrlässigkeit", „fahrlässig" und „fahrlässigerweise" bedeutet den Mangel solcher Aufmerksamkeit auf die Natur und die wahrscheinlichen Folgen der Handlung oder Unterlassung, wie ein vernünftiger Mann sie gewöhnlich beim Handeln in seinen eigenen Angelegenheiten anwendet;

2. Jeder der Ausdrücke „gewinnsüchtig" und „gewinnsüchtigerweise" bedeutet das rechtswidrige Verlangen, einen Vermögens- oder andern Vorteil für oder durch diejenige Person, welche der Handlung oder Unterlassung schuldig ist, oder durch irgend eine andre Person zu erlangen oder zu verursachen;

3. Jeder der Ausdrücke „Böswilligkeit" und „böswillig" bedeutet die böse Absicht oder den bösen Wunsch oder Plan, eine andre Person zu bedrängen, zu belästigen oder zu verletzen, oder ein Tier zu mifshandeln oder zu verletzen;

4. Der Ausdruck „wissentlich" bedeutet die Kenntnis der Thatsachen, welche die Handlung oder Unterlassung zu einem Verbrechen machen, und verlangt nicht die Kenntnis der Ungesetzlichkeit der Handlung oder Unterlassung;

5. Wenn die Absicht zu übervorteilen ein Thatbestandsmerkmal eines Verbrechens bildet, ist es nicht nötig, dafs die Absicht, irgendeine bestimmte einzelne Person zu übervorteilen, nachgewiesen werde;

6. Der Ausdruck „Fahrzeug" begreift Schiffe, Dampfer, Kanalbote und jedes Bot oder jeden Bau zum Zwecke der Schiffahrt oder Fortbewegung von Ort zu Ort auf dem Wasser, sei es auf dem Meere, den Seen, den Flüssen oder künstlichen Wasserwegen;

7. Der Ausdruck „Handzeichen" begreift jede Mitteilung, Marke, Bezeichnung, welche in der Absicht, irgend ein Beweismittel oder ein Schriftstück zu beurkunden, geschrieben ist, oder die Unterzeichnung einer Person zu solchem Zweck;

8. Der Ausdruck „Schriftstück" begreift sowohl Geschriebenes als Gedrucktes;

9. Der Ausdruck „Vermögen" begreift sowohl dingliche als persönliche Vermögensrechte, einklagbare Objekte, Geld, Bankbillets und alle Wertgegenstände;

10. Die Einzahl schliesst die Mehrzahl und die Mehrzahl die Einzahl ein;

11. Ein im männlichen Geschlechte gebrauchtes Wort begreift auch das weibliche und das sächliche;

12. Ein in der gegenwärtigen Zeit gebrauchtes Wort schliefst die zukünftige Zeit ein;

13. Der Ausdruck „Person" begreift sowohl eine Korporation oder Gesellschaft, als eine natürliche Person. Wenn er gebraucht wird, um jemanden, dessen Vermögen Gegenstand irgend eines Verbrechens sein kann, zu kennzeichnen, schliefst er auch den Staat oder irgend einen andern Staat, eine Regierung oder ein Land ein, welches gesetzlich innerhalb des Staates Vermögen besitzen kann;

14. Der Ausdruck „dingliches Vermögen" begreift jedes Eigentum, Interesse und Recht an Grundstücken, Häusern und Erbschaften;

15. Der Ausdruck „persönliches Vermögen" begreift jede Art von Geld, Gütern, Pfändern, börsengängigen Papieren, Beweisstücken bei Klageobjekten und alle geschriebenen Urkunden, durch welche irgend eine Geldverpflichtung, ein Recht oder Titel an dinglichem oder persönlichem Vermögen geschaffen, anerkannt, übertragen, vergröfsert, vernichtet, aufgelöst oder vermindert wird, und jedes Recht und Interesse dabei.

§ 719. Anwendung dieses Gesetzbuches auf frühere Rechtsverletzungen. — Keine der in diesem Gesetzbuch enthaltenen Bestimmungen findet Anwendung auf ein Verbrechen oder eine andre Handlung, welche zu irgend einer Zeit vor dem Tage, an welchem dies Gesetzbuch in Kraft tritt, begangen wurden. Eine solche Rechtsverletzung mufs bestraft und eine solche Handlung mufs beurteilt werden gemäfs den Gesetzesbestimmungen, welche zu der Zeit bestanden, zu welcher sie begangen wurde, in derselben Weise, als ob dieses Gesetzbuch nicht in Kraft getreten wäre, jedoch mit der Ausnahme, dafs, wenn die Strafe oder Bufse für eine Rechtsverletzung durch irgendeine Bestimmung dieses Gesetzbuchs gemildert wurde, diese Bestimmung auf jede Entscheidung oder Verurteilung, die nach dem Inkrafttreten dieses Gesetzbuchs für die Rechtsverletzung auferlegt wird, angewendet werden kann. Eine in diesem Gesetzbuche bezeichnete, nach dem Beginn des Tages, an welchem dieses Gesetzbuch in Kraft tritt, begangene Rechtsverletzung ist gemäfs den Bestimmungen dieses Gesetzbuches und nicht nach irgend welchen andern zu bestrafen.

§ 720. Bestehende Privatrechte bleiben unberührt. — Durch die Vorschriften dieses Gesetzbuchs sollen private Rechte und Rechtsbehelfe, welche zur Zeit des Inkrafttretens dieses Gesetzbuches gemäfs dem gemeinen Rechte oder irgend einer Bestimmung der Verordnungen bestehen, nicht berührt werden.

§ 721. Absicht zu übervorteilen. — Wenn immer in einer der Bestimmungen dieses Gesetzbuchs die Absicht zu übervorteilen erfordert wird, um ein Verbrechen zu begründen, genügt es, wenn die Absicht irgend eine Person, Gesellschaft oder eine politische oder korporationsmäfsige Körperschaft irgendwelcher Art zu übervorteilen ersichtlich ist.

§ 722. Zivilrechtliche Schadloshaltung bleibt unberührt. — Wenn es dieses Gesetzbuch unterlassen hat, den Anspruch auf Schadenersatz, Bufse, Verwirkung, oder irgend eine andre Schadloshaltung, die vom Gesetz auferlegt wird, und deren Verfolgung oder Erzwingung durch Zivilklage oder Zivilverfahren zugelassen ist, wegen irgend einer hierin für strafbar erklärten Handlung oder Unterlassung zu bestimmen oder zu bestätigen, so berührt das in keiner Weise das Recht, einen solchen Anspruch zu verfolgen oder zu erzwingen.

§ 723. Das Verfahren bei Anklage gegen Staatsbeamte u. s. w. bleibt vorbehalten. — Wenn in diesem Gesetzbuch über die Begründung oder Verwirkung irgend eines öffentlichen Amtes oder einer andern Verwaltung oder besondern Ermächtigung, die vom Gesetze übertragen wurde, oder über die vom Gesetze übertragene Macht, irgend einen öffentlichen Beamten oder eine andre Person, welche von Gesetzes wegen eine Verwaltung, eine Bestallung oder eine andre besondere Ermächtigung erhalten hat, anzuklagen, zu entfernen, abzusetzen oder zeitweilig zu entsetzen, eine Bestimmung oder Bestätigung nicht enthalten ist, so berührt dies eine solche Verwirkung oder Macht oder irgend ein vom Gesetze angeordnetes Verfahren, um eine solche Anklage, Entfernung, Absetzung oder zeitweilige Entsetzung zum Vollzug zu bringen, in keiner Weise.

§ 724. Militärstrafen bleiben unberührt. — Dieses Gesetzbuch berührt keine von dem Gesetze einem Kriegsgerichte oder einer andern Militärbehörde oder irgend einem Offiziere übertragene Macht, Verbrechern Strafe aufzuerlegen oder zu erteilen; noch eine durch das Gesetz irgend einer öffentlichen Körperschaft, einem Gerichtshof oder einem Offiziere übertragene Macht, für Mifsachtung Strafe aufzuerlegen oder zu erteilen; noch irgend welche Bestimmungen der Gesetze, die sich auf Lehrjungen, uneheliche Kinder, lüderliche Personen, Landstreicher und Indianer beziehen, soweit nicht solche Bestimmungen mit diesem Gesetzbuche unvereinbar sind.

§ 725. Gewisse Verordnungen bleiben in Kraft. — Die Bestimmungen der nachbenannten Verordnungen werden durch dieses Gesetzbuch nicht berührt, sondern nach wie vor als zu Recht bestehend erachtet trotz der Bestimmungen dieses Gesetzbuchs; jedoch nur soweit, als sie durch spätere Gesetze nicht widerrufen oder berührt worden sind:

1. Alle Gesetze, welche Gemeindekörperschaften inkorporieren, und Gesetze, welche Zusätze zu Inkorporationsgesetzen oder Statuten solcher Körperschaften enthalten oder sich auf Erwählung und Bestallung von Beamten derselben beziehen, oder die Rechte und Pflichten solcher Beamten näher bestimmen;

2. Alle Gesetze, welche sich auf Auswanderer oder andre in Fahrzeugen von fremden Ländern kommende Passagiere beziehen, jedoch unbeschadet der in § 626 dieses Gesetzbuchs enthaltenen Vorschriften;

3. Alle Gesetze über Bestrafung der Trunkenheit oder über Unterdrückung der Unmäfsigkeit oder über den Verkauf oder Vertrieb von berauschenden oder alkoholartigen Getränken;

4. Alle Gesetze, welche Strafe bestimmen und vorsehen gegen Verbrechen, welche nicht in diesem Gesetzbuch bestimmt und mit Strafe bedroht sind.

§ 726. Aufgehobene Gesetze. — Alle Gesetze und Teile von Gesetzen, welche mit den Bestimmungen dieses Gesetzbuches unvereinbar sind, werden aufgehoben, soweit sie eine Strafe wegen Verbrechen auferlegen, mit Ausnahme der in diesem Gesetzbuche vorgesehenen Fälle.

§ 727. Wann dieses Gesetzbuch in Wirksamkeit tritt. — Dieses Gesetz tritt am 1. Dezember 1882 in Kraft. Wenn dafselbe in Verbindung mit andern Verordnungen ausgelegt wird, so ist anzunehmen, dafs es am vierten Januar 1881 Gesetzeskraft erhalten habe, so dafs eine Verordnung, welche nach diesem Tage Gesetzeskraft erhalten hat, dieselbe Wirkung haben soll, als wenn sie nach diesem Gesetzbuche Gesetzeskraft erlangt hätte.

Militär-Strafgesetzbuch

für das

Königreich Dänemark

vom 7. Mai 1881.

Übersetzt nach der amtlichen Ausgabe.

Professor Goos in Kopenhagen hat in liebenswürdigster und dankenswertester Weise die Revision des deutschen Textes besorgt.

Zu vergleichen ist der Aufsatz von Goos: Gesetzgebung, Praxis und Wissenschaft des dänischen Strafrechts im Jahre 1881 im II. Bd. der Zeitschrift (Nr. 6).

Inhalt.

1. Kapitel.

Personen und strafbare Handlungen, auf welche sich die Militärstrafgesetze beziehen.

§ 1. Alle der Kriegsmacht des Reiches angehörenden Militärpersonen, mögen dieselben fest angestellt oder nur zeitweilig im Dienst sein, werden, wenn nicht Ausnahmen ausdrücklich vorgeschrieben sind, nach den Militärstrafgesetzen beurteilt, und zwar nicht nur wegen aller rein militärischen Verbrechen, sondern auch wegen der übrigen in diesem Gesetz bedrohten strafbaren Handlungen, welche sie begehen, während sie unter Militärgerichtsbarkeit stehen. Wegen anderer strafbarer Handlungen tritt Bestrafung nach den bürgerlichen Strafgesetzen ein; doch sind, insofern bei Bestimmung der Strafe das Militärgericht zuständig ist, die Vorschriften über Strafumwandlung zu beachten, welche für gewisse Fälle in diesem Gesetz vorgesehen sind.

§ 2. Auch bei Kriegsgefangenschaft, Fahnenflucht oder Schiffbruch finden die Bestimmungen der Militärstrafgesetze auf Militärpersonen Anwendung.

§ 3. Personen, welche in dänische Kriegsgefangenschaft geraten sind und während sie unter militärischer Bewachung stehen, eine strafbare Handlung begehen, werden nach den Militärstrafgesetzen beurteilt, soweit diese nach der Beschaffenheit des Falles zur Anwendung gelangen können. Ebenso sind Kriegsgefangene, welche auf Ehrenwort entlassen sind und dasselbe brechen, nach den Militärstrafgesetzen zu bestrafen.

§ 4. Personen, welche nicht zur bewaffneten Macht des Reiches gehören, werden nach den Militärstrafgesetzen beurteilt, wenn sie in Kriegszeiten auf einem von der Kriegsmacht besetzten oder eroberten Gebiete aufserhalb der Grenzen oder des Seegebietes des Reiches für den Feind spionieren, eine Militärperson zum Verrat, zur Fahnenflucht, zum Aufruhr oder Ungehorsam verleiten oder auf andere Weise an den genannten Verbrechen teilnehmen, oder sonst Handlungen begehen, welche der Kriegsmacht von unmittelbarem Nachteil sind, oder wenn sie die Bestimmungen übertreten, zu deren Erlassung im Interesse der Sicherheit der Kriegsmacht oder der Kriegsunternehmungen der zuständige Befehlshaber sich veranlafst fand.

§ 5. Hat eine Militärperson eine strafbare Handlung begangen, bevor sie der Militärgerichtsbarkeit unterstand, so ist die nach dem bürgerlichen Strafgesetz verwirkte Strafe in eine entsprechende militärische Strafe zu verwandeln, insofern Militärpersonen nach diesem Gesetz mit anderen Strafen, als das bürgerliche Strafgesetz bestimmt, zu bestrafen sind.

Wird jemand vor den bürgerlichen Gerichten wegen einer in diesem Gesetze bedrohten strafbaren Handlung angeklagt, welche er begangen hat, während er der Militärgerichtsbarkeit unterstand, so ist die Strafe nach dem gegenwärtigen Gesetze festzusetzen, jedoch eine rein militärische Strafe in die entsprechende bürgerliche Strafe umzuwandeln.

§ 6. Befindet sich ein Teil der Kriegsmacht aufserhalb der Grenzen des Reiches und begehen die zu derselben gehörenden Militärpersonen daselbst Handlungen, welche je nach ihrer Beschaffenheit entweder nach den bürgerlichen oder nach den Militärstrafgesetzen des Reiches zu bestrafen sind, so finden die Bestimmungen dieser Gesetze die gleiche Anwendung, als wenn die That innerhalb der Grenzen des Reiches selbst verübt worden wäre, soweit nicht in diesem Gesetze Ausnahmen vorgesehen sind, oder die Handlung durch Kriegsrecht gerechtfertigt ist.

§ 7. Die nach dem allgemeinen bürgerlichen Strafgesetz dem Justizministerium zustehende Befugnis, einen dänischen Unterthan wegen eines von diesem im Auslande begangenen Verbrechens in Dänemark vor Gericht stellen zu lassen, steht bezüglich der zur Kriegsmacht gehörenden Militärpersonen dem zuständigen Militärministerium zu, wenn das begangene Verbrechen zur Zuständigkeit der Militärgerichte gehört.

2. Kapitel.

Strafen.

§ 8. Abgesehen von den in § 199 genannten Disziplinarstrafen werden folgende Strafen verhängt:

Todesstrafe,
Strafarbeit,
Freiheitsstrafe,
Amtsverlust oder Dienstentlassung und
Verweis.

Rücksichtlich derjenigen dieser Strafen, welche auch in den bürgerlichen Strafgesetzen angedroht sind, kommen die in diesen enthaltenen allgemeinen Regeln zur Anwendung, soweit nicht in den Militärstrafgesetzen besondere Bestimmungen sich finden.

§ 9. Die nach den Militärstrafgesetzen verhängte Todesstrafe ist durch Erschiefsen öffentlich zu vollstrecken. Eine auf Grund der bürgerlichen Gesetze verhängte Todesstrafe kann ebenfalls durch Erschiefsen vollstreckt werden, wenn die Umstände nicht gestatten, sie in der durch die bürgerlichen Gesetze vorgeschriebenen Weise zu vollstrecken.

§ 10. Strafarbeit ist Zuchthausarbeit oder Arbeit in einem Korrektionshaus.

Die Verbüssung von Strafarbeit hat die Ausschliessung vom Dienste im Heere oder in der Flotte sowie Amtsverlust oder Dienstentlassung zur Folge. Doch kann ein Wehrpflichtiger, den Vorschriften des Wehrpflichtgesetzes gemäfs, zum Nutzen der Kriegsmacht beschäftigt werden.

§ 11. Als Freiheitsstrafen[1]) werden angewendet:

einfacher Arrest (Stubenarrest oder Wachtarrest),
einsamer Arrest,
einfacher oder strenger Arrest in Ketten,
Dunkelarrest,
Dunkelarrest mit schmaler Kost,
einfaches oder strenges Gefängnis bei Wasser und Brot,
einfacher oder strenger Festungsarrest und
Staatsgefängnis.

§ 12. Einfacher Arrest ist entweder Stubenarrest oder Wachtarrest.

§ 13. Ist Stubenarrest verhängt, so darf der Arrestant seine Wohnung in der Kaserne, im Zelt oder anderwärts nicht verlassen. Auf Kriegsschiffen besteht der Stubenarrest darin, dass dem Arrestanten kein Landurlaub bewilligt und er nicht zum Dienst auf Land oder auf Fahrzeugen, welche Land anlaufen, befehligt wird (Schiffsarrest). In Strandbatterien kann ebenfalls Verweigerung des Landurlaubs statt Stubenarrest verhängt werden. Die Strafe des Stubenarrestes ist auf alle Militärpersonen anwendbar, auf Gemeine jedoch nur bei Disziplinarvergehen, falls diese ohne Urteil entschieden werden.

§ 14. Der Wachtarrest wird entweder in dem Arrestlokale einer Wache oder in einem anderen dazu eingerichteten Lokale verbüſst. Auf Kriegsschiffen wird der Wachtarrest von Offizieren und denjenigen Unteroffizieren, welche eine Koje besitzen, in dieser verbüsst (Kojenarrest), von denjenigen Unteroffizieren, welche eine Koje nicht haben und von Gemeinen in einem hellen oder am Tage erhellten Arrestlokale. Mangelt an Bord ein derartiges Lokal, so ist für die zuletzt erwähnten Militärpersonen der Wachtarrest auf dem Schiff unanwendbar. Dauert der Arrest an Bord länger als 24 Stunden, so ist dem Arrestanten täglich eine Stunde, oder, nach dem Ermessen des Befehlshabers des Schiffes, morgens eine Stunde und abends eine Stunde Bewegung in freier Luft gestattet.

Wachtarrest hat Beschränkung des Unterhaltes nicht notwendig zur Folge; doch ist darauf zu achten, daſs die Arrestordnung nicht gestört werde. Besuche darf der Arrestant nur mit besonderer Erlaubnis unter denjenigen Einschränkungen annehmen, welche der Zweck der Strafe und die bezüglich der Ruhe und Ordnung im Arrestlokale gegebenen Vorschriften notwendig machen.

Offiziere dürfen nicht gemeinschaftlich mit Unteroffizieren oder Gemeinen, Unteroffiziere nicht gemeinschaftlich mit Gemeinen den Arrest verbüſsen. Wachtarrest ist nicht anwendbar gegen Offiziere, welche höheren Rang als Hauptmannsrang haben.

§ 15. Unteroffiziere und Gemeine, welche zu Stubenarrest verurteilt sind, versehen während der Dauer des Arrestes den gewöhnlichen militärischen Dienst. Im übrigen soll derjenige, welcher einfachen Arrest verbüſst,

---

[1]) Die Ausdrücke „Freiheitsstrafe“ und „Gefängnis“ ohne Zusatz werden im Gesetze als gleichbedeutend gebraucht.

ohne besondere Umstände, welche seinen Dienst nötig machen, nicht zu Dienstleistungen befehligt werden. In diesem Falle wird in die Arrestzeit auch die Zeit eingerechnet, während welcher der Arrest des Dienstes wegen unterbrochen worden ist.

§ 16. Die kürzeste Dauer des einfachen Arrestes beträgt sechs Stunden, die längste für Offiziere zwei Monate, für andere Militärpersonen einen Monat.

§ 17. Einsamer Arrest ist in Einzelhaft verbüſster Wachtarrest. Die Arrestzellen sind so einzurichten, daſs der Arrestant andere nicht sehen, noch mit anderen sprechen, noch, soweit es möglich, hören kann, was auſserhalb der Arrestzelle vorgeht. Auf Kriegsschiffen wird die Strafe in einer Arrestzelle vollstreckt, welche so abzuschlieſsen ist, als die Verhältnisse an Bord es gestatten.

Das Tabakrauchen ist dem Arrestanten nicht gestattet.

Einsamer Arrest ist anwendbar gegen Unteroffiziere und Gemeine, und kann bis zu sechzig Tagen, auf Kriegsschiffen bis zu fünf und dreiſsig Tagen verhängt werden.

§ 18. Arrest in Ketten ist entweder einfacher oder strenger. Im ersten Falle wird der Verurteilte mit einem Beine, im anderen Falle mit beiden Beinen an einen festen Punkt auf der Diele (auf Deck) befestigt, jedoch derart, daſs er am Stehen, Sitzen oder Liegen nicht gehindert ist. Die Fesselung soll in einem möglichst abgesperrten, gegen Wetter und Wind geschützten Raume erfolgen; wo Wachtarrestlokale vorhanden, sind diese zu verwenden; die Kette soll mindestens eine Elle lang sein. Der Gefesselte erhält gewöhnliche Kost und wird zum Zwecke freier Bewegung täglich eine Stunde entfesselt; auf Kriegsschiffen erhält er nachts das Bettzeug einer Koje und an Land die nötigen Decken, um sich warm zu halten. Das Tabakrauchen ist ihm nicht gestattet.

Einfacher Arrest in Ketten kann bis zu zehn Tagen, strenger Arrest in Ketten bis zu fünf Tagen verhängt werden.

§ 19. Dunkelarrest ist einsamer Arrest, welcher in einer dunklen Gefängnis- oder Arrestzelle verbüſst wird. Er kann bis zu dreiſsig Tagen verhängt werden.

Der Dunkelarrest wird bei Personen, welche über achtzehn Jahre alt sind, ohne Unterbrechung vollstreckt, falls er nicht länger als fünf Tage währt; im anderen Falle wird die Strafe alle fünf Tage für je einen Tag unterbrochen, an welchem der Arrestant in hellem einsamem Arrest gehalten wird. Wenn Personen im Alter von fünfzehn bis achtzehn Jahren Dunkelarrest verbüſsen, so wird der Arrest jeden dritten Tag in hellen Arrest umgewandelt und die Tage des hellen Arrestes werden in die Zahl der zuerkannten Dunkelarresttage eingerechnet. Auf Kriegsschiffen ist der Arrestant in der Zwischenzeit auf freiem Fuſs unter Aufsicht oder nach Umständen gleich einem Untersuchungsgefangenen in Gewahrsam zu halten.

Dunkelarrest ist gegen Unteroffiziere und Gemeine anwendbar,

§ 20. Bei Dunkelarrest mit schmaler Kost wird dem Arrestanten mittags eine angemessene warme Mahlzeit verabreicht, im Heere von der Art, wie sie Soldaten bei Marketendern oder in den Militärspeiseanstalten verabreicht wird; aufserdem erhält der Arrestant nur Wasser und Brot.

§ 21. Auf Kriegsschiffen wird dem Arrestanten, welcher Dunkelarrest oder Dunkelarrest mit schmaler Kost verbüfst, täglich morgens eine Stunde und abends eine Stunde Bewegung in freier Luft unter Aufsicht, möglichst von der übrigen Mannschaft getrennt, gestattet.

§ 22. Gefängnis bei Wasser und Brot ist entweder einfaches oder strenges. In beiden Fällen wird dem Gefangenen nur Wasser und Brot nebst Salz verabreicht. Das Tabakrauchen ist ihm nicht gestattet. Auf Kriegsschiffen erhält der Gefangene Erlaubnis zur Bewegung in freier Luft in der in § 21 vorgeschriebenen Weise. Die kürzeste Dauer dieser Strafe beträgt zwei Tage (achtundvierzig Stunden), die längste an Bord von Schiffen zwanzig, sonst dreifsig Tage.

§ 23. Einfaches Gefängnis bei Wasser und Brot wird mit denjenigen Unterbrechungen verbüfst, welche das bürgerliche Strafgesetz vorschreibt. Der Gefangene wird an den Tagen, an welchen die Strafe unterbrochen wird, an Bord von Schiffen auf freiem Fufs unter Aufsicht oder nach Umständen gleich einem Untersuchungsgefangenen in Gewahrsam gehalten; zu Land wird er in ein Wachtarrestlokal gebracht, sofern nicht die Militärbehörde, welche die Strafe vollstrecken lässt, findet, dass er ohne Bedenken auf freiem Fufse gelassen werden kann. Die Strafe soll, so lange der Gefangene bei Wasser und Brot gehalten wird, möglichst in Einzelhaft verbüfst werden. Auf den Schiffen, wo eine helle (oder erhellte) Arrestzelle nicht eingerichtet werden kann, tritt Dunkelarrest mit schmaler Kost an Stelle des einfachen Gefängnisses bei Wasser und Brot.

§ 24. Die Strafe des strengen Gefängnisses bei Wasser und Brot wird in einer dunklen Gefängnis- oder Arrestzelle und zwar stets in Einzelhaft verbüsst. Der Gefangene erhält weder Matratze noch anderes Bettzeug und mufs auf der nackten Pritsche oder Diele der Zelle liegen; in der Nacht erhält er Überdecken und als Kopfunterlage Kissen oder Pfühl.

Die Strafe wird ohne Unterbrechung verbüfst, falls sie nicht länger als fünf Tage dauert. Bei längerer Dauer wird sie auf zweimal oder mehrmal fünf Tage verhängt und dann jedesmal, ehe sie weiter vollstreckt wird, für je fünf Tage unterbrochen, während welcher Zeit der Gefangene zwar in Einzelhaft verbleibt, die Zelle aber erhellt und zu Land mit der für Militärgefängnisse gebräuchlichen Lagerstätte, an Bord mit Kojenbettzeug versehen wird. Doch kann an Bord von Kriegsschiffen die Strafe auch auf sechs, sieben oder acht Tage mit Unterbrechungen von je zwei Tagen verhängt werden. Kann an Bord ein helles oder erhelltes Gefängnis nicht eingerichtet werden, so wird der Gefangene in der Zwischenzeit nur nachts im Gefängnis gehalten, am Tage aber aufserhalb des Gefängnisses möglichst von der übrigen Mannschaft getrennt unter Aufsicht oder nach Umständen gleich einem Untersuchungsgefangenen in Gewahrsam gehalten.

§ 25. Auf Gefängnis bei Wasser und Brot darf gegen Personen von fünfzehn bis achtzehn Jahren nicht erkannt werden. An Stelle dieser Strafe werden Dunkelarrest mit schmaler Kost oder die in den bürgerlichen Strafgesetzen gegen diese Personen an Stelle von Gefängnis bei Wasser und Brot vorgeschriebenen Strafen verhängt.

§ 26. Auf Gefängnis bei Wasser und Brot kann gegen Offiziere nicht erkannt werden, aufser wenn sie eine strafbare Handlung begangen haben, welche in der öffentlichen Meinung als entehrend gilt.

Unteroffiziere dürfen nur dann mit strengem Gefängnis bei Wasser und Brot bestraft werden, wenn zugleich auf Dienstentlassung erkannt worden ist.

Militärpersonen, welche zur Zeit des Beginnes der Strafvollstreckung mehr als sechzig Jahre alt sind, sollen, statt in Gefängnis bei Wasser und Brot, in Dunkelarrest mit schmaler Kost gefangen gehalten werden. Ebenso sollen diejenigen, welche nach ärztlichem Gutachten eine verwirkte Gefängnisstrafe bei Wasser und Brot oder einen Teil derselben nicht ohne Gefahr für ihre Gesundheit zu ertragen vermögen, in Dunkelarrest mit schmaler Kost gefangen gehalten werden.

§ 27. Der Festungsarrest ist entweder einfacher oder strenger. Derselbe wird in der Arrestzelle einer Festung verbüfst. Jeder Arrestant mufs in einem besonderen Raume eingeschlossen werden.

§ 28. Wer zu einfachem Festungsarrest von mehr als einmonatiger Dauer verurteilt ist, erhält nach Ablauf des ersten Monats die Erlaubnis, unter ordnungsmässiger Aufsicht und unbewaffnet täglich bis zu zwei Stunden an einem abgelegenen Platze der Festung Bewegung zu machen. Im ersten Monat des Festungsarrestes wird eine solche Erlaubnis zu Bewegung in freier Luft nicht erteilt; doch kann der Festungskommandant, wenn die Bewegung für die Gesundheit des Arrestanten nötig erachtet wird, diese gestatten, aber nicht öfter und länger, als nötig und gewöhnlich nicht über eine Stunde täglich. Demjenigen, der einfachen Festungsarrest verbüfst, kann gestattet werden, einige wenige Stunden des Tages Besuche anzunehmen, nicht aber Gesellschaft zu halten.

§ 29. Dem zu strengem Festungsarrest Verurteilten wird Bewegung in freier Luft nur mit denselben Einschränkungen gestattet, welche § 28 für den ersten Monat des einfachen Festungsarrestes feststellt Er darf keine Besuche annehmen, falls er nicht unter aufserordentlichen Umständen vom Festungskommandanten die Erlaubnis hierzu erhält.

§ 30. Auf Festungsarrest kann gegen Offiziere, nicht aber gegen Unteroffiziere und Gemeine erkannt werden, auf strengen Festungsarrest ist auch gegen Offiziere, welche mit Amtsverlust oder Dienstentlassung bestraft werden, zu erkennen, wenn die angewendete gesetzliche Bestimmung Strafschärfung fordert oder zulässt. Die Strafe wird auf einen Monat, auf sechs Wochen oder auf zwei oder mehrere Monate, aber nicht auf längere Zeit als auf ein Jahr verhängt.

§ 31. Wer eine der vorgenannten Freiheitsstrafen verbüfst, mufs seinen Unterhalt während der Haftzeit aus eigenen Mitteln bestreiten, oder es werden die Kosten des Unterhalts von der Löhnung abgerechnet. Hat der Arrestant keine Löhnung und keine anderen Mittel, seinen Unterhalt zu bestreiten, so werden ihm die Mittel zur Bestreitung seines Unterhaltes überwiesen. Die Höhe derselben wird von dem zuständigen Militärministerium festgesetzt.

§ 32. Ist ein Gemeiner während seiner ersten Dienstzeit mindestens fünfmal mit Freiheitsstrafen, welche sechzig Tagen Wachtarrest gleich zu achten sind, und darunter mindestens einmal auf Veranlassung des zuständigen Gerichtsherrn durch kriegsgerichtliches Urteil bestraft worden, so kann das Kriegsgericht, wenn er abermals vor ihm angeklagt wird, nach sorgfältiger Erwägung der Beschaffenheit der Vergehen des Angeklagten und sämtlicher übriger Umstände, wenn nötig, dem Angeklagten als Zusatzstrafe die Entfernung von seiner Abteilung auferlegen. In diesem Falle ist er während seiner übrigen Dienstzeit, indem ihm diese so berechnet wird, als wenn er zu eventuell fortgesetztem Dienste ausgehoben worden wäre, zum Nutzen der Kriegsmacht nach näherer Bestimmung der Kriegsverwaltung zu verwenden; doch sind solche Personen nicht in besondere Strafabteilungen zu vereinigen.

Zeigt derjenige, über den ein solches Urteil verhängt ist, bei diesem besonderen Dienste Fleifs und gute Aufführung, so kann er nach zwei Monaten straffreien Dienstes durch Spruch des Gerichtsherrn wieder zu der Abteilung, bei welcher er diente, zurückversetzt werden, und ist dort als zu derjenigen Altersklasse gehörig zu behandeln, mit welcher er zum Dienst ausgehoben worden war. Wird er darauf von neuem straffällig, so ist er nach Spruch des Gerichtsherrn zu dem besonderen Dienste einzustellen, zu welchem die Kriegsverwaltung ihn bestimmt und bleibt dann davon ausgeschlossen, in Friedenszeit zu seiner Abteilung zurückversetzt zu werden.

§ 33. Wenn in diesem Gesetz Freiheitsstrafe ersten Grades erwähnt wird, so ist darunter einfacher Arrest, einsamer und Dunkelarrest, Arrest in Ketten, einfaches Gefängnis bei Wasser und Brot, strenges Gefängnis bei Wasser und Brot nicht über fünfzehn Tage, einfacher Festungsarrest bis zu vier Monaten und strenger Festungsarrest bis zu drei Monaten zu verstehen.

Jede schwerere Freiheitsstrafe, ausgenommen Staatsgefängnis, fällt unter Freiheitsstrafe zweiten Grades.

Wird Gefängnis oder Freiheitsstrafe ohne nähere Bezeichnung erwähnt, so sind beide Grade, nicht aber Staatsgefängnis darunter zu verstehen.

§ 34. Staatsgefängnis wird von den Kriegsgerichten nicht auf kürzere Zeit als auf ein Jahr verhängt und hat für Offiziere Amtsverlust oder Dienstentlassung zur Folge. Ist nach den bürgerlichen Gesetzen Staatsgefängnis von kürzerer Dauer verwirkt, so ist auf eine andere entsprechend strenge Strafe, gegen Offiziere auf Festungsarrest, zu erkennen.

§ 35. Amtsverlust oder Dienstentlassung ist gegen Befehlshaber und diejenigen Militärpersonen anwendbar, welche nach § 41 mit den für Offiziere und Unteroffiziere bestimmten Strafen belegt werden.

Wer Amtsverlust oder Dienstentlassung verwirkt hat, ist, sofern er seine Dienstzeit noch nicht vollendet hat, verpflichtet, dieselbe als Gemeiner mit seiner Altersklasse abzudienen. Dies hindert jedoch das zuständige Militärministerium nicht, ihn zu entlassen.

§ 36. Amtsverlust oder Dienstentlassung tritt nicht nur in den Fällen ein, für welche diese Strafe vorgeschrieben ist, sondern auch:

1) wenn ein Befehlshaber für eine strafbare Handlung, welche in der öffentlichen Meinung als entehrend gilt, Freiheitsstrafe verwirkt hat, in welchem Falle der Amtsverlust oder die Dienstentlassung die Folge der Beschaffenheit der strafbaren Handlung ist und Herabminderung der Freiheitsstrafe nicht bewirkt;
2) wenn ein Befehlshaber, ohne dafs die Bedingungen für Anwendung der Vorschrift in Nr. 1 vorliegen, eine schwerere Freiheitsstrafe verwirkt hat, als gegen ihn verhängt werden kann, in welchem Falle der Amtsverlust oder die Dienstentlassung nach dem Ermessen des Kriegsgerichts entweder ganz an Stelle der Freiheitsstrafe tritt oder eine angemessene Herabminderung derselben bewirkt;
3) wenn, ohne dafs eine der beiden vorstehenden Vorschriften zur Anwendung kommt, ein Befehlshaber, welcher in der gleichen Stellung zuvor mehrmals mit Freiheitsstrafe belegt worden ist, von neuem die gleiche Strafe verwirkt hat und das Kriegsgericht nach sorgfältiger Erwägung aller Verhältnisse des Angeklagten, der Beschaffenheit der begangenen strafbaren Handlungen und aller sonstiger Umstände denselben für untauglich oder unwürdig ansieht, länger als Befehlshaber zu dienen, in welchem Falle der Amtsverlust oder die Dienstentlassung an Stelle der Freiheitsstrafe tritt.

§ 37. Amtsverlust oder Dienstentlassung schliefst die Möglichkeit nicht aus, dafs der Verurteilte wieder im Amte oder Dienste angestellt werde, wenn er im Kriege oder in gefährlicher Lage sich durch Tapferkeit oder Mut ausgezeichnet hat, vorausgesetzt, dafs er nicht wegen einer strafbaren Handlung verurteilt worden ist, welche in der öffentlichen Meinung als entehrend gilt.

§ 38. Verweis wird, wenn die Lage der Umstände dies rechtfertigt, als Strafe für weniger bedeutende Dienstvergehen verhängt, für welche sonst nur auf einfachen Arrest von kurzer Dauer zu erkennen sein würde.

§ 39. Militärpersonen von zehn bis fünfzehn Jahren können auf Kriegsschiffen mit einfachem Arrest bis zu dreifsig Tagen und sonst bis zu sechzig Tagen und mit Verweis bestraft werden. Im übrigen werden sie mit denjenigen Strafen belegt, welche nach den bürgerlichen Strafgesetzen gegen sie anwendbar sind.

§ 40. Ist für eine strafbare Handlung die Strafe nach den bürgerlichen Gesetzen zu bestimmen, so werden die in diesen festgesetzten Strafen angewendet, jedoch mit denjenigen Abweichungen, welche die Militärstrafgesetze vorschreiben. Abgesehen von dem, was in dieser Beziehung an anderen Stellen dieses Gesetzes bestimmt ist, ist zu beachten:

1) Einfachem Gefängnis nach den bürgerlichen Gesetzen entspricht Wachtarrest nach den Militärstrafgesetzen; einem Tag Gefängnis bei gewöhn-

licher Gefängniskost nach den bürgerlichen Gesetzen ein und ein halber Tag Wachtarrest; Gefängnis bei Wasser und Brot nach den bürgerlichen Gesetzen Dunkelarrest mit schmaler Kost und einfaches Gefängnis bei Wasser und Brot nach den Militärstrafgesetzen. Ist nach den bürgerlichen Gesetzen Freiheitsstrafe auf längere als die für die entsprechende Militärstrafe zulässige Dauer verwirkt, so wird die Strafe nach dem im § 44 bestimmten Verhältnis in eine strengere Art des Militärgefängnisses oder in eine andere militärische Strafe umgewandelt; doch darf, wenn nach dem bürgerlichen Strafgesetz durch Urteil an Stelle einer uneinbringlich gewordenen Geldstrafe eine Freiheitsstrafe bestimmt werden soll, keine strengere Strafe als Dunkelarrest mit schmaler Kost verhängt werden;

2) soll eine Strafe nach den bürgerlichen Gesetzen bestimmt werden, so ist, wenn das Verbrechen den Militärdienst betrifft, gegen eigentliche Militärpersonen nicht auf Geldstrafen, sondern an deren Stelle auf Freiheitsstrafe oder aber, wenn neben der Geldstrafe eine andere Strafe angedroht ist, auf diese zu erkennen. Ist die in anderen Fällen erkannte Geldstrafe uneinbringlich geworden und die an ihre Stelle tretende Freiheitsstrafe im Urteil nicht bestimmt, so erfolgt die in den bürgerlichen Gesetzen vorgeschriebene Verbüfsung der Strafe im Gefängnis nach den in der Ziff. 1 dieses Paragraphen festgesetzten Regeln.

§ 41. Auf die zur Kriegsmacht gehörenden Militärpersonen, welche nicht Offiziere, Unteroffiziere oder gemeine Soldaten sind, finden in Ermangelung besonderer Vorschriften diejenigen Strafen Anwendung, welche gegen die mit ihnen in eine Klasse gestellten Militärpersonen angedroht sind (vergl. § 48). Auf alle, welche höheren Rang als Unteroffizierrang bekleiden, finden die Bestimmungen für Offiziere Anwendung. Stehen die erwähnten Personen in einer Rangklasse mit Unteroffizieren und haben sie Dienstentlassung verwirkt, auf welche aber infolge ihrer Stellung gegen sie nicht erkannt werden kann, so können sie mit allen für gemeine Soldaten anwendbaren Freiheitsstrafen belegt werden. Für Unterkorporale und diejenigen, welche mit ihnen in gleicher Rangklasse stehen, gelten die Vorschriften für Unteroffiziere.

Werden Spielleute zur Dienstentlassung verurteilt, so bleiben sie Spielleute, werden aber in die Klasse der Gemeinen versetzt. Sie können unter den Voraussetzungen des § 37 wieder in eine höhere Rangklasse befördert werden.

§ 42. Kriegsgefangene werden mit den Strafen belegt, welche für die Militärpersonen der entsprechenden Rangklasse in der dänischen Kriegsmacht festgesetzt sind. Doch können kriegsgefangene Unteroffiziere, wenn sie Dienstentlassung verwirkt haben, mit den gleichen Strafen wie Gemeine belegt werden.

§ 43. Diejenigen Personen, welche nach § 4 in gewissen Fällen ausnahmsweise nach den Militärstrafgesetzen beurteilt werden, können an Stelle der in diesen Gesetzen bestimmten Strafen, wenn diese nicht für anwendbar erachtet werden, mit den in den bürgerlichen Strafgesetzen angedrohten Strafarten nach den in diesen gegebenen Vorschriften belegt werden.

§ 44. Die nachstehenden Strafen stehen zu einander in folgendem Verhältnisse:

1) Stubenarrest gegen Gemeine auf drei Tage, gegen Unteroffiziere auf zwei Tage und auf einen und einen halben Tag gegen Offiziere, welche auch mit Wachtarrest bestraft werden können, wird einem Tage Wachtarrest gleichgeachtet.
2) Stubenarrest gegen höhere Offiziere, welche nicht mit Wachtarrest bestraft werden können, wird dem Wachtarrest gegen andere Offiziere gleichgeachtet.
3) Ein Tag einsamer Arrest wird zwei Tagen Wachtarrest gleichgeachtet.
4) Ein Tag einfacher Arrest in Ketten wird drei Tagen Wachtarrest und ein Tag strenger Arrest in Ketten sechs Tagen Wachtarrest gleichgeachtet.
5) Ein Tag Dunkelarrest mit schmaler Kost wird sechs Tagen Wachtarrest und ohne diese Verschärfung vier Tagen Wachtarrest gleichgeachtet.
6) Ein Tag einfaches Gefängnis bei Wasser und Brot wird sechs Tagen Wachtarrest gleichgeachtet.
7) Strenges Gefängnis bei Wasser und Brot wird als eine doppelt so strenge Strafe wie einfaches Gefängnis bei Wasser und Brot angesehen.
8) Ein Monat einfacher Festungsarrest wird einem und einem halben Monat Wachtarrest gleichgeachtet.
9) Ein Monat strenger Festungsarrest wird zwei Monaten Wachtarrest gleichgeachtet.
10) Amtsverlust und Dienstentlassung gilt als geringere Strafe wie Strafarbeit.

Soll eine Art der Gefängnisstrafe in eine andere umgewandelt werden, welche tageweis zuerkannt wird, so wird sie nach ganzen Tagen in der Weise berechnet, dafs der Überschufs, wenn er mehr als einen halben Tag beträgt, als ein ganzer Tag gerechnet wird, sonst aber wegfällt.

3. Kapitel.

Allgemeine Bestimmungen über die Anwendung der Militärstrafgesetze.

§ 45. Die in den bürgerlichen Gesetzen enthaltenen allgemeinen Vorschriften über die Anwendung der Strafgesetze, zum Beispiele über die Bedingungen der Strafbarkeit, über die Bemessung der Strafen oder in anderen Beziehungen sind auch bei Anwendung der Militärstrafgesetze zu beachten, jedoch nach den näheren Bestimmungen, welche diese entweder im allgemeinen, namentlich in diesem Kapitel, oder für besondere Fälle enthalten.

§ 46. Der Zeitpunkt, an welchem die in diesem Gesetz für strafbare Handlungen im Felde gegebenen Vorschriften (Kriegsgesetze) in Geltung treten sollen, wird in jedem Falle der Kriegsbereitschaft von dem zuständigen Minister festgesetzt.

§ 47. Gibt ein Vorgesetzter mit Rücksicht auf ein militärisches Dienstverhältnis den Befehl zu einer strafbaren Handlung, so ist der Untergebene für die Ausführung des Befehles nicht verantwortlich, es sei denn, dafs ihm bekannt sein mufste oder bekannt war, dafs mit dem Befehle ein Verbrechen bezweckt wurde.

§ 48. Für die zur Kriegsmacht gehörenden Personen, welche nicht Offiziere, Unteroffiziere oder gemeine Soldaten sind, gilt rücksichtlich der übrigen Bestimmungen der Strafgesetze dieselbe Vorschrift, welche in § 41 erster Absatz bezüglich der Strafen gegeben ist.

§ 49. Wegen Übertretung von Dienstpflichten können Militärpersonen von zehn bis fünfzehn Jahren bestraft werden, selbst wenn die im Gesetz bestimmte Strafe einfaches Gefängnis nicht übersteigt.

§ 50. Bei Übertretung von Dienstpflichten schliefst selbstverschuldete Trunkenheit die Anwendung der gesetzlichen Strafe nicht aus.

§ 51. Wird ein Verbrechen von mehreren Militärpersonen gemeinschaftlich begangen und ist für diesen Fall eine besondere Strafe gegen den Rädelsführer bestimmt, so wird als solcher ein jeder betrachtet, welcher einen anderen zur Teilnahme an dem Verbrechen bestimmt, die verbrecherische Vereinigung geleitet oder auf andere Weise eine grössere Wirksamkeit als die übrigen Teilnehmer entfaltet hat, um die Ausführung der strafbaren Handlung zu fördern.

Kann in einem solchen Falle der Rädelsführer nicht ermittelt werden und haben Militärpersonen verschiedener Rang- oder Dienstklassen an dem Verbrechen teilgenommen, so kann die Strafe gegen denjenigen der Teilnehmer, welcher die höchste Rang- oder Dienstklasse bekleidet, und wenn mehrere Teilnehmer derselben Klasse vorhanden sind, gegen denjenigen, der dem Dienstalter nach den übrigen vorgeht, nach Umständen über das Höchstmafs der für das Verbrechen festgesetzten Strafe hinaus, jedoch innerhalb der Grenzen der gegen den Rädelsführer angedrohten Strafe, verschärft werden.

§ 52. Als erschwerende Umstände sind bei Bemessung der Strafen innerhalb der für dieselben bestimmten Grenzen, ausser dem, was die bürgerlichen Gesetze in dieser Beziehung bestimmen, nach Beschaffenheit der strafbaren Handlung in Betracht zu ziehen:

1) dafs sie im Felde und insbesondere vor dem Feinde begangen ist;
2) dafs sie im Dienste und insbesondere unter Waffen begangen ist;
3) dafs ein Befehlshaber mit seinen Untergebenen an einer strafbaren Handlung teilgenommen und insbesondere diese zur Begehung der Handlung verleitet hat.
4) dafs mehrere sich zur Begehung einer strafbaren Handlung vereinigt oder eine solche gemeinschaftlich begangen haben;
5) dafs jemand seine Waffen oder seine dienstliche Stellung zur Verübung einer strafbaren Handlung mifsbraucht hat.

Doch kommt, wenn die Strafe für eine einzelne strafbare Handlung mit Rücksicht auf einen der erwähnten Umstände besonders betimmt ist, dieser nicht weiter in Betracht.

§ 53. Soll wegen Zusammentreffens mehrerer strafbarer Handlungen oder in anderen Fällen eine Strafe durch eine Zusatzstrafe erhöht werden, so sind folgende Vorschriften zu beachten:

1) die in diesem Gesetz für gewisse Strafarten bestimmten Grenzen dürfen nicht überschritten werden;
2) wenn der höchste Grad einer bestimmten Freiheitsstrafe nicht für genügend erachtet wird, so kann eine geringere Art derselben in eine strengere umgewandelt werden; überschreitet die Freiheitsstrafe das für sie festgesetzte Höchstmafs, so kann eine strengere Strafart an ihre Stelle gesetzt werden; doch ist Staatsgefängnis unstatthaft, wenn diese Strafe nicht für eine der begangenen strafbaren Handlungen ausdrücklich festgesetzt ist.
3) Amtsverlust oder Dienstentlassung kann gegen Offiziere durch strengen Festungsarrest und Dienstentlassung gegen Unteroffiziere durch Gefängnis verschärft werden.

§ 54. Für Unordnungen oder andere geringe Vergehen, welche an und für sich keinen besonderen Nachteil für den Dienst nach sich ziehen, soll die ersten male auf die milderen Arreststrafen und erst bei wiederholter Verurteilung auf Gefängnis bei Wasser und Brot oder andere strenge Freiheitsstrafen erkannt werden.

§ 55. Ist in diesem Gesetz für eine strafbare Handlung eine Strafe bestimmt, welche nicht gegen alle Rangklassen anwendbar ist, so wird die Strafe demjenigen gegenüber, gegen welchen sie nicht verhängt werden kann, in eine andere entsprechend strenge Strafe, welche anwendbar ist, umgewandelt. An Stelle des Amtsverlustes wird gegen Lieutenants und mit diesen in der gleichen Rangklasse stehende Dienstthuende, welche nicht vom Könige ernannt worden sind, Dienstentlassung, und gegen Unteroffiziere entweder Dienstentlassung oder eine andere mildere Strafe als Strafarbeit, doch nicht weniger als zehn Tage einfaches Gefängnis bei Wasser und Brot oder eine entsprechend strenge Strafe, verhängt, und gegen gemeine Soldaten eine mildere Strafe als Strafarbeit, jedoch nicht weniger als fünf Tage einfaches Gefängnis bei Wasser und Brot oder eine entsprechend strenge Strafe.

§ 56. Steht bei einer strafbaren Handlung dem Kriegsgericht das Recht zu, zwischen mehreren ausdrücklich angegebenen Strafen zu wählen, so kann es auch eine an Schwere zwischen diesen stehende Strafe verhängen, doch nicht Staatsgefängnis, welche Strafe nach diesem Gesetz nur eintritt, wenn sie in den betreffenden gesetzlichen Bestimmungen besonders angedroht ist.

§ 57. Werden strafbare Handlungen, welche in den Militärstrafgesetzen nicht vorgesehen sind, bei Ausführung militärischer Dienstverrichtungen oder sonst im Militärdienste verübt, so ist dieser Umstand bei Bemessung der Strafe nach den bürgerlichen Gesetzen in Betracht zu ziehen.

Gegen die in der Kriegsmacht angestellten Auditeure, Ärzte, Tierärzte,

Intendanten und andere Rechnungs- oder Verwaltungsbeamten werden für die in ihrer dienstlichen Stellung begangenen strafbaren Handlungen in solchen Fällen diejenigen gesetzlichen Bestimmungen angewendet, welche gegen Zivilbeamte und Zivilbedienstete von gleicher oder ähnlicher Stellung zur Anwendung zu kommen haben.

§ 58. Die Vorschriften der bürgerlichen Strafgesetze über die von Amts- oder Dienstpersonen im Amte oder Dienste begangenen strafbaren Handlungen sind auch auf gemeine Soldaten anwendbar, wenn diese im Dienste oder aus Anlafs desselben eine strafbare Handlung begehen, sofern nicht die That in diesem Gesetz mit besonderer Strafe belegt ist.

§ 59. Ist seit Begehung einer strafbaren Handlung, welche bei Erhebung der Anklage vor das Kriegsgericht gehören würde, ein Zeitraum von mehr als zehn Jahren verstrichen, ohne dafs nach den allgemeinen Vorschriften die Verfolgung verjährt ist, so hat das zuständige Militärministerium zu beschliefsen, ob die Verfolgung unterbleiben soll. Ebenso hat dasselbe Ministerium zu bestimmen, ob ein vom Kriegsgericht erlassenes Strafurteil, seit dessen Erlafs zehn Jahre verflossen sind, vollstreckt werden soll.

§ 60. Wenn im Felde, in einer belagerten Festung, auf einer zu Kriegszeiten in See befindlichen Flotte oder auf einem solchen Geschwader Fahnenflucht, grober Ungehorsam, Plünderung, unerlaubter Verkehr mit dem Feinde oder andere grobe, für die Kriegsunternehmungen gefährliche strafbare Handlungen, welche nicht mit Todesstrafe, oder doch nicht unbedingt mit Todesstrafe, bedroht sind, derart überhandnehmen, dafs gefährliche Folgen für die Sicherheit des Heeres, der Festung, der Flotte oder des Geschwaders oder sonst für die Kriegsunternehmungen offenbar zu befürchten sind, falls diese strafbaren Handlungen nicht schnell unterdrückt werden, so kann, wenn die in diesem Gesetze angedrohten Strafen für unzureichend erachtet werden, für solche strafbare Handlungen Todesstrafe angedroht werden, und zwar seitens des höchstkommandierenden Generals oder der Festungskommandanten, sowie seitens der Generale, welche selbständig operierende Teile des Heeres befehligen, ebenso seitens des Höchstkommandierenden der Flotte oder des Geschwaders. Eine derartige Androhung kann unter gleichen Umständen auch getroffen werden, um die Bewohner eines feindlichen Landes von Handlungen abzuhalten, welche die Kriegsmacht mit Gefahr bedrohen. Der Befehl ist, bevor er in Kraft tritt, auf angemessene Weise bekannt zu machen. Fordern die Umstände, dafs der Befehl länger als einen Monat in Geltung bleibt, so ist er nach Ablauf dieses Zeitraums durch wiederholte Kundmachung zu erneuern. Über einen solchen Befehl mufs möglichst bald an das zuständige Militärministerium berichtet werden.

§ 61. Wenn Teile der dänischen und einer verbündeten Kriegsmacht vereint Dienste thun, so werden die zur dänischen Kriegsmacht gehörenden Personen, welche strafbare Handlungen gegen Teile der verbündeten Kriegsmacht oder gegen die derselben angehörenden Personen oder an ihrem Kriegsmaterial oder an anderen Gegenständen begehen, ebenso bestraft, als wenn die strafbaren Handlungen gegen die dänische Kriegsmacht, gegen derselben angehörende Personen oder an ihrem Kriegsmaterial oder an anderen

Gegenständen begangen worden wären, wenn nicht für solche Fälle besondere Bestimmungen vorgesehen sind.

§ 62. Der Ersatz für den durch eine strafbare Handlung zugefügten Schaden wird nach den Vorschriften des bürgerlichen Rechts zuerkannt.

§ 63. Die in diesem Gesetz bedrohten strafbaren Handlungen sind von Amtswegen zu verfolgen.

4. Kapitel.

Verrat, Pflichtverletzungen aus Feigheit und andere Handlungen, durch welche die Kriegsmacht der Gefahr im Kriege ausgesetzt wird.

§ 64. Wer in der Absicht, den Unternehmungen des Feindes Vorschub zu leisten oder auf andere Weise den Feind zu begünstigen, demselben Auskunft über Stärke, Zustand, Bewegungen oder Pläne eines Teiles der Kriegsmacht oder über Beschaffenheit oder Zustand von Befestigungen, Kriegsfahrzeugen, Kriegsvorrat oder anderen ähnlichen Gegenständen gibt, dem Feinde die Losung (Parole, Feldgeschrei, Erkennungszeichen) oder Signale verrät, dem Feinde Kundschafterdienste leistet oder solchen Kundschafterdienst befördert; wer es unterlässt, einen gegebenen Befehl gehörig auszuführen, wer falsche Meldungeu macht oder wer pflichtmässige Meldungen zu machen unterlässt, wer Geschütze vernagelt oder anderes Kriegsmaterial zerstört, oder andere Handlungen unternimmt, welche dem Feinde Vorschub leisten, wird als Verräter mit dem Tode bestraft.

Diese Strafe ist auch wegen der in den folgenden Paragraphen bedrohten Handlungen zu verhängen, wenn dieselben in verräterischer Absicht vorgenommen wurden, selbst wenn sonst geringere Strafe bestimmt ist.

§ 65. Der Vorgesetzte, welcher von einem verräterischen Unternehmen seiner Untergebenen Kenntnis erhält und dasselbe nicht zu verhindern sucht, wird ebenfalls als Verräter bestraft. Wer sonst Kunde von einem verräterischen Unternehmen oder von Spionage zum Vorteil des Feindes erhält und nicht sofort Anzeige macht, oder, falls dies nicht rechtzeitig geschehen kann, nicht auf andere Weise nach Möglichkeit das Verbrechen zu verhindern sucht, wird mit Gefängnis zweiten Grades oder Strafarbeit bestraft; doch entfällt, trotz Unterlassung der Anzeige, die Strafe, wenn er das Verbrechen verhindert hat. Gegen Verwandte oder Verschwägerte des Schuldigen in auf- oder absteigender Linie, Geschwister, Ehegatten, Pflegeeltern oder Pflegekinder kann, wenn sie das Verbrechen zu verhindern gesucht haben, die Strafe für Unterlassung der Anzeige auf die Hälfte herabgesetzt werden, es sei denn, dass der Verwandte der Vorgesetzte des Schuldigen ist.

§ 66. Hat der Rädelsführer einer beabsichtigten Verräterei die strafbare Handlung verhindert, so kann nach Ermessen des Kriegsgerichts die Strafe herabgesetzt, aber nicht gänzlich erlassen werden.

§ 67. Wenn Kriegsgefangene, welche gegen Ehrenwort entlassen sind, dasselbe brechen, indem sie wieder in der feindlichen Kriegsmacht dienen, und hierauf abermals gefangen genommen werden, so sind sie mit dem Tode oder, wenn mildernde Umstände vorliegen, mit Strafarbeit von nicht unter drei Jahren zu bestrafen. Handeln sie auf andere Weise gegen ihr Ehrenwort, so tritt Gefängnis oder Strafarbeit bis zu drei Jahren ein.

§ 68. Wer während des Gefechts oder bei bevorstehendem Gefecht entweder aus Feigheit als Erster die Flucht ergreift oder durch Wort oder Zeichen die Kameraden verleitet, zu fliehen oder sich nicht zu verteidigen, oder wer, wenn der Feind in unmittelbarer Nähe ist, im eigenen Heere Schrecken und Unordnung zu verbreiten sucht, wird, wenn er Befehlshaber ist, mit dem Tode, wenn er Gemeiner ist, mit Gefängnis zweiten Grades oder Strafarbeit bestraft; liegen erschwerende Umstände vor, so kann auch gegen Gemeine auf Todesstrafe erkannt werden.

§ 69. Wer sonst aus Feigheit vor dem Feinde flieht oder während des Gefechts oder bei bevorstehendem Gefecht sich zu verbergen oder auf andere Weise sich der Teilnahme an der Gefahr zu entziehen sucht, oder wer während des Gefechts oder auf dem Rückzug aus Furcht vor Gefahr Waffen oder Munition wegwirft, Pferde von Geschützen oder Wagen abspannt oder sich eines ähnlichen pflichtwidrigen Verhaltens schuldig macht, wird mit Gefängnis, Amtsverlust oder Dienstentlassung oder Strafarbeit bestraft. Ist durch sein Verhalten erheblicher Nachteil oder grofse Gefahr entstanden, so kann auf Todesstrafe erkannt werden.

§ 70. Wer während des Gefechts oder bei bevorstehendem Gefecht ohne Befehl des anwesenden Vorgesetzten das Zeichen zur Übergabe gibt, insbesondere wer auf Kriegsschiffen ohne Befehl des Schiffskommandanten die Flagge streicht, wird mit dem Tode bestraft.

§ 71. Übergibt der Kommandant einer Festung, eines Kriegsfahrzeuges oder eines anderen Postens ohne Befehl des höheren Vorgesetzten oder ohne äusserste Not die Festung, das Fahrzeug oder deren Besatzung oder den Posten dem Feinde, oder kapituliert der Befehlshaber einer Truppenabteilung auf freiem Felde, während er noch imstande ist, sich zu verteidigen oder Aussicht hat, sich durchschlagen zu können, oder schliefst er, wenn die Kapitulation unvermeidlich geworden ist, Truppen in dieselbe ein, welche ihm zwar unterstellt, aber detachiert sind, so wird derselbe mit Dienstentlassung, Staatsgefängnis, Strafarbeit oder Todesstrafe bestraft. In gleicher Weise wird der Anführer einer Truppenabteilung bestraft, welcher dieselbe ohne äufserste Not auf das Gebiet einer neutralen Macht führt.

Der Kommandant oder Befehlshaber wird bis zum Beweise des Gegenteils als nach vorstehenden Bestimmungen strafbar angesehen, wenn er nicht, bevor er die Handlung vornahm, beachtet hat, was in dieser Hinsicht durch Reglements oder besondere Verhaltungsbefehle in bezug auf die Abhaltung eines Kriegsrates oder sonst festgesetzt ist.

§ 72. Die in § 71 bestimmte Strafe trifft den Befehlshaber, welcher durch Nichtvorrücken während des Gefechts oder bei bevorstehendem Gefecht, sobald dazu Befehl gegeben ist, oder durch Zurückweichen ohne

Befehl oder ohne Not oder auf andere Weise die Pflicht verletzt, welche einem tapferen Krieger in seiner Stellung gebietet, den Feind anzugreifen, zu verfolgen oder ihm zu schaden oder sich gegen denselben zu verteidigen; doch kann, wenn besonders mildernde Umstände vorliegen, auf Gefängnis erkannt werden.

§ 73. Die Strafen für Pflichtverletzung aus Furcht vor persönlicher Gefahr können nach Ermessen des Kriegsgerichts herabgesetzt oder gänzlich erlassen werden, wenn der Schuldige, bevor das Urteil gesprochen wird, hervorragende Beweise von Mut abgelegt hat.

§ 74. Wer dadurch, dafs er wissentlich falsche Meldungen über den Feind macht, Nachrichten über denselben betrügerisch verheimlicht, die freiwillig übernommene Aufgabe, bei Ausführung einer kriegerischen Unternehmung für eine Truppenabteilung Wegweiser oder für ein Kriegsfahrzeug Lootse oder Kundschafter oder Bote in einer wichtigen Angelegenheit zu sein, ungetreu erfüllt; oder dadurch, dafs er vorsätzlich in der Nähe des Feindes Rekognoszierungen oder ähnliche ihm anvertraute Verrichtungen gänzlich versäumt oder pflichtwidrig ausführt; oder dadurch, dafs er ohne Befehl oder Not von einer ihm in der Nähe des Feindes anvertrauten Schanze, Brücke oder einem anderen Posten sich zurückzieht; oder durch eine andere ähnliche grobe Pflichtverletzung einen Teil der Kriegsmacht augenscheinlicher Gefahr aussetzt, eine kriegerische Unternehmung vereitelt oder erheblichen Nachteil veranlafst, wird mit Dienstentlassung, Strafarbeit oder nach Umständen mit dem Tode bestraft.

§ 75. Wer sonst durch falsche Berichte, Übertretung besonderer Anordnungen, welche von dem zuständigen Befehlshaber zur Sicherheit militärischer Unternehmungen gegeben worden sind, oder durch Unterlassung von Vorsichtsmafsregeln oder auf ähnliche Weise einen Teil der Kriegsmacht einer Gefahr aussetzt oder verursacht, dafs demselben durch den Feind Nachteil zugefügt wird, wird mit Gefängnis, Dienstentlassung oder Staatsgefängnis oder Strafarbeit bis zu sechs Jahren bestraft.

Gleiche Strafe trifft denjenigen, welcher in einer belagerten Festung, auf einem Kriegsschiff, während des Gefechts oder bei bevorstehendem Gefecht den Befehlshaber zur Übergabe aufmuntert, ohne von dem Höchstbefehlenden zur Äufserung seiner Meinung aufgefordert worden zu sein, oder wer in einer Versammlung von Soldaten es als notwendig darstellt, sich zu ergeben, oder wer zur Zeit eines Krieges falsche Gerüchte aussprengt oder andere Handlungen vornimmt, welche geeignet sind, die Kameraden zu entmutigen.

§ 76. Die in § 75 bestimmte Strafe trifft denjenigen, welcher ohne Erlaubnis Briefe oder Botschaften an feindliche Unterthanen sendet oder anderen unerlaubten Umgang mit diesen unterhält.

Wer Briefe oder Botschaften von feindlichen Unterthanen empfängt, ohne sofort davon Anzeige zu machen, wird mit Gefängnis bestraft.

§ 77. Der Befehlshaber, welcher ohne rechtmäfsige Veranlassung durch Signal alarmieren läfst und dadurch so ernstliche Unordnung oder Verwirrung hervorruft, dafs die Auflösung des ihm unterstellten Truppenteils zu befürchten ist, wird mit Gefängnis, Dienstentlassung oder Staatsgefängnis bestraft.

§ 78. Wer rechtswidrig Kriegsgefangene freiläfst, vorsätzlich einen Kriegsgefangenen oder einen Spion entweichen läfst oder deren Flucht befördert, wird nach § 74 bestraft.

§ 79. Wer unbefugten Personen über Angelegenheiten des Kriegswesens, welche geheim zu halten sind, damit nicht im Kriege Nachteil oder Gefahr für die Kriegsmacht entstehe oder deren Kriegsunternehmungen dem Mifsglücken ausgesetzt werden, Mitteilungen macht, wird mit Gefängnis, Dienstentlassung oder Staatsgefängnis oder Strafarbeit bis zu drei Jahren bestraft. Geschieht die Mitteilung zu einer Zeit, wo Krieg mit einer fremden Macht in Aussicht steht, sei es unmittelbar, sei es mittelbar an die fremde Macht oder einen ihrer Unterthanen, oder erfolgt die Mitteilung zur Zeit eines Krieges unter solchen Umständen, dafs voraussichtlich die Mitteilung zur Kenntnis des Feindes kommen kann, so kann die Dauer der Strafe bis auf acht Jahre erhöht werden. Ist nach den bürgerlichen Strafgesetzen höhere Strafe verwirkt, so ist diese zu verhängen.

§ 80. Nehmen die in § 4 genannten Personen Handlungen zum unmittelbaren Nachteile der Kriegsmacht vor, oder übertreten sie die Anordnungen, welche der zuständige Befehlshaber zur Sicherheit der Kriegsmacht oder der Kriegsunternehmungen zu geben sich veranlafst sah, so werden diese, sofern die That ihrer sonstigen Beschaffenheit nach nicht mit strengerer Strafe zu belegen ist, mit Gefängnis oder einer anderen Strafe bis zu Strafarbeit von sechs Jahren bestraft.

5. Kapitel.

Fahnenflucht und andere Handlungen, welche darauf abzielen, sich dem Kriegsdienste zu entziehen.

§ 81. Wer in der Absicht, sich der ihm obliegenden Verpflichtung zum Dienste dauernd oder während eines bestimmten Auszuges (Ausmarsch oder Ausfahrt) zu entziehen, entflieht, sich verbirgt oder sonst fern bleibt, macht sich der Fahnenflucht schuldig. Doch soll derjenige, welcher sich dem Dienste während eines bestimmten Auszuges, nicht aber anderen, ihm obliegenden Dienstleistungen während der Dauer des Auszuges entzieht, nicht als fahnenflüchtig behandelt werden.

§ 82. Dieses Verbrechen wird insbesondere auch begangen, wenn in der im vorigen Paragraphen angegebenen Absicht:

1) ausgehobene Wehrpflichtige, welche entlassen sind oder Urlaub haben, zur bestimmten Zeit sich wieder einzufinden unterlassen;
2) derjenige, welcher, ohne dass seine Dienstpflicht beendet ist, aus der Kriegsgefangenschaft befreit, oder durch Zufall von der Abteilung, welcher er angehört, getrennt wird, es unterlässt, sich wieder zum Dienste bei der Kriegsmacht zu melden;
3) derjenige, welcher aus dem Arreste, in welchem er zur Verbüfsung

einer Strafe oder in Untersuchungshaft festgehalten wird, entweicht, selbst wenn seine nächste Absicht darauf gerichtet war, sich der Strafe zu entziehen; doch wird die Strafe für Fahnenflucht nicht verhängt, wenn bereits auf eine Strafe erkannt worden war, welche Entfernung aus der Kriegsmacht nach sich zieht, es sei denn, dafs der Verurteilte zum Feinde übergeht.

§ 83. Die Absicht, sich dem Militärdienste zu entziehen, wird vermutet:

1) wenn jemand ohne Erlaubnis sich von dem ihm zum Aufenthalt bestimmten Orte entfernt und in Friedenszeit nicht innerhalb drei Tagen, zur Zeit eines Krieges nicht innerhalb vierundzwanzig Stunden sich wieder einfindet;
2) wenn jemand seinen Urlaub um mehr als acht Tage überschreitet, ohne über die Ursache seines Ausbleibens zu berichten;
3) wenn jemand, welcher während eines Auszuges von einem Kriegsschiffe auf Befehl oder mit Urlaub an Land gesendet worden ist, sich nicht zur bestimmten Zeit an Bord wieder einfindet, sondern zurückbleibt.

Hinsichtlich aller Personen, welche einem Teile der in der Nähe des Feindes stehenden Kriegsmacht angehören, wird die Absicht, fahnenflüchtig zu werden, vermutet, wenn sie ohne dienstliche Veranlassung aufserhalb der äufsersten gegen den Feind ausgestellten Posten oder der vom Höchstbefehlenden bestimmten Grenzen oder aufserhalb der äufsersten Werke einer belagerten Festung angetroffen werden.

Diese Vermutung gilt dem vollen Beweise gleich, so lange dieselbe nicht durch genügende Aufklärungen entkräftet worden ist.

§ 84. In Friedenszeit wird die Fahnenflucht das erste Mal mit Freiheitsstrafe nicht unter einfachem Gefängnis bei Wasser und Brot auf zweimal fünf Tage, das zweite Mal mit Gefängnis zweiten Grades und wenn das Verbrechen abermals begangen wird, mit Strafarbeit bis zu vier Jahren bestraft.

§ 85. Wer sich zur Zeit eines Krieges der Fahnenflucht schuldig macht, wird mit Gefängnis zweiten Grades oder mit Strafarbeit bis zu drei Jahren bestraft. Wird das Verbrechen abermals begangen, so tritt Strafarbeit bis zu vier Jahren ein.

Wer sich in unmittelbarer Nähe des Feindes der Fahnenflucht von einer auf Kriegsfufs befindlichen Truppenabteilung, oder von einem Kriegsschiff, oder aus einer belagerten Festung schuldig macht, wird, wenn die That nicht nach den sonstigen Umständen strengere Strafe nach sich zieht, mit Strafarbeit von mindestens drei Jahren bestraft.

§ 86. Ist derjenige, welcher in Friedenszeit sich der Fahnenflucht schuldig macht, bereits wegen Fahnenflucht zur Zeit eines Krieges verurteilt worden, so wird die Rückfallstrafe des § 84 verhängt; ist derjenige, welcher zur Zeit eines Krieges sich der Fahnenflucht schuldig macht, bereits wegen Fahnenflucht in Friedenszeit verurteilt worden, so wird gleichfalls die Rückfallstrafe des § 84 verhängt, sofern diese strenger ist, als die nach § 85 verwirkte Strafe.

§ 87. Fahnenflucht zum Feinde wird mit dem Tode bestraft, mag der Schuldige beim Feinde Dienste nehmen oder nicht.

§ 88. Wenn infolge vorhergegangener Verabredung mehrere das Verbrechen der Fahnenflucht gemeinschaftlich begehen, so wird in Friedenszeit jeder derselben, soweit er nicht als Rädelsführer strengere Strafe verwirkt hat, mit Gefängnis zweiten Grades, und wenn er früher bereits wegen Fahnenflucht verurteilt worden ist, mit Strafarbeit bis zu vier Jahren bestraft. Zur Zeit eines Krieges ist die Strafe Gefängnis zweiten Grades oder Strafarbeit bis zu vier Jahren und, wenn das Verbrechen unter den im letzten Teil des § 85 genannten Umständen begangen worden ist, Strafarbeit nicht unter vier Jahren.

Die Rädelsführer werden in Friedenszeit mit Gefängnis zweiten Grades oder mit Strafarbeit bis zu vier Jahren, zur Zeit eines Krieges mit Strafarbeit bis zu acht Jahren und, wenn das Verbrechen unter den im letzten Teile des § 85 genannten Umständen begangen worden ist, mit Strafarbeit nicht unter sechs Jahren oder mit Todesstrafe bestraft.

Bei Bemessung der Strafe nach den vorstehenden Vorschriften ist besondere Rücksicht auf die Zahl der Teilnehmer an der strafbaren Handlung zu nehmen.

§ 89. Ein Offizier wird wegen Fahnenflucht mit Dienstentlassung bestraft, soweit er nicht nach den vorausgehenden Bestimmungen strengere Strafe verwirkt hat.

Ein Unteroffizier kann, wenn eine von ihm durch Fahnenflucht verwirkte Freiheitsstrafe nicht Dienstentlassung zur Folge hat, mit dieser Strafe an Stelle der Freiheitsstrafe bestraft werden.

§ 90. Demjenigen, welcher eine bestimmte Zeit in der Kriegsmacht zu dienen verpflichtet ist, wird die Zeit, während welcher er fahnenflüchtig war, nicht als Dienstzeit angerechnet, sodafs er, wenn die ihm zuerkannte Strafe seine Entlassung aus der Kriegsmacht nicht zur Folge hat, eine entsprechende Zeit nachzudienen hat. Doch hindert dies das zuständige Militärministerium nicht, ihn in die Heimat zu entlassen.

§ 91. Erschwerende Umstände liegen bei Fahnenflucht vor, wenn jemand

1) von einem Fahrzeug fahnenflüchtig wird, das sich auf einem Auszuge befindet oder zu einem solchen ausgerüstet ist;
2) fahnenflüchtig wird, während er Dienstverrichtungen besorgt;
3) fahnenflüchtig wird, wenn er weifs, dafs besondere Beschwerden für die Mannschaft zu überwinden sind oder sein werden, an denen er teilnehmen soll, oder
4) eins der Boote des Schiffes, sein Dienstpferd oder die Waffen, Kleidungsstücke oder andere Gegenstände mitnimmt, welche ihm zum Gebrauch übergeben sind, sofern dieselben nicht zu seiner Bekleidung notwendig sind. Schafft er diese Sachen nicht wieder zur Stelle oder hat er sie vor der Fahnenflucht in der besonderen Absicht, die Gegenstände sich zuzueignen, an sich genommen, so gilt er zugleich als schuldig, die Gegenstände bei Seite veräufsert zu haben (§ 195).

§ 92. Wer wegen Fahnenflucht geringere Strafe als Strafarbeit verwirkt hat und sich freiwillig wieder stellt, bleibt, wenn er nicht Offizier oder Unteroffizier ist, von der Strafe der Fahnenflucht verschont und es wird gegen ihn nur die auf rechtswidrige Abwesenheit (§ 97) angedrohte Strafe verhängt; jedoch wird ihm diese Strafe als für Fahnenflucht verwirkte Strafe angerechnet, wenn er später abermals fahnenflüchtig wird.

§ 93. Der Umstand, daſs ein Fahnenflüchtiger unter Verschweigung dieser Thatsache bei einem anderen Teile der Kriegsmacht als demjenigen, von welchem er fahnenflüchtig geworden ist, Dienste nimmt, schlieſst die Verhängung der gesetzlichen Strafe für Fahnenflucht nicht aus; doch kann diese Strafe, wenn mildernde Umstände vorliegen, auf die Hälfte herabgesetzt werden.

§ 94. Wer zur Zeit eines Krieges von einer bevorstehenden Fahnenflucht Kenntnis erhält und es unterläſst, hiervon Anzeige zu machen, oder wer, wenn rechtzeitige Anzeige unmöglich ist, nicht auf andere Weise nach den Umständen die Fahnenflucht zu verhindern sucht, wird mit Gefängnis oder, wenn er Offizier ist, mit Gefängnis oder Dienstentlassung bestraft. Wird die Ausführung der Fahnenflucht unter den im letzten Teil des § 85 genannten Umständen beabsichtigt, so tritt Gefängnis, Dienstentlassung oder Staatsgefängnis oder Strafarbeit bis zu drei Jahren ein. Doch kann, trotz Unterlassung der Anzeige, die Strafe entfallen, wenn der Schuldige das Verbrechen verhindert hat. Auch werden wegen unterlassener Anzeige die Verwandten oder Verschwägerten des Schuldigen in auf- oder absteigender Linie, Geschwister, Ehegatten, Pflegeeltern oder Pflegekinder nicht bestraft, es sei denn, daſs eine der genannten Personen der Vorgesetzte des Schuldigen ist.

Wer von Fahnenflucht zum Feinde Kenntnis erhält, ist nicht nach den vorstehenden Bestimmungen, sondern nach § 65 zu beurteilen.

Der Rädelsführer bei einer zur Zeit eines Krieges verabredeten Fahnenflucht bleibt, selbst wenn er die Ausführung des Verbrechens verhindert, nicht von Strafe verschont, sondern kann nur Milderung der Strafe nach Ermessen des Kriegsgerichts erwarten.

§ 95. Wer in der Absicht, sich der ihm obliegenden Verpflichtung zum Dienste zu entziehen, Krankheit oder ein körperliches Gebrechen, welches ihn zu diesem Dienste untauglich macht, sich zuzieht, wird mit Freiheitsstrafe nicht unter einfachem Gefängnis von fünfzehn Tagen bei Wasser und Brot oder mit einer gleich strengen Strafe oder mit Strafarbeit bis zu zwei Jahren bestraft.

§ 96. Wer durch Vorschützen einer Krankheit oder durch Anwendung anderer auf Täuschung berechneter ungesetzlicher Mittel sich dem Dienste zu entziehen sucht, wird mit Gefängnis oder mit Amtsverlust oder Dienstentlassung bestraft, wenn nicht nach anderen Bestimmungen höhere Strafe verwirkt ist.

§ 97. Wer sich von derjenigen Abteilung der Kriegsmacht, welcher er angehört, auf ungesetzliche Weise entfernt, oder wer es unterläſst, sich bei diesem Truppenteile wieder einzufinden, wenn er denselben rechtmäſsig verlassen hat oder von demselben zufällig getrennt worden ist, wird, wenn er nicht beabsichtigt hatte, fahnenflüchtig zu werden, mit Gefängnis oder mit Amtsverlust oder Dienstentlassung bestraft. Erfolgte die Entfernung von dem Truppenteile in der Nähe des Feindes, so kann die Strafe auf Strafarbeit bis zu vier Jahren erhöht, muſs aber stets geringer als diejenige für Fahnenflucht bemessen werden.

§ 98. Ein Wehrpflichtiger, welcher an einem bestimmten Orte zum Eintritt in die Kriegsmacht sich zu stellen beauftragt ist, aber ohne rechtmäſsigen Grund diesem Befehl zur rechten Zeit nachzukommen unterläſst und wegen dieses Vergehens vor dem Militärgerichte angeklagt wird, ist mit Gefängnis zu bestrafen. Hat er sich zur Zeit eines Krieges durch sein Ausbleiben vorsätzlich dem Kriegsdienste entzogen, so kann die Strafe bis auf Strafarbeit von zwei Jahren erhöht werden.

6. Kapitel.

Aufruhr von Personen des Soldatenstandes gegen Vorgesetzte und Meuterei.

§ 99. Begehen mehrere Personen des Soldatenstandes Handlungen, welche bezwecken, sich einem Vorgesetzten mit vereinten Kräften zu widersetzen, einem von diesem gegebenen den militärischen Dienst betreffenden Befehl entgegen zu wirken, den Vorgesetzten zu einer Handlung oder Unterlassung zu zwingen oder sich an ihm zu rächen, so werden die Rädelsführer bei einem derartigen Aufruhr mit Strafarbeit von mindestens drei Jahren und die übrigen Teilnehmer im allgemeinen mit Strafarbeit bis zu sechs Jahren bestraft; doch kann gegen diese letzteren bei mildernden Umständen Freiheitsstrafe zweiten Grades und gegen Offiziere Dienstentlassung verhängt werden.

§ 100. Ist der Aufruhr in der Nähe des Feindes, bei Gefahr zur See oder unter anderen Umständen, welche strengste Handhabung der Kriegszucht fordern, oder mit bewaffneter Hand begangen, oder war der Aufruhr mit Gewaltthätigkeiten gegen einen Vorgesetzten verbunden, so werden die Rädelsführer und jeder, welcher solche Gewaltthätigkeiten verübte, mit dem Tode oder Strafarbeit nicht unter zehn Jahren und die übrigen Teilnehmer mit Strafarbeit nicht unter sechs Jahren oder nach Umständen mit dem Tode bestraft.

§ 101. Spielleute und andere Militärpersonen, welche durch Trommeln, Pfeifen oder Blasen Zeichen zur Unterstützung des Aufruhrs geben, sind nach Lage der Umstände zu den Rädelsführern zu rechnen.

§ 102. Denjenigen Teilnehmern am Aufruhre gegenüber, welche, so lange der Zweck des Aufruhrs nicht erreicht, keine Gewalt verübt und kein Nachteil entstanden ist, auf Befehl des Vorgesetzten sofort zu Ordnung und Gehorsam zurückkehren, wird die Strafe herabgesetzt, und zwar den Rädelsführern gegenüber auf Strafarbeit bis zu vier Jahren, den übrigen Teilnehmern gegenüber auf Gefängnis oder Amtsverlust oder Dienstentlassung.

§ 103. Weigern sich mehrere Soldaten gemeinschaftlich, einem von einem Vorgesetzten gegebenen den militärischen Dienst betreffenden Befehl nachzukommen und beharren sie, nachdem sie ausdrücklich zum Gehorsam aufgefordert und auf die Folgen des fortgesetzten Ungehorsams aufmerksam gemacht worden sind, bei ihrer Weigerung, so werden sie des Aufruhrs schuldig erachtet und nach § 99 oder § 100 bestraft. Denjenigen Teilnehmern gegenüber, welche auf die Aufforderung hin sofort zum Gehorsam zurückkehren, kann die für Ungehorsam verwirkte Strafe nach Ermessen des Kriegsgerichts herabgesetzt werden.

§ 104. Haben mehrere Personen des Soldatenstandes Aufruhr oder Ungehorsam gegen einen Vorgesetzten verabredet, so liegt Meuterei vor und es haben die Teilnehmer, wenn das beabsichtigte Verbrechen nicht zur Ausführung kommt, eine Strafe verwirkt, welche sich der für das vollendete Verbrechen verwirkten nähert, jedoch bei mildernden Umständen auf die Hälfte herabgesetzt werden kann. Wenn nach dieser Vorschrift auf geringere Strafe als Strafarbeit erkannt werden kann, so soll die Strafe gegen Offiziere doch mindestens in Dienstentlassung, gegen andere Personen des Soldatenstandes, welche Rädelsführer sind, in Gefängnis zweiten Grades und gegen die übrigen in einfachem Gefängnis bei Wasser und Brot von viermal fünf Tagen oder in einer andern Gefängnisstrafe von gleicher Schwere bestehen. Hatte die Meuterei einen unter § 100 fallenden besonders gefährlichen Aufruhr zum Zweck, so kann gegen den Rädelsführer auf Todesstrafe erkannt werden.

§ 105. Wer in einer Versammlung von Personen des Soldatenstandes diese entweder zu Aufruhr oder Ungehorsam auffordert oder, in der Absicht, dieselben zu einem dieser Verbrechen zu verleiten, mit lauter Stimme oder grofser Heftigkeit oder in anderer unziemlicher Weise sich über das Verhalten eines Vorgesetzten beschwert, oder wer in gleicher Absicht eine andere Klage oder einen Wunsch äussert, oder eine andere Handlung vornimmt, wird, wenn das Verbrechen nicht zur Ausführung gekommen ist, gleich dem Rädelsführer bei einer Meuterei bestraft.

§ 106. Derartige Handlungen, welche in einer Versammlung von Soldaten begangen und geeignet sind, Aufruhr oder Ungehorsam (§ 105) zu verursachen, werden, wenn nach den Umständen nicht angenommen werden kann, dafs diese Wirkung beabsichtigt ist, mit Gefängnis oder Staatsgefängnis oder Strafarbeit bis zu vier Jahren bestraft.

§ 107. Gleiche Strafe trifft denjenigen, welcher in einer Aufruhr oder Ungehorsam zu erwecken geeigneten Weise über Beschwerden oder

Mangel klagt, oder eine andere Handlung begeht, von der er einsehen mufste, dafs durch sie unter einem Teile der Kriegsmacht Mifsvergnügen verbreitet werden kann, mag dies beabsichtigt sein oder nicht.

§ 108. Verüben mehrere Personen des Soldatenstandes mit vereinten Kräften Gewalt gegen Schildwachen, Sicherheitswachen, Ronden, Patrouillen oder andere Posten und Wachen, welche sich in Ausübung des Dienstes befinden und als solche zu erkennen sind, oder verabreden mehrere Personen des Soldatenstandes Gewalt gegen sie, oder fordert jemand in einer Versammlung von Personen des Soldatenstandes zu solcher Gewalt auf oder sucht er auf andere Weise zu solcher Gewalt zu verleiten, so werden die Schuldigen nach den Bestimmungen der §§ 99, 101, 102, 104 oder 105 bestraft. Wird unter den in § 100 genannten Umständen Gewalt gegen Befehlshaber einer der vorstehend erwähnten militärischen Abteilungen verübt, so kann die Strafe nach § 100 bestimmt werden.

§ 109. Wer von einem aufrührerischen Unternehmen oder einer Meuterei Kenntnis erhält und es unterlässt, davon Anzeige zu machen, oder wer, wenn dies nicht rechtzeitig geschehen kann, auf andere Weise nach Umständen die Ausführung des Verbrechens nicht zu verhindern sucht, wird in Friedenszeit mit Gefängnis und zur Zeit eines Krieges mit Gefängnis, Dienstentlassung oder Staatsgefängnis oder Strafarbeit bis zu drei Jahren bestraft. Offiziere können auch in Friedenszeit nach Umständen mit Dienstentlassung bestraft werden. Wer das Verbrechen verhindert, bleibt trotz Unterlassung der Anzeige straflos. Verwandte oder Verschwägerte der Schuldigen in auf- oder absteigender Linie, Geschwister, Ehegatten, Pflegeeltern oder Pflegekinder werden wegen unterlassener Anzeige, soweit sie das Verbrechen zu verhindern gesucht haben, nicht bestraft, es sei denn, dafs der Verwandte Vorgesetzter des Schuldigen ist.

Der Rädelsführer bei einem aufrührerischen Unternehmen oder bei einer Meuterei bleibt, selbst wenn er die Ausführung des Verbrechens verhindert, nicht von Strafe verschont, sondern kann nur Milderung der Strafe nach Ermessen des Kriegsgerichts erwarten.

§ 110. Tritt Mannschaft im Kriege ohne Befehl oder anderen rechtmäfsigen Grund eigenmächtig unter Waffen oder sammelt sie sich an Bord eines Kriegsschiffes in ähnlich bedrohlicher Weise, so gilt sie, wenn kein anderer Zweck ermittelt werden kann, als schuldig des Aufruhrversuchs. Wird festgestellt, dafs dieses Verbrechen nicht beabsichtigt war, so tritt Gefängnis ein, sofern nicht wegen der rechtswidrigen Absicht höhere Strafe verwirkt ist.

§ 111. Nehmen mehrere Personen des Soldatenstandes mit vereinten Kräften und mit bewaffneter Hand an Widerstand gegen die bürgerliche Obrigkeit Teil, so kann die nach den bürgerlichen Gesetzen verwirkte Strafe nach Umständen innerhalb des Rahmens der für Aufruhr gegen militärische Vorgesetzte gegebenen Strafbestimmungen verschärft werden.

7. Kapitel.

Andere strafbare Handlungen gegen Vorgesetzte, im Dienstrange Höhere und Wachen.

§ 112. Wer den schuldigen Gehorsam dadurch verletzt, dafs er gegen einen ihm von seinem Vorgesetzten gegebenen den militärischen Dienst betreffenden Befehl handelt, denselben überschreitet oder ihn auszuführen unterlässt, wer einen solchen Befehl nicht ohne Einwendungen oder unnötigen Verzug ausführt oder einem Dienstbefehle unbefugt entgegenhandelt, wird, wenn er vorsätzlich gehandelt und nicht nach anderen Bestimmungen schwerere Strafe verwirkt hat, mit Gefängnis oder Amtsverlust oder Dienstentlassung bestraft. Ist das Vergehen aus Unachtsamkeit begangen, so ist die Strafe nach § 158 zu bemessen.

Verweigert der Schuldige den Gehorsam oder gibt er auf andere Weise zu erkennen, dafs er nicht gehorchen will, so wird der Ungehorsam oder die Widersetzung mit Freiheitsstrafe nicht unter einfachem Gefängnis bei Wasser und Brot von dreimal fünf Tagen oder mit anderer Freiheitsstrafe gleicher Schwere bestraft.

Wenn besonders erschwerende Umstände vorliegen, wenn z. B. das Verbrechen von mehreren gemeinschaftlich begangen ist; wenn der Schuldige vorher mehrmals wegen Ungehorsams bestraft worden ist; wenn der Schuldige in wichtigen Fällen hartnäckig bei der Verweigerung des Gehorsams beharrt; oder wenn die Widersetzung in Anwesenheit mehrerer Personen des Soldatenstandes stattfindet, so kann die Strafe auf Staatsgefängnis oder Strafarbeit bis zu drei Jahren in Friedenszeit und bis zu sechs Jahren zur Zeit eines Krieges erhöht werden.

§ 113. Wer sich weigert, an einem Angriff auf den Feind oder an der Verteidigung gegen denselben Teil zu nehmen oder wer bei Gefahr zur See in der Nähe des Feindes oder unter anderen Umständen, welche strengste Handhabung der Kriegszucht erfordern, Ungehorsam beweist, durch welchen nach Lage der Sache erheblicher Nachteil oder grofse Gefahr eines solchen verursacht wird, ist mit Dienstentlassung, Strafarbeit oder sogar mit dem Tode zu bestrafen; mit dem Tode dann, wenn erheblicher Nachteil durch den Ungehorsam wirklich verursacht worden ist.

§ 114. Wer im Dienste oder aus Anlafs des Dienstes seinen Vorgesetzten vorsätzlich tötet, wird mit dem Tode bestraft.

§ 115. Wer bei dem im § 113 erwähnten Ungehorsam sich an seinem Vorgesetzten mit Hieben, Schlägen oder mit Anwendung anderer Gewalt thätlich vergreift, wird mit Strafarbeit nicht unter acht Jahren oder mit dem Tode bestraft.

§ 116. Wer sonst im Dienste oder aus Anlafs des Dienstes gegen seinen Vorgesetzten Gewalt anwendet, wird, wenn dadurch der Tod des Vorgesetzten verursacht worden ist, mit dem Tode oder nach Umständen mit Strafarbeit nicht unter sechs Jahren bestraft; wird infolge der angewendeten Gewalt Verstümmelung oder eine andere nicht minder bedeutende Verletzung verursacht (vgl. bürgerliches Strafgesetz § 204), so tritt Strafarbeit nicht unter vier Jahren oder Todesstrafe ein; ist die Verletzung eine weniger schwere, so ist auf Strafarbeit bis zu acht Jahren oder bei mildernden Umständen auf eine geringere Strafe, jedoch mindestens auf eine Freiheitsstrafe zweiten Grades zu erkennen.

Die Strafe entfällt nicht, mag auch die That verübt worden sein, um einen rechtswidrigen Angriff des Vorgesetzten abzuwehren, wenn dieser Angriff keinen Grund zu der Befürchtung gab, dafs er den Tod, eine Verstümmelung oder einen anderen unersetzlichen Schaden verursachen konnte (vgl. § 123).

Wer Gewalt gegen seinen Vorgesetzten nicht im Dienste und nicht aus Anlafs desselben anwendet, wird, wenn das Verbrechen Verstümmelung oder eine andere nicht minder bedeutende Verletzung verursacht hat, mit Strafarbeit, oder wenn eine weniger schwere Verletzung verursacht worden ist, mit Freiheitsstrafe zweiten Grades oder Staatsgefängnis oder Strafarbeit bis zu vier Jahren bestraft.

§ 117. Wer seinen Vorgesetzten mit Gewalt bedroht, ohne jedoch die wirkliche Anwendung derselben zu versuchen, wird mit Freiheitsstrafe nicht unter Gefängnis bei Wasser und Brot von dreimal fünf Tagen oder mit einer anderen Freiheitsstrafe von gleicher Schwere bestraft. Bei erschwerenden Umständen, namentlich wenn die Drohung im Dienste geschieht, kann die Strafe auf Staatsgefängnis oder Strafarbeit bis zu vier Jahren erhöht werden.

§ 118. Werden die in den beiden vorstehenden Paragraphen bedrohten strafbaren Handlungen gegen einen im Dienstrange Höheren verübt, welcher nicht der Vorgesetzte des Schuldigen ist, so wird derselbe mit den in diesen Paragraphen angedrohten Strafen bestraft; jedoch kann die Strafe, wenn das Vergehen nur in Drohungen besteht, nach Umständen auf die gelinderen Grade der Freiheitsstrafe herabgesetzt werden.

§ 119. Wenn jemand aus Anlafs des dienstlichen Verhaltens eines im Dienstrange Höheren denselben zum Zweikampf herausfordert, so wird er mit Freiheitsstrafe zweiten Grades oder mit Dienstentlassung bestraft.

§ 120. Wer im Dienste oder aus Anlafs des Dienstes einen im Dienstrange Höheren beschimpft oder auf andere ehrenkränkende oder die schuldige Ehrerbietung verletzende Weise ihn anredet oder von ihm spricht, ihn zurechtweist oder tadelt, gegen ihn murrt oder auf andere Weise sein Mifsvergnügen gegen ihn äufsert, sich heftig oder trotzig gegen ihn benimmt oder sonst in irgend einer Weise die dem im Dienstrange Höheren schuldige Achtung verletzt, wird mit Gefängnis oder mit Amtsverlust oder Dienstentlassung bestraft; unter besonders erschwerenden Umständen, z. B. wenn der Thäter während des Dienstes an Bord oder unter Waffen sich grober Ehrenkränkungen gegen einen Vorgesetzten schuldig gemacht hat, kann die Strafe auf Staatsgefängnis oder Strafarbeit bis zu drei Jahren erhöht werden.

Wer sonst, wenn er mit einem im Dienstrange Höheren in Berührung kommt, die demselben zukommende Ehrerbietung beiseitesetzt oder von ihm in ehrenkränkender oder unziemlicher Weise spricht, wird mit Gefängnis bestraft.

§ 121. Wer vorsätzlich oder aus Mangel pflichtmäfsiger Achtsamkeit einen im Dienstrange Höheren, welchen zu kennen er verpflichtet ist oder welchen er kennt, die vorgeschriebenen Zeichen der Ehrerbietung zu beweisen unterläfst, wird mit Gefängnis ersten Grades bestraft; ist das Vergehen nicht vorsätzlich begangen, so soll die Strafe das erste Mal nur in Verweis bestehen.

§ 122. Bei Bemessung der Strafe nach den §§ 116 bis 120 ist auf den gröfseren oder geringeren Unterschied der Dienstgrade des Beleidigten und des Schuldigen Rücksicht zu nehmen. Die Begehung der strafbaren Handlung von einem Untergebenen gegen den Höchstbefehlenden eines selbständigen Teils der Kriegsmacht ist als erschwerender Umstand anzusehen. Ebenso gilt es als erschwerender Umstand, wenn der im Dienstrange Höhere in den in §§ 119 bis 121 genannten Fällen zugleich der Vorgesetzte des Schuldigen ist.

§ 123. Bei Bestimmung der Strafe nach den §§ 114 bis 120 ist es als ein besonders mildernder Umstand anzusehen, wenn der Vorgesetzte oder im Dienstrange Höhere durch Überschreitung der Grenzen seiner Dienstgewalt oder durch ungebührliche Behandlung des Untergebenen oder eines Angehörigen desselben zum Verbrechen gereizt oder es dadurch veranlafst hat, dafs er sich in unpassende Vertraulichkeit mit dem Untergebenen einliefs; die Kriegsgerichte werden ermächtigt, unter den angeführten Umständen, wenn sie dazu hinreichenden Grund sehen, Todesstrafe in Strafarbeit, jedoch nicht unter sechs Jahren, zu verwandeln und im übrigen unter die bestimmten Strafgrenzen herabzugehen.

§ 124. Wer vor höheren Vorgesetzten eine unbegründete Klage über seine Vorgesetzten anbringt, wird mit Gefängnis ersten Grades bestraft, wenn er nicht auf Grund des Inhalts der Klage eine höhere Strafe verwirkt hat.

§ 125. Wegen Ungehorsams, Gewalt, Drohung mit Gewalt oder anderer Verletzungen der Pflicht militärischer Unterordnung gegen Schildwachen, Sicherheitswachen, Ronden, Patrouillen (ausgesendete Fahrzeuge) oder andere Posten oder Wachen, welche in Ausübung des Dienstes sich befinden und als solche erkannt werden können, ebenso wegen Beiseitesetzung der diesen schuldigen Achtung werden die in den §§ 112, 113, 116, 117 oder 120 vgl. 123 angedrohten Strafen verhängt; doch kann die Strafe für minder bedeutende Gewalt bei mildernden Umständen auf Gefängnis bei Wasser und Brot von dreimal fünf Tagen oder andere Freiheitsstrafe gleicher Höhe herabgesetzt werden. Wird gegen eine Schildwache oder einen anderen Posten, welcher in der Nähe des Feindes ausgestellt ist, um gegen feindlichen Überfall zu sichern, oder gegen den Auslugposten oder gegen den Steuermann derartige Gewalt verübt, dafs der Posten unbesetzt bleibt oder auf eine andere Weise die Kriegsmacht (das Schiff) augenscheinlicher Gefahr ausgesetzt wird, so kann Strafarbeit bis auf Lebenszeit oder selbst Todesstrafe verhängt werden.

§ 126. Kriegsgefangene sind wegen Ungehorsams, Gewalt, Drohung mit Gewalt und Verletzung der Achtung gegen die Befehlshaber, unter deren Aufsicht sie gestellt sind, und gegen Wachen nach den §§ 112, 116, 117 und 120 vgl. 123 zu bestrafen.

8. Kapitel.

Strafbare Handlungen gegen Untergebene und im Dienstrange Niedere.

§ 127. Läfst ein Vorgesetzter zu, dafs Untergebene ein Verbrechen begehen, so wird derselbe mit der für dieses bestimmten Strafe belegt und kann daneben nach den Umständen mit Amtsverlust oder Dienstentlassung bestraft werden.

§ 128. Der Vorgesetzte, welcher es an jener Aufsicht über Untergebene fehlen läfst, welche nötig ist, um strafbare Handlungen derselben zu verhindern, oder welcher, wenn er weifs, dafs strafbare Handlungen vorbereitet werden, es an entsprechenden Vorsichtsmafsregeln oder genügender Thatkraft zur Verhütung oder Unterdrückung derselben fehlen läfst, wird, wenn für einzelne Fälle nicht eine höhere Strafe festgesetzt ist, mit Gefängnis bestraft; doch kann ein Offizier, wenn er in wichtigen Fällen sich grober Aufserachtlassung seiner Aufsichtspflicht schuldig macht, mit Dienstentlassung bestraft werden.

§ 129. Der Vorgesetzte, welcher seine Untergebenen wegen der von diesen begangenen Verbrechen nicht durch Herbeiführung der Verfolgung, oder, sofern er dazu befugt ist, durch Verhängung der verwirkten Strafe, pflichtgemäfs zur Verantwortung zieht, oder das Verbrechen dem zuständigen höheren Vorgesetzten nicht anzeigt oder rechtswidrig die gegen Untergebene erkannte Strafe nicht vollstrecken läfst, wird mit Gefängnis bestraft. Ein Offizier kann in wichtigeren Fällen oder wenn er wiederholt sich der gleichen Pflichtverletzung schuldig gemacht hat, mit Dienstentlassung bestraft werden.

§ 130. Wer einen im Dienstrange Niederen bestraft, ohne hierzu berechtigt zu sein, oder die Grenzen seiner Strafgewalt überschreitet oder sonst rechtswidrig eine Strafe vollstrecken lässt oder auf andere Weise seine Gewalt zu rechtswidriger Bestrafung oder Verhaftung eines im Dienstrange Niederen mifsbraucht, wird mit Gefängnis oder mit Amtsverlust oder Dienstentlassung bestraft, wenn er nicht nach dem bürgerlichen Strafgesetz höhere Strafe verwirkt hat.

§ 131. Wer unbefugt einen im Dienstrange Niederen schlägt oder auf ähnliche Weise persönliche Gewalt gegen ihn verübt, wird mit Freiheitsstrafe und zwar, wenn der Verletzte durch sein erbitterndes Verhalten nicht zum Verbrechen gereizt hat, nicht unter Wachtarrest von dreifsig Tagen oder einer anderen Freiheitsstrafe von gleicher Schwere bestraft. Artet die Anwendung von Gewalt in wirkliche Mifshandlung aus, oder liegen andere besonders erschwerende Umstände vor, so wird der Schuldige mit

Freiheitsstrafe zweiten Grades oder mit Amtsverlust oder Dienstentlassung bestraft, sofern er nach den bürgerlichen Strafgesetzen nicht höhere Strafe verwirkt hat.

Der höhere Vorgesetzte, welcher bei einer solchen rechtswidrigen Behandlung seiner Untergebenen zugegen ist und nicht sofort einschreitet, um dieselbe zu verhindern, wird nach der Vorschrift des § 127 bestraft.

Wer einen im Dienstrange Niederen rechtswidrig mit Gewalt bedroht, ohne jedoch die wirkliche Anwendung derselben zu versuchen, wird mit Gefängnis bestraft, sofern er nicht nach anderen Bestimmungen schwerere Strafe verwirkt hat.

§ 132. Die Bestimmungen in § 131 kommen nicht zur Anwendung, wenn die Anwendung oder Androhung körperlicher Gewalt gegen einen im Dienstrange Niederen erforderlich war, um während des Gefechts, bei Gefahr zur See, Aufruhr oder andern Umständen, welche strengste Handhabung der Kriegszucht erfordern, einen ungehorsamen Untergebenen zur unverzüglichen Befolgung von solchen Befehlen zu zwingen, welche Flucht, Aufruhr, Plünderung, Gewaltthätigkeiten oder andere schwere Verbrechen verhindern oder denselben Einhalt thun, oder Schiff und Besatzung schützen sollen, oder welche sonst in äufserster Not und dringender Gefahr zur Abwendung von Unglück oder zur Förderung des Kriegszwecks gegeben worden sind. Die Anwendung von Gewalt ist in diesen Fällen gestattet, und der Schuldige, welcher dabei verletzt oder getötet wird, hat die Folgen seines Verhaltens selbst zu tragen.

Ebensowenig ist es Mifsbrauch der Amtsgewalt, wenn ein im Dienstrange Höherer gegen Gemeine, welche sich gemeinschaftlich der Verhöhnung desselben, bedrohlicher Zusammenrottungen oder anderer schwerer Vergehen schuldig machen und auf Befehl nicht zum Gehorsam zurückkehren, seinen Befehlen, welche Gehorsam und Ordnung augenblicklich wiederherzustellen bezwecken, auf der Stelle durch Anwendung von Gewalt Wirkung zu verschaffen sucht.

Liegt einer der in diesem Paragraphen behandelten Fälle vor, so hat der im Dienstrange Höhere Anzeige zu erstatten, damit eine Untersuchung eingeleitet werden kann; zeigt sich dabei, dafs der im Dienstrange Höhere härtere Zwangsmittel angewendet hat, als zur Erreichung des Zwecks erforderlich waren, so ist zu untersuchen, ob dieser Umstand ihm zum Vorsatz oder zur Fahrlässigkeit zuzurechnen ist. In diesem Falle ist eine entsprechende Freiheitssstrafe zu verhängen.

§ 133. Wer die Ehre eines im Dienstrange Niederen dadurch verletzt, dass er ihm ungerechtfertigter Weise Handlungen zuschreibt, welche ihn in der Achtung seiner Mitbürger herabzusetzen oder herabzuwürdigen geeignet sind, wird mit Gefängnis bestraft; gleiche Strafe trifft denjenigen, welcher durch Schimpf- oder Scheltwörter oder anderes unpassendes Benehmen einen im Dienstrange Niederen beschimpft.

§ 134. Bei Bestimmung der Strafe nach § 133 oder § 131 gilt es als erschwerender Umstand, wenn das ungebührliche Benehmen gegen jemanden stattgefunden hat, der sich in berauschtem Zustande befand.

§ 135. Wer es unterläfst, an seine Untergebenen zur rechten Zeit Löhnung, Lebensmittel, Kleidungsstücke, Kriegsbeute oder andere ihnen zukommende Gegenstände auszuteilen oder austeilen zu lassen, oder wer vorsätzlich diese in ungerechter Weise verteilt oder jemanden dabei rechtswidrig verkürzt, wird mit Gefängnis bestraft. Bei Rückfall oder anderen erschwerenden Umständen kann der Schuldige mit Amtsverlust oder Dienstentlassung bestraft werden.

Liegt gewinnsüchtige Absicht vor, so soll der Schuldige zu keiner geringeren Strafe als Amtsverlust oder Dienstentlassung verurteilt werden; bei erschwerenden Umständen, wenn z. B. das Vergehen in solcher Weise verübt worden ist, dafs es augenscheinlich Meuterei zur Folge haben konnte, kann die Strafe auf Strafarbeit bis zu sechs Jahren erhöht werden.

§ 136. Wer seinen Untergebenen gröfsere als die zulässigen Dienstleistungen auferlegt; wer einen seiner Untergebenen rechtswidrig von Dienstleistungen befreit; wer die Reihenfolge, in welcher die Untergebenen zum Dienste beordert werden sollen, nicht beobachtet; wer einen seiner Untergebenen, welcher zur Verabschiedung oder Entlassung berechtigt ist, im Dienste zurückhält; wer einen seiner Untergebenen rücksichtlich der Verabschiedung oder Entlassung rechtswidrig begünstigt; wer seine Stellung dazu mifsbraucht, um seinen Untergebenen Arbeiten zu seinem Privatvorteile aufzulegen; wer seinen Untergebenen Leistungen auferlegt, welche ihnen dienstlich aufzuerlegen er nicht berechtigt ist; wer seinen Untergebenen Handlungen verbietet, welche kraft seiner Dienstgewalt zu verhindern er nicht befugt ist; oder wer die gesetzliche Freiheit derselben in Ausübung der allgemeinen bürgerlichen Pflichten und Rechte einschränkt, z. B. ihnen Teilnahme an öffentlichen Wahlhandlungen verbietet, wird mit Gefängnis bestraft. Offiziere können bei Rückfall oder anderen erschwerenden Umständen zu Dienstentlassung verurteilt werden.

§ 137. Wer von seinen Untergebenen Geschenke oder Gaben oder andere rechtswidrige Vorteile fordert, oder, um sich solche zuzuwenden, auf andere Weise seine Dienstgewalt mifsbraucht, wird mit Amtsverlust oder Dienstentlassung bestraft; doch kann bei besonders mildernden Umständen das erste Mal auf Gefängnis erkannt werden. Hat der Schuldige sich einer Drohung bedient, um sich einen solchen rechtswidrigen Vorteil zuzuwenden, so kann, sofern nicht nach den bürgerlichen Strafgesetzen schwerere Strafe verwirkt ist, Amtsverlust oder Dienstentlassung gegen einen Offizier mit Festungsarrest und gegen einen Unteroffizier mit Gefängnis verbunden werden.

§ 138. Wer seine Untergebenen veranlafst, zu Zwecken, welche mit dem Dienste in Verbindung stehen, oder durch Vorspiegelung eines solchen Zweckes, ihnen nicht obliegende Ausgaben zu machen, wird, wenn dies in gewinnsüchtiger Absicht geschehen ist, nach § 137, im anderen Falle mit Gefängnis ersten Grades bestraft.

§ 139. Wer ohne Erlaubnis des nächsten Vorgesetzten von seinen Untergebenen oder den im Dienstrange Niederen derselben Abteilung ein Geschenk annimmt, ohne dafs die That unter § 137 fällt oder als Bestechung anzusehen ist; wer Geld von ihnen leiht; wer seine Stellung dazu benutzt, um sie zur Eingehung anderer Verbindlichkeiten zu seinen Gunsten zu veranlassen, welche ihnen zum Nachteil gereichen oder dem gegenseitigen Dienstverhältnisse schaden können; oder wer sich mit ihnen in unpassende, der Würde seiner Stellung nachteilige Verbindungen einläfst, wird mit Gefängnis ersten Grades bestraft. Macht sich ein Offizier einer der genannten Handlungen im Verhältnis zu Unteroffizieren oder gemeinen Soldaten oder ein Unteroffizier im Verhältnis zu Gemeinen schuldig, so kann nach Umständen und besonders bei Rückfall gegen einen Unteroffizier Dienstentlassung, mit welcher Freiheitsstrafe verbunden werden kann, und gegen einen Offizier Freiheitsstrafe zweiten Grades oder Dienstentlassung erkannt werden.

§ 140. Der Vorgesetzte, welcher Untergebene durch Androhung von Nachteilen oder durch andere rechtswidrige Mittel davon abzuhalten sucht, Beschwerden anzubringen oder zu verfolgen oder welcher eine ihm dienstlich übergebene Beschwerde, welche zu untersuchen oder zu fördern er verpflichtet ist, unterdrückt oder zu unterdrücken versucht, wird mit Gefängnis oder bei Rückfall nach Umständen mit Amtsverlust oder Dienstentlassung bestraft.

9. Kapitel.

Missbrauch der militärischen Macht oder der Dienstgewalt, welche das Verhältnis zwischen im Dienstrange Höheren und Niederen nicht betrifft.

§ 141. Der Befehlshaber, welcher rechtswidrig, insbesondere unter Aufserachtlassung des § 89 der Verfassung, die ihm unterstehende bewaffnete Macht gegen eine Menschenmenge verwendet, wird mit Gefängnis oder mit Amtsverlust oder Dienstentlassung bestraft. Hat er den Befehl erteilt, die Menge mit Waffen anzugreifen, so kann die Strafe auf Staatsgefängnis oder Strafarbeit bis zu drei Jahren erhöht werden.

War der Schuldige zur Verwendung der bewaffneten Macht offenbar nicht befugt und ist jemand verletzt oder getötet worden, so ist zu untersuchen, ob ihm die Folgen zum Vorsatz oder zur Fahrlässigkeit zuzurechnen sind; wenn in diesem Falle die bürgerlichen Gesetze eine höhere Strafe bestimmen, so soll diese verhängt werden. Auch ist auf höhere Strafe zu erkennen, wenn diese auf Grund des gesetzwidrigen Zweckes verwirkt ist.

§ 142. Der Befehlshaber, welcher die Feindseligkeiten nicht einstellt, nachdem er davon unterrichtet worden, dafs Frieden, Waffenstillstand, Waffenruhe oder Kapitulation geschlossen ist, oder welcher ohne höheren Befehl mit der ihm untergeordneten bewaffneten Macht eine verbündete oder befreundete Kriegsmacht angreift oder in das Gebiet einer befreundeten Macht einfällt und dort Feindseligkeiten verübt, soll, wenn dies nicht zu notwendiger Verteidigung gegen einen Angriff geschehen ist, mit Dienstentlassung oder mit einer höheren Strafe bestraft werden, welche bei besonders erschwerenden Umständen und insbesondere wenn durch die strafbare Handlung ein erheblicher Nachteil verursacht worden ist, bis auf Todesstrafe erhöht werden kann.

§ 143. Wenn jemand sich unbefugt militärische Gewalt anmafst, um eine nach den bürgerlichen Gesetzen strafbare Handlung zu begehen, so kann die nach diesen Gesetzen verwirkte Strafe, sofern ihre Natur dies zuläfst, bei besonders erschwerenden Umständen durch eine Zusatzstrafe erhöht werden, welche jedoch die Hälfte des Höchstmafses der Strafe nicht übersteigen darf.

§ 144. Wenn Schildwachen oder andere Posten, Quartiermeister oder Bootsleute auf Fahrzeugen, Wachen, Patrouillen oder die Mannschaft ausgesendeter Fahrzeuge ihre Stellung dadurch mifsbrauchen, dafs sie Gewalt gegen jemanden verüben oder sonst jemanden kränken oder rechtswidrig anhalten, so soll der Thäter, sofern die That nicht nach ihrer sonstigen Beschaffenheit mit schwererer Strafe zu belegen ist, mit Gefängnis bestraft werden.

§ 145. Die Bestimmungen in § 144 gelangen nicht zur Anwendung, wenn Schildwachen oder andere Posten oder die Befehlshaber ausgesendeter Fahrzeuge, Wachen oder Patrouillen sich darauf beschränken, denjenigen anzuhalten, der durch Schimpfwörter oder auf andere Weise sie beleidigt, oder wenn sie von ihren Waffen gegen denjenigen Gebrauch machen, welcher sie überfällt oder ihnen Widerstand entgegensetzt oder die von ihnen aus Anlafs des Dienstes gegebenen Befehle übertritt; der Schuldige, welcher dabei verletzt oder getötet wird, hat die Folgen seines Verhaltens selbst zu tragen.

§ 146. Wer zur Zeit eines Krieges ohne rechtmäfsigen Grund gegen Kriegsgefangene oder andere fremde Unterthanen Gewalt verübt, sie mifshandelt oder tötet, ist mit den gewöhnlichen Strafen für körperliche Gewalt oder Totschlag zu bestrafen; als ein erschwerender Umstand ist es anzusehen, wenn die strafbare Handlung gegen Kranke, Verwundete oder das Personal in Kriegsspitälern und Ambulancen verübt ist.

§ 147. Wer, unter Verletzung der Vorschriften über Kriegsbeute, Gegenstände, welche den von ihm gemachten Kriegsgefangenen gehören, sich zueignet, oder die von ihm gemachte Beute, welche dem Staate zufällt oder zur Verteilung kommen soll, unterschlägt, wird mit Gefängnis oder mit Amtsverlust oder Dienstentlassung bestraft.

§ 148. Wenn jemand in gewinnsüchtiger Absicht eine Sache auf dem Kampfplatze einem Gefallenen wegnimmt, einem Kranken oder Verwundeten auf dem Kampfplatze, auf dem Marsche, beim Transporte oder im Lazarete raubt oder abnötigt, oder in ähnlicher Weise gegen einen seiner Bewachung anvertrauten Kriegsgefangenen handelt, so soll dies als ein besonders erschwerender Umstand bei Bestimmung der nach Beschaffenheit der That verwirkten Strafe angesehen werden. Werden gegen einen Verwundeten Grausamkeiten verübt, um denselben auszuplündern, so kann die verwirkte Strafe durch Zusatzstrafe bis zur Hälfte ihres Höchstmafses erhöht werden.

§ 149. Wer in Feindesland ohne ausdrückliche Erlaubnis des zuständigen Befehlshabers oder gegen das erlassene Verbot durch offenbare Gewalt oder durch Bedrohung mit Gewalt bewegliches Gut, welches dem feindlichen Staate oder den Einwohnern desselben gehört, dem Besitzer wegnimmt oder abnötigt und sich zueignet, wird wegen Plünderung mit Freiheitsstrafe zweiten Grades oder höherer Strafe bis zu Strafarbeit von sechs Jahren bestraft, wenn die Handlung nicht unter die Bestimmungen der §§ 147, 148, 152 oder 153 fällt. Ist die Plünderung von mehreren gemeinschaftlich begangen, so kann gegen die Rädelsführer die Strafe auf Strafarbeit bis zu zehn Jahren erhöht werden.

§ 150. Wer bei einer solchen Plünderung jemanden tötet oder demselben eine Körperverletzung im Sinne des § 204 des bürgerlichen Strafgesetzes zufügt, wird nach den bürgerlichen Gesetzen wegen Totschlag oder Raub bestraft.

§ 151. Wenn jemand in Feindesland Gut, welches dem feindlichen Staate oder dessen Einwohnern gehört, stiehlt oder offen sich rechtswidrig zueignet, so wird derselbe mit Gefängnis oder höherer Strafe bis zu Strafarbeit von vier Jahren bestraft. Soll jemand nach diesem Paragraphen bestraft werden oder wird jemand, welcher nach demselben bestraft worden ist, später wegen Diebstahls oder offener rechtswidriger Aneignung angeklagt, so finden die Vorschriften über wiederholten Diebstahl keine Anwendung.

§ 152. Wer, ohne dafs die Handlung durch ihre Notwendigkeit gerechtfertigt ist, in Feindesland eigenmächtig Lebensmittel der Einwohner zum eigenen Gebrauch oder für die Abteilung der Kriegsmacht, welcher er angehört, oder wer Fourage für die zur Abteilung gehörenden Pferde, oder andere Lebensbedürfnisse zur Abhülfe des Mangels an solchen sich offen aneignet, wird, falls er dabei keine Gewalt gegen Personen verübt hat, mit Gefängnis oder mit Amtsverlust oder Dienstentlassung bestraft.

Ist Gewalt gegen Personen verübt, so kann die Strafe innerhalb der Grenzen der für Plünderung angedrohten Strafe verschärft werden.

§ 153. Wer unbefugt Kriegsschatzungen auflegt und eintreibt oder in einem höheren Betrage erhebt, als er zu erheben berechtigt ist, wird, wenn er nicht in gewinnsüchtiger Absicht gehandelt hat, mit Gefängnis oder mit Amtsverlust oder Dienstentlassung bestraft. Wird bei der Erhebung Gewalt gegen Personen verübt oder mit Verübung solcher Gewalt gedroht, so kann die Strafe innerhalb der Grenzen der für Plünderung angedrohten Strafe verschärft werden. Ist das Verbrechen in gewinnsüchtiger Absicht begangen, so gilt die That als Plünderung.

§ 154. Wer eigenmächtig und ohne dafs die Handlung durch ihre Notwendigkeit gerechtfertigt ist, von den Bewohnern eines Landes freie Beförderung fordert oder fremde Beförderungsmittel in Gebrauch nimmt, wird mit Gefängnis bestraft.

§ 155. Wer die militärische Macht dazu mifsbraucht, um vorsätzlich fremdes Eigentum zu vernichten oder zu beschädigen, wird, wenn auch die Handlung in Feindesland begangen ist, mit der von den bürgerlichen Gesetzen für solche Handlungen festgesetzten Strafe belegt, sofern nicht für besondere Fälle in den Militärgesetzen eine besondere Strafe bestimmt ist. Doch soll die Strafe, wenn derjenige, welcher rechtswidrig eine solche Handlung vornimmt, vernünftigen Grund hatte, sich zu derselben berechtigt zu halten, herabgesetzt oder gänzlich erlassen werden.

§ 156. Werden Gewaltthätigkeiten gegen jemanden verübt, welcher unter militärischem Schutze steht, oder wird unter solchem Schutze stehendes Gut geraubt, gestohlen, vernichtet oder beschädigt und ist der Schutz dem Thäter bekannt gewesen, so ist dieser Umstand als ein besonders erschwerender zu betrachten und in keinem Falle eine geringere Strafe als Freiheitsstrafe zweiten Grades zu verhängen.

§ 157. Wenn jemand durch Mifsbrauch der militärischen Macht oder der militärischen Autorität sich Gegenstände aneignet hat, so fallen diese oder der Wert derselben, vorausgesetzt dafs der Berechtigte nicht aufzufinden ist, der Staatskasse anheim.

10. Kapitel.

Verletzung militärischer Pflichten im allgemeinen oder in bestimmten Verhältnissen.

§ 158. Wer den Pflichten zuwiderhandelt, die ihm nach den allgemeinen das Kriegswesen betreffenden Reglements oder Anordnungen, nach besonderen Vorschriften oder nach der Natur der Sache obliegen, wer dieselben verabsäumt oder nicht mit der gehörigen Pünktlichkeit erfüllt, wird, sofern keine andere besondere Strafe für das begangene Vergehen festgesetzt ist, mit Gefängnis bestraft. Hat ein Offizier bei dem Vergehen grofsen Leichtsinn oder schwere Vernachlässigung wichtiger Pflichten, Mangel an Mut oder männlicher Bestimmtheit oder grofsen Mangel derjenigen Einsicht bewiesen, welche zur richtigen Beurteilung eintretender Verhältnisse erforderlich ist, so wird er mit Dienstentlassung bestraft.

Ist durch die Pflichtverletzung ein erheblicher und vorhersehbarer Nachteil oder augenscheinliche Gefahr eines solchen verursacht worden, so kann die Strafe auf Staatsgefängnis oder Strafarbeit bis zu drei Jahren erhöht werden.

§ 159. Wer unrichtige Meldungen, Bescheinigungen oder Berichte in Dienstsachen erstattet oder weiter befördert, ohne sie pflichtgemäfs zu prüfen; wer unrichtige Listen, Dienstverteilungs-Verzeichnisse, Rollen oder Bücher führt, wird, sofern nicht nach anderen Bestimmungen eine schwerere Strafe verwirkt ist, wenn Nachlässigkeit vorliegt, mit Gefängnis, und, wenn das Vergehen vorsätzlich begangen ist, mit Gefängnis oder mit Amtsverlust oder Dienstentlassung bestraft. Wenn die vorsätzliche That entweder in betrügerischer Absicht oder unter anderen nicht minder erschwerenden Umständen begangen worden ist, so kann die Strafe auf Strafarbeit bis zu vier Jahren erhöht werden.

§ 160. Wer die Losung (Parole, Feldgeschrei) oder sonstige Zeichen vergifst, unrichtig austeilt oder Unbefugten offenbart, wird gleich demjenigen, welcher sonst Unbefugten Geheimnisse offenbart, mit Gefängnis oder mit Amtsverlust oder Dienstentlassung bestraft, wenn nicht nach anderen Bestimmungen höhere Strafe verwirkt ist (vgl. §§ 64 und 79).

§ 161. Wer sich eigenmächtig und rechtswidrig den Befehl anmafst, wird, wenn für die That nicht nach anderen Bestimmungen andere Strafe verwirkt ist, mit Gefängnis oder mit Amtsverlust oder Dienstentlassung bestraft.

§ 162. Wenn Personen des Soldatenstandes ohne Erlaubnis ihrer Vorgesetzten soldatischen Vereinen beitreten, welche Dienstverhältnisse oder die Politik betreffen, oder Versammlungen von Personen des Soldatenstandes beiwohnen, um über derartige Angelegenheiten zu beratschlagen oder wenn dieselben trotz eines von ihren Vorgesetzten erlassenen besonderen Verbots an einem politischen Vereine bürgerlicher Mitbürger oder an einer politischen Versammlung derselben Teil nehmen, so werden sie, sofern sie nicht wegen des rechtswidrigen Zwecks eine schwerere Strafe verwirkt haben, mit Gefängnis oder, falls sie Offiziere sind, unter Umständen mit Dienstentlassung bestraft.

§ 163. Wer durch unvorsichtigen Gebrauch von Kriegswaffen einen anderen verletzt, wird mit Freiheitsstrafe ersten Grades bestraft, sofern er nicht nach den bürgerlichen Gesetzen schwerere Strafe verwirkt hat.

§ 164. Wer Zwang oder andere rechtswidrige Mittel anwendet, um einen andern zu bestimmen, sich anwerben zu lassen oder von neuem Dienst zu nehmen, wird, sofern nicht nach der sonstigen Beschaffenheit der That schwerere Strafe verwirkt ist, mit Freiheitsstrafe nicht unter einfachem Gefängnis bei Wasser und Brot von dreimal fünf Tagen oder mit anderen Freiheitsstrafen gleicher Schwere bestraft.

§ 165. Wer durch eine rechtswidrige Handlung zu bewirken sucht, dafs ein Wehrpflichtiger von der ihm obliegenden Wehrpflicht befreit wird, soll, sofern nicht nach der sonstigen Beschaffenheit der That schwerere Strafe verwirkt ist, als Offizier mit Dienstentlassung, als Unteroffizier oder Gemeiner mit Freiheitsstrafe zweiten Grades bestraft werden.

§ 166. Ein Offizier, welcher den Arrest bricht, wird mit Freiheitsstrafe nicht unter Wachtarrest von einem Monat oder mit anderer Freiheitsstrafe von gleicher Schwere oder mit Dienstentlassung bestraft. Die letztgenannte Strafe wird stets verhängt, wenn ein Offizier zum zweiten Mal den Arrest bricht, in welchem er nicht bewacht worden ist. Wird der Arrest von anderen Militärpersonen gebrochen, so tritt Freiheitsstrafe ersten Grades ein.

§ 167. Ein Offizier, welcher in feindliche Gefangenschaft geraten, ohne Erlaubniss des zuständigen Militärministeriums Entlassung auf Ehrenwort unter der Bedingung, nicht mehr gegen den Feind zu dienen, annimmt, wird mit Dienstentlassung bestraft. Mit gleicher Strafe und nach Umständen zugleich mit Festungsarrest wird der Offizier bestraft, welcher, auf Ehrenwort entlassen, die gegebene Zusage bricht.

§ 168. Wenn Schildwachen oder andere Posten, Wachen, Patrouillen (ausgesendete Fahrzeuge) oder Sicherheitsabteilungen vorsätzlich eine strafbare Handlung begehen lassen, welche zu verhindern sie kraft ihrer Stellung verpflichtet sind, so ist der Schuldige so zu bestrafen, als ob er selbst die strafbare Handlung begangen hätte.

§ 169. Eine Schildwache oder ein anderer Posten, welcher seiner Bewachung anvertrautes Gut stiehlt, wird wegen schweren Diebstahls nach den bürgerlichen Gesetzen bestraft. Ist durch das Verbrechen nicht schwerere Strafe, als Strafarbeit von einem Jahre, verwirkt, so wird eine militärische Strafe und zwar nicht unter viermal fünf Tagen strenges Gefängnis bei Wasser und Brot verhängt.

§ 170. Die in § 169 angedrohte Strafe ist auch gegen denjenigen zu verhängen, welcher einen Diebstahl an Gegenständen begeht, mit deren Begleitung und Bewachung während ihres Transportes nach einem anderen Orte er beauftragt ist.

§ 171. Begeht eine Schildwache oder ein anderer Posten oder eine Patrouille, ohne sich gegen § 169 oder § 170 zu vergehen, einen Diebstahl, während sie sich in Ausübung des Dienstes befindet, so soll dies als ein erschwerender Umstand betrachtet und als Strafe, sofern dieselbe nach den sonstigen Gesetzen über Diebstahl unter Strafarbeit herabgehen kann, doch keine geringere Strafe als Gefängnis zweiten Grades erkannt werden.

§ 172. Wenn jemand, ohne sich nach den §§ 169, 170, 171, 190 oder 193 strafbar zu machen, in der Kaserne oder in einem anderen Gebäude, in das er durch die öffentliche Behörde einquartiert worden ist, auf dem Schiff oder anderwärts, wo er eine Dienstverrichtung ausführt, Diebstahl begeht oder die Gelegenheit, welche durch Anhäufungen von Personen des Soldatenstandes im Dienste, auf dem Marsche oder unter anderen ähnlichen Umständen sich bietet, dazu benützt, eine zur Kriegsmacht gehörende oder in deren Gefolge befindliche Person zu bestehlen, so soll dieser Umstand innerhalb der gesetzlichen Grenzen als erschwerend in Betracht gezogen und, sofern die Strafe nach der sonstigen Beschaffenheit der That unter Strafarbeit herabgehen kann, doch auf keine geringere Strafe als auf einfaches Gefängnis bei Wasser und Brot von dreimal fünf Tagen erkannt werden.

Die §§ 171 und 172 finden auf solche Diebstähle keine Anwendung, welche wegen ihrer geringeren Strafbarkeit ohne Antrag des Verletzten von Amtswegen nicht verfolgt werden sollen.

§ 173. Wer als Befehlshaber einer Wache, eines Vorpostens, eines ausgesendeten Fahrzeugs oder eines anderen zu ähnlichem Dienste beorderten Teils der Kriegsmacht seinen Posten eigenmächtig verläfst, auf demselben derart berauscht ist, dass er seine Pflichten nicht erfüllen kann, oder den ihm speziell übertragenen Dienst versäumt, wird, wenn die That nicht nach ihrer sonstigen Beschaffenheit schwerere Strafe nach sich zieht, mit Freiheitsstrafe, in den beiden zuerst genannten Fällen nicht unter einfachem Gefängnis bei Wasser und Brot von zehn Tagen oder mit einer entsprechend strengen Strafe oder bei erschwerenden Umständen mit Amts- oder Dienstentlassung bestraft.

§ 174. Die Schildwache, der Auslugposten oder der Steuermann oder andere Wachen, welche eigenmächtig ihre Posten verlassen, auf demselben schlafen oder derart berauscht sind, dafs sie ihre Pflichten nicht zu erfüllen vermögen, werden mit Freiheitsstrafe und in der Regel nicht unter einfachem Gefängnis bei Wasser und Brot von fünf Tagen oder mit einer anderen Freiheitsstrafe von gleicher Schwere bestraft.

§ 175. Wenn bei Begehung der in den §§ 173 und 174 genannten Pflichtverletzungen nach Lage der Umstände besonderer Nachteil zu befürchten war oder entstanden ist, so soll die Strafe nicht unter Freiheitsstrafe zweiten Grades bemessen und kann bis auf Staatsgefängnis oder Strafarbeit von drei Jahren erhöht werden; ist die Pflichtverletzung in der Nähe des Feindes begangen worden, so kann Strafarbeit bis auf Lebenszeit oder selbst Todesstrafe verhängt werden.

§ 176. Die Schildwache, der Auslugposten oder ein anderer Posten, der, wenn dies nicht ausdrücklich erlaubt oder befohlen ist, sich setzt oder legt oder sich von dem Posten länger, als erlaubt ist, entfernt, ohne denselben jedoch gänzlich zu verlassen, wird ebenso wie jeder, der auf Posten oder Wacht andere Vorschriften übertritt, welche zur Erhaltung der Ordnung und Aufmerksamkeit auf Posten- oder Wachtdienst gegeben sind, mit Freiheitsstrafe ersten Grades bestraft.

§ 177. Wer ohne Erlaubnis die Wache, das Schiff oder das Fahrzeug verläfst oder, wenn er Erlaubnis dazu gehabt hat, sich nicht rechtzeitig wieder einfindet, wird im allgemeinen, sofern er nicht nach den §§ 173, 174 oder 175 schwerere Strafe verwirkt hat, mit Freiheitsstrafe ersten Grades bestraft; bei erschwerenden Umständen kann schwerere Strafe, nicht aber Strafarbeit verhängt werden. Geschieht die Pflichtverletzung in der Nähe des Feindes, so kann die Strafe auf Strafarbeit bis zu vier Jahren erhöht werden.

§ 178. Wer im Dienste oder wenn er weifs, dafs er bald Dienst zu thun hat, sich derart berauscht, dafs er aufser stande ist, seinen Dienst zu versehen oder berauscht zum Dienst kommt, wird, sofern er nicht nach § 175 schwerere Strafe verwirkt hat, mit Gefängnis oder bei erschwerenden Umständen mit Amtsverlust oder Dienstentlassung bestraft.

§ 179. Bei Trunkenheit, welche nicht unter die Bestimmungen der §§ 173 bis 175 oder 178 fällt, tritt, wenn dieselbe entweder zu Unordnung oder Ärgernis Anlafs gibt oder an Bord eines Schiffes vorfällt, Freiheitsstrafe ersten Grades ein; doch soll die Strafe gegen Unteroffiziere und gemeine Soldaten einfaches Gefängnis bei Wasser und Brot von zweimal fünf Tagen oder andere Gefängnisstrafe gleicher Höhe nicht übersteigen. Vgl. § 184.

§ 180. Korporale, Unterkorporale oder Gemeine und mit diesen Dienstklassen gleichstehende Personen des Soldatenstandes, welche ohne Erlaubnis die ihnen gehörenden für den Dienst bestimmten Montierungsstücke oder dergleichen andere Gegenstände, welche ihnen geliefert oder übergeben worden sind, verpfänden oder veräufsern oder vorsätzlich verderben oder abhanden kommen lassen, oder welche ohne Anzeige andere ihnen gehörende Gegenstände, mit welchen sie versehen sein sollen, verpfänden oder veräufsern, werden mit Freiheitsstrafe ersten Grades bestraft. Die gleiche Strafe kann nach Umständen ebenfalls, und namentlich im Rückfalle, verhängt werden, wenn Brot oder andere gelieferte Lebensmittel gegen das durch die Umstände notwendig gemachte Verbot veräufsert werden; doch soll die Strafe, wenn keine besonders erschwerenden Umstände vorliegen, einfaches Gefängnis bei Wasser und Brot von dreimal fünf Tagen oder andere Freiheitsstrafe von gleicher Schwere nicht übersteigen.

§ 181. Wer in reglementswidriger, unordentlicher oder unsauberer Militärkleidung oder mit ungeputzter Waffe sich betreffen läfst oder sein Dienstpferd nicht genügend reinhält, während ihm die Zeit nicht fehlte, seine Sachen in Ordnung zu halten, oder wer sich anderer ähnlicher Unordnung schuldig macht, wird mit Freiheitsstrafe ersten Grades bestraft; doch darf die Strafe, wenn keine besonders erschwerenden Umstände vorliegen und der Schuldige im Dienste nicht bereits bestraft worden ist, Wachtarrest, das erste Mal von einem Tag, das zweite Mal von zwei Tagen, das dritte Mal von vier Tagen oder andere Freiheitsstrafe von gleicher Schwere nicht übersteigen.

§ 182. Wer die Bestimmungen übertritt, welche über den Aufenthalt im Quartier zur Nachtzeit erlassen sind, wird mit Freiheitsstrafe ersten Grades bestraft; doch darf die Strafe, wenn keine besonders erschwerenden Umstände vorliegen, und der Schuldige im Dienste nicht bereits bestraft worden ist, Wachtarrest, das erste Mal von zwei Tagen, das zweite Mal von vier Tagen und das dritte Mal von acht Tagen oder andere Freiheitsstrafe von gleicher Schwere nicht übersteigen.

§ 183. Wer sonst sich gegen die militärische Disziplin und Ordnung vergeht, wer z. B. durch Schlägerei, Beleidigungen oder andere Handlungen das friedliche und kameradschaftliche Verhältnis, welches unter den Personen des Soldatenstandes bestehen soll, stört oder sich Drohungen oder anderes unpassendes Verhalten gegen den Wirt oder die Hausleute des Quartiers, in welchem er liegt, verbotenes Spiel, öffentliche Unordnung oder öffentliches Ärgernis oder anderes für einen Soldaten unziemliches Verhalten zu Schulden kommen läfst, oder wer nicht die nötige Vorsicht beachtet, um Beleidigungen zu entgehen, wird mit Gefängnis bestraft, sofern die That wegen ihrer sonstigen Beschaffenheit nicht mit schwererer Strafe zu belegen ist.

§ 184. Macht sich ein Offizier dadurch, dafs er zu grober Unordnung oder zu Ärgernis Anlafs gibt, oder sich einer Behandlung aussetzt, welche mit seiner Standesehre unvereinbar ist, oder dadurch, dafs er einen anderen Offizier in dieser Weise behandelt, oder durch Trunksucht oder sonstige Ausschweifungen oder auf andere Weise der nach seiner Stellung erforderlichen Achtung unwürdig, so tritt Dienstentlassung ein.

§ 185. Kriegsgefangene, welche die für sie getroffenen besonderen reglementarischen Bestimmungen übertreten, werden mit Gefängnis bestraft.

11. Kapitel.

Strafbare Handlungen gegen Geld und Gut der Kriegsmacht.

§ 186. Wer aufser den Fällen, wo die Pflicht es gebietet, vorsätzlich entweder ein bemanntes Kriegsfahrzeug in Brand steckt, oder durch Bewirkung der Strandung, durch Ansegelung oder auf andere ähnliche Weise den Untergang oder grofse Gefährdung desselben verursacht, wird mit Strafarbeit nicht unter acht Jahren oder mit Todesstrafe bestraft. Liegt Fahrlässigkeit, Unkenntnis oder offenbar unrichtige Beurteilung der Lage vor, so tritt Gefängnis oder Amtsverlust oder Dienstentlassung ein.

§ 187. Wer vorsätzlich, ohne dafs die Pflicht es gebietet, durch Anwendung einer Mine oder ähnlicher Zerstörungsmittel der Kriegsmacht gehörende Gegenstände zerstört oder wer solche Sachen in Brand steckt, wird nach den bürgerlichen Gesetzen über Brandstiftung, jedoch mit keiner geringeren als der für denjenigen, welcher auf andere Weise Eigentum der Kriegsmacht zerstört, weiter unter bestimmten Strafe bestraft. Wenn erschwerende Umstände vorliegen, namentlich wenn Festungswerke, Zeughäuser, Pulvertürme oder Depots für gröfsere Bestände von Ausrüstungsgegenständen, oder Lebensmittelmagazine zerstört werden, so kann die Strafe, insbesondere wenn der Tod eines Menschen verursacht worden ist, auf Todesstrafe erhöht werden.

Wer auf andere als die eben erwähnte Art vorsätzlich und pflichtwidrig der Kriegsmacht gehörende Sachen zerstört oder beschädigt, wird mit Gefängnis oder höherer Strafe bis zu Strafarbeit von drei Jahren bestraft, wenn seine That nicht unter § 193 oder § 195 fällt.

§ 188. Wer aus Unachtsamkeit, Unkenntnis oder offenbar unrichtiger Beurteilung der Verhältnisse Gegenstände, welche der Kriegsmacht gehören, zerstört oder beschädigt, wird, sofern er nicht nach anderen Bestimmungen höhere Strafe verwirkt hat und seine That nicht unter § 196 fällt, mit Gefängnis bestraft.

§ 189. Wer Munition oder Kriegsgerät derart verfälscht, dafs der Gebrauch der Waffe gefährlich oder deren Wirkung verringert wird, wird mit Gefängnis zweiten Grades oder höherer Strafe bis zu Strafarbeit von vier Jahren bestraft. Zur Zeit eines Krieges kann, wenn die Verfälschung die Kampftüchtigkeit der Kriegsmacht in wesentlichem Grade verringert, die Strafe auf lebenslängliche Strafarbeit oder selbst bis auf Todesstrafe erhöht werden. Ist durch die That eine Gefahr für das Leben oder die Gesundheit anderer herbeigeführt worden, so tritt Strafarbeit von mindestens vier Jahren, und wenn der Tod eines Menschen verursacht worden ist, Todesstrafe ein.

§ 190. Wer der Kriegsmacht gehörende Gegenstände, welche sich auf den Werften, in den Werkstätten, auf den Schiffen, in den Festungswerken, Zeughäusern, Montierungskammern, auf den Transportwagen derselben oder an anderen gewöhnlichen oder zeitweiligen Aufbewahrungsorten befinden, stiehlt, wird, wenn das Verbrechen nicht unter § 193 fällt, mit Gefängnis, jedoch nicht unter einfachem Gefängnis bei Wasser und Brot von viermal fünf Tagen, oder mit höherer Strafe bis zu Strafarbeit von drei Jahren bestraft, sofern er nicht nach den sonstigen Gesetzen über Diebstahl schwerere Strafe verwirkt hat In diesem Falle wird er mit dieser Strafe belegt und das Objekt des Diebstahls als erschwerender Umstand in Betracht gezogen.

§ 191. Wer der Kriegsmacht gehörendes Geld oder Gut, welches er infolge des Dienstes zur Beaufsichtigung, Verwahrung, Verwaltung, Bearbeitung oder zu anderem Zwecke, jedoch nicht zu eigener Benutzung (vgl. § 195) empfangen hat, verbraucht, vorsätzlich abhanden kommen läfst, verpfändet, veräufsert oder auf andere Weise unterschlägt, wird nach der Bestimmung des bürgerlichen Strafgesetzes, ein Offizier aber mit keiner geringeren Strafe als Dienstentlassung, ein Unteroffizier oder gemeiner Soldat mit Freiheitsstrafe nicht unter einfachem Gefängnis bei Wasser und Brot von viermal fünf Tagen bestraft.

§ 192. Die in § 191 bestimmte Strafe trifft auch denjenigen, welcher empfangenes Gut verfälscht. Hat der Schuldige erkennen müssen, dafs die Handlung eine Gefahr für das Leben oder die Gesundheit anderer zur Folge haben werde, so tritt Strafarbeit von mindestens vier Jahren oder, wenn der Tod eines Menschen verursacht worden ist, Todesstrafe ein.

§ 193. Wenn jemand der Kriegsmacht gehörende Sachen raubt, stiehlt, verfälscht, veruntreut, vorsätzlich, ohne dafs die Pflicht es gebietet, zerstört, beschädigt oder auf irgend eine Weise unterschlägt, und zwar unter solchen Umständen, dafs er erkennen mufste, es könne dadurch Mangel entstehen, welche eine Kriegsunternehmung gefährden oder hindern oder zur Zeit eines Krieges Notstand unter dem Kriegsvolk oder einen anderen bedeutenderen Nachteil verursachen könne, so tritt, falls solche Folgen wirklich entstanden sind, Strafarbeit von mindestens vier Jahren ein. Bei Bemessung der Strafe ist auf die Gesetzesvorschriften, unter welche die begangene strafbare Handlung ihrer sonstigen Beschaffenheit nach fällt, Rücksicht zu nehmen und keine mildere als die in diesen angedrohte Strafe zu verhängen.

§ 194. Wegen Unachtsamkeit bei Verwahrung oder Beaufsichtigung der in § 191 genannten Gegenstände oder wegen Nachläfsigkeit bei Rettung derselben aus Gefahr des Verlustes tritt Freiheitsstrafe oder bei erschwerenden Umständen gegen einen Offizier Dienstentlassung ein.

§ 195. Wer Waffen, Kleidungsstücke, Pferde oder andere Gegenstände, welche der Kriegsmacht gehören und dem Thäter zum Gebrauch übergeben sind, verpfändet, verkauft, auf andere Weise veräufsert oder unterschlägt, wird mit Gefängnis bestraft. Bei Rückfall oder bei anderen erschwerenden Umständen, insbesondere bei Veräufserung des Dienstpferdes, kann schwerere Strafe bis zu Strafarbeit von drei Jahren verhängt werden.

Wer der Kriegsmacht gehörende, ihm zum Gebrauch übergebene Sachen verdirbt oder abhanden kommen läfst oder wer das Dienstpferd mifshandelt, wird mit Gefängnis bestraft.

§ 196. Wer aus Unachtsamkeit die in § 195 genannten Gegenstände verdirbt oder abhanden kommen läfst, wird mit Freiheitsstrafe ersten Grades bestraft.

§ 197. Wer rechtswidrig Gebäude, Fahrzeuge, Pferde oder andere Gegenstände, welche der Kriegsverwaltung gehören, benutzt oder von anderen benutzen läfst, wird mit Gefängnis bestraft. Doch kann ein Offizier, wenn solche Übertretung in gewinnsüchtiger Absicht oder sonst unter erschwerenden Umständen begangen wird, mit Dienstentlassung bestraft werden.

§ 198. Wer an Orten, an welchen Pulver oder ähnliche feuergefährliche Gegenstände aufbewahrt werden, Tabak raucht oder sich denselben ohne Not mit Feuer nähert, oder wer auf Kriegsfahrzeugen, auf Werften, in Zeug- oder Vorratshäusern oder an anderen Orten, an welchen durch Feuer grofser Nachteil oder bedeutender Schaden für die Kriegsverwaltung entstehen kann, gesetzwidrig oder unvorsichtig mit Feuer oder leicht entzündbaren Sachen umgeht, wird mit Gefängnis bestraft.

12. Kapitel.

Allgemeine Bestimmungen.

§ 199. Zu Lande dürfen gegen Personen des Soldatenstandes die gebräuchlichen Disziplinarmittel von den zur Verhängung derselben Berechtigten nur als Ausbildungsmittel Anwendung finden, z. B. Nachputzen gegen denjenigen, welcher schlecht geputzt oder zu putzen versäumt hat, Nachexerzieren, Arbeit oder anderer Dienst ausser Tour gegen denjenigen, welcher Mangel an Fleifs bewiesen, Entziehung von Wein oder Branntwein ohne Ersatz, sofern solche Getränke geliefert werden, gegen denjenigen, welcher sich des Mifsbrauchs derselben schuldig gemacht hat. Es soll in solchen Fällen die Verhängung von Disziplinarstrafen an Stelle des geringeren Grades der Arreststrafe treten können, wenn es nach den Umständen zweckmäfsig erscheint, die Sache damit als erledigt anzusehen. Auf Kriegsschiffen auf Fahrt können vom Schiffskommandanten die in der Flotte gebräuchlichen Disziplinarstrafen ohne Urteil verhängt werden, nämlich Beschränkung der Arbeitsfreiheit und Arbeitssteigerung, Extratour am Steuer, auf Posten, bei Exerzitien oder beim Loggen, bei Zerpflücken des Tauwerks, beim Putzen, Reinigen, beim Küchendienst und bei anderen ähnlichen kleinen Arbeiten, zu welchen der Schuldige nach seiner dienstlichen Stellung an Bord benutzt wird, ferner Entziehung von Wein- oder Branntweinration ohne Ersatz.

Ohne Urteil können von den dazu Berechtigten folgende der in diesem Gesetze behandelte Strafen verhängt werden: Verweis, einfacher Arrest, einsamer Arrest, Arrest in Ketten, Dunkelarrest, Dunkelarrest mit schmaler Kost und einfaches Gefängnis bei Wasser und Brot. Ebenso können Geldstrafen bis zu 40 Kr. für solche Vergehen gegen die bürgerlichen Gesetze verhängt werden, für welche auch Personen des Soldatenstandes mit Geldstrafen bestraft werden (vgl. § 40 Nr. 2) und welche ohne Urteil erledigt werden können.

Einfaches Gefängnis bei Wasser und Brot darf nur bis zu zehn Tagen verhängt werden; die übrigen Arreststrafen sollen sich in den Grenzen entsprechender Strenge halten (vgl. § 44). An Bord von Kriegsschiffen auf Fahrt können jedoch Strafen verhängt werden, welche einfaches Gefängnis bei Wasser und Brot von zwanzig Tagen nicht übersteigen. Im übrigen sind die in diesem Gesetz über obenerwähnte Strafen gegebenen Vorschriften auch dann zu befolgen, wenn die Strafen ohne Urteil zur Anwendung gelangen, und ebenso sind bei Bemessung der Strafen die in diesem Gesetz enthaltenen Vorschriften zu beachten.

Gefängnis bei Wasser und Brot darf nur von den Gerichtsherren und von Befehlshabern, welche die gleiche arbiträre Strafgewalt wie jene haben, ebenso von Schiffskommandanten verhängt werden. Erledigung der Sache ohne Urteil darf nicht stattfinden, wenn die begangene strafbare Handlung entweder in der öffentlichen Meinung als entehrend gilt oder bei Rückfall eine gesetzlich bestimmte Strafschärfung zur Folge hat.

Ist im Felde oder an Bord eines Kriegsschiffes auf See Strafe ohne Urteil verhängt worden, so kann der Thäter nicht die Verweisung der Sache vor Gericht fordern und dadurch die Vollstreckung der Strafe verhindern. Auch kann er nicht Verweisung der Sache vor Gericht fordern, wenn die ohne Urteil verhängte Strafe überhaupt nur eines der vorerwähnten Disziplinarmittel oder Verweis ist. In anderen Fällen kann er sich weigern, sich der Strafe zu unterwerfen, indem er gerichtliches Verfahren verlangt.

Die näheren Vorschriften über ohne Urteil zu verhängende Strafe werden durch königliche Verordnung [1]) festgesetzt.

§ **200.** Kadetten und andere Eleven einer Militärschule sind wegen Vergehen gegen die Vorschriften über Ordnung, Gehorsam, Achtung vor Vorgesetzten, über den Dienst und gegen andere ihre Ausbildung betreffende Vorschriften den Strafbestimmungen unterworfen, welche der König für Unterrichtsanstalten erläfst; diese Bestimmungen kommen auch zur Anwendung, wenn die Offiziers- und Unteroffiziersschulen der Flotte Dienst zur See thun.

§ **201.** Dieses Gesetz tritt am 1. Juli 1881 in Kraft; von diesem Zeitpunkte ab sind alle in den Kriegsartikeln enthaltenen, sowie sonst für die Kriegsmacht gegebenen Strafbestimmungen aufgehoben.

---

[1]) Diese Verordnungen sind am 20. Juni 1881 erlassen worden. (Vgl. den Aufsatz von Goos Zeitschrift Bd. II No. 6.)

Militär-Strafgesetzbuch

für das

Königreich Schweden

vom 7. Oktober 1881.

Übersetzt nach der amtlichen Ausgabe.

Professor Hagströmer in Upsala hat in liebenswürdigster und dankenswertester Weise die gründliche Revision des deutschen Textes besorgt, demselben erläuternde Noten beigefügt und dadurch den Wert dieser Übersetzung wesentlich erhöht. Die Redaktion sagt ihm an dieser Stelle aufrichtigen und herzlichen Dank.

Zu vergleichen ist der Aufsatz von Hagströmer im II. Bande der Zeitschrift für die gesamte Strafrechtswissenschaft (S. 565 ff.).

Inhalt.

---

1. Kapitel.

Personen, welche den Strafvorschriften dieses Gesetzes unterliegen.

§ 1. Diesem Gesetze unterstehen:

a) Personen des Soldatenstandes;

b) die bei der Kriegsmacht angestellten Zivilbeamten;[1])

c) jeder andre, welcher bei der Kriegsmacht eine feste Anstellung hat;[2]) und

d) im übrigen jeder, welcher während eines Krieges auf Grund der erforderlichen Erlaubnis der Kriegsmacht oder einer Abteilung derselben folgt.[3])

§ 2. Zu den Personen des Soldatenstandes gehören:

a) die Offiziere und Unteroffiziere der Kriegsmacht;

b) Gemeine und Spielleute, welche bei der Kriegsmacht fest angestellt sind;

c) diejenigen Wehrpflichtigen, welche nicht unter b) gehören, während der durch besondere Verordnung bestimmten Zeit;

d) die Schiffsjungen der Flotte; die zur Dienstleistung auf einem Kriegsfahrzeuge geheuerten Seeleute; die auf einem Kriegsfahrzeuge angestellten Maschinisten und Arbeiter; sowie

e) andre Personen, in den Fällen, in welchen dieselben auf Grund besonderer Verordnungen den Militärgesetzen unterstehen.[4])

In den durch besondere Verordnungen bestimmten Fällen, in welchen die Mannschaft der Nationalbewaffnung Gotlands und die Mitglieder der freiwilligen, zur Nationalverteidigung gebildeten Korps den Militärgesetzen unterworfen sind, unterliegen dieselben, sofern nicht in den vorerwähnten besonderen Verordnungen ein andres bestimmt ist, den in diesem Gesetze für Personen des Soldatenstandes gegebenen Vorschriften.

§ 3. Strafbare Handlungen der diesem Gesetze unterstellten Personen, welche darin nicht mit Strafe bedroht sind, werden nach den bürgerlichen Strafgesetzen beurteilt, jedoch unter Beachtung der in diesem Gesetze auch für gewisse derartige Fälle enthaltenen besonderen Bestimmungen.

---

[1]) d. h. dem Soldatenstande nicht angehörende. Auch Offiziere und Unteroffiziere gehören nach dem Sprachgebrauch des schwedischen M.St.G.B. zu den Beamten.

[2]) Dahin gehören Militärhandwerker, die nicht Soldaten sind.

[3]) z. B. freiwillige Krankenpfleger, Zeitungskorrespondenten, ausländische Offiziere mit ihrem Gefolge u. s. w.

[4]) Dahin gehören hauptsächlich der Lotsen- und Feuerbaken-Etat, das Weg- und Wasserbaukorps, der Marine-Ingenieur-Etat, das bewaffnete Küstenbewachungskorps.

§ 4. Wer, während er diesem Gesetze untersteht, eine Handlung begangen hat, welche in demselben mit Strafe bedroht ist, wird nach den Vorschriften dieses Gesetzes beurteilt, auch wenn er zu der Zeit, in welcher die Klage erhoben wird, bereits aus dem Verhältnis geschieden ist, auf Grund dessen er diesem Gesetze unterstand.

§ 5. Personen des Soldatenstandes, welche in Kriegsgefangenschaft geraten sind, oder welche durch Fahnenflucht sich dem Dienste entzogen oder zur Bemannung eines Fahrzeuges, das verunglückt oder aufgegeben worden ist, gehört haben, werden, auch wenn ihre Dienstzeit während der Dauer der Gefangenschaft oder der Fahnenflüchtigkeit zu Ende geht, oder ein Dienstverhältnis nur für die Reise mit dem verunglückten oder aufgegebenen Fahrzeuge bestand, so lange als der Kriegsmacht angehörend angesehen, bis sie entweder ihren Abschied aus dem Kriegsdienste erhalten haben oder sonst in gehöriger Weise aus demselben geschieden sind.

§ 6. Hat eine Person des Soldatenstandes oder sonst jemand, welcher bei der schwedischen Kriegsmacht angestellt ist, in feindlichem oder in einem andern fremden Lande, auf dem Marsche oder wenn schwedisches Militär sonst dort zusammengezogen ist, gegen einen fremden Unterthan eine strafbare Handlung begangen, so ist für die Verfolgung eine besondere königliche Anordnung, wie sie in § 1 des ersten Kapitels des bürgerlichen Strafgesetzbuches in bezug auf die im Auslande begangenen Verbrechen[1]) vorgesehen wird, nicht erforderlich, sondern der zuständige Befehlshaber ist berechtigt das Verbrechen verfolgen zu lassen, falls er dies zur Aufrechterhaltung der Kriegszucht oder des Ansehens der Kriegsmacht erforderlich findet, gleichviel ob der Verletzte eine gerichtliche Untersuchung verlangt oder nicht.

§ 7. Wenn schwedisches Militär im Inlande oder Auslande mit norwegischem oder mit dem Militär eines fremden mit Schweden zur Kriegführung verbündeten Staates gemeinschaftlich Dienst thut, so ist jede strafbare Handlung, welche ein Angestellter der schwedischen Kriegsmacht während der Dienstleistung gegen die Person oder das Eigentum eines Angehörigen der norwegischen oder der fremden mit Schweden verbündeten Kriegsmacht begeht, ebenso zu beurteilen als wenn sie gegen die Person oder das Eigentum eines Angehörigen der schwedischen Kriegsmacht begangen wäre. Dasselbe gilt, wenn sich schwedisches Militär zur Dienstleistung in Norwegen oder norwegisches Militär zur Dienstleistung in Schweden befindet, ohne gemeinschaftlich Dienst zu thun.

§ 8. Begehen Kriegsgefangene, welche unter militärischer Bewachung gehalten werden, oder welche auf Ehrenwort von Bewachung befreit sind, Verbrechen, so finden, wenn es die Beschaffenheit des Verbrechens gestattet, die Bestimmungen dieses Gesetzes Anwendung.

---

[1]) Unter „Verbrechen“ ist nach dem Sprachgebrauch der schwedischen Gesetze jede strafbare Handlung zu verstehen.

2. Kapitel.

Strafen.

§ 9. Die Strafen, welche auf Grund der Bestimmungen dieses Gesetzes zur Anwendung gelangen, sind:

1) Todesstrafe;
2) Strafarbeit;
3) Gefängnis;
4) Geldstrafe;
5) Disziplinarstrafe;

und für Beamte:[1])

6) Absetzung, mit welcher in den durch das Gesetz bestimmten Fällen die weitere Folge verbunden werden kann, dafs der Verurteilte für unwürdig erklärt wird, im Staatsdienste ferner Verwendung zu finden; und
7) Verlust des Amtes auf bestimmte Zeit.

Für geringere Versehen und Ungebührlichkeiten, welche nach diesem Gesetze als strafbar nicht befunden werden, tritt ein: Verwarnung, Verweigern des Urlaubs und bei Gemeinen aufserdem strengerer Dienst, Beschränkung der Freiheit des Aufenthaltes aufserhalb der Kaserne, des Lagers oder des entsprechenden Gebietes, und Einbehalten der Löhnung; die näheren Bestimmungen werden durch königliche Verordnung getroffen werden. Diese Zurechtweisungen[2]) dürfen jedoch nicht in solcher Weise angewendet werden, dafs infolge von Überanstrengung oder sonstiger Ursache Nachteil für die Gesundheit und Diensttüchtigkeit des Betroffenen entsteht.

§ 10. Die nach Mafsgabe der Bestimmungen dieses Gesetzes erkannte Todesstrafe ist in den besonders vorgesehenen Fällen durch Erschiefsen, sonst durch Enthauptung zu vollstrecken.

Bei Vollstreckung der Todesstrafe finden im übrigen die Vorschriften des bürgerlichen Strafgesetzbuches und des Dienstreglements Anwendung.

Ist jemand wegen eines Verbrechens gegen dieses oder das bürgerliche Strafgesetzbuch zum Tode durch Enthauptung verurteilt und läfst sich im Felde oder auf See die Strafe nicht vorschriftsmäfsig vollstrecken, so tritt Erschiefsen an Stelle der Enthauptung.

§ 11. Die Todesstrafe darf nicht eher vollstreckt werden, als bis der König, oder falls das Urteil durch ein Standgericht[3]) gefällt worden ist, der höchste Befehlshaber des Ortes die Vollstreckung der Strafe angeordnet hat.

---

[1]) d. h. Offiziere, Unteroffiziere und Militärbeamte. Vgl. Note zu § 1. b).

[2]) Dieser Ausdruck wird im schwedischen M.St.G.B. verwendet, um „kleinere Disziplinarstrafen“ zu bezeichnen. Vgl. Hagströmer, Zeitschr. II S. 574.

[3]) Standgericht ist nach der schwedischen Mil.St.P.O. vom 11. Juni 1868 § 52 ff. ein aufserordentliches Gericht, welches in Kriegszeiten vom höchsten Befehlshaber des Ortes wegen eines mit dem Tode bedrohten Verbrechens bestellt werden kann, wenn der Thäter auf frischer That ergriffen ist und die Kriegszucht oder die Sicherheit der Kriegsmacht als gefährdet erscheint,

§ 12. In bezug auf Strafarbeit, Gefängnis und Geldstrafen, welche gemäfs den Bestimmungen dieses Gesetzes erkannt werden, finden die Vorschriften des bürgerlichen Strafgesetzbuches Anwendung, jedoch unter Beobachtung der in den nachfolgenden §§ getroffenen Bestimmungen.

§ 13. Ist eine Person des Soldatenstandes wegen einer strafbaren Handlung, von welcher das 5., 7. oder 10. Kapitel dieses Gesetzes handelt, zu Strafarbeit von bestimmter Dauer, jedoch nicht von mehr als zwei Jahren, oder wegen eines Verbrechens gegen dieses Gesetz unmittelbar zu Gefängnis verurteilt worden, oder hat eine Person des Soldatenstandes infolge von Umwandlung einer nach diesem Gesetze erkannten Geldstrafe Gefängnis bei Wasser und Brot oder Gefängnis verwirkt, so ist die Strafe, wenn möglich, im Militärgefängnisse zu verbüfsen.

Diese Bestimmung kommt auch zur Anwendung, wenn eine Person des Soldatenstandes, welche zu den in § 2 a., b. oder d. Genannten gehört, infolge von Umwandlung einer nach Mafsgabe der Vorschriften des bürgerlichen Strafgesetzbuches erkannten Geldstrafe Gefängnis bei Wasser und Brot oder Gefängnis verwirkt hat.

§ 14. Die Bestimmungen des § 13 kommen nicht zur Anwendung, wenn mit der Strafe eine andre Strafe zu verbinden ist, welche nach diesen Bestimmungen nicht im Militärgefängnis verbüfst werden darf.

§ 15. Wenn eine Person des Soldatenstandes, welche unvermögend ist, eine verwirkte Geldstrafe zu entrichten, die an Stelle der Geldstrafe tretende Freiheitsstrafe auf Grund der vorstehenden Bestimmungen im Militärgefängnisse zu verbüfsen hat, so hat der zuständige Befehlshaber die Strafumwandlung zu bewerkstelligen; steht aber der Verbüfsung dieser Strafe im Militärgefängnis ein Hindernis entgegen, so ist die Umwandlung sowie die Vollstreckung der Strafe der bürgerlichen Behörde zu überlassen.

§ 16. Disziplinarstrafe ist Arrest in drei Abstufungen, nämlich:

1) Arrest ohne Bewachung,
2) Wachtarrest, und
3) strenger Arrest.

Sind durch besondere Verordnung für einzelne der diesem Gesetze unterstehenden Personen andre als die oben genannten Disziplinarstrafen vorgeschrieben, so kommen die Bestimmungen der Verordnung zur Ausführung.[1])

§ 17. Der Arrest ohne Bewachung wird von dem Arrestaten in seinem eignen Zimmer oder Zelte verbüfst. Der zuständige Befehlshaber entscheidet, ob der Arrestat Dienst thun soll oder nicht. Die Strafe kann durch das Verbot, Besuche zu empfangen, verschärft werden.

---

falls der Thäter nicht ohne Verzug bestraft wird. Das Standgericht, welches nur zu entscheiden hat, ob der Thäter nach den vorliegenden Umständen zum Tode zu verurteilen ist, tritt vor versammelter Mannschaft zusammen und darf nicht eher aufgelöst werden, als bis der Spruch gefällt ist.

[1]) Besondere Disziplinarstrafvorschriften bestehen für den Lotsen- und Feuerbaken-Etat, für die Mannschaft der Nationalbewaffnung der Insel Gotland und für das bewaffnete Küstenbewachungskorps.

Unternimmt die Truppenabteilung, welcher der Arrestat angehört, einen Marsch, so soll während der Dauer des Marsches der Arrestat in Dienst treten. Nach Beendigung des Marsches ist der bei Beginn desselben noch nicht verbüfste Teil der Strafe zu verbüfsen.

Ist auf einem Fahrzeug, welches sich auf See befindet, Arrest ohne Bewachung zu verbüfsen, und ist ein zur Verbüfsung der Strafe geeigneter Raum nicht vorhanden, so tritt für den zu Bestrafenden an Stelle des Arrestes das Verbot, einen bestimmten Umkreis an Bord des Fahrzeugs zu überschreiten.

Soll ein Korporal oder ein diesem im Dienstgrade gleich Stehender, während er Unteroffiziersdienst thut, Arrest ohne Bewachung verbüfsen, und besitzt derselbe keine eigne Wohnung, sondern teilt solche mit den Gemeinen, so ist ihm auf die Dauer der Strafzeit ein gewöhnlicher Arrestraum anzuweisen, oder falls dem ein Hindernis entgegensteht, das Verlassen des Kasernenraumes ohne besondere Erlaubnis zu untersagen.

§ 18. Der Wachtarrest ist zu Lande in einem verschlossenen, hellen Raume oder in einem Zelte unter Bewachung zu verbüfsen.

Auf einem Fahrzeug ist der Wachtarrest in einer verschlossenen Kammer oder in einem andern geeigneten Raum zu verbüfsen; falls ein solcher nicht vorhanden, ist der Verurteilte an einem geeigneten Orte unter Bewachung zu halten.

Während der Dauer des Wachtarrestes darf der Arrestat Besuche nicht empfangen, falls nicht in einzelnen Fällen die Erlaubnis dazu besonders erteilt wird.

Ein Offizier oder Unteroffizier, welcher Wachtarrest verbüfst, darf keinen Dienst thun, aufser wenn der zuständige Befehlshaber es im dienstlichen Interesse für nötig hält. In solchem Fall nimmt der Arrestat am Dienste teil, soll aber nach Beendigung desselben wieder in Arrest gehen. Unternimmt die Truppenabteilung, welcher der Arrestat angehört, einen Marsch, so soll derselbe, ohne in Dienst zu treten, der Truppenabteilung folgen.

Ist der Arrestat ein Gemeiner, so nimmt er, falls der zuständige Befehlshaber es nicht anders bestimmt, am Exerzieren und andern Dienstverrichtungen wie gewöhnlich teil, soll aber nach Beendigung des Dienstes sofort wieder in Arrest gehen.

Die Zeit, während welcher der Arrestat dem Truppenteil, welchem er angehört, auf dem Marsche folgt, ist in die Strafzeit nicht einzurechnen.

Verbüfst ein Gemeiner Wachtarrest, so ist ihm nur Wasser als Getränk zu verabreichen. Die Strafe kann durch Entziehung der Betten verschärft werden.

§ 19. Der strenge Arrest wird in einer dunkeln Einzelzelle des Militärgefängnisses verbüfst; nach jedem dritten Tage wird die Strafe für einen Tag unterbrochen. Während der Dauer der Straf-Unterbrechung ist der Arrestat in einem hellen Raume unterzubringen; die Tage der Unterbrechung werden in die Strafzeit nicht eingerechnet. Der Arrestat erhält, solange die Verbüssung der Strafe währt, keine andre als die gewöhnliche für die Gemeinen bestimmte Kost und als Getränk nur Wasser; er thut keinen Dienst, und darf, wenn nicht in einzelnen Fällen die Erlaubnis dazu besonders erteilt wird, keinen Besuch empfangen.

Für Gemeine kann die Strafe durch Entziehung der Betten verschärft werden.

Auf einem Fahrzeug ist der zu strengem Arrest verurteilte Gemeine, falls es an einem geeigneten Raum zur Verbüfsung der Strafe fehlt, für die Dauer der Strafe in geeigneter Weise gefesselt zu halten.

§ 20. Der Mindestbetrag der Arreststrafe ist ein Tag. Der Tag wird zu vierundzwanzig Stunden gerechnet.

Der Höchstbetrag des Arrestes ohne Bewachung ist für Offiziere und Unteroffiziere fünfzehn Tage, der Höchstbetrag des Wachtarrestes für Offiziere dreifsig Tage, für Unteroffiziere fünfzehn Tage und für Gemeine zehn Tage. Der Höchstbetrag des strengen Arrestes ist für Unteroffiziere und Gemeine acht Tage. Diese Bestimmung über den Höchstbetrag des Wachtarrestes findet keine Anwendung, wenn, wie weiter unten bestimmt ist, Wachtarrest an Stelle des strengen Arrestes tritt.

Über einen Offizier darf strenger Arrest, über einen Gemeinen Arrest ohne Bewachung nicht verhängt werden.

§ 21. Bezüglich der gegen Fahnenjunker und andre Unteroffiziere von entsprechendem Rang zu verhängenden Disziplinarstrafen kommen die für Offiziere festgesetzten Bestimmungen zur Anwendung.

Verwirken Personen des Soldatenstandes, welche den Dienst einer höheren Rangklasse versehen, eine Disziplinarstrafe, so kommen für die Verhängung und die Vollstreckung derselben diejenigen Vorschriften zur Anwendung, welche für diese höhere Rangklasse gegeben sind.

§ 22. Kann der zu Bestrafende den verwirkten strengen Arrest nicht ohne Gefahr für seine Gesundheit verbüfsen, so tritt Wachtarrest an die Stelle des strengen Arrestes. Drei Tage Wachtarrest werden dabei einem Tage strengen Arrestes gleichgeachtet.

§ 23. Hat jemand, der das fünfzehnte, aber nicht das achtzehnte Lebensjahr vollendet hat, strengen Arrest verwirkt, so soll an Stelle dieser Strafe Wachtarrest nach Mafsgabe des § 22 treten.

§ 24. Wenn jugendliche Personen, welche das fünfzehnte Lebensjahr noch nicht vollendet haben, eine Disziplinarstrafe verwirken, so tritt an die Stelle derselben angemessene Züchtigung, welche unter gehöriger Beaufsichtigung in einem abgeschlossenen Raume zu vollstrecken ist.

§ 25. Bezüglich der Absetzung und der mit derselben nach Mafsgabe des § 9 zu verbindenden Folge, bezüglich des Amtsverlustes auf bestimmte Zeit, sowie auch der Strafe, die zu verhängen ist, wenn derjenige, welcher die Absetzung oder den Amtsverlust auf bestimmte Zeit verwirkt hat, nicht im Besitz des Amtes ist, in welchem er das Verbrechen begangen hat, finden die Bestimmungen des bürgerlichen Strafgesetzbuches Anwendung.

§ 26. Hat eine Person des Soldatenstandes, welche sich auf eine gewisse Dienstzeit bei der Kriegsmacht verpflichtet hat, während der Dienstzeit Strafarbeit oder Gefängnisstrafe verbüfst, mag letztere unmittelbar oder infolge einer Strafumwandlung verhängt worden sein, so darf die verbüfste Strafzeit nicht in die Dienstzeit eingerechnet werden.

§ 27. Bezüglich des Verlustes der bürgerlichen Ehrenrechte, welcher als Nebenstrafe auch mit gewissen in diesem Gesetze bezeichneten Verbrechen verbunden ist, finden die Bestimmungen des bürgerlichen Strafgesetzbuches Anwendung.

§ 28. Ein Offizier oder Unteroffizier, welcher auf Grund dieses oder eines bürgerlichen Strafgesetzes zu Strafarbeit oder schwererer Strafe verurteilt wird, ist zugleich mit Absetzung zu bestrafen.

Ist ein Offizier oder Unteroffizier auf Grund dieses Gesetzes dreimal oder mehrmals bestraft worden, und hat, falls die Bestrafungen nur in Disziplinarstrafen bestanden, der Offizier mindestens einmal Wachtarrest von sechzehn Tagen oder längerer Dauer, der Unteroffizier mindestens einmal strengen Arrest verbüfst, und begeht eine solche Person abermals ein Verbrechen, welches in diesem Gesetz mit Strafe bedroht ist, so kann dieselbe, auch wenn die verwirkte Strafe geringer ist als die im ersten Absatze dieses Paragraphen bezeichnete, zugleich mit Absetzung bestraft werden, wenn das Verhalten des Schuldigen und die Aufrechterhaltung der Kriegszucht oder das Ansehen der Kriegsmacht es erfordern.

Wird ein Gemeiner, welcher zu der bei der Kriegsmacht fest angestellten Mannschaft gehört, wegen einer Handlung, welche mit Strafarbeit oder schwererer Strafe bedroht ist, verurteilt, so ist derselbe aus der Kriegsmacht auszustofsen, jedoch bleibt es, wenn die verwirkte Strafarbeit nicht die Dauer von sechs Monaten erreicht und die Handlung nicht eine derartige ist, dafs die bürgerliche Ehre des Verurteilten befleckt oder vernichtet wird, dem Ermessen des Befehlshabers der Truppenabteilung, welcher der Verurteilte angehört, überlassen, ob derselbe im Dienst verbleiben soll oder nicht.

§ 29. Wird jemand, der diesem Gesetze untersteht, ohne dem Soldatenstande anzugehören, einer Handlung überführt, welche dieses Gesetz mit Strafe bedroht, und bestimmt das Gesetz verschiedene Strafen für Offiziere, Unteroffiziere und Gemeine, so ist der Schuldige gleich derjenigen Person des Soldatenstandes zu bestrafen, mit welcher er auf Grund des Reglements oder auf Grund besonderer Vorschrift in gleichem Range steht. Hat der Schuldige keinen bestimmten Dienstrang, so ist auf diejenige Strafe zu erkennen, welche das Gesetz für die Gemeinen vorschreibt.

3. Kapitel.

Allgemeine Bestimmungen über Strafbarkeit, Anwendung der Strafe und Schadensersatz.

§ 30. Die Bestimmungen des bürgerlichen Strafgesetzbuches über die Teilnahme am Verbrechen, das Zusammentreffen mehrerer Verbrechen, die Vereinigung oder Veränderung der Strafen, den Rückfall, die besonderen Gründe, welche die Strafbarkeit ausschliefsen, mildern oder aufheben, und den Schadensersatz sind bei Anwendung dieses Gesetzes mafsgebend, jedoch unter Beobachtung der weitergehenden oder abweichenden Bestimmungen desselben.

§ 31. Umfafst eine Handlung mehrere Verbrechen, welche teils auf Grund dieses, teils auf Grund eines andern Gesetzes mit Strafe bedroht sind, oder ist eine Handlung in diesem und in einem andern Gesetze in verschiedenen Beziehungen mit verschiedenen Strafen bedroht, so kommen die für den gleichen Fall in § 1 des 4. Kapitels des bürgerlichen Strafgesetzbuches [1]) getroffenen Bestimmungen zur Anwendung.

Ist in verschiedenen Beziehungen eine Handlung teils nach den §§ 1, 2 oder 5 des 10. Kapitels des bürgerlichen Strafgesetzbuches, teils nach dem 7. Kapitel dieses Gesetzes mit Strafe bedroht, so sind die Bestimmungen des bürgerlichen Strafgesetzbuches nicht zur Anwendung zu bringen. [2])

Ist eine strafbare Handlung, welche unter diesen § fällt, in diesem Gesetze mit Disziplinarstrafe, in einem andern Gesetze aber mit Geldstrafe bedroht, so ist nur Disziplinarstrafe zu verhängen.

§ 32. [3]) Hat jemand, welcher zu Strafarbeit auf bestimmte Zeit oder zu Gefängnis verurteilt ist, zugleich eine noch nicht verbüfste Arreststrafe verwirkt, so ist die Arreststrafe in Gefängnis umzuwandeln. Dabei ist ein Tag Arrest ohne Bewachung einem halben Tag Gefängnis, ein Tag Wachtarrest einem Tag Gefängnis und ein Tag strenger Arrest drei Tagen Gefängnis gleich zu achten. Die Gefängnisstrafe ist nach Mafsgabe der Bestimmungen des bürgerlichen Strafgesetzbuches mit der übrigen Strafe zu vereinigen.

§ 33. Trifft Arrest mit Geldstrafe zusammen, so kommen beide Strafen zur Anwendung. Fehlen dem Verurteilten die Mittel zur Bezahlung der Geldstrafe, so sind sowohl die Geld- als auch die Arreststrafe in Gefängnis umzuwandeln.

Gegen denjenigen, welcher durch mehrere strafbare Handlungen mehrere

---

[1]) Dieser § handelt von der Idealkonkurrenz, u. z. teils von dem Falle, in welchem mehrere selbständige, nur durch die Einheit der Handlung verbundene Delikte vorliegen, teils von dem Falle, in welchem zwar der strafrechtliche Gehalt der Handlung nur durch die gleichzeitige Subsumtion unter mehrere Strafgesetze erschöpft werden kann, aber bei dieser Subsumtion ein Teil des strafrechtlichen Gehaltes doppelt herangezogen werden mufs, um die in jedem der mehreren Strafgesetze geforderten Deliktsmerkmale herzustellen. Für beide Fälle stellt § 1 des 11. Kapitels des bürgerl. St.G.B. die Regel auf, dafs das Gesetz, welches die schwerere Strafe androht, anzuwenden ist, aber bei der Strafzumessung die Konkurrenz als erschwerender Umstand in Betracht kommen soll.

[2]) Dieser Absatz ist in das Gesetz neu aufgenommen worden, um dem (doch wohl kaum zu befürchtenden) Mifsverständnisse vorzubeugen, dafs auf Gewalt und Beleidigung gegen Übergeordnete die (strengeren) Vorschriften des bürgerl. St.G.B. über Gewalt und Beleidigung gegen Beamte anzuwenden wäre, obwohl in diesem Falle in der That nur Gesetzes-Konkurrenz vorliegt.

[3]) §§ 32 ff. handeln von der Realkonkurrenz und der Durchführung des hier anzuwendenden Häufungsprinzipes.

Disziplinarstrafen verwirkt hat, ist eine Gesamtstrafe zu verhängen, welche das gesetzliche Höchstmafs der angewendeten Strafart nicht übersteigen darf.

§ 34. Die in den §§ 32 und 33 über Vereinigung und Veränderung von Strafen enthaltenen Vorschriften sind nicht nur in dem Falle zu beachten, wenn jemand mehrerer Verbrechen zugleich angeklagt wird, sondern auch, wenn jemand, gegen welchen eine Strafe zu erkennen ist, bereits zu einer andern, nicht verbüfsten Strafe verurteilt worden ist; das Gericht soll stets die durch jedes Verbrechen verwirkte Strafe aussetzen und im Falle nach den Vorschriften dieses Kapitels eine Veränderung der Strafe stattfinden soll, die deswegen erforderlichen Bestimmungen mitteilen.

§ 35. Sind mehrere Erkenntnisse, durch welche jemand zu Strafe verurteilt worden ist, gleichzeitig zu vollstrecken, und sind die Strafen von solcher Beschaffenheit, dafs dieselben nach den geltenden Bestimmungen neben einander nicht verbüfst werden dürfen, so ist dieser Umstand dem Kriegs-Obergericht zu berichten, welches die Zusammenlegung der Strafen bestimmt; ist aber jemand von einem Befehlshaber zu Disziplinarstrafe verurteilt worden, und wird die Verbüfsung der Disziplinarstrafe auf Grund der Vorschrift des § 153 so lange ausgesetzt, bis das Urteil wegen eines andern Verbrechens ergangen ist, dessen der Angeschuldigte vor Gericht angeklagt ist und wegen dessen er sich in Untersuchungshaft befindet, so hat dieses Gericht, falls der Angeschuldigte des Verbrechens überführt wird, die Strafe aber nach den geltenden Bestimmungen neben der Disziplinarstrafe nicht verbüfst werden darf, die Zusammenlegung der einzelnen Strafen zu verfügen.

§ 36. Ergreift während einer Feld- oder Seeschlacht ein Untergebener die Flucht, oder macht derselbe sich der Plünderung schuldig, oder widersetzt sich bei Aufruhr oder Auflauf oder in Seenot, oder in andern solchen Fällen, in welchen Verbrechen gegen den militärischen Gehorsam gröfsere Gefahr für die Ordnung oder die Sicherheit der Kriegsmacht oder für die allgemeine Sicherheit verursachen, jemand dem Befehl eines Vorgesetzten, oder wird der Befehl, nachdem derselbe wiederholt worden ist, nicht sofort befolgt, so darf der Vorgesetzte gegen den Untergebenen diejenige Gewalt anwenden, welche erforderlich ist, um Flucht oder Plünderung zu verhindern oder den Gehorsam und die Ordnung wieder herzustellen. Wendet in solchen Fällen der Vorgesetzte eine gröfsere als die erforderliche Gewalt an, so finden die betreffenden Bestimmungen des bürgerlichen Strafgesetzbuches über Notwehr Anwendung.

Werden Schildwachen oder andre Wachen oder Patrouillen oder eine zur Bewachung oder zur Aufrechterhaltung der Ordnung besonders ausgestellte oder ausgesendete Truppenabteilung mit Gewalt oder Drohung überfallen, so dafs für die Überfallenen oder für Personen oder Eigentum, welche sich unter dem Schutze oder der Bewachung derselben befinden, oder sonst für die allgemeine Sicherheit oder die Sicherheit einzelner Personen dringende Gefahr entsteht, so haben die Überfallenen das Recht der Notwehr.

§ 37. Für eine derartige, während eines Krieges verübte Handlung, in betreff welcher, obgleich sie strafbar ist, der Thäter doch annehmen konnte, dafs der Kriegsgebrauch sie zulasse, ist nach Umständen die Strafe unter das bestimmte Strafmafs herabzusetzen.

§ 38. Die Fristen für die Verjährung der Strafverfolgung und Strafvollstreckung bestimmen sich nach den Vorschriften des bürgerlichen Strafgesetzbuches und sollen in diesen Fällen Disziplinarstrafen nicht für schwerer angesehen werden als Geldstrafen, welche das bürgerliche Strafgesetzbuch verhängt.

§ 39. Die Bestimmung des § 38 über die Verjährung der Strafverfolgung hindert, falls von einem Vorgesetzten ein Verbrechen gegen die untergebene Mannschaft begangen worden ist, weder den Untergebenen, dasselbe bei der nächsten stattfindenden Generalmusterung zum Zweck der Bestrafung zur Anzeige zu bringen, noch auch den Generalmusterherrn, die Klage erheben zu lassen. In diesem Falle beginnt die Frist für die Strafverfolgung von der Generalmusterung an zu laufen.

4. Kapitel.

Verräterei, Feigheit und unerlaubter Verkehr mit dem Feinde.

§ 40. Wenn eine Person des Soldatenstandes während eines Krieges eine der verräterischen oder der Sicherheit des Reiches nachteiligen Handlungen, welche im 8. Kapitel des bürgerlichen Strafgesetzbuches mit Strafe bedroht sind, begeht, so soll, falls nicht in diesem Gesetze eine besondere schwerere Strafe angedroht ist, dieser Umstand bei der Strafzumessung, welche auf Grund der Vorschriften des bürgerlichen Strafgesetzbuches zu geschehen hat, als erschwerend betrachtet werden; und es kann, wenn dasselbe als höchste Strafe für das Verbrechen lebenslängliche Strafarbeit oder Strafarbeit von zehn Jahren androht, im ersten Falle auf Todesstrafe, im zweiten Falle auf lebenslängliche Strafarbeit erkannt werden.

§ 41. Wenn eine Person des Soldatenstandes zum Feind übergeht, so tritt Todesstrafe oder lebenslängliche Strafarbeit ein.

Der Versuch wird, wenn die Vollendung nur durch Umstände, welche vom Willen des Thäters unabhängig waren, verhindert wurde, mit lebenslänglicher Strafarbeit oder mit Strafarbeit von vier bis zehn Jahren bestraft.

Haben mehrere die Ausführung eines derartigen Verbrechens verabredet, ohne dafs es zu einem Versuche gekommen ist, so sind die Anstifter der Verabredung mit Strafarbeit von vier bis zehn Jahren zu bestrafen; über andere Teilnehmer an der Verabredung ist Strafarbeit bis zu sechs Jahren zu verhängen.

§ 42. Wird eine Person des Soldatenstandes während der Belagerung eines befestigten Ortes, wo sie Dienste thut, oder sonst, wenn der Feind in der Nähe ist, aufserhalb der äufsersten Verschanzungen oder Posten angetroffen, so ist, wenn eine Veranlassung zu der Annahme, dass sie ohne verbrecherische Absicht sich dahin begeben habe, nicht vorliegt, die Strafe für Versuch des Überlaufens nach Mafsgabe der Bestimmungen des zweiten Absatzes des vorhergehenden Paragraphen zu verhängen.

§ 43. Wer während eines Krieges oder wenn ein feindlicher Angriff zu befürchten ist, seinem Befehlshaber oder der Ablösung seiner Wache oder seines Postens, oder einem andern, welcher befugt ist, Aufschlüsse über den Feind und die Kriegsangelegenheiten zu fordern oder entgegenzunehmen, vorsätzlich falsche Meldungen über Stärke, Zustand, Stellung oder Bewegungen des Feindes, oder über die Anzahl der untergebenen Mannschaften oder Fahrzeuge, oder über den Kriegsvorrat oder ähnliche Dinge macht, welche geeignet sind, den Gang des Krieges zu beeinflussen, oder derartige ihm bekannte Dinge in verräterischer Absicht verschweigt, wird mit dem Tode oder lebenslänglicher Strafarbeit bestraft. War die Gefahr gering und ist kein oder nur ein geringer Schaden entstanden, so tritt Strafarbeit von sechs bis zehn Jahren ein.

§ 44. Wer es übernimmt, im Kriege Kundschafter- oder Wegweiserdienste für eine Truppenabteilung oder ein Fahrzeug zu leisten, oder in einer wichtigen Kriegsangelegenheit Botschaft zu überbringen, oder eine andre derartige Verrichtung zu besorgen und bei Ausführung des übernommenen Auftrages sich der Treulosigkeit schuldig macht, ist mit dem Tode oder mit lebenslänglicher Strafarbeit zu bestrafen. War die Gefahr gering und ist kein oder nur ein geringer Schaden entstanden, so tritt Strafarbeit von sechs bis zehn Jahren ein.

§ 45. Wer zur Kriegszeit falsche Nachrichten aussprengt, welche geeignet sind, unter den Truppen Mutlosigkeit zu verbreiten, ist mit Strafarbeit bis zu zwei Jahren oder mit Gefängnis bis zu sechs Monaten zu bestrafen, vorausgesetzt, dafs nicht Folgen entstanden sind, welche schwerere Strafe nach sich ziehen.

§ 46. Hat der Befehlshaber einer Festung oder eines Kriegsfahrzeuges ohne zuständigen Befehl, oder ohne äufserste Not und unter Beachtung der für solche Fälle vorgesehenen Bestimmungen des Dienstreglements die Festung oder das Fahrzeug dem Feinde übergeben, so ist er mit dem Tode oder mit Strafarbeit auf Lebenszeit zu bestrafen.

§ 47. Die Bestimmung des § 46 findet auch auf jeden andern Befehlshaber Anwendung, welcher einen ihm anvertrauten Posten dem Feinde übergibt, ohne zuvor alle zu Gebote stehenden Mittel der Verteidigung erschöpft zu haben oder welcher auf freiem Felde sich mit einer Truppenabteilung dem Feinde ergibt, so lange noch Aussicht auf Entsatz oder die Möglichkeit, sich durchschlagen zu können, vorhanden ist.

§ 48. Wer es unternimmt während eines Gefechtes, oder wenn ein solches bevorsteht, durch Worte oder Zeichen zur Flucht zu verleiten, oder Schrecken oder Unordnung unter den Truppen zu verbreiten, wird mit dem Tode oder mit Strafarbeit auf Lebenszeit bestraft.

§ 49. Eine Person des Soldatenstandes, welche, wenn es gilt sich gegen den Feind zu verteidigen oder denselben anzugreifen oder zu verfolgen, oder sich feindlicher Kriegsfahrzeuge, Waffen, Vorräte oder dergleichen zu bemächtigen oder dieselben zu zerstören, es unterlässt ihre Dienstpflicht wie ein ehrlicher und tapferer Soldat zu erfüllen, wird, wenn die Handlung in verräterischer Absicht begangen wurde, mit dem Tode oder mit lebenslänglicher Strafarbeit oder mit Strafarbeit von sechs bis zehn Jahren, und sonst mit Strafarbeit von zwei bis sechs Jahren bestraft. Sind besonders mildernde Umstände vorhanden, so kann im letztgenannten Falle die Strafarbeit auf die Dauer eines Jahres herabgesetzt, oder auf Gefängnisstrafe nicht unter sechs Monaten erkannt werden.

§ 50. Wer ohne ausdrücklichen Befehl des Befehlshabers in einer belagerten Festung das gebräuchliche Zeichen der Übergabe aufhisst, oder in einer Seeschlacht die Flagge eines Fahrzeuges streicht, wird mit dem Tode oder mit Strafarbeit auf Lebenszeit bestraft.

§ 51. Wer in einer belagerten Stadt oder Festung oder an einem andern vom Feinde eingeschlossenen Orte, oder auf einem Kriegsfahrzeug oder bei einer Truppenabteilung auf freiem Felde, wenn ein Gefecht bevorsteht oder begonnen hat, ohne von dem Befehlshaber berufen zu sein, eine Beratschlagung hält oder einer Beratschlagung beiwohnt, welche darauf abzielt, die Übergabe an den Feind oder den Rückzug zu bewerkstelligen; oder wer sonst im Beisein von Soldaten eine der vorgedachten Maſsregeln anrät oder dieselbe als notwendig hinstellt, wird mit dem Tode oder mit lebenslänglicher Strafarbeit oder mit Strafarbeit von sechs bis zehn Jahren bestraft. Waren nur wenige Personen zugegen und ist kein oder nur ein geringer Schaden entstanden, so ist Strafarbeit bis zu sechs Jahren oder Gefängnisstrafe zu verhängen.

§ 52. Ein Untergebener, welcher dem Befehlshaber, ohne dass dieser ihn um seine Meinung befragt hat, in Gegenwart andrer anrät, den Rückzug aus einem Gefecht anzutreten, oder eine Festung, ein Fahrzeug, eine Truppenabteilung dem Feinde zu übergeben, ist auf Grund der Bestimmungen des § 51 zu bestrafen.

§ 53. Wenn der Kommandant einer Festung, einer Stadt oder eines andern Platzes, dessen Einschlieſsung durch den Feind zu befürchten steht, es unterlassen hat, nach Möglichkeit die Festung oder den Platz in Verteidigungszustand zu setzen, wie das Dienstreglement es vorschreibt, oder die Umstände es sonst offenbar erfordern, so ist, falls die Aufgabe oder der Verlust der Festung oder des Platzes dadurch herbeigeführt worden ist, auf Todesstrafe oder lebenslängliche Strafarbeit oder Strafarbeit von sechs bis zehn Jahren zu erkennen. Ist kein oder nur ein geringer Schaden entstanden, so ist auf Strafarbeit bis zu sechs Jahren oder auf Gefängnis zu erkennen.

Unterläſst es der Befehlshaber eines Kriegsfahrzeuges, welches während eines Krieges sich auf See befindet, nach Möglichkeit dasselbe in kampffähigem Zustand zu erhalten, so finden die Bestimmungen des vorhergehenden Absatzes Anwendung.

§ 54. Wer sonst, wenn ihm in dienstlicher Eigenschaft die Beschaffung von Munition, von Lebensmitteln, von Futter oder dergleichen für die Kriegsmacht obliegt, es versäumt, bei Zeiten die zu diesem Zweck nötigen Anforderungen zu stellen oder die dafür erforderlichen Maſsregeln zu treffen, wird, wenn die Kriegsmacht oder eine Abteilung derselben infolge der

Versäumnis Hungersnot oder bedeutenden Mangel erleidet, oder wenn infolgedessen der Erfolg der Kriegsunternehmungen gehemmt wird, mit dem Tode oder mit lebenslänglicher Strafarbeit oder mit Strafarbeit von sechs bis zehn Jahren bestraft. Ist kein oder nur ein geringer Schaden entstanden, so finden die in § 53 für diesen Fall getroffenen Bestimmungen Anwendung.

§ 55. Wer ohne Erlaubnis des Höchstkommandierenden oder eines andern Befehlshabers, welchem die Erteilung solcher Erlaubnis zusteht, Verkehr mit dem Feinde pflegt oder Briefe mit demselben wechselt oder demselben Botschaft zukommen läfst oder von ihm empfängt, wird, falls die Handlung nicht auf Grund der Bestimmungen des § 40 zu bestrafen ist, mit Strafarbeit bis zu zwei Jahren oder mit Gefängnis bis zu sechs Monaten bestraft.

§ 56. Wer Botschaften, Briefe oder Kundmachungen, welche vom Feinde stammen, entgegennimmt und dieselben nicht sofort und ohne einem andern den Inhalt derselben verraten zu haben, seinem Befehlshaber mitteilt, wird mit Gefängnis bis zu sechs Monaten, oder, wenn besonders mildernde Umstände vorhanden sind, mit Disziplinarstrafe bestraft.

§ 57. Wenn jemand von dem Vorhaben eines der in den §§ 41. 43. 44 oder 51 erwähnten Verbrechen Kenntnis erhält und es unterläfst hiervon rechtzeitig Anzeige zu machen, so finden die für eine derartige Unterlassung in Beziehung auf Verräterei im bürgerlichen Strafgesetzbuche gegebenen Bestimmungen Anwendung.

§ 58. Neben der nach Vorschrift der §§ 41. 42. 43 oder 44 erkannten Strafe ist zugleich auf Verlust der bürgerlichen Ehrenrechte auf immer oder auf bestimmte Zeit zu erkennen.

Dasselbe gilt, wenn jemand die Handlung, wegen deren er nach Vorschrift des § 49 verurteilt worden ist, in verräterischer Absicht begangen hat.

5. Kapitel.

Fahnenflucht und andre Handlungen, welche darauf abzielen, sich dem Kriegsdienste zu entziehen.

§ 59. Eine Person des Soldatenstandes, welche in der Absicht, sich dem Kriegsdienste zu entziehen, von seiner Truppe oder dem Fahrzeuge, zu welchem er gehört, sich eigenmächtig entfernt, oder den ihr angewiesenen Dienst- oder sonstigen Aufenthaltsort ohne Erlaubnis verläfst, oder den ihr erteilten Urlaub überschreitet, oder an ihrem Aufenthaltsorte sich verbirgt, wird, falls sie nicht auf Grund der Bestimmung des 4. Kapitel die höhere Strafe für Überlaufen oder Versuch des Überlaufens verwirkt hat, nach den in den folgenden §§ getroffenen Bestimmungen wegen Fahnenflucht bestraft.

§ 60. Wird eine Person des Soldatenstandes von einem Truppenteil, welcher sich im Felde oder auf dem Marsche in den Krieg befindet, oder aus einem befestigten Ort, der belagert ist, oder von einem Fahrzeug, welches

während eines Krieges auf See sich befindet, fahnenflüchtig, so ist auf Strafarbeit von zwei bis acht Jahren zu erkennen.

§ 61. Wer sich der Fahnenflucht von einem Truppenteil schuldig macht, welcher in Folge erklärten oder bevorstehenden Krieges auf Kriegsfuſs gesetzt worden ist, oder wem der Befehl erteilt worden ist, sich zum Aufbruch bereit zu halten, oder wer sich der Fahnenflucht von einem Fahrzeug schuldig macht, dessen Bemannung aus einem der zuvor genannten Gründe eingemustert worden ist, wird, sofern nicht einer der im § 60 vorgesehenen Fälle vorliegt, mit Strafarbeit von sechs Monaten bis zu zwei Jahren bestraft.

Sind besonders mildernde Umstände vorhanden, so kann der Thäter, wenn er ein Gemeiner ist und nicht bereits wegen Fahnenflucht bestraft worden ist, mit Gefängnis bis zu einem Jahre bestraft werden.

§ 62. Macht ein Offizier oder Unteroffizier sich in andern als den in den §§ 60 oder 61 vorgesehenen Fällen der Fahnenflucht schuldig, so ist gegen denselben auf Absetzung zu erkennen.

Ist der Schuldige ein Gemeiner, so ist er das erste Mal mit der Disziplinarstrafe des strengen Arrestes, das zweite Mal mit Gefängnis bis zu sechs Monaten, das dritte Mal mit Gefängnis von sechs Monaten bis zu einem Jahre, das vierte und die folgenden Male mit Strafarbeit von sechs Monaten bis zu zwei Jahren zu bestrafen.

§ 63. Wenn ein Gemeiner auf Grund der Bestimmungen des § 61 wegen Fahnenflucht bestraft worden ist, ohne daſs diese Strafe seine Entfernung aus der Kriegsmacht zur Folge gehabt hat, so ist, falls der Bestrafte sich abermals des Verbrechens der Fahnenflucht nach den in § 62 enthaltenen Bestimmungen schuldig macht, diejenige Strafe zu verhängen, welche in diesem Paragraphen für zum dritten Male begangene Fahnenflucht bestimmt wird.

§ 64. Haben zwei oder mehrere die Fahnenflucht gemeinschaftlich verabredet, so gilt die Verabredung, falls das Verbrechen vollendet worden ist, als erschwerender Umstand, und es können die Anstifter in den in § 60 vorgesehenen Fällen mit Strafarbeit von zehn Jahren oder mit lebenslänglicher Strafarbeit, oder, wenn die Anzahl der Fahnenflüchtigen groſs gewesen ist, mit dem Tode, und in den in § 61 vorgesehenen Fällen mit Strafarbeit bis zu zwei Jahren über das in diesem Paragraphen festgesetzte Höchstmaſs der Strafe hinaus bestraft werden. Sind die Bestimmungen des § 62 auf das Verbrechen anwendbar, so ist gegen Offiziere und Unteroffiziere, welche an der Verabredung teilgenommen haben, neben der im ersten Absatze des letztgenannten Paragraphen festgesetzten Strafe auf Gefängnis zu erkennen.

Ist eine Verabredung zur Fahnenflucht getroffen worden, das Verbrechen aber nicht zur Ausführung gelangt, so sind die Anstifter, sowie Offiziere und Unteroffiziere, welche an der Verabredung teilgenommen haben, nach Maſsgabe der Bestimmungen der §§ 60, 61 oder 62 als Fahnenflüchtige zu bestrafen. Über sonstige Teilnehmer an einer derartigen Verabredung ist Disziplinarstrafe zu verhängen.

Ein Offizier oder Unteroffizier, welcher eine der in diesem Paragraphen mit Strafe bedrohten Handlungen begeht, ist für unwürdig zu erklären, im Staatsdienste ferner Verwendung zu finden.

§ 65. Wird eine Person des Soldatenstandes, welche sich auf eine bestimmte Zeit zum Dienst in der Kriegsmacht verpflichtet hat, wegen Fahnenflucht zu einer Strafe verurteilt, mit welcher Entfernung aus der Kriegsmacht nicht verbunden ist, so ist die Zeit, während welcher dieselbe fahnenflüchtig war, nicht in die Dienstzeit einzurechnen.

§ 66. Eine Person des Soldatenstandes, welche eine andre zur Fahnenflucht verleitet oder ihr dazu Hilfe leistet, wird so behandelt, als ob sie unter den gleichen Verhältnissen selbst fahnenflüchtig geworden sei; auf Umstände, welche von ihrem Zuthun unabhängig waren oder für den Fahnenflüchtigen allein erschwerend sind, wird jedoch keine Rücksicht genommen.

§ 67. Erhält eine Person des Soldatenstandes von dem Vorhaben einer Fahnenflucht Kenntnis und unterläfst sie es, rechtzeitig von den ihr bekannt gewordenen Umständen Anzeige zu machen, oder hat eine Person des Soldatenstandes den Verbrecher nach begangener Fahnenflucht, obwohl ihr dessen Verbrechen bekannt war, aufgenommen oder verborgen, so wird sie je nach der Beschaffenheit des Verbrechens mit Disziplinarstrafe oder Gefängnis oder Verlust des Amtes auf bestimmte Zeit, oder Absetzung oder Strafarbeit bis zu zwei Jahren bestraft; doch ist die Strafe in jedem Falle geringer zu bemessen, als wenn sie selbst das Verbrechen begangen hätte.

§ 68. Hat eine Person des Soldatenstandes, ohne dafs die in § 59 bezeichnete Absicht erwiesen wird,

a) unerlaubterweise sich von der Truppe, dem Fahrzeuge oder aus dem Lager oder von einem andern Orte, welcher ihr zum Dienste oder zum Aufenthalt angewiesen war, entfernt; oder
b) an dem Orte, welcher ihr zu einem derartigen Zwecke angewiesen worden ist, sich dem Dienste entzogen; oder
c) wenn der erteilte Urlaub abgelaufen, oder sie zum Dienste besonders einberufen worden ist, es unterlassen, sich zu stellen, ohne dafs ein gesetzliches Hindernis vorliegt oder ohne ein etwa vorhandenes Hindernis dem zuständigen Befehlshaber sogleich zu melden;

so ist dieselbe dennoch in folgenden Fällen als fahnenflüchtig nach Mafsgabe der oben gegebenen Vorschriften zu bestrafen:

wenn der Thäter Befehlshaber einer Truppenabteilung, welche sich im Felde oder auf dem Marsche in den Krieg befindet, oder eines belagerten befestigten Platzes, oder eines Fahrzeuges ist, welches sich während eines Krieges auf See befindet, — mag das Ausbleiben längere oder kürzere Zeit dauern —;

wenn der Thäter sonst einer Abteilung der Kriegsmacht angehört, welche aus Anlafs eines bevorstehenden oder eines erklärten Krieges sich auf Kriegsfufs befindet oder den Befehl, zum Aufbruch bereit zu sein, erhalten hat, oder wenn er zum Dienst auf einem Fahrzeug eingemustert worden ist und er sich innerhalb vierundzwanzig Stunden nachdem er in der unter a) und

b) vorgesehenen Weise sich entfernt oder sich dem Dienste entzogen hat oder in den unter c) vorgesehenen Fällen sich innerhalb dreier Tage, nachdem der Urlaub abgelaufen ist, oder der ihm besonders auferlegte Dienst beginnen sollte, nicht stellt;

und in andern Fällen, wenn der Thäter, falls er Offizier oder Unteroffizier ist, unerlaubterweise länger als drei Monate, oder falls er Gemeiner ist, länger als acht Tage fern bleibt.

Hat sich der Schuldige, welcher nicht einer der obengenannten Befehlshaber ist, auf kürzere als die oben bestimmte Zeit, entfernt, so ist wegen unerlaubter Entfernung Disziplinarstrafe zu verhängen; doch kann im Rückfall, wenn besonders erschwerende Umstände vorliegen, auf Gefängnis bis zu sechs Monaten erkannt werden.

§ 69. Eine Person des Soldatenstandes, welche es, wenn sie während eines Krieges ohne eignes Verschulden von dem Truppenteil oder dem Fahrzeug, zu welchem sie gehört, abgekommen, oder in Gefangenschaft geraten, aus dieser aber befreit worden ist, unterläfst sich ihrer Truppe oder ihrem Fahrzeug sofort wieder anzuschliefsen oder sich sonst sofort zum Dienste bei der Kriegsmacht zu melden, wird als fahnenflüchtig, falls der Krieg noch dauert, nach Mafsgabe der Bestimmungen des § 61, andernfalls aber nach § 62 bestraft.

§ 70. Eine Person des Soldatenstandes, welche sich durch Verstümmelung oder auf andre Weise auf längere oder kürzere Zeit zum Kriegsdienst vorsätzlich untauglich macht, wird mit Gefängnis oder mit Strafarbeit bis zu zwei Jahren bestraft.

6. Kapitel.

Aufruhr, Auflauf und unerlaubte Zusammenkünfte.

§ 71. Wenn Personen des Soldatenstandes sich zusammenrotten und die Absicht zu erkennen geben, sich mit Gewalt der Ausführung des Befehls eines Vorgesetzten zu widersetzen, oder den Vorgesetzten zu einer Dienstmafsregel zu zwingen, oder Rache für eine Dienstmafsregel zu nehmen, aber auf Befehl des Vorgesetzten zum Gehorsam und zur Ordnung zurückkehren, so werden die Anstifter und die Rädelsführer mit Strafarbeit von einem bis zu drei Jahren, die übrigen Beteiligten mit Gefängnis bis zu sechs Monaten bestraft. Sind besonders mildernde Umstände vorhanden, so können solche Beteiligte, welche Gemeine sind und nicht Anstifter oder Leiter waren, zur Disziplinarstrafe des strengen Arrestes verurteilt werden.

§ 72. Wenn die Aufrührer nicht zum Gehorsam und zur Ordnung zurückkehren, sondern den Befehlen des Vorgesetzten Trotz bieten, so ist gegen die Anstifter und die Rädelsführer auf Strafarbeit von drei bis sechs Jahren, und gegen die andern am Aufruhr Beteiligten auf Strafarbeit von einem bis zu drei Jahren zu erkennen. Offiziere und Unteroffiziere sind aufserdem für unwürdig zu erklären, im Staatsdienste ferner Verwendung zu finden.

§ 73. Verüben die Aufrührer Gewalt an einer Person, oder erbrechen oder zerstören dieselben Häuser, oder plündern oder verderben sie sonstiges

Eigentum, so ist gegen die Anstifter und die Rädelsführer auf lebenslängliche Strafarbeit oder auf Strafarbeit von sechs bis zehn Jahren, gegen die übrigen am Aufruhr Beteiligten auf Strafarbeit von drei bis sechs Jahren zu erkennen.

Ist an einem Vorgesetzten Gewalt verübt worden, oder ist ein der Krone gehöriges Gebäude oder sonstiges Eigentum beschädigt worden, welches unter die Obhut und Bewachung der Kriegsmacht gestellt ist, so werden die Anstifter und die Rädelsführer mit dem Tode oder mit lebenslänglicher Strafarbeit, und die übrigen am Aufruhr Beteiligten mit lebenslänglicher Strafarbeit oder Strafarbeit von sechs bis zehn Jahren bestraft.

Offiziere und Unteroffiziere, welche auf Grund der Vorschriften dieses Paragraphen zur Strafe verurteilt werden, sind zugleich für unwürdig zu erklären, im Staatsdienste ferner Verwendung zu finden.

Ist bei Gelegenheit eines Aufruhrs Gewalt verübt oder eine andre strafbare Handlung begangen worden, so kommen gegen die Thäter die Vorschriften des § 1 des 4. Kapitels des bürgerlichen Strafgesetzbuches und § 31 dieses Gesetzes zur Anwendung.

§ 74. Wird Aufruhr begangen, während der Feind in der Nähe ist, oder in Seenot oder bei einer andern Gelegenheit, bei welcher Verbrechen gegen den militärischen Gehorsam gröfsere Gefahr mit sich bringen, so werden, falls der Aufruhr nicht weiter als im § 71 vorgesehen ist, verfolgt wird, die Anstifter und die Rädelsführer mit Strafarbeit von sechs bis zehn Jahren, und die übrigen Beteiligten mit Strafarbeit von drei bis sechs Jahren bestraft; in den in den §§ 72 und 73 vorgesehenen Fällen sind aber die Anstifter und die Rädelsführer mit dem Tode oder mit lebenslänglicher Strafarbeit und die übrigen Beteiligten mit lebenslänglicher Strafarbeit oder mit Strafarbeit von sechs bis zehn Jahren zu bestrafen. Gegen Offiziere und Unteroffiziere, welche am Aufruhr teilgenommen haben, ist in den letztgenannten Fällen zugleich auf die in den §§ 72 und 73 festgesetzte Nebenstrafe zu erkennen.

§ 75. Nehmen Personen des Soldatenstandes an einem Aufruhr gegen eine andre öffentliche Behörde mit bewaffneter Hand teil, so ist auf die wegen Aufruhrs gegen einen Vorgesetzten vorgeschriebene Strafe zu erkennen.

§ 76. Tötet der Aufrührer denjenigen, welcher den Aufruhr zu dämpfen sich bemüht, so ist auf Todesstrafe oder lebenslängliche Strafarbeit zu erkennen.

Wird der Aufrührer getötet, so liege er bufslos.

§ 77. Wer mündlich vor versammelter Mannschaft oder in einer Schrift, die er unter die Mannschaft verbreitet oder verbreiten läfst, zum Aufruhr auffordert, wird, wenn die Aufforderung keine strafbare Handlung zur Folge hatte, mit Gefängnis oder mit Strafarbeit bis zu einem Jahre bestraft.

Die gleiche Strafe trifft denjenigen, welcher fremde Schriften verbreitet oder verbreiten läfst, um Aufruhr zu erwecken.

§ 78. Wer von dem Vorhaben eines Aufruhres Kenntnis erhält und es unterläfst, von den ihm bekannt gewordenen Umständen seinem Befehlshaber rechtzeitig Anzeige zu machen, wird nach Beschaffenheit des Verbrechens mit Disziplinarstrafe oder mit Gefängnis oder mit Strafarbeit bis zu vier Jahren bestraft.

§ 79. Wenn Personen des Soldatenstandes, jedoch ohne die in § 71 bezeichnete Absicht zu erkennen zu geben, sich zusammenrotten und eine Störung der Ruhe oder der Ordnung der Kriegsmacht verursachen und sich auf Befehl eines Vorgesetzten nicht zerstreuen, sondern dem Befehl Trotz entgegensetzen, so werden die Anstifter und die Rädelsführer mit Strafarbeit von einem bis zu drei Jahren, und die übrigen am Auflauf Beteiligten mit Gefängnis bis zu sechs Monaten bestraft. Sind besonders mildernde Umstände vorhanden, so kann über diejenigen Beteiligten, welche Gemeine und nicht als Anstifter oder Rädelsführer anzusehen sind, Disziplinarstrafe verhängt werden. Haben dieselben Gewalt gegen Personen oder Eigentum verübt, so kommen die §§ 73 und 76 zur Anwendung.

Hat der Auflauf unter den im § 74 vorgesehenen Umständen stattgefunden, so werden die Anstifter und die Rädelsführer mit Strafarbeit von sechs bis zehn Jahren, die übrigen am Auflauf Beteiligten mit Strafarbeit von drei bis sechs Jahren bestraft. Sind infolge des Auflaufes der Kriegsführung Hindernisse bereitet worden, oder ist sonst beträchtlicher Schaden entstanden, so werden die Anstifter und die Rädelsführer mit Todesstrafe oder mit lebenslänglicher Strafarbeit und die übrigen Beteiligten am Auflauf mit lebenslänglicher Strafarbeit oder mit Strafarbeit von sechs bis zehn Jahren bestraft.

§ 80. Wer an einem Orte, an welchem Truppen versammelt sind, mit lärmender Stimme oder in heftiger oder andrer anstöfsiger Weise das Verhalten oder die Mafsregeln eines Übergeordneten[1]), oder die Löhnung, den Unterhalt oder die Bekleidung tadelt, oder irgend eine andre solche Handlung begeht, welche leicht Aufruhr oder Auflauf zur Folge haben kann, wird mit Disziplinarstrafe, oder, wenn die Gefahr eine gröfsere war, mit Gefängnis bestraft.

§ 81. Treten Personen des Soldatenstandes zur Beratschlagung über eine Sache zusammen, deren Besprechung geeignet ist, Furcht, Mifsmut oder Mifsvergnügen unter den Truppen zu verbreiten; zum Beispiel zur Besprechung

der Gefährlichkeit oder der Unangemessenheit eines Kriegsunternehmens oder einer andern Dienstverrichtung, zu welcher der Befehl gegeben ist oder erwartet wird;

der mifslichen Stellung, in welcher die Kriegsmacht oder ein Teil derselben sich befindet; oder

des Verhaltens oder der Mafsregeln eines Vorgesetzten, oder

der Unzulänglichkeit der Löhnung, der Bekleidung oder des Unterhaltes; oder

andrer ähnlicher Dinge,

so sind die an der Zusammenkunft Beteiligten, falls nicht auf Grund der

---

[1]) Über den Begriff „Übergeordneter" vgl. § 2 der Disziplinar-Ordnung.

Bestimmungen des § 51 eine schwerere Strafe verwirkt ist, nach Mafsgabe der in § 80 enthaltenen Bestimmungen zu bestrafen.

Hat ein Offizier oder Unteroffizier zu dem vorerwähnten Zwecke Untergebene zusammengerufen, oder hat er denselben Erlaubnis erteilt, zu einer solchen Beratschlagung zusammenzutreten, so wird er mit Absetzung, Verlust des Amtes auf bestimmte Zeit oder mit Gefängnis, und, wenn die Beratschlagung Aufruhr, Auflauf oder ein andres Verbrechen zur Folge gehabt hat, noch dazu gleich dem Anstifter dieses Verbrechens bestraft. Die Teilnahme der Untergebenen an der Beratschlagung bleibt straflos.

§ **82**. Wer Personen des Soldatenstandes zu einer unerlaubten Beratschlagung der in § 81 bezeichneten Art zusammengerufen hat, wird, auch wenn das Zusammentreten verhindert wurde, auf Grund der Bestimmungen des genannten § bestraft.

§ **83**. Die Bestimmungen der §§ 71, 72, 73, 74, 76, 79 und 81 dieses Kapitels finden auch auf diejenigen Anwendung, welche, ohne dem Soldatenstande anzugehören, diesem Gesetze unterstehen, falls sie im Verein mit Soldaten an Aufruhr, Auflauf oder unerlaubten Zusammenkünften teilnehmen.

7. Kapitel.

Verbrechen gegen den militärischen Gehorsam und Missbrauch der Dienstgewalt, sowie Misshandlungen, Beleidigungen und andres unziemendes Benehmen.

§ **84**. Eine Person des Soldatenstandes, welche, während der Feind in der Nähe ist oder in Seenot oder bei einer andern Gelegenheit, bei welcher Verbrechen gegen den militärischen Gehorsam gröfsere Gefahr mit sich bringen, sich weigert, dem Befehle eines Vorgesetzten zu gehorchen, den dieser in Ausübung des Dienstes oder aus dienstlicher Veranlassung erteilt, wird, wenn infolge der Weigerung beträchtlicher Schaden entstanden ist, mit Todesstrafe durch Erschiefsen oder mit lebenslänglicher Strafarbeit oder mit Strafarbeit von sechs bis zehn Jahren bestraft; andernfalls ist auf Strafarbeit von zwei bis sechs Jahren zu erkennen.

Wird das Verbrechen unter andern Umständen begangen, so ist auf Gefängnis oder Strafarbeit bis zu zwei Jahren zu erkennen. Ist der Verbrecher ein Gemeiner, und sind besonders mildernde Umstände vorhanden, so kann im Disziplinarwege Disziplinarstrafe verhängt werden.

§ **85**. Eine Person des Soldatenstandes, welche es unterläfst, den Befehl eines Vorgesetzten, welchen dieser in Ausübung des Dienstes oder aus dienstlicher Veranlassung erteilt, vorschriftsmäfsig auszuführen, oder durch müfsige Fragen, durch Widerspruch oder Einwendungen die Vollziehung des Befehls aufhält, wird, wenn die Handlung in der Absicht geschah, die Ausführung des Befehles des Vorgesetzten zu verhindern, nach Mafsgabe der Bestimmungen des § 84, andernfalls aber nach § 144 bestraft: doch darf Disziplinarstrafe nur angewendet werden, falls besonders mildernde Umstände vorhanden sind.

§ 86. Eine Person des Soldatenstandes, welche die von einem Übergeordneten ihr besonders erteilten Vorschriften, welche die allgemeine Ordnung, die Ordnung innerhalb der Kriegsmacht oder das Ansehen der Kriegsmacht betreffen, auszuführen unterläfst, wird mit Disziplinarstrafe oder mit Gefängnis bis zu sechs Monaten bestraft.

§ 87. Wer diesem Gesetz untersteht, ohne dem Soldatenstande anzugehören, und sich weigert oder es unterläfst zu befolgen, was derjenige, welcher ihm nach dem Dienstreglement oder nach einer besonderen Anordnung Befehle im Dienste zu erteilen berechtigt ist, innerhalb der Grenzen seines Rechtes vorschreibt, wird, wenn er ein Beamter ist, nach dem § 16 oder 17 des 25. Kapitels des bürgerlichen Strafgesetzbuches, andernfalls aber mit Strafarbeit bis zu zwei Jahren bestraft. In leichteren Fällen kann im Disziplinarwege Disziplinarstrafe verhängt werden.

§ 88. Eine Person des Soldatenstandes, welche unter den im 1. Absatz des § 84 vorgesehenen Umständen ihrem Vorgesetzten Gewalt anthut, oder denselben sonst mifshandelt, wird mit Todesstrafe durch Erschiefsen oder mit lebenslänglicher Strafarbeit oder mit Strafarbeit von sechs bis zehn Jahren bestraft. Wurde das Verbrechen an einem andern Übergeordneten begangen, so ist auf Strafarbeit nicht unter vier Jahren zu erkennen.

Wenn eine Person des Soldatenstandes in andern als den im vorhergehenden Absatz vorgesehenen Fällen einem Übergeordneten im Dienste oder in Beziehung auf denselben, oder aufser dem Dienste, während der Übergeordnete seine Dienstkleidung trägt, Gewalt anthut oder denselben sonst mifshandelt, und die That zu einer solchen Zeit oder an einem solchen Orte begangen wird, dafs dieselbe grofses Aufsehen und Ärgernis erregt, so ist, wenn der Angegriffene Offizier oder Unteroffizier ist, auf Strafarbeit von zwei bis sechs Jahren zu erkennen; sind besonders mildernde Umstände vorhanden, so kann die Strafarbeit auf die Dauer von sechs Monaten herabherabgesetzt werden. Ist der Angegriffene ein Gemeiner, so ist auf Strafarbeit bis zu zwei Jahren oder auf Gefängnisstrafe bis zu sechs Monaten zu erkennen.

Wird das Verbrechen unter andern Umständen begangen, so ist auf Gefängnisstrafe bis zu sechs Monaten oder auf Strafarbeit bis zu einem Jahre zu erkennen.

§ 89. Ist die in § 88 mit Strafe bedrohte Handlung aufser dem Dienste, während der Übergeordnete seine Dienstkleidung nicht trug, begangen, und das Verbrechen dadurch veranlasst worden, dafs dieser bei jener Gelegenheit den Untergeordneten durch ein ungebührliches oder unwürdiges Benehmen zu der That gereizt hatte, so wird der Untergeordnete mit keiner schwereren als der für Begehung derselben That gegen eine Privatperson angedrohten Strafe belegt.

§ 90. Wenn eine Person des Soldatenstandes in schmähende, verächtliche oder unehrerbietige Äufserungen gegen einen Übergeordneten ausbricht oder an demselben sich mit Drohung oder mit einer andern beleidigenden That im Dienste oder in Beziehung auf denselben oder aufser dem Dienste, während der Übergeordnete seine Dienstkleidung trägt, vergreift, so ist der Thäter, wenn die That zu einer solchen Zeit oder an einem solchen Orte begangen wird, dafs dieselbe grofses Aufsehen und Ärgernis erregt, falls er Offizier oder Unteroffizier ist, mit Gefängnis zu bestrafen. Ist er ein Gemeiner, so wird er, wenn der Beleidigte Offizier oder Unteroffizier ist, mit Gefängnis, und wenn der Beleidigte ebenfalls ein Gemeiner ist, mit Gefängnis von höchstens einem Jahre bestraft; sind besonders mildernde Umstände vorhanden, so kann Disziplinarstrafe verhängt werden.

Wird ein Übergeordneter von einem Untergeordneten sonst beleidigt, so tritt Disziplinarstrafe oder Gefängnisstrafe von höchstens sechs Monaten ein.

§ 91. Wer diesem Gesetz untersteht, ohne dem Soldatenstande anzugehören, und an einer Person des Soldatenstandes, welche ihm dienstlich vorgesetzt ist, Gewalt oder sonstige Mifshandlung verübt oder dieselbe mit Wort oder durch That beleidigt, ist mit derselben Strafe zu belegen, welche für derartige Verbrechen nach den vorausgehenden Bestimmungen dieses Kapitels auf Personen des Soldatenstandes Anwendung findet.

§ 92. Fordert ein Offizier oder Unteroffizier seinen Vorgesetzten aus dienstlicher Veranlassung zum Zweikampf heraus, so ist gegen ihn auf Absetzung zu erkennen; aufserdem ist er nach den Vorschriften des bürgerlichen Strafgesetzbuches zu bestrafen. Gleiche Strafen treffen den Vorgesetzten, welcher die Herausforderung eines Untergebenen annimmt.

§ 93. Wer ohne genügenden Grund eine Beschwerde wegen Verletzung im Dienste gegen einen Vorgesetzten anbringt, wird mit Gefängnis bis zu sechs Monaten oder mit Disziplinarstrafe bestraft.

§ 94. Wer unter den im 1. Absatz des § 84 vorgesehenen Umständen einer Schildwache gegenüber in Beziehung auf das, was diese auf Grund des Reglements oder auf Grund besonderen Befehls zu verrichten oder zu verhindern hat, Gehorsam weigert oder Widerstand leistet, wird, wenn dadurch beträchtlicher Schaden entstanden ist, mit Strafarbeit von zwei bis sechs Jahren bestraft; andernfalls ist, wenn der Thäter Offizier oder Unteroffizier ist, auf Absetzung und Gefängnis nicht unter einem Jahre, und, wenn er Gemeiner ist, auf Strafarbeit bis zu zwei Jahren zu erkennen.

Wird die Handlung unter andern Umständen begangen, so tritt Gefängnis oder Strafarbeit bis zu einem Jahre ein. Ist der Thäter ein Gemeiner und sind besonders mildernde Umstände vorhanden, so kann Disziplinarstrafe verhängt werden.

§ 95. Die im § 94 für Ungehorsam und Widersetzlichkeit gegen eine Schildwache gegebenen Bestimmungen finden auch Anwendung, wenn die Handlung gegen eine andre Wache oder gegen eine Patrouille oder gegen eine zur Bewachung oder zur Aufrechthaltung der Ordnung besonders ausgestellte oder ausgesandte Truppenabteilung gerichtet war.

§ 96. Gegen denjenigen, welcher unter den im 1. Absatz des § 84 vorgesehenen Umständen gegen eine Schildwache oder gegen einen Soldaten, welcher zu einer der in § 95 bezeichneten Wachen oder Truppenabteilungen gehört, Gewalt oder sonstige Mifshandlung verübt, ist auf die Strafe zu erkennen, welche im 1. Absatz des § 88 für ein derartiges an einem Vorgesetzten begangenes Verbrechen angedroht ist.

§ 97. Eine Person der Soldatenstandes, die gegen eine untergeordnete Person des Soldatenstandes im Dienste oder in Beziehung auf denselben Gewalt oder sonstige Mifshandlung verübt, wird, wenn die Handlung nicht unter § 36 fällt, mit Gefängnis oder mit Strafarbeit bis zu zwei Jahren bestraft. Ist geringe Gewalt angewendet worden oder sind sonst besonders mildernde Umstände vorhanden, so kann auf Disziplinarstrafe erkannt werden.

§ 98. Eine Person des Soldatenstandes, welche eine untergeordnete Person des Soldatenstandes durch schmähende Ausdrücke beleidigt oder sich gegen dieselbe durch Drohung oder eine sonstige beleidigende Handlung vergeht, wird, wenn die Beleidigung im Dienste oder in Beziehung auf denselben begangen ist, mit Disziplinarstrafe oder mit Gefängnis bis zu sechs Monaten bestraft.

§ 99. Der Vorgesetzte, welcher durch Mifsbrauch seiner Dienstgewalt eine untergeordnete Person des Soldatenstandes verhindert, wegen Verletzung im Dienste Klage zu führen, wird mit Gefängnis bestraft.

§ 100. Eine Person des Soldatenstandes, welche eine der in den §§ 97 und 98 bezeichneten Handlungen gegen eine andre Person des Soldatenstandes begeht, welche nicht in einem der oben bezeichneten besonderen Verhältnise zu ihr steht, wird, wenn sie Offizier oder Unteroffizier ist, in der in den §§ 97 und 98 angegebenen Weise bestraft. Ist der Schuldige ein Gemeiner, so tritt Disziplinarstrafe oder Gefängnis bis zu sechs Monaten ein.

§ 101. Wenn jemand während des Gottesdienstes einer versammelten Truppenabteilung durch Fluchen oder Lärmen eine Störung hervorruft oder sonst Ärgernis erregt, oder vor dem Kriegsgericht durch Fluchen oder Lärmen oder in andrer Weise Ärgernis erregt, so ist bei der Strafzumessung, welche nach den Vorschriften des bürgerlichen Strafgesetzbuches erfolgt, die Handlung als unter erschwerenden Umständen begangen anzusehen; an Stelle der im bürgerlichen Strafgesetzbuche angedrohten Geldstrafe tritt Disziplinarstrafe.

§ 102. Wer in oder aufser dem Dienste, im Felde, im Lager oder im Wachtlokal, in der Kaserne oder im Militärlazarett, auf einer Werft der Krone, in einer Werkstätte, in einem Vorrats- oder Zeughaus, oder auf einem Fahrzeug der Krone Lärm oder Unruhe verursacht, oder sonstiges Ärgernis erregt, oder in angetrunkenem Zustande betroffen wird, wird mit Disziplinarstrafe bestraft. Die gleiche Strafe ist zu verhängen, wenn eine Person des Soldatenstandes die vorgenannten Handlungen auf einem Wege, einer Strafse oder einem sonstigen öffentlichen Orte eines Garnisons- oder Stationsortes begeht.

Eine Person des Soldatenstandes, welche in andrer Weise in oder aufser dem Dienste den Anstand aufser Augen setzt, oder sich unzuverlässig erweist, oder die Achtung gefährdet, welche seiner Stellung gebührt, wird, wenn nicht auf Grund dieses oder eines andern Gesetzes eine besondere Strafe verwirkt ist, gleichfalls mit Disziplinarstrafe bestraft.

Wird der Befehlshaber einer gröfseren oder geringeren Truppenabteilung oder der Befehlshaber eines Fahrzeuges oder ein Offizier oder Unteroffizier, während er Wache thut oder auf Vorposten oder in einer andern gleichartigen Dienstverrichtung sich befindet, in angetrunkenem Zustande betroffen, oder wird eine Schildwache auf dem Posten berauscht angetroffen, so ist diejenige Strafe zu verhängen, welche im 10. Kapitel für grobe Vernachlässigung des Dienstes festgesetzt ist.

8. Kapitel.
Unerlaubtes Beutemachen und Mifsbrauch der Waffengewalt im Kriege.

§ 103. Wer während eines Gefechtes oder nach demselben sich Kriegsbeute aneignet, bevor die Erlaubnis dazu erteilt worden ist, wird mit Gefängnis bis zu sechs Monaten, oder, wenn mildernde Umstände vorhanden sind, mit Disziplinarstrafe bestraft.

Wer von gemachter Kriegsbeute, welche gemäfs Reglement oder besonderer Vorschrift dem Staate gehört oder unter die Truppen zu verteilen ist, etwas in der Absicht unterschlägt, denselben sich oder einem andern zuzueignen, hat seinen Beuteanteil verwirkt und wird, wenn er ein Gemeiner ist, mit Gefängnis bis zu sechs Monaten oder mit Strafarbeit bis zu zwei Jahren, und, wenn er Offizier oder Unteroffizier ist, mit Gefängnis oder mit Absetzung bestraft, und im letztern Falle, wenn es in Betracht der Beschaffenheit des Verbrechens, gerechtfertigt erscheint, zugleich für unwürdig erklärt, im Staatsdienste ferner Verwendung zu finden.

§ 104. Wer während eines Gefechtes oder nach demselben einem Angehörigen der feindlichen Kriegsmacht eine Sache wegnimmt, welche dem Beuterechte nicht unterworfen ist, wird mit Gefängnis oder mit Strafarbeit bis zu zwei Jahren bestraft. Als erschwerender Umstand ist es anzusehen, wenn einem Kriegsgefangenen die Sache abgenommen worden ist.

War der Feind infolge von Wunden oder Krankheit aufser stande, sich zur Wehre zu setzen, so wird der Thäter mit Strafarbeit von zwei bis sechs Jahren bestraft.

Wurden dem verwundeten Feinde noch weiter Wunden oder Schaden zugefügt, so wird der Thäter mit Strafarbeit von sechs bis zehn Jahren oder mit lebenslänglicher Strafarbeit bestraft.

§ 105. Wer bei der Einnahme einer Stadt, einer Festung, eines Lagers, oder sonst während eines Gefechtes oder nach demselben ohne ausdrückliche Erlaubnis des höchsten Befehlshabers oder mit Aufserachtlassung der von diesem erlassenen Vorschriften sich Gut oder Geld der Einwohner des feindlichen Landes zueignet, macht sich der Plünderung schuldig und wird mit Strafarbeit von vier bis zehn Jahren bestraft. Sind besonders mildernde Umstände vorhanden, so kann die Dauer der Strafarbeit auf zwei Jahre herabgesetzt werden.

Wer durch Gewaltthätigkeit gegen eine Person oder durch Anwendung von Drohung mit gegenwärtiger Gefahr den Versuch zu dem vorerwähnten Verbrechen begangen hat, die Wegnahme aber auszuführen nicht im stande gewesen ist, wird wegen Versuchs der Plünderung mit Strafarbeit bis zu sechs Jahren bestraft.

Ist durch die bei der Plünderung oder dem Versuche der Plünderung begangenen Gewaltthätigkeiten eine schwere Körperverletzung oder der Tod eines Menschen verursacht worden, so tritt im ersten Falle lebenslängliche Strafarbeit oder Strafarbeit von zehn Jahren, und im zweiten Falle Todesstrafe oder lebenslängliche Strafarbeit ein.

§ 106. Wenn jemand nach beendetem Gefechte auf dem Kampfplatze oder in der Nähe desselben, oder auf einem genommenen Fahrzeug oder in einer eroberten Festung oder an einem andern eroberten Orte gegen Personen, welche keinen Widerstand leisten oder welche unter Schutz gestellt sind, oder an Kriegsgefangenen oder an Verwundeten oder Kranken oder an Personen, bei welchen Kranke oder Verwundete in Pflege sind, Gewalt oder sonstige Mifshandlungen verübt, so tritt, wenn die Handlung nicht unter den Abs. 3 des § 104 fällt, die in dem bürgerlichen Strafgesetzbuche für Gewalt oder Mifshandlung angedrohte Strafe ein und es ist bei der Strafzumessung die Handlung als unter erschwerenden Umständen begangen anzusehen.

9. Kapitel.

Beschädigung des Eigentums der Kriegsmacht, Vergeudung oder Vernachlässigung desselben, sowie Diebstahl, Entwendung[1]) und Raub.

§ 107. Wenn jemand Eigentum, von welchem ihm bekannt ist, dafs es der Kriegsmacht gehört, vernichtet oder beschädigt, so kommen, falls die Handlung in diesem Gesetz nicht mit besonderer Strafe bedroht ist, die Vorschriften des bürgerlichen Strafgesetzbuches zur Anwendung und es ist bei der Strafzumessung die Handlung als unter erschwerenden Umständen begangen anzusehen. An die Stelle der im bürgerlichen Strafgesetzbuche angedrohten Geldstrafe tritt Disziplinarstrafe.

Dasselbe gilt, falls jemand den Versuch des vorerwähnten Verbrechens begeht und dieser Versuch in dem bürgerlichen Strafgesetzbuche mit Strafe bedroht ist.

§ 108. Wer während eines Krieges zu Kriegszwecken bestimmte Fahrzeuge, oder zum Gebrauch der Kriegsmacht verwendete oder bestimmte Gebäude, Befestigungen, Bollwerke, Dämme oder dergleichen vorsätzlich zerstört oder derart beschädigt, dafs infolgedessen der unbehinderte Fortgang der Kriegsunternehmungen gefährdet wird, wird mit lebenslänglicher Strafarbeit oder mit Strafarbeit von acht bis zehn Jahren bestraft. Ist durch die That eine schwere Körperverletzung oder der Tod eines Menschen verursacht worden, und war die Handlung von der Beschaffenheit, dafs der

[1]) Entwendung (snatteri) bezeichnet einen kleinen Diebstahl, d. h. einen solchen, dessen Betrag 15 Kronen (etwa 17 Mark) nicht übersteigt.

Thäter einsehen konnte, dafs ein derartiges Unglück zu befürchten war, so ist auf Todesstrafe oder lebenslängliche Strafarbeit zu erkennen.

Dasselbe gilt, falls jemand während eines Krieges Lebensmittel, Kriegsgerät oder sonstige Gegenstände, von denen er wufste, dafs dieselben für den Bedarf der Kriegsmacht bestimmt waren, vorsätzlich vernichtet oder beschädigt und dadurch den Kriegsunternehmungen Hindernisse bereitet oder für die Truppen bedeutenden Mangel verursacht, falls der Thäter nach der Beschaffenheit des zerstörten Gegenstandes einsehen konnte, dafs infolge des Verbrechens derartiges Unglück zu befürchten war.

§ 109. Wer genötigt ist, sich Orten, an welchen Pulver oder andre leicht entzündbare Stoffe oder aus solchen Stoffen angefertigte Kriegsgerätschaften aufbewahrt werden, mit Licht oder Feuer zu nähern und es unterläfst, das Feuer gehörig zu bewahren; wer sich ohne Not solchen Orten mit Feuer nähert, auch wenn dasselbe gehörig bewahrt wird; wer an solchen Orten Tabak raucht oder sonst mit Licht oder feuergefährlichen Stoffen unvorsichtig umgeht, wird mit Gefängnis oder Strafarbeit bis zu zwei Jahren bestraft. War das Vergehen gering und ist kein Schaden entstanden, so tritt Disziplinarstrafe ein.

§ 110. Wer in andrer als der in § 109 vorgesehenen Weise auf einem Kriegsfahrzeuge, einer Werft, in einem Zeughaus, einer Werkstätte, einem Vorratshaus oder in einer Kaserne oder an einem andern derartigen Orte mit Feuer unvorsichtig umgeht; oder wer an einem solchen Orte leicht entzündbare Stoffe an einem andern als dem für deren Aufbewahrung bestimmten Platze unterbringt, wird mit Gefängnis bis zu sechs Monaten bestraft. War das Versehen gering und ist kein Schaden entstanden, so tritt Disziplinarstrafe ein.

§ 111. Wer ohne dazu berechtigt zu sein, der Krone gehörige Gebäude, Fahrzeuge, Boote, Wagen oder sonstige Kriegsgerätschaften oder Pferde zum eigenen Gebrauch verwendet, oder andern deren Benutzung gestattet, wird mit Disziplinarstrafe bestraft. Sind besonders erschwerende Umstände vorhanden, so ist auf Gefängnis bis zu sechs Monaten zu erkennen.

§ 112. Ein Gemeiner, welcher die ihm zum Gebrauch gelieferten Waffen oder Uniformstücke, die Munition, sein Dienstpferd, dessen Montur oder Futter oder sonstige zur Ausrüstung gehörige Gegenstände unerlaubterweise verkauft, verpfändet oder in andrer Weise vergeudet oder vorsätzlich vernichtet oder beschädigt; oder welcher unbefugterweise ein Pferd oder einen andern der genannten Gegenstände von einem Gemeinen kauft oder durch Tausch oder zum Verkauf oder als Pfand, Geschenk oder Darlehn an sich bringt, wird das erste Mal mit der Disziplinarstrafe des strengen Arrestes, das zweite Mal mit Gefängnis bis zu sechs Monaten, das dritte Mal mit Gefängnis von sechs Monaten bis zu einem Jahre, das vierte und die folgenden Male mit Strafarbeit von sechs Monaten bis zu zwei Jahren bestraft.

Begeht ein Offizier oder Unteroffizier das vorerwähnte Verbrechen, so wird derselbe mit Gefängnis bis zu sechs Monaten, im Rückfall aber mit Absetzung bestraft.

§ 113. Wer Vorräte oder Eigentum der Kriegsmacht aus einem Zeughaus, von einer Werft, aus einer Werkstätte, einem Fahrzeug, einer Kaserne, einem Zelte, einem Stalle, einem Fuhrwerke oder von einem andern Orte, an welchem, wie der Thäter weifs, solches Eigentum aufbewahrt wird, stiehlt; oder wer sonst Eigentum stiehlt, von dem ihm bekannt ist, dafs es zum Bedarf der Kriegsmacht bestimmt ist, wird mit Strafarbeit von sechs Monaten bis zu zwei Jahren bestraft.

Wird der Diebstahl während eines Krieges oder zu einer Zeit, wo die Kriegsmacht oder ein Teil derselben sich auf dem Kriegsfufse befindet, begangen, so ist auf Strafarbeit von einem bis zu vier Jahren zu erkennen; werden Lebensmittel, Kriegsgerätschaften oder sonstige Kriegsbedürfnisse demjenigen, welcher die betreffenden Gegenstände einer Festung, einem Kriegsfahrzeug, einem Lager oder einem sonstigen Orte, an welchem Truppen zur Zeit eines Krieges oder zu einem Kriegsunternehmen zusammengezogen sind, zuführt, gestohlen, so kann die Dauer der Strafarbeit auf sechs Jahre erhöht werden.

§ 114. Wer einem andern, mit dem er in demselben Quartier oder zusammen in der Kaserne, in einem Zelt oder im Militärlazarett oder an einem ähnlichen Orte liegt oder mit dem er auf demselben Fahrzeug Dienst thut, Gegenstände stiehlt, welche dieser dort aufbewahrt hat, wird mit Strafarbeit bis zu einem Jahre bestraft.

§ 115. Wenn jemand in den in den §§ 113 und 114 vorgesehenen Fällen eine Entwendung begeht, so ist auf Gefängnis bis zu sechs Monaten zu erkennen.

§ 116. Wenn eine Schildwache oder eine andre Person, welche auf Wache oder zur Bewachung von Gegenständen kommandiert ist, von den ihrem Schutz oder ihrer Bewachung anvertrauten Gegenständen sich solche von gröfserem oder geringerem Werte zueignet, ist wegen Diebstahls auf Strafarbeit von einem bis zu vier Jahren zu erkennen. Wird der Diebstahl während eines Krieges verübt, so kann die Dauer der Strafarbeit auf acht Jahre erhöht werden.

§ 117. Wer Kriegsvorräte raubt, welche in eine Festung, auf ein Kriegsfahrzeug, in ein Lager oder nach einem andern Orte, an welchem während eines Krieges oder zu einem Kriegsunternehmen Truppen zusammengezogen sind, überführt werden, wird mit lebenslänglicher Strafarbeit oder mit Strafarbeit von zehn Jahren bestraft.

Wer in der Absicht, sich solche Kriegsvorräte anzueignen mit Gewalt oder unter Drohung mit gegenwärtiger Gefahr denjenigen überfällt, welcher die Gegenstände zu überführen hat, jedoch den Raub auszuführen nicht imstande ist, wird mit Strafarbeit von sechs bis zehn Jahren bestraft.

§ 118. Haben zwei oder mehrere zur Begehung des im § 117 vorgesehenen Raubes sich vereinigt, und ist das Verbrechen vollendet worden, so ist auf Todesstrafe oder auf Strafarbeit auf Lebenszeit zu erkennen.

Ist das Verbrechen nicht vollendet worden, so ist auf lebenslängliche Strafarbeit oder auf Strafarbeit von sechs bis zehn Jahren zu erkennen.

§ 119. Wer Raub oder Diebstahl an dem in § 113 genannten Eigentum begeht und dadurch ein Kriegsunternehmen verhindert oder für die Truppen bedeutenden Mangel verursacht, wird, wenn der Thäter nach der Beschaffenheit der geraubten oder gestohlenen Gegenstände einsehen konnte, dafs derartiges Unglück zu befürchten war, falls Raub begangen wurde, mit dem Tode oder mit lebenslänglicher Strafarbeit, andernfalls mit lebenslänglicher Strafarbeit oder Strafarbeit von acht bis zehn Jahren bestraft.

§ 120. Gegen einen Offizier oder Unteroffizier, welcher wegen Diebstahls, Entwendung oder Raubes bestraft wird, ist zugleich auf Absetzung zu erkennen.

§ 121. Im übrigen sollen die auf Diebstahl, Entwendung, Raub, Versuch des Raubes und Einbruch bezüglichen Vorschriften des bürgerlichen Strafgesetzbuches auch dann Geltung haben, wenn der Thäter dem Militärstrafgesetzbuche unterstellt ist.

Treffen bei einem Diebstahl, oder wenn jemand mehrerer Diebstähle auf einmal angeklagt ist, zwei oder mehrere der in den §§ 113, 114 und 116 vorgesehenen Fälle zusammen, oder ist ein Diebstahl, welcher unter einen der genannten Paragraphen fällt, mit Einbruch oder sonst mit einem solchen Umstande verbunden gewesen, dafs er auch nach den §§ 3, 4, 5 oder 6 des 20. Kapitels des bürgerlichen Strafgesetzbuches strafbar ist, so kommen die Bestimmungen des § 8 desselben Kapitels[1]) zur Anwendung.

§ 122. Neben den auf Grund der Bestimmungen der §§ 108, 116, 117, 118 oder 119 verhängten Strafen ist auf Verlust der bürgerlichen Ehrenrechte für immer oder auf bestimmte Zeit; neben den auf Grund der Bestimmungen der §§ 113 oder 114 verhängten Strafen auf Verlust der bürgerlichen Ehrenrechte auf bestimmte Zeit zu erkennen.

10. Kapitel.

Übertretung oder Vernachlässigung von Dienstpflichten in andern als den bisher genannten Fällen.

§ 123. Ein Offizier oder Unteroffizier, welcher in einer Disziplinarsache einen Unschuldigen wissentlich und vorsätzlich mit Strafe belegt, oder einem andern, welcher das Recht der Bestrafung ausübt, zur Bestrafung anzeigt, wird mit Absetzung bestraft und für unwürdig erklärt, im Staatsdienste ferner Verwendung zu finden, und wird aufserdem

a) wenn der Unschuldige strengen Arrest verbüfst hat, oder wenn derselbe Offizier oder Unteroffizier war und Wachtarrest verbüfst hat, mit Strafarbeit von sechs Monaten bis zu zwei Jahren; und

b) wenn der Unschuldige eine geringere Strafe verbüfst hat, oder wenn trotz der Denunziation Strafe über denselben nicht verhängt worden ist, oder wenn eine über ihn verhängte Strafe nicht zur Vollstreckung gelangt

---

[1]) Nach diesem § kann die Strafarbeit bis zu einem Jahre über jene Strafzeit, welche wegen der schwersten der vorliegenden Fälle verwirkt ist, erhöht werden.

ist, mit Gefängnis bis zu sechs Monaten oder mit Geldstrafe bis zu eintausend Kronen bestraft.

Die gleichen Strafen treten ein, wenn ein bei der Kriegsmacht angestellter Zivilbeamter[1]) einen Unschuldigen wissentlich und vorsätzlich zur Bestrafung anzeigt.

Wer sonst diesem Gesetz untersteht und die vorgenannte Anzeige erstattet, wird, wenn der Unschuldige die unter a) vorgesehene Strafe verbüfst hat, mit Strafarbeit von sechs Monaten bis zu zwei Jahren, und, wenn einer der unter b) vorgesehenen Fälle vorliegt, mit Gefängnis bis zu sechs Monaten oder mit der Disziplinarstrafe des strengen Arrestes bestraft.

Wer nicht mit böser Absicht, aber doch ohne gesetzlichen Grund, aus Übereilung oder Unverstand in einer Disziplinarsache einen andern mit Strafe belegt oder gegen ihn Anzeige erstattet, wird, wenn er Offizier oder Unteroffizier ist, mit einer nach Mafsgabe der Vorschriften des § 21 des 25. Kapitels des bürgerlichen Strafgesetzbuches festzusetzenden Geldstrafe oder mit Verlust des Amtes auf bestimmte Zeit, oder, wenn besonders erschwerende Umstände vorhanden sind, mit Absetzung bestraft; ist der Thäter ein Gemeiner, so ist auf Disziplinarstrafe oder auf Gefängnis bis zu sechs Monaten zu erkennen.

Tritt auf Grund der Bestimmungen dieses § Strafarbeit von zwei Jahren ein, so mufs zugleich auf Verlust der bürgerlichen Ehrenrechte für immer, tritt Strafarbeit von kürzerer als zweijähriger Dauer ein, so mufs auch auf Verlust der bürgerlichen Ehrenrechte auf bestimmte Zeit erkannt werden.

§ 124. Wer sich ein ihm nicht zustehendes Recht zur Bestrafung anmafst, wird, wenn er Offizier oder Unteroffizier ist, mit Amtsverlust auf bestimmte Zeit oder mit Absetzung, und wenn er einen niedrigeren Dienstgrad bekleidet, mit Gefängnis bis zu einem Jahre bestraft. Ist kein oder nur ein geringer Schaden entstanden, so tritt Disziplinarstrafe ein.

§ 125. Werden Untergebene durch Befehl eines Vorgesetzten zum Vorteile des Vorgesetzten oder eines andern zu Sammlungen, Ausgaben oder Aufwendungen oder zu andern als den nach dem Dienstreglement ihnen obliegenden Leistungen gezwungen, so wird der Vorgesetzte, wenn derselbe Offizier oder Unteroffizier ist, mit Absetzung bestraft und kann, wenn es in Anbetracht der Thatumstände gerechtfertigt erscheint, zugleich für unwürdig erklärt werden, im Staatsdienste ferner Verwendung zu finden. Ist der Vorgesetzte ein Gemeiner, so ist auf Strafarbeit bis zu zwei Jahren zu erkennen.

Ein Vorgesetzter, welcher seine Untergebenen in andrer Weise zu seinem oder zum Vorteile eines andern zu Sammlungen, Ausgaben, Aufwendungen oder ungehöriger Arbeit veranlafst, wird, wenn derselbe Offizier oder Unteroffizier ist, mit Absetzung oder mit Verlust des Amtes auf bestimmte Zeit oder mit Disziplinarstrafe, und, wenn er ein Gemeiner ist, mit Disziplinarstrafe bestraft. Nehmen Offiziere und Unteroffiziere des

---

[1]) Vgl. Note zu § 1. b.

eignen Gewinns wegen Vorteile an, welche ihnen freiwillig angeboten werden, so tritt Disziplinarstrafe ein.

§ 126. Wer des eignen Gewinns wegen oder zum Vorteil eines andern oder sonst in unerlaubter Absicht in einem Berichte oder in einer Rechnungslegung, welche die seinem Befehl unterstellte Truppenabteilung betrifft, unrichtige Angaben über Mannschaften, Pferde, oder Dienstzeit, oder über Waffen, Munition, Gerätschaften oder sonstige Kriegsbedürfnisse macht, wird, sofern nicht diese Handlungen auf Grund der Bestimmungen des § 43 mit einer andern Strafe bedroht sind, mit Strafarbeit von zwei bis sechs Jahren bestraft; zugleich ist auf Verlust der bürgerlichen Ehrenrechte auf Lebenszeit oder auf bestimmte Zeit zu erkennen.

§ 127. Ein bei der Kriegsmacht angestellter Beamter, welcher zur Löhnung der Truppen, zu deren Unterhalt, Bekleidung oder zu einem sonstigen Kriegsbedürfnis erhobene Gelder oder andre Vermögensstücke, welche ihm kraft seines Amtes für Rechnung der Kriegsmacht zur Verwahrung, Verwaltung oder Rechnungslegung anvertraut worden sind, veruntreut, wird nach den Vorschriften des bürgerlichen Strafgesetzbuches bestraft. Ist die Handlung zur Zeit eines Krieges oder während die Kriegsmacht oder ein Teil derselben sich auf Kriegsfuſs befand, begangen worden, so ist bei der Strafzumessung dieser Umstand als besonders erschwerend in Betracht zu ziehen.

Ist die Veruntreuung zur Zeit eines Krieges oder während die Kriegsmacht oder ein Teil derselben sich auf Kriegsfuſs befand, begangen worden und sind infolge des durch die Veruntreuung eingetretenen Verlustes die Kriegsunternehmungen gehemmt worden, oder ist infolge desselben ein bedeutender Mangel für die Truppen entstanden, so wird der Thäter, wenn er nach Beschaffenheit der veruntreuten Gegenstände einsehen konnte, daſs infolge dieser Handlung derartiges Unglück zu befürchten war, mit lebenslänglicher Strafarbeit oder mit Strafarbeit von acht bis zehn Jahren bestraft.

§ 128. Hat ein Befehlshaber, um einen Mangel an der Zahl der ihm unterstellten Mannschaft oder der Pferde zu verheimlichen, welche zu der unter seinem Befehl stehenden Truppenabteilung gehören, bei Musterung falsche Personen vorgestellt oder Pferde vorgeführt, welche er sich leihweise oder auf anderm Wege für die Musterung verschafft hat; oder hat ein Offizier oder Unteroffizier zu diesem Zwecke einen andern Befehlshaber durch Darleihung unterstützt, so ist auf Absetzung zu erkennen, und wenn es der Schwere der Handlung angemessen erscheint, der Thäter zugleich für unwürdig zu erklären, im Staatsdienste ferner Verwendung zu finden. Sind besonders mildernde Umstände vorhanden, so tritt Amtsverlust auf bestimmte Zeit ein.

Gemeine, welche an einem derartigen Verbrechen teilgenommen haben, werden mit Gefängnis bis zu sechs Monaten oder mit Disziplinarstrafe bestraft.

§ 129. Ein Befehlshaber, welcher von einem andern sich Waffen oder andere Gegenstände, welche zur Ausrüstung oder zur Montur gehören, leiht oder sonst für eine Musterung verschafft, und dieselben in der Absicht, einen vorhandenen Mangel zu verheimlichen, bei der Musterung vorzeigt, wird mit Verlust des Amtes auf bestimmte Zeit oder mit Absetzung bestraft. Sind besonders mildernde Umstände vorhanden, so kann der Thäter mit der Disziplinarstrafe des Wachtarrestes bestraft werden.

§ 130. Wer Musterung zu halten oder eine Festung, ein Fahrzeug oder Kriegsvorrat zu besichtigen hat und es absichtlich unterläfst, bei der Musterung aufgedeckte Mängel oder ungehörige Zustände von der in den §§ 128 und 129 bezeichneten Art abzustellen oder dieselben anzuzeigen, um Abstellung derselben oder die Strafverfolgung des Schuldigen herbeizuführen, wird nach Mafsgabe der Bestimmungen des 1. Absatzes des § 128 bestraft.

§ 131. Wer in andern als den bisher angeführten Fällen im Dienste vorsätzlich falsche Berichte erstattet, wird, wenn er Offizier oder Unteroffizier ist, mit Absetzung, neben welcher er, wenn es nach der Schwere der begangenen Handlung erforderlich erscheint, für unwürdig erklärt werden kann, im Staatsdienste ferner Verwendung zu finden, oder mit Amtsverlust auf bestimmte Zeit bestraft. Ist der Thäter ein Gemeiner, so ist auf Gefängnis oder Strafarbeit bis zu zwei Jahren zu erkennen.

§ 132. Wer durch betrügerische Versprechungen oder falsche Vorspiegelungen oder in anderer unerlaubter Weise jemanden verleitet, Kriegsdienste zu nehmen, wird mit Gefängnis bis zu sechs Monaten oder mit Disziplinarstrafe bestraft. Ist Gewalt angewendet worden, oder sind sonst besonders erschwerende Umstände vorhanden, so ist auf Strafarbeit bis zu zwei Jahren zu erkennen.

§ 133. Ein Vorgesetzter, welcher durch Mifsbrauch der Dienstgewalt einen zum Kriegsdienst Angeworbenen oder Geheuerten verhindert, über die Anwerbung oder Heuerung Klage zu führen, wird mit Gefängnis oder mit Strafarbeit bis zu zwei Jahren bestraft.

§ 134. Ein Befehlshaber, welcher wider besseres Wissen einem Gemeinen den Abschied, welchen derselbe zu fordern berechtigt ist, verweigert, oder einen Gemeinen widerrechtlich aus dem Dienst entfernt, wird mit Absetzung bestraft, und, wenn es nach den Umständen des Falles angemessen erscheint, zugleich für unwürdig erklärt, im Staatsdienste ferner Verwendung zu finden. Ist die Handlung aus Übereilung begangen und durch dieselbe kein oder nur ein geringer Schaden verursacht, oder ist dieselbe aus Unverstand verübt worden, und sind nicht besonders erschwerende Umstände vorhanden, so ist auf Verlust des Amtes auf bestimmte Zeit oder auf Disziplinarstrafe zu erkennen.

§ 135. Wer auf Wache steht oder sonst zur Bewachung eines Gefangenen oder Verhafteten befehligt ist und denselben absichtlich oder aus Fahrlässigkeit entweichen läfst, oder ihm zur Flucht behilflich ist, wird, wenn er Offizier oder Unteroffizier ist, auf Grund der Bestimmungen des § 14 des 25. Kapitels des bürgerlichen Strafgesetzbuches bestraft; an Stelle der zu verhängenden Geldstrafe tritt dabei Disziplinarstrafe. Ist der

Thäter ein Gemeiner, so wird er nach Mafsgabe der in der angezogenen Gesetzesstelle enthaltenen Strafzumessungsgründe, je nach der Beschaffenheit der That, entweder mit Strafarbeit bis zu vier Jahren oder mit Gefängnis bis zu sechs Monaten oder mit Disziplinarstrafe bestraft.

Wurde die Handlung vorsätzlich begangen und war der Gefangene oder Verhaftete ein Spion, ein Kriegsgefangener oder eine andre Person, welche Verbindung mit dem Feinde unterhalten hatte, so wird der Thäter, falls dieser Umstand ihm bekannt war, mit Strafarbeit von vier bis acht Jahren bestraft, falls nicht auf Grund der Bestimmungen des 4. Kapitels schwerere Strafe eintritt.

§ 136. Wenn eine Person, welche im Militärgefängnis gefangen gehalten wird, oder durch eine Person des Soldatenstandes ins Gefängnis abgeführt oder zum Verhör vorgeführt werden soll, mit Gewalt oder List oder auf andere Weise befreit worden, oder der Versuch einer solchen Befreiung mit Gewalt gemacht worden ist, so soll dieser Umstand bei der Strafzumessung, welche auf Grund der Vorschriften des bürgerlichen Strafgesetzbuches zu geschehen hat, als erschwerend betrachtet werden.

§ 137. Wer sich eigenmächtig ein Kommando anmafst, welches ihm gesetzlich nicht zusteht, wird mit Gefängnis oder mit Verlust des Amtes auf bestimmte Zeit oder mit Absetzung bestraft und ist zugleich für Versehen oder Verbrechen, welche er in Ausübung des angemafsten Kommandos beging, verantwortlich zu machen.

§ 138. Der Befehlshaber einer Wache, eines Vorpostens, eines Fahrzeuges oder einer Truppenabteilung, welcher den Befehl erhalten hat, die Bewegungen des Feindes zu beobachten oder auszukundschaften, oder die Kriegsmacht gegen eine Überraschung seitens des Feindes oder gegen andre Kriegsgefahr zu sichern, wird, wenn er seinen Posten unerlaubterweise verlassen hat oder sich sonst grobe Versäumnis derjenigen Pflichten zu schulden kommen liefs, welche ihm bei Ausführung seiner Aufgabe oblagen, mit dem Tode durch Erschiefsen oder mit lebenslänglicher Strafarbeit bestraft, wenn das Verbrechen in der Nähe des Feindes begangen wurde; andernfalls ist, je nach der Gröfse der Gefahr und des Schadens, auf Gefängnis oder Strafarbeit bis zu einem Jahr zu erkennen.

§ 139. Ein Offizier oder Unteroffizier, welcher, ohne Befehlshaber zu sein, bei einer solchen Dienstverrichtung, die in § 138 bezeichnet ist, sich einer der in diesem § mit Strafe bedrohten Handlungen schuldig macht, wird, wenn die Handlung in der Nähe des Feindes begangen wurde, mit Strafarbeit von vier bis zehn Jahren bestraft; andernfalls ist auf Gefängnis oder Strafarbeit bis zu zwei Jahren zu erkennen, so weit nicht auf Grund andrer gesetzlicher Bestimmung eine schwerere Strafe eintritt.

§ 140. Ein Offizier oder Unteroffizier, welcher unter andern als den in §§ 138 und 139 bezeichneten Umständen seinen Posten unerlaubterweise verlassen hat, wird mit Gefängnis bis zu sechs Monaten, oder, wenn besonders mildernde Umstände vorhanden sind, mit Disziplinarstrafe bestraft. War derselbe Befehlshaber, so tritt Gefängnis, und, wenn besonders erschwerende Umstände vorhanden sind, Absetzung ein.

§ 141. Eine Schildwache, welche ausgestellt worden ist, um die Kriegsmacht gegen Überraschung seitens des Feindes oder gegen andere Kriegsgefahr zu sichern, wird, wenn sie sich grober Pflichtversäumnis schuldig macht oder, bevor sie abgelöst wurde, ihren Posten verlassen oder einem andern übergeben hat, auf Grund der Bestimmungen des § 138 bestraft. Sind besonders mildernde Umstände vorhanden und wurde die strafbare Handlung nicht in der Nähe des Feindes begangen, so kann der Thäter mit der Disziplinarstrafe des strengen Arrestes nicht unter fünf Tagen bestraft werden.

Eine Schildwache, welche unter andern Umständen ihren Posten verläfst oder einem andern übergibt, wird mit Gefängnis bis zu sechs Monaten bestraft. Sind besonders mildernde Umstände vorhanden, so tritt die Disziplinarstrafe des strengen Arrestes ein.

§ 142. Nimmt eine Person des Soldatenstandes, bevor sie ihren Abschied von demjenigen Truppenteile erhalten hat, bei welchem sie dienstlich angestellt ist, bei einer andern Truppenabteilung Dienst, so tritt die Disziplinarstrafe des strengen Arrestes ein; wird das Verbrechen abermals begangen, so ist auf Gefängnis bis zu sechs Monaten zu erkennen.

Die gleiche Strafe trifft denjenigen Gemeinen, welcher einen andern zu dem genannten Verbrechen verleitet.

Macht ein Offizier oder Unteroffizier sich derartiger Verleitung schuldig oder hat ein Befehlshaber jemanden in den Dienst seiner Truppe genommen, von dem ihm bekannt war, dafs derselbe bei einer andern Truppenabteilung bereits in Dienst stand, so ist auf Gefängnis bis zu sechs Monaten, wenn aber die strafbare Handlung wiederholt wird, auf Absetzung zu erkennen.

§ 143. Begeht eine Person des Soldatenstandes auf andre als bisher in diesem Gesetze vorgesehene Weise vorsätzlich ein Verbrechen im Amte, um sich oder einem andern einen Vorteil zu verschaffen oder einem andern Schaden zuzufügen oder um sonst ein Recht oder die Sicherheit der Gesamtheit oder eines einzelnen zu verletzen, oder verabsäumt sie in der vorbezeichneten Absicht vorsätzlich ihre Amtspflicht, so tritt, wenn der Schuldige Offizier oder Unteroffizier ist, Strafe auf Grund der Bestimmungen des bürgerlichen Strafgesetzbuches über Verbrechen im Amte ein. Ist der Thäter ein Gemeiner, so ist auf Strafarbeit bis zu zwei Jahren, oder, wenn das Verbrechen aus Übereilung begangen wurde und kein oder nur ein geringer Schaden verursacht worden ist, auf Disziplinarstrafe oder Gefängnis zu erkennen.

§ 144. Wenn eine Person des Soldatenstandes Fahrlässigkeit, Nachlässigkeit, Unverstand oder Ungeschicklichkeit in der Ausführung der Dienstpflichten beweist, welche nach dem Reglement oder nach andern allgemeinen Verordnungen, Instruktionen oder besonderen Vorschriften ihm obliegen oder den Umständen gemäfs von ihm gefordert werden, so ist, wenn das Versehen in diesem oder in einem andern Gesetze nicht besonders mit Strafe bedroht ist, Disziplinarstrafe zu verhängen. Scheint es der Schwere des Verbrechens angemessen, auf eine andre als Disziplinarstrafe zu erkennen, so wird der Schuldige mit Gefängnis bis zu sechs Monaten oder mit Verlust des Amtes auf bestimmte Zeit bestraft. Sind besonders erschwerende Umstände vorhanden, so kann, wenn der Schuldige Offizier oder Unteroffizier ist, auf Absetzung erkannt, und, wenn er ein Gemeiner ist, die Dauer der Gefängnisstrafe auf zwei Jahre erhöht werden.

§ 145. Stellt sich eine der in den §§ 143 und 144 mit Strafe bedrohten Handlungen zugleich als ein andres vorsätzliches Verbrechen oder als eine nach diesem Gesetze oder nach einem bürgerlichen Strafgesetze strafbare Fahrlässigkeit dar, so kommen die Bestimmungen des § 2 des 4. Kapitels des bürgerlichen Strafgesetzbuches [1]) zur Anwendung.

§ 146. Wer ohne dem Soldatenstande anzugehören, diesem Gesetze untersteht und sich Fahrlässigkeit, Nachlässigkeit, Unverstand und Ungeschicklichkeit im Dienste zu Schulden kommen läfst, kann, wenn das Versehen in diesem oder in einem andern Gesetze nicht besonders mit Strafe bedroht ist, sondern auf Grund der Bestimmungen des § 17 des 25. Kapitels des bürgerlichen Strafgesetzbuches zu bestrafen ist, mit Disziplinarstrafe bestraft werden, wenn das Versehen gering war und nicht im Richter- oder Priesteramte oder damit zusammenhängenden oder in andern Dienstverrichtungen begangen war, zu deren Ausübung besondere wissenschaftliche Kenntnisse erforderlich sind.

11. Kapitel.
Disziplinarsachen.

§ 147. Die zuständigen Befehlshaber haben das Recht, in gewissen Sachen Disziplinarstrafe zu verhängen. Diese Sachen werden Disziplinarsachen genannt.

§ 148. Zu den Disziplinarsachen gehören die in dem vorliegenden Gesetze mit Strafe bedrohten Handlungen, wenn wegen derselben laut der nachstehend angeführten Gesetzesstellen auf Disziplinarstrafe erkannt werden kann:

1) Verkehr mit dem Feinde, nach § 56;
2) das Verbrechen der Fahnenflucht, die Teilnahme an demselben oder eine Verabredung desselben, nach §§ 62, 64, 66, 67 und 69;
3) unerlaubte Entfernung, nach § 68.
4) die Unterlassung der Anzeige des Vorhabens eines Aufruhrs, nach § 78;
5) solche in § 80 vorgesehene Handlungen, durch welche leicht Aufruhr oder Auflauf veranlasst werden kann, nach demselben §;
6) unerlaubte Zusammenkünfte, nach §§ 81, 82 und 83;
7) die Verweigerung oder Unterlassung der Ausführung eines Befehls des Vorgesetzten, nach §§ 84, 85 und 87;
8) der Ungehorsam gegen die Vorschriften eines Übergeordneten, nach § 86;

---

[1]) Dieser § schreibt Strafhäufung bei realer Konkurrenz vor, und wird hier ausnahmsweise auf einen Fall der Idealkonkurrenz für anwendbar erklärt. Eine entsprechende Bestimmung findet sich in § 18 des 25. Kapitels des bürgerl. St.G.B. für das Zusammentreffen von (nichtmilitärischen) Amtsverbrechen und gemeinen Verbrechen.

9) Gewalt, Drohung oder Beleidigung, welche in den §§ 90, 91, 97, 98 und 100 vorgesehen sind; doch können diese Sachen nicht ohne ausdrückliche Einwilligung des Verletzten als Disziplinarsachen behandelt werden;

10) Ungehorsam oder Widersetzlichkeit gegen eine Schildwache, eine andre Wache, eine Patrouille oder eine sonstige zur Bewachung oder Aufrechterhaltung der Ordnung ausgestellte oder ausgesendete Truppenabteilung, nach §§ 94 und 95;

11) Lärm, Unruhe oder sonstiges Ärgernis, Trunkenheit, Unzuverlässigkeit und unanständiges Betragen sowie Gefährdung der dem Soldaten gebührenden Achtung, nach § 102;

12) die unbefugte Aneignung von Kriegsbeute, nach § 103;

13) unvorsichtiges Umgehen mit Feuer, nach §§ 109 und 110;

14) die ungehörige Benutzung des Eigentums der Krone, nach § 111;

15) unerlaubter Verkauf, Verpfändung oder sonstige Vergeudung, Zerstörung oder Beschädigung der Bewaffnung oder der Uniform, der Munition, des Dienstpferdes oder der Montur und des Futters desselben, oder andrer Ausrüstungsgegenstände, sowie die im § 112 vorgesehenen sonstigen Verbrechen;

16) Maſsregeln eines Vorgesetzten, welcher zu den Gemeinen gehört, durch welche Untergebene zu Sammlungen, zu Ausgaben, zu Aufwendungen oder zu ungehöriger Arbeit veranlaſst werden, nach § 125; sowie auch das Entgegennehmen des von Untergebenen freiwillig Angebotenen, nach dem gleichen Paragraphen;

17) der Versuch eines Befehlshabers einen vorhandenen Mangel an Waffen oder andern Ausrüstungs- oder Montierungsgegenständen bei der Musterung zu verbergen, nach § 129;

18) ungehöriges Verlassen des Postens oder Vernachlässigung des Wachendienstes, nach §§ 140 und 141;

19) doppeltes Dienstnehmen oder Teilnahme daran, nach § 142;

20) Fahrlässigkeit, Nachlässigkeit, Unverstand oder Ungeschicklichkeit in Erfüllung der Dienstpflichten, welche nach dem Reglement oder andern Verordnungen, Instruktionen oder besonderen Vorschriften einer Person des Soldatenstandes obliegen oder den Umständen gemäſs von ihm gefordert werden, nach § 144; sowie

21) Fahrlässigkeit, Nachlässigkeit, Unverstand oder Ungeschicklichkeit im Amte seitens derjenigen, welche, ohne dem Soldatenstande anzugehören, diesem Gesetze unterstehen, nach § 146.

§ **149.** Ist jemand zugleich eines Versehens angeschuldigt, welches zu den Disziplinarsachen gehört, und eines Verbrechens, welches dem Kriegsgericht zur Aburteilung unterliegt, und sind entweder beide Verbrechen durch eine und dieselbe Handlung begangen worden, oder gehören sie derselben Verbrechensart an, so sind beide dem Kriegsgericht zu überweisen.

§ **150.** Gegen denjenigen, welcher der Kriegsmacht nicht mehr angehört, ist eine Untersuchung in betreff der von ihm während der Dienstzeit begangenen strafbaren Handlungen, welche zu den Disziplinarsachen gehören, vor dem Befehlshaber nicht anzustellen, sondern die Klage ist, wenn dieselbe in Frage kommt, bei dem Kriegsgericht anhängig zu machen.

Ist ein Gemeiner fahnenflüchtig geworden, so ist er, in bezug auf die Verhängung von Disziplinarstrafen als noch immer der Kriegsmacht angehörend zu betrachten, auch wenn er erst ergriffen wird, nachdem bereits seine Stelle durch einen andern besetzt worden ist.

§ 151. Der Befehlshaber darf über einen bei der Kriegsmacht angestellten Geistlichen keine Disziplinarstrafe verhängen. Läfst ein solcher Geistlicher sich eine Handlung zu Schulden kommen, welche für einen andern bei der Kriegsmacht Angestellten eine Disziplinarstrafe nach sich ziehen würde, so hat der Befehlshaber bei der dem Schuldigen vorgesetzten geistlichen Behörde die Anzeige von der strafbaren Handlung zu erstatten.

§ 152. Wird vor einem Befehlshaber jemand einer der strafbaren Handlungen angeschuldigt, welche in § 148 bezeichnet sind, und kann nach Ansicht des Befehlshabers die Sache unter den obwaltenden Umständen als Disziplinarsache nicht behandelt werden, so ist dieselbe dem Kriegsgerichte zur Aburteilung zu überweisen. Erachtet der Befehlshaber die Ermittelungen über die Beschaffenheit des Verbrechens oder die Strafbarkeit des Angeschuldigten nicht für abgeschlossen, so bleibt es seinem Ermessen überlassen, die Sache dem Kriegsgericht zur Aburteilung zu überweisen.

Findet alsdann das Gericht, dafs durch die strafbare Handlung Disziplinarstrafe verwirkt sei, so bestimmt dasselbe die Strafe. Das Gleiche gilt, wenn das Kriegsgericht in andern Sachen, welche vor demselben zur Verhandlung kommen, eine Disziplinarstrafe als geboten erachtet.

§ 153. Eine Disziplinarstrafe, welche ein Befehlshaber verhängt, ist, sofern die Umstände es gestatten, sogleich zu vollstrecken.

Ist gegen den Schuldigen wegen einer andern strafbaren Handlung bei einem Gerichte Anklage erhoben worden, so darf dadurch die Vollstreckung der Strafe weder verhindert noch aufgeschoben werden. Befindet sich der Schuldige auf Grund einer strafbaren Handlung, welche vor die Gerichte gehört, in Haft und wird derselbe zugleich eines Versehens angeschuldigt, welches als Disziplinarsache zu behandeln ist, so ist zwar wie gewöhnlich von dem Befehlshaber Disziplinarstrafe zu verhängen, doch darf die Strafe nicht vollstreckt werden, bevor nicht entweder der Angeklagte auf freien Fufs gesetzt oder das Urteil in derjenigen Sache gesprochen worden ist, welche der Aburteilung des Gerichtes unterliegt.

§ 154. Wer von einem Befehlshaber mit einer Disziplinarstrafe belegt worden ist und sich bei dieser Strafe nicht beruhigen will, dem steht es frei, spätestens bis zwölf Uhr des dreifsigsten Tages nach demjenigen, an welchem die Verbüfsung der Strafe beendet wurde, diesen Tag nicht mit eingerechnet, seine Beschwerde bei demjenigen Gerichte anzubringen, welchem der Befehlshaber, der die Strafe verhängt hat, für den Fall eines Amtsversehens untersteht. Ist das Gericht ein Kriegsgericht, so ist die Beschwerde innerhalb der angegebenen Zeit bei demjenigen Befehlshaber anzubringen, welcher das Kriegsgericht zu bestellen hat.

Tritt während eines Feld- oder Seezuges, wenn eine Truppenabteilung auf eine gröfsere Entfernung detachiert ist, ein gesetzliches Hindernis ein, so dafs die Beschwerde innerhalb der festgesetzten Zeit nicht angebracht werden kann, so ist die Zeit, während welcher die Beschwerde einzureichen ist, von dem Tage an zu berechnen, an welchem das Hindernis behoben worden ist.

Versäumt der Beschwerdeführer diese Frist, so hat er sein Recht verwirkt.

Es bleibt dem Gericht überlassen, nicht allein einen Spruch über das Verhalten des Befehlshabers abzugeben, sondern auch zu entscheiden, ob und inwieweit die verbüfste Strafe dem Beschwerdeführenden zur Last zu rechnen ist.

Die vorschriftsmäfsige Vollstreckung der Strafe wird durch die angebrachte Beschwerde nicht aufgehalten.

§ 155. Welche Befehlshaber in den einzelnen Fällen das Bestrafungsrecht auszuüben haben, in welcher Art und Weise das Bestrafungsrecht auszuüben ist, wem die Berechtigung, den Arrest zu verhängen, zukommt, bestimmt der König.

Königliche Verordnung

vom 7. Oktober 1881,

betreffend die Einführung des neuen Militärstrafgesetzbuches.

§ 1. Das Militärstrafgesetzbuch, sowie die nachfolgenden Bestimmungen treten am 1. Januar 1882 in Kraft.

§ 2. Durch das neue Militärstrafgesetzbuch werden das Militärstrafgesetzbuch vom 11. Juni 1868, sowie die entgegenstehenden Bestimmungen, welche in sonstigen Gesetzen und Verordnungen enthalten sind, aufgehoben.

§ 3. Ist in einer besonderen Verordnung auf eine Strafbestimmung verwiesen, welche infolge der Einführung des Militärstrafgesetzbuches vom 11. Juni 1868 aufgehoben worden ist, so ist die Handlung, bezüglich deren auf die Strafbestimmung verwiesen ist, nach den Bestimmungen des neuen Gesetzes zu bestrafen, sofern sie in diesem Gesetze mit Strafe bedroht ist; andernfalls entfällt die Strafe.

§ 4. Auf eine Handlung, welche vor dem Inkrafttreten des neuen Militärstrafgesetzbuches begangen ist, bezüglich deren aber nicht vor diesem Zeitpunkte ein Urteil ergangen ist, welches Rechtskraft erlangt hat oder gegen welches ein Rechtsmittel nicht ergriffen wird, ist das neue Gesetz anzuwenden, falls es das mildere ist.

§ 5. Eine Strafe, deren Verbüfsung vor dem Inkrafttreten des neuen Militärstrafgesetzbuches begonnen aber nicht vollendet wurde, soll nach den Vorschriften des ältern Gesetzes weiter vollstreckt werden.

Auf die Vollstrekung einer Strafe, deren Verbüfsung bei dem Inkrafttreten des neuen Militärstrafgesetzbuches noch nicht begonnen hat, findet das neue Gesetz Anwendung, soweit dessen Vorschriften anwendbar sind.

§ 6. In den Fällen, in welchen das neue Militärstrafgesetzbuch den Rückfall mit besonderer Strafe bedroht, ist auf diese Strafe zu erkennen, auch wenn die frühere Strafe auf Grund der Bestimmungen eines älteren Gesetzes oder einer älteren Verordnung verhängt wurde, falls dieselbe voll verbüfst worden ist.

§ 7. Ist eine strafbare Handlung begangen worden, bevor das neue Strafgesetzbuch in Kraft getreten ist, so ist bei Berechnung der Verjährungsfristen für die Strafverfolgung oder für die Vollstreckung des Urteils oder eines sonstigen Beschlusses, durch welchen eine Strafe zuerkannt wurde, Rücksicht auf diejenige Strafe zu nehmen, mit welcher das Verbrechen in dem neuen Gesetze bedroht ist.

§ 8. In solchen Fällen, in welchen gemäfs des königl. Briefes vom 21. März 1811 auf die Mannschaft der Nationalbewaffnung Gotlands die Kriegsartikel vom Jahre 1798 Anwendung finden sollen, tritt an deren Stelle das neue Militärstrafgesetzbuch.

Disziplinarordnung für die Kriegsmacht

vom 7. Oktober 1881.

Vom Vorgesetzten-Verhältnis und von dem Verhältnis zwischen Übergeordneten und Untergeordneten.

§ 1. Wer bei der Kriegsmacht auf Grund der Bestimmungen des Dienstreglements oder infolge besonderer Anordnung ein beständiges oder zufälliges Befehlsrecht über einen andern hat, ist dessen Vorgesetzter, und derjenige, über welchen ein andrer ein solches Befehlsrecht hat, ist dessen Untergebener.

§ 2. Wer bei der Kriegsmacht einen höheren Dienstgrad als ein andrer bekleidet, ist dessen Übergeordneter, und derjenige, welcher einen niedrigeren Dienstgrad bekleidet als ein anderer, ist dessen Untergeordneter.

Ein Vorgesetzter ist ohne Rücksicht auf den Dienstgrad dem ihm Untergebenen übergeordnet und dieser ist infolge dessen dem Vorgesetzten untergeordnet.

§ 3. Eine Person des Soldatenstandes ist in Ausübung des Dienstes und in dienstlichen Angelegenheiten dem Vorgesetzten unbedingten Gehorsam schuldig.

§ 4. Personen des Soldatenstandes sind verpflichtet, jedem Übergeordneten Aufmerksamkeit, Ehrerbietung und Achtung zu erweisen; sowie ferner, den Vorschriften eines Übergeordneten in allem nachzukommen, was die allgemeine Ordnung, die Ordnung innerhalb der Kriegsmacht und das Ansehen derselben betrifft.

§ 5. Dem Übergeordneten liegt es ob, sich in und aufser dem Dienste gegen die Untergeordneten würdig und taktvoll zu verhalten.

Bestrafungsrecht in Disziplinarsachen.

§ 6. Das Bestrafungsrecht über Untergebene, von dem das 11. Kapitel des Militärstrafgesetzbuches handelt, steht ohne Einschränkung dem Chef oder Befehlshaber eines Regiments oder eines Armeekorps so wie dem Militärchef oder Werftchef einer Flottenstation, jedem für sich, über alle diejenigen zu, welche unter seinem Befehle stehen.

§ 7. Wird ein Truppenteil der Armee detachiert, so steht dem Befehlshaber desselben, wenn dieser einen höheren als den Korporalsgrad bekleidet, das Bestrafungsrecht über den Truppenteil zu, so lange derselbe detachiert bleibt. Ist der Befehlshaber Stabsoffizier, so steht demselben das Bestrafungsrecht in der in § 6 bestimmten Ausdehnung zu. Bekleidet der Befehlshaber Hauptmannsgrad, so darf er, ausgenommen zur Zeit eines Krieges, gegen einen Offizier nicht Wachtarrest über fünfzehn Tage und gegen einen Unteroffizier nicht strengen Arrest verhängen. Bekleidet er einen niedrigeren als den Hauptmannsgrad, so darf er gegen einen Offizier nicht Wachtarrest über fünfzehn Tage, gegen einen Unteroffizier nicht strengen Arrest, und gegen einen Gemeinen nicht strengen Arrest über vier Tage verhängen.

§ 8. Wird zur Zeit eines Krieges ein Bataillon oder eine Artilleriedivision oder eine Kompagnie, eine Batterie, eine Schwadron oder ein andrer Truppenteil von entsprechender Stärke detachiert, so übt der Befehlshaber eines solchen Teiles der Kriegsmacht, so lange dieser Teil detachiert bleibt, über seine Untergebenen das gleiche Bestrafungsrecht aus, welches in § 6 vorgesehen ist, selbst wenn er einen niedrigeren als den Hauptmannsgrad bekleidet.

§ 9. Das gleiche Bestrafungsrecht, welches nach dem Vorstehenden dem Befehlshaber einer detachierten Truppe zusteht, übt der Befehlshaber einer Truppe aus, welche auf dem Marsche befindlich ist; ebenso der Befehlshaber einer Schule oder eines sonstigen Kommandos bei der Armee, welches Mannschaften aus verschiedenen Regimentern oder Korps umfafst, über eine jede dort angestellte oder dahin abkommandierte Person des Soldatenstandes.

§ 10. Der Befehlshaber einer Bootsmannskompagnie übt das in § 6 vorgesehene Bestrafungsrecht über die Kompagnie aus, wenn dieselbe auf Roten[1]) verlegt ist.

§ 11. Ist der Chef eines Fahrzeuges Stabsoffizier, so steht ihm über diejenigen, welche er unter seinem Befehl hat, das im § 6 vorgesehene Bestrafungsrecht zu.

§ 12. Bekleidet der Chef eines Fahrzeuges einen niedrigern Grad als denjenigen eines Stabsoffiziers, so übt er das Bestrafungsrecht über seine Untergebenen aus, wenn das Fahrzeug nicht zu der Flotte, zu einem Geschwader oder zu einer Abteilung gehört. Bekleidet der Chef eines Fahrzeuges den Grad eines Kapitäns, so darf er, ausgenommen zur Zeit eines

[1]) Roten (rotar) sind diejenigen kleinen Distrikte, deren Grundbesitzer zur Stellung eines Soldaten (Bootsmannes) verpflichtet sind (vgl. Hagströmer in der Zeitschrift f. d. ges. Strafrechtsw. Bd. II. S. 566). „Auf Roten verlegt“ sind die eingeteilten Soldaten (Bootsleute), wenn sie nicht zu den jährlichen Übungen zusammengezogen oder zu besonderen Dienstverrichtungen einberufen sind.

Krieges, gegen einen Offizier nicht Wachtarrest über fünfzehn Tage und gegen einen Unteroffizier nicht strengen Arrest verhängen. Bekleidet der Chef eines Fahrzeuges einen niedrigern Grad als denjenigen eines Kapitäns, so darf er gegen einen Offizier nicht Wachtarrest über fünfzehn Tage, gegen einen Unteroffizier nicht strengen Arrest, und gegen einen Gemeinen nicht strengen Arrest über vier Tage verhängen.

§ 13. Gehört ein Fahrzeug, dessen Chef einen niedrigern Grad als denjenigen eines Stabsoffiziers bekleidet, zur Flotte, zu einem Geschwader oder zu einer Abteilung, so übt der höhere Befehlshaber, unter dessen Befehl das Fahrzeug steht, das Bestrafungsrecht über die Bemannung aus; doch kann dieser dem Fahrzeugschef das Bestrafungsrecht mit den in § 12 vorgesehenen Beschränkungen übertragen.

§ 14. Wenn Truppen oder Mannschaften der Flotte zum Dienst auf dem Lande kommandiert werden, so übt der Befehlshaber das Bestrafungsrecht nach Mafsgabe der in den §§ 7 und 8 für eine detachierte Abteilung der Armee getroffenen Bestimmungen aus.

§ 15. Alle höhern Befehlshaber als die in § 6 erwähnten Befehlshaber üben mit diesen das gleiche Bestrafungsrecht aus und zwar jeder über die seinem Befehle unterstehende Abteilung der Kriegsmacht.

Auf See übt auch jeder höhere als die in § 11 erwähnten Befehlshaber das gleiche Bestrafungsrecht über alle unter seinem Befehle Stehenden aus.

In den Fällen, in welchen der höhere Befehlshaber das Bestrafungsrecht ausübt, steht es ihm frei, entweder die Disziplinarstrafe selbst zu bestimmen oder sie von dem untergeordneten Befehlshaber, welchem sonst das Bestrafungsrecht über die Truppenabteilung oder über das Fahrzeug zusteht, bestimmen zu lassen.

§ 16. Der Kommandant einer Festung oder eines befestigten oder eines sonstigen Platzes, wo Militär verlegt ist, kann über diejenigen, die seinem Befehle unterstehen, nach Mafsgabe der in § 15 für höhere Befehlshaber getroffenen Bestimmungen das Bestrafungsrecht ausüben bei Übertretung der Anordnungen, welche der Kommandant in bezug auf die Verteidigung der Festung oder des Platzes, auf den Dienst der Garnison oder die allgemeine Ordnung erlassen hat; ferner für Versehen auf Wache oder bei Gelegenheit einer sonstigen Dienstverrichtung, welche seiner Aufsicht unterliegt; darüber hinaus aber darf der Kommandant sich nicht mit der Kriegszucht und der Ordnung unter den Truppen der Garnison befassen, es sei denn, dafs die betreffende Truppenabteilung innerhalb der Festung oder des Platzes keinen eignen zur Ausübung des Bestrafungsrechtes befugten Befehlshaber hat, oder dafs wenn sie einem Befehlshaber untersteht, welcher das Bestrafungsrecht nur in beschränktem Mafse auszuüben hat, dieser bei Versehen, deren Bestrafung seine Kompetenz übersteigt, den Kommandanten um Bestimmung der Strafe ersucht.

§ 17. Der Chef eines Kriegsfahrzeuges, auf welches Landtruppen zum Seedienst kommandiert worden sind, übt über die Landtruppen das gleiche Bestrafungsrecht wie über die sonstige Bemannung des Fahrzeuges aus.

Befinden sich Landtruppen zu einem sonstigen Zweck an Bord, so übt der Befehlshaber der Truppen das Bestrafungsrecht aus. Für Verstöfse, welche ein Landsoldat gegen die Anordnungen begeht, die der Chef des Fahrzeuges in bezug auf die Sicherheit und die Bewegungen desselben und die Ordnung an Bord getroffen hat, steht das Recht der Bestrafung dem Chef des Fahrzeuges zu, doch hat, falls derselbe einen niedrigern Dienstgrad als der Befehlshaber der Landtruppen bekleidet, dieser die Beschaffenheit der Strafe zu bestimmen. Eine Bestrafung, welche der Befehlshaber der Landtruppen verhängt, darf nicht vollstreckt werden, bevor der Chef des Fahrzeuges erklärt hat, dafs der Vollstreckung der Strafe kein Hindernis entgegenstehe.

Wenn die an Bord befindlichen Landtruppen nicht unter einem Befehlshaber stehen, welcher das Bestrafungsrecht auszuüben berechtigt ist, oder einem Befehlshaber unterstehen, welcher das Bestrafungsrecht in beschränktem Mafse auszuüben hat und dieser bei Versehen, deren Bestrafung seine Kompetenz übersteigt, den Chef des Fahrzeuges um Bestimmung der Strafe ersucht, so bestimmt dieser innerhalb der Grenzen seines Bestrafungsrechtes die Disziplinarstrafe.

§ 18. Ist zufolge besonderer Verordnung ein Bestrafungsrecht über Untergebene in Disziplinarsachen sonst jemandem übertragen [1]), so kommen die für diesen Fall erteilten besondern Bestimmungen zur Anwendung.

Berechtigung Arrest [2]) zu verhängen.

§ 19. Dem Vorgesetzten steht das Recht zu, einen Untergebenen wegen der im Dienste oder während des Dienstes begangenen Fehler oder Nachlässigkeiten Arrest zu verhängen.

Aufser dem Dienste steht dem Vorgesetzten das gleiche Recht über einen Untergebenen zu, sowie auch einem andern Übergeordneten über einen Untergeordneten desselben Regiments oder Korps, falls der Untergebene oder Untergeordnete sich vergangen hat und seine Arretierung im Interesse der allgemeinen Ordnung, der Ordnung innerhalb der Kriegsmacht und des Ansehens derselben erforderlich erscheint.

Sind Mannschaften verschiedener Regimenter oder Korps zu gemeinsamer Dienstleistung bei den Schulen der Armee oder zu sonstigen Kommandos zusammengezogen, deren Stärke die Stärke eines Regimentes nicht übersteigt, so sind dieselben, sobald das Recht, Arrest zu verhängen, in Frage kommt, als zu dem gleichen Regimente gehörend anzusehen.

Wenn in den angeführten Fällen die Verwahrung des Schuldigen in einem verschlossenen Raume oder die Bewachung desselben sich als notwendig erweist, der Schuldige aber sich weigert oder es unterläfst, einem diesbezüglichen Befehl nachzukommen, so hat derjenige, welcher die Arre-

---

[1]) Eine solche besondere Verordnung besteht z. B. für den Lotsen- und Feuerbaken-Etat. Nach dem Dienstreglement v. 15. Febr. 1881 §§ 100, 101 ist dem Direktor des Lotsenwesens und (in beschränkterem Mafse) den Lotsen-Kapitänen eine Disziplinar-Strafgewalt über die an den Lotsen- und Feuerbak-Einrichtungen angestellten Personen übertragen.

[2]) Arrest bezeichnet hier eine vorläufige Verhaftung von seiten der militärischen Behörden, und ist mit der Arreststrafe nicht zu verwechseln.

tierung befohlen hat, diese durch angemessene Mafsregeln zur Vollstreckung zu bringen.

Steht demjenigen, welcher den Arrest befohlen hat, die Ausübung des Bestrafungsrechtes nicht selbst zu, so mufs derselbe sofort, spätestens aber binnen vierundzwanzig Stunden, demjenigen Befehlshaber Rapport von der Arretierung erstatten, welchem das Bestrafungsrecht über den Arretierten zusteht; oder die Anzeige ist demjenigen zu erstatten, welcher auf Grund der unten folgenden Bestimmungen das Verhör wegen des Versehens anzustellen hat.

Ausübung des Bestrafungsrechts in Disziplinarsachen.

§ 20. Derjenige Befehlshaber, welcher das Bestrafungsrecht in Disziplinarsachen ausübt, hat die Strafe für ein Versehen, welches unter seinen Augen begangen worden, oder welches sonst klar und unzweifelhaft ist, sofort zu verhängen; im entgegengesetzten Falle soll ein Verhör über die Sache stattfinden.

Das Verhör ist von demjenigen Befehlshaber des Angeschuldigten, welchem das Bestrafungsrecht zusteht, anzustellen, oder falls einer der in § 6 angeführten Befehlshaber das Bestrafungsrecht ausübt und dieser das Verhör nicht selbst anstellen will, von demjenigen, welchem der Befehlshaber das Verhör entweder dauernd oder für besondere Fälle übertragen hat.

Beim Verhör mufs einer der Vorgesetzten oder der Kameraden des Angeschuldigten anwesend sein; ist ein Privatkläger vorhanden, so ist derselbe auf sein Verlangen zu hören; dem Angeschuldigten soll Gelegenheit gegeben werden, sich zu erklären; im übrigen ist alles für die Klarlegung der Beschaffenheit des Versehens und die Prüfung der Strafbarkeit des Angeklagten Nötige zu beachten.

Ist das Verhör nicht vor versammelter Mannschaft angestellt worden, so sind die wesentlichen Vorkommnisse desselben in der Kürze schriftlich aufzuzeichnen, falls nicht zur Zeit eines Krieges sich dem ein Hindernis entgegenstellt.

§ 21. Bei Bemessung der Disziplinarstrafe ist auf die mehr oder minder schwere Art des Versehens, auf die Zahl der erschwerenden oder mildernden Umstände, sowie auf den Charakter und den bisherigen Lebenswandel des Angeschuldigten Rücksicht zu nehmen. In letzterer Hinsicht ist besonders zu beachten, ob derselbe sich bisher stets gut geführt hat oder ob er wiederholt und wegen schwererer Versehen bestraft worden ist.

§ 22. Für ein Verbrechen, welches zu den Disziplinarsachen gehört und für welches der Schuldige bestraft worden ist, darf später auf eine Zusatzstrafe nicht auferlegt werden.

§ 23. Demjenigen, welcher eine Disziplinarstrafe verhängt hat, liegt es ob, sich von der gesetzmäfsigen Vollstreckung derselben genau zu überzeugen. Bevor die Strafe vollstreckt wird, ist der Schuldige von der Ursache der Bestrafung und von der verhängten Strafe durch den Befehlshaber oder durch denjenigen, welcher dessen Stelle vertritt, entweder öffentlich oder durch schriftlichen Bescheid in Kenntnis zu setzen.

Liegt Veranlassung zu der Annahme vor, dafs der Schuldige nicht ohne Gefahr für seine Gesundheit eine ihm zuerkannte strenge Arreststrafe verbüfsen kann, so ist das Gutachten des Arztes einzuholen. Bestätigt dieses jene Annahme und läfst sich ihre Beseitigung auch von einem Aufschube der Strafe auf einige Zeit nicht erwarten, so hat der Schuldige nach Mafsgabe der im Militärstrafgesetzbuche vorgesehenen Bestimmungen an Stelle der verhängten Strafe Wachtarrest zu verbüfsen.

Zurechtweisungen und andre Mafsregeln zur Aufrechterhaltung der Disziplin.

§ 24. Für geringere Versehen und Ungebührlichkeiten und zwar für Mangel an Aufmerksamkeit, für Trägheit beim Exerzieren oder sonstigem Dienst, für Unsauberkeit, nachlässige Behandlung der Dienstgegenstände, für Neigung zum Trunk und ähnliche Versehen, welche nach dem Militärstrafgesetzbuche als strafbar nicht befunden werden, tritt Verwarnung, welche entweder ohne Zeugen oder im Beisein von einigen Vorgesetzten oder Kameraden des Schuldigen an denselben zu richten ist, oder Verweigerung von Urlaub ein, und für Gemeine aufserdem:

a) Strafexerzieren, Strafwache und sonstige Dienstverrichtungen aufser der Reihe;
b) Verrichtung von beschwerlichen Arbeiten, die zum Nutzen der Kriegsmacht erforderlich sein können;
c) Beschränkung der Freiheit, während der erlaubten Zeit sich aufserhalb der Kaserne, des Kasernenraumes, des Quartiers oder Lagers aufzuhalten; und
d) bei der Armee: Einbehaltung der Löhnung oder der Löhnungszulage, und bei der Flotte: Entziehung der Branntwein- oder Bierration, oder des dieser entsprechenden Ersatzes.

Diese vorstehend aufgeführten Zurechtweisungen dürfen keinesfalls eine derartige Anwendung finden, dafs infolge von Überanstrengung oder sonstiger Ursache Nachteil für die Gesundheit und Diensttauglichkeit des Schuldigen entsteht.

§ 25. Derjenige, welchem das Bestrafungsrecht über den Truppenteil zusteht, hat die Verwarnung und die Zurechtweisungen, welche in § 24 vorgesehen sind, zu erteilen. Das gleiche Recht steht hinsichtlich der Gemeinen dem Befehlshaber einer Kompagnie, einer Schwadron oder Batterie zu, auch wenn dieselben nicht detachiert sind, und auf See dem Chef eines Fahrzeuges, selbst in Fällen, in welchen ihm das Bestrafungsrecht nicht zusteht.

§ 26. Ist ein Offizier oder Unteroffizier drei oder mehrere Male auf Grund der Bestimmungen des Militärstrafgesetzbuches bestraft worden, und hat, falls diese Bestrafungen nur in Disziplinarstrafen bestanden, der Offizier mindestens einmal Wachtarrest von sechzehn Tagen oder längerer Dauer, und der Unteroffizier mindestens einmal strengen Arrest verbüfst, so hat, wenn eine solche Person abermals eines Versehens sich schuldig macht, welches zu den Disziplinarsachen gehört, der Befehlshaber zu entscheiden, ob gegen den Schuldigen wiederum auf eine der Disziplinarstrafen, welche nach Mafsgabe seines Dienstgrades anwendbar sind, zu erkennen ist, oder ob die Sache an das zuständige Gericht verwiesen werden soll.[1]) Durch diese Bestimmung wird das Recht des zuständigen Chefs, Unteroffiziere, welche ohne Patent angestellt sind, innerhalb der zwei ersten Jahre nach der Anstellung zu entlassen, wenn sie durch minder gute Aufführung das Vertrauen des Chefs verwirken, oder sonst dienstuntauglich befunden werden, nicht beeinträchtigt.

§ 27. Ist ein Gemeiner auf Grund der Bestimmungen des Militärstrafgesetzbuches drei oder mehrere Male bestraft worden, und hat er, falls die Strafen nur in Disziplinarstrafen bestanden, mindestens einmal strengen Arrest von fünf Tagen oder von längerer Dauer verbüfst, und wird er abermals bei einem Versehen betroffen, welches zu den Disziplinarsachen gehört, und ist Grund vorhanden, anzunehmen, dafs, solange der Schuldige bei der Truppe verbleibt, derselbe seiner Dienstpflicht nicht genügen werde, so ist er, falls er zu den geworbenen Truppen gehört, aus den Rollen zu streichen und der Zivilbehörde zu überweisen, welche seine Versetzung zu der Disziplinkompagnie der geworbenen Armee, um dort während seiner noch rückständigen Kapitulationszeit zu öffentlichen Arbeiten verwendet zu werden, anordnet.

Gehört der Schuldige zu einem eingeteilten Regimente oder Korps oder zu einer Bootsmannskompagnie, so ist er, mit Einwilligung des Rost- oder Rotehalters[2]) ebenfalls aus den Rollen zu streichen. Verweigert aber der Rost- oder Rotehalter seine Einwilligung, so ist die Sache bei der Generalmusterung zur Anmeldung zu bringen, und es bleibt der Entscheidung des Musterungsherrn überlassen, ob der Schuldige aus den Rollen zu streichen ist, oder ob demselben gestattet werden soll, im Dienst zu bleiben; im letzterwähnten Falle kann der Musterungsherr dem Regiments- oder Korpschef oder dem Militärchef der Flottenstation auftragen, den Schuldigen, falls dieser sich nicht bessert, sondern abermals bei einem Versehen betroffen wird, vor der nächsten Musterung vom Dienste zu entfernen.

Die bei der Kriegsmacht fest angestellten Gemeinen welche weder geworben sind, noch auch zu den eingeteilten Truppen gehören, sind in den in diesem § vorgesehenen Fällen ebenfalls vom Kriegsdienst zu entfernen und aus den Rollen zu streichen.

Strafjournal.

§ 28. Nach den nähern Bestimmungen des Dienstreglements ist, aufser in den Fällen, bei welchen zur Zeit eines Krieges Ausnahmen zulässig sind, bei jedem Regimente oder Korps, sowie bei jeder Flottenstation oder Werft der Krone ein Journal zu führen über die Strafen, welche auf

---

[1]) Vgl. M.St.G.B. § 28 Abs. 2, nach welchem das Gericht auf Absetzung erkennen kann.

[2]) Rosthalter (rusthållare) sind diejenigen Grundbesitzer, welche Reiter nebst Pferden (in gewissen Gegenden Bootsleute) zu stellen verpflichtet sind, Rotehalter (rothållare) diejenigen, denen die Stellung von Fufssoldaten (oder Bootsleuten) obliegt. Vgl. Hagströmer in der Zeitschrift f. d. ges. Strafw. Bd. II S. 566.

Grund der Bestimmungen des Militärstrafgesetzbuches über die dem Regiment, dem Korps, der Station oder der Werft angehörenden Personen verhängt werden. Ein gleiches Journal ist bei jeder Bootsmannskompagnie über diejenigen Strafen zu führen, welche über die Mannschaft verhängt werden, wenn die Kompagnie auf Roten[1]) verlegt ist.

In dem Journal ist der Name des Schuldigen, die strafbare Handlung und die Strafe, sowie der Name desjenigen, welcher die Strafe auferlegt hat, und die Zeit, in welcher die Strafe verhängt wurde, zu verzeichnen.

Militärgefängnisse, in welchen die Strafen zu verbüfsen sind.

§ 29. Da auf Grund der Bestimmungen des Militärstrafgesetzbuches Strafarbeit oder Gefängnisstrafe in einem Militärgefängnis zu vollstrecken ist, so ist Strafarbeit unter militärischer Bewachung auf einer Festung, und Gefängnisstrafe entweder auf einer Festung unter militärischer Bewachung oder auf der Hauptwache eines Garnisonsortes zu verbüfsen.

§ 30. Wachtarrest und strenger Arrest, sowie Gefängnis bei Wasser und Brot, welches an Stelle einer Geldstrafe getreten ist, wird in dem Regiments-, Korps-, Detachements-, Garnisons- oder Flottenstationsgefängnis vollstreckt. Kann eine derartige, während eines Marsches verhängte Strafe nicht auf eine andre Weise vollstreckt werden, so ist der Schuldige unter militärischer Bewachung nach dem nächstgelegenen Militärgefängnis zu transportieren und hat in diesem die Strafe zu verbüfsen.

§ 31. Wird über einen Offizier oder Unteroffizier der eingeteilten Truppen, während dieselben auf Roten verlegt sind, die Strafe des Wachtarrestes verhängt und kann wegen der grofsen Entfernung die Strafe nicht ohne Ungelegenheit an demjenigen Orte vollstreckt werden, an welchem nach den in den früheren Paragraphen getroffenen Bestimmungen derartige Strafen gemeiniglich zu vollstrecken sind, so soll der Schuldige unter Bewachung eines Korporals oder eines diesem im Dienstgrade gleich Stehenden die Strafe in seiner Wohnung verbüfsen. Der Wachthabende bezieht während dieser Zeit, die Marschtage eingerechnet, von dem Arrestaten ein Tagestraktament, welches der Löhnung entspricht, die auf Grund der Bestimmungen des Reisereglements einem Korporal für besondere Dienstleistungen zusteht. Der zuständige Befehlshaber hat vor Beginn des Kommandos das Traktament einzuziehen und dem Betreffenden zuzustellen.

§ 32. An welchem Orte die Strafe des Wachtarrestes von Gemeinen der eingeteilten Truppen, welche auf Roten verlegt sind, verbüfst werden soll, ist besonders festgesetzt.[2])

Diese Verordnung tritt mit dem 1. Januar 1882 in Kraft.

---

[1]) Vgl. Note zu § 10.

[2]) Nach diesen besonderen Vorschriften soll Wachtarrest an gewissen Orten in dem nächstgelegenen Militärgefängnisse, an andern in besonders gemieteten Räumen vollstreckt werden.

Druck von Troitzsch & Ostertag in Berlin.

Kolibri 360 GmbH
Ferdinand-Jühlke-Straße 7
99095 Erfurt, Deutschland
produktsicherheit@kolibri360.de